नेटवर्किंग के महागुरु

हस्तगत ज्ञान

एवं आत्मा के लिए

नेटवर्किंग के महागुरु

हस्तगत ज्ञान एवं आत्मा के लिए

इवान आर. मिसनॅर, पी-एच. डी.
डॉन मोर्गन, एम.ए.

अनुवाद
विद्याधर मोदी

EMBASSY BOOKS
www.embassybooks.in

नेटवर्किंग के महागुरु

हस्तगत ज्ञान एवं आत्मा के लिए

इवान आर. मिसनॅर, पी-एच. डी. डॉन मोर्गन, एम.ए.

CREDITS

Developmental Editing: *Jeff Morris*
Copyediting: *Deborah Costenbader*
Proofreading: *Deborah Costenbader, Luke Torn*
Text Design/Production: *Jeff Morris*
Jacket Design: *Hespenheide Design*
Index: *Alana Cash*

First published in India 2009

Published in India by :
EMBASSY BOOK DISTRIBUTORS
120, Great Western Building,
Maharashtra Chamber of Commerce Lane,
Fort, Mumbai - 400 023.
Tel : (+91-22) 22819546 / 32967415
Email : embassy@vsnl.com
Website: www.embassybooks.in

ISBN 10: 93-80227-27-2
ISBN 13: 978-93-80227-27-6

Printed in India by Repro India Ltd., Mumbai

माइक रायन और ली शिम्मिन को, जो बीएनआई के फाउंडिंग चॅप्टर के संस्थापक सदस्य थे और अब भी, सत्रह दीर्घ वर्षों बाद भी निरन्तर हैं. यदि नेटवर्किंग दीर्घकालिक सम्बन्धों, निष्ठा और वचनबद्धता का नाम है, तो वे यथार्थ में नेटवर्किंग के महापण्डित हैं.

इवान आर. मिसनॅर

बॅटी मॉर्गन को, जो स्वयं को एक साधारण व्यक्ति बताती हैं, परन्तु जिनकी रचनाएँ प्रकाशित हो चुकी हैं और जो अद्‌भुत व्यक्ति हैं, जिन्होंने मुझे इस पुस्तक को लिखने की प्रेरणा दी, मेरी बहन मार्की को, जो एक प्रकाशित लेखिका हैं; मेरे भाई बिल को जो एक नैसर्गिक नेटवर्कर हैं; और डॉ. हॉलेण्ड को, 90 वर्ष की उम्र में जिनकी दूसरी पुस्तक प्रकाशित हुई और जिन्होंने सन्तानवे वर्ष में हमें सलाह दी, "पढ़ना मस्तिष्क को परिपूर्ण बनाता है, मगर लेखन उसे सुनिश्चित बनाता है."

डॉन मॉर्गन

विषय-वस्तु

19. सैध्दान्तिक नेटवर्किंग

20. विशेषज्ञों की प्रवीणता

21. महापण्डितों की विशेषताएँ

22. आप कितने अच्छे नेटवर्कर हैं ?

23. आचार्यत्व का मार्ग

इस पुस्तक के बारे में

हमारा कहानियों का संकलन, निरीक्षण और विचार सुप्रसिद्ध लेखकों तथा अन्य अनेकों उत्कृष्ट लोगों से आए हैं जिनके बारे में आपने कभी नहीं सुना. वे अत्यन्त सफल व्यक्तियोंसे भी आए हैं, जिनका आप अनेकों वर्षों से मन-ही-मन समादर करते रहे हैं. यहाँ उन साधारण-से आदमियों की भी बात है जिनके बारे में आपने अब तक नहीं सुना और जिन्होंने अभी-अभी सफल होना आरम्भ किया है. इन सभी योगदानों में एक धागा सर्वसामान्य है: : विभिन्न प्रकार से परोपकारी होते हुए भी सबों में, स्वयं के प्रति पक्षपात से भरी, मगर सहयोगपूर्ण नेटवर्किंग की भावना है.

इन पृष्ठों का प्रत्येक लेखक एक नेटवर्कर है. नेटवर्करों को नेटवर्किंग करना अच्छा लगता है. वे सब ऐसे व्यक्ति हैं जिन्हें आप जानना चाहेंगे. और इन सबों में व्याप्त है अद्‍भुत, ऊपर ही ऊपर उतराता, आधा छिपा, इस पुस्तक की सफलता का रहस्य. यह एक नेटवर्किंग की किताब मात्र नहीं है, यह नेटवर्किंग का, विद्वत्तता से भरा, सन्दर्भ-ग्रन्थ भी है.

जब आप, इसमें सम्मिलित किसी जानकार की रचना पढ़ते हैं और उसके बारे में अधिक जानना चाहते हैं तो एक प्रयोग करें. पुस्तक के अन्त में दिए सहयोगियों के खण्ड में पढ़ें. वहाँ आप उनसे सम्पर्क करने के बारे में भी विवरण पावेंगे. उनके बारे में ताजी सूचना के बारे में आप हमारी वेबसाइट से सम्पर्क कर सकते हैं. सम्भव है वे भी आपके नेटवर्क का हिस्सा बन जाएँ. श्रेष्ठ नेटवर्कर होने के कारण, सम्भव है उन्हें आपके साथ नेटवर्किंग करके सन्तोष मिले और आप दोनों आपसी सम्बन्ध बनाने और लाभ उठाने में सफल हों. और यह इस पुस्तक में बतलाईं अनेकों तकनीकों मे से एक है.

मैं इस पुस्तक के अपने सभी सह-लेखकों का आभारी हूँ जिन्होंने अपनी व्यक्तिगत सफलताओं को हमें बताया और उस अन्तर्दृष्टि और सलाह को हमें दिया जिसकी सहायता से असम्भव और कठिन लक्ष्यों को प्राप्त किया जा सकता है. इस पुस्तक को लिखने का उद्देश्य यह भी है ताकि हम सबों को जीवन की चुनौतियों का दृढ़तापूर्वक सामना करने की प्रेरणा मिल सके.

अपने सपनों का सपना देखें, क्योंकि आपके लक्ष्य सिर्फ स्वप्न हैं, आपके दृढ़ निश्चय से प्रेरित और आपके नेटवर्क द्वारा दिशा-निर्देशित.

जीवन का मार्ग

क्या आपने कभी सोचा है कि अनेकों लोग आपसे अधिक सफल क्यों हैं ? उन्हें हमेशा अच्छे अवसर, अधिक बिक्री, बड़ी-बड़ी पदोन्नतियाँ अथवा अच्छा जीवन क्यों मिलता है ? यह और भी अधिक कुण्ठित करने लगता है जब पता चलता है कि आप अधिक योग्य, अधिक कुशल और अधिक अच्छा उत्पाद दे रहे हैं. अनेक बार आप उनकी सफलता को सिर्फ 'भाग्य' या 'वे सही समय पर, सही स्थान पर थे', कहकर टाल देते हैं.

धरातल को कुछ कुरेदें और आपको ज्ञात होगा कि इतनी उच्च सफलताएँ पानेवाले सामान्य लोग हैं - आप और मुझ जैसे - मगर जिनके पास अत्यधिक श्रेष्ठ नेटवर्किंग कौशल था. ये साधारण लोग असाधारण सफलताएँ पाते हैं, जब अन्य सामान्य लोगों के साथ मिलकर मानवोचित नेटवर्किंग के कामों में लग जाते हैं.

सफल व्यक्ति अपनी सफलता स्वयं अकेले अर्जित नहीं करते, इसके बजाय वे स्वयं को समुन्नत, विवेकी नेटवर्क के साथ जोड़ देते हैं. इस विकसमान दुनिया में जो दिन-प्रति-दिन अधिक जटिल और प्रतियोगितापूर्ण होती जा रही है, नेटवर्किंग न सिर्फ टिके रहने के लिए जरूरी है बल्कि ऊँचे लक्ष्यों को पाने के लिए भी आवश्यक हो गई है.

नेटवर्किंग का केन्द्र-बिन्दु, विश्व भर की एक जैसी नैतिक विचार-शैली के समान ही है : पाने की भावना का मार्ग, देने के रास्ते से होकर गुजरता है. इस पुस्तक के हर अंशदाता ने इस भावना को किसी-न-किसी रूप में प्रकट किया है, फिर भले ही वह एक लघु व्यवसायी हो अथवा कॉर्पोरेट व्यवस्थापक, स्थानीय राजनेता हो अथवा वैश्विक प्रचालक, उत्तरी अमेरिका से दक्षिण आफ्रिका तक, युनाइटेड राज्य और सिंगापुर से ऑस्ट्रेलिया तक. विचारों की विविधता ही इस पुस्तक की शक्ति है. सभी इस उदात्त भावना के विभिन्न पहलुओं को उजागर करते हैं.

हम सभी नेटवर्क करते हैं, मगर हम में से कुछ - जो सबसे अधिक सफल हैं वे नेटवर्किंग के महा पण्डित हैं. उन श्रेष्ठ विद्वानों की क्या विशेषता होती है ? क्या उनका जीवन अलग होता है ? कैसे बन गए वे महा पण्डित ? उनके कौन-से कार्यों ने उन्हें हम-आप से अधिक सफल बनाया ? इन्हीं सब सवालों का उत्तर यह पुस्तक देगी. ये सभी जवाब स्वयं महाविद्वानों के द्वारा ही दिए जा रहे हैं. इन पृष्ठों में हम श्रेष्ठ विद्वानों की कथाओं और अन्तर्दृष्टि को सुनेंगे कि उन्होंने नेटवर्किंग कैसे सीखी और उसे सफलता के शिखर तक कैसे ले गए. उनके दृष्टान्त मनोमुग्धकारी विगत बतलाते हैं कि किस प्रकार से लोगों की प्रवीणता, संवादिता के गुण और अन्य को सहायता करने की भावना ने

एकरस होकर सहजीवन के सम्बन्ध निर्मित किए जिसने हर किसी को लाभ पहुँचाया.

प्रवीण नेटवर्कर्स अपने नेटवर्किंग के पराक्रम को सोमवार सुबह आरम्भ करके शाम को घर जाते समय बन्द नहीं कर देते; वे उसमें आस्था रखते हैं, वह उनकी साँसों में बसा है और वे उसे हर दिन, हर समय, जीते हैं. वे औरों को सहयोग देने में विश्वास रखते हैं और दूसरों को सफलता दिलाने में मदद करते हैं. उन्होंने जान लिया है कि मानव-सम्बन्धों में सहयोग देकर उन्हें व्यावसायिक सम्पन्नता कैसे मिल सकती है और कैसे वे एक सफल जीवन बिता सकते हैं. उनके आदर्श उच्च होते हैं. उनका सोचना है कि वे जो अच्छा कार्य औरों के लिए कर रहे हैं वह इस अच्छी दुनिया का एक अभिन्न अंग है और इसे रहने योग्य बनाता है, और यहीं वे अपनी व्यक्तिगत सफलताओं को पाएँगे.

इन पृष्ठों में आप जिन महाविद्वानों से मिलेंगे वे आपको बतलाएँगे कि नेटवर्किंग में स्वयं महाज्ञानी बनने के लिए कौन-से राज-मार्ग पर, किस कौशल और रणनीति से चलना चाहिए. जब आप बिल गेट्स, फ्रॉन टर्केंटन और कॉलिन पॉवेल की कथाओं को पढ़ेंगे और टॉम पीटर्स, हार्वे मॅके, दीपक चोपरा, सूसांन रोऑन, जॉहन नॅस्बिट, पॉल तथा साराह एडवर्ड्स, जॅ कॉन रेड लॅविंसन और मार्क विक्टर हॅन्सेन की शिक्षाओं को उनसे सीखेंगे तो स्वयंसिद्ध नेटवर्कर बनने की ओर चल पड़ेंगे. उनके मस्तिष्कों को आपके दिमाग के साथ संवाद करने दें. इस बात को अवश्य समझ लें कि उनके द्वारा प्रयुक्त कौशल निश्चय ही सीखने लायक हैं. जब आप इन पेजों में उनका विवरण पढ़ेंगे तो आप ऐसे विचारों की सृष्टि करेंगे जो आपकी मदद करेंगे. एक सफल नेटवर्क पण्डित बनने के लिए आपको नेटवर्किंग के स्वाभाविक गुण और दृढ़ इच्छा-शक्ति चाहिए ताकि आपके अपने लक्ष्यों को वह अधिक शक्ति से, नए तरीकों से पा सके.

> सुविशेष व्यक्ति उस परिदृश्य की कल्पना नहीं करते जो सम्भव या सम्भावित है, बल्कि जो असम्भव है, उस बारे में सोचते हैं, और असम्भव की परिकल्पना करके, उसे सम्भव होता हुआ देखने लगते हैं.
>
> -चॅरी कार्टर स्कॉट

1

हम नेटवर्क क्यों करते हैं

अन्य सभी जीवों से अधिक समय और शक्ति मनुष्य संवादिता में लगता है, और हमारी संप्रेषणता अन्य सभी जीवों से अधिक जटिल और परिष्कृत है. हम विगत के बारे में, वर्तमान और भविष्य के बारे में चर्चा करते हैं कि वे हमसे किस प्रकार से जुड़े हैं, हम पर क्या प्रभाव डालते हैं और हम उनके बारे में क्या करना चाहते हैं और वे हम पर क्या असर डाल रहे हैं. हम उन चीजों के सपने देखते हैं जो आज नहीं हैं और फिर उन्हें वास्तविक बनाने की चर्चा करते हैं. हम यह जानने के लिए संवाद करते हैं कि हमारे पड़ौसी, हमारे समकक्ष, हमारे नेता क्या सोचते हैं, करते हैं और वे हमें कितना प्रभावित करेंगे. हम एक-दूसरे की सहायता और सहारे के लिए वार्तालाप करते हैं.

अगले चार निबन्धों में, जॉहन नेस्बिट बताते हैं कि कैसे और क्यों नेटवर्क्स जन्म लेता है; दीपक चोपरा हमें उसमें अन्तर्निहित मानवता के सिद्धान्त के बारे में बताते हैं, करोल थॉम्सन समझाते हैं कि किस प्रकार से नया ज्ञान पुराने सत्यों को समाप्त नहीं कर सकता है; और रॉबर्ट फ्रेंच वर्णन करते हैं कि कैसे नेटवर्क समुदाय हमारे सामाजिक मूल्यों को आकार देकर उनकी व्याख्या कर रहा है.

नेटवर्क क्या है ?

जॉहन नॅस्बिट

सरल शब्दों में कहें तो नेटवर्क्स वे व्यक्ति हैं जो आपस में बातें करते हैं, विचारों, जानकारी और स्रोतों को आपस में बाँटते हैं. अनेक बार कहा गया है कि नेटवर्किंग एक क्रिया है, कर्ता नहीं. प्रमुख हिस्सा नेटवर्क नहीं है, परिपूर्ण पदार्थ है, पर उस तक पहुँचने की प्रक्रिया – संवादिता है जो व्यक्तियों और लोगों के समूहों के बीच पुल बनती है, वह प्रमुख है.

मॅरिलिन फर्ग्युसन, जिन्होंने इस विषय पर द *एक्वेरियन कान्स्पिरसी* में विस्तार से लिखा है, उन्होंने अवलोकन किया कि इसे सम्मेलनों, फोन कॉल्स, हवाई यात्रा, पुस्तकों, अवास्तविक संघटनों, विवरणात्मक कागजों, पॅम्फ्लेटों, फोटोकापियों, व्याख्यानों, कार्य-शालाओं, सम्मेलनों, अनुभवी लोगों, आपसी मित्रों, शिखरवार्ताओं, सम्मिलन-प्रक्रियाओं, टेप्स और मुखपत्रों के माध्यम से फैलाया जाता है.''

नेटवर्क स्व-सेवा को प्रोत्साहन देने के लिए होता है. इसमें जानकारी का आदान-प्रदान, समाज में परिवर्तन, उत्पादकता और कार्यशीलता को बढ़ाना और स्रोतों को बाँटना आता है. उनका निर्माण इस प्रकार से किया जाता है ताकि सूचनाओं का सम्प्रेषण शीघ्रता से हो सके, उसमें अन्य किसी भी प्रक्रिया की अपेक्षा उच्च तकनीक और कम ऊर्जा का प्रयोग होता है.

''नेटवर्क्स सुयोग्य प्रकार से समाजशास्त्रीय होते हैं और वह उपयुक्त तकनीक के समकक्ष होता है और इस प्रकार की संवादिता तथा अन्तरंग व्यवहारों को काम में लाता है जो कम ऊर्जा और जानकारी से सम्पन्न भविष्य के लिए आवश्यक है,'' जॅसिका लिपनॅक और ज्योफ्री स्टेम्प्स *न्यू एज* में लिखते हैं.

ज्ञान की नेटवर्किंग

नेटवर्किंग का एक सबसे बड़ा आकर्षण है, सरलता से जानकारी की प्राप्ति. पुस्तकालय, विश्व विद्यालय अथवा, भगवान बचाए, सरकार से उसे पाने से अधिक सहज. वाशिंग्टन डी.सी. स्थित, वाशिंग्टन रिसर्च फर्म, जो अपने कॉर्पोरेट ग्राहकों के लिए सरकारी सूचनाएँ संकलित करने का कार्य करती है, का अनुमान है कि कम-से-कम सात बार फोन करने के बाद ही हमें इच्छित जानकारी मिल पाती है. जबकि अनुभवी नेटवर्करों का दावा है कि वे दुनिया की कोई भी सूचना सिर्फ छह बार के सम्पर्क से प्राप्त कर सकते हैं. मेरा स्वयं का अनुभव है कि मैं युनायटेड स्टेटस् में कहीं भी दो, अधिक-से-अधिक तीन बार में सम्पर्क कर सकता हूँ.

वैसे तो, जानकारियाँ का साझा-ज्ञान और सम्बन्धों की स्थापना ही इसका प्रमुख उद्देश्य है, पर वे निर्माता के लिए, मात्र जानकारी के अन्तरण और ज्ञान के प्रेषण से अधिक कार्य कर सकते हैं. हर व्यक्ति, नेटवर्क में चूँकि नई जानकारी लेता है और फिर उसे अन्य सूचनाओं से संश्लेषित संयुक्त करके आगे बढ़ाता है. नेटवर्क्स इन्हीं नई जन्मी भावनाओं और विचारों को बाँटता है.

फ्यूचर लाइफ पत्रिका में इस प्रक्रिया का वर्णन करते हुए विलार्ड वॉन ड'बोगार्ट लिखते हैं, ''प्रत्येक नया विचार अगले विचार से संयुक्त हो जाता है और वह एक नई, संचित, मानव-जाति के स्वभाव और विश्व की जागृति लाती है. इन्हीं दोनों मानसिक ढाँचों को,

विश्वभर में विकसित नए नेटवर्क्स आपस में बाँट रहे हैं.''

हाल ही में मुझे एक अद्‌भुत, ज्ञान के निजी नेटवर्किंग का पता चला. मेरे ही नेटवर्क के कुछ अन्तरंग मित्र हैं फॉरसाइट ग्रुप, जिनमें तीन स्वीडिश व्यवसाय कंसल्टेंट्स हैं जिन्होंने मेरे व्याख्यानों का स्वीडन में समर्थन किया है. सन् 1981 के उत्तरार्ध में नेस्बिट ग्रुप, फॉरसाइट ग्रुप और हमारी पति-पत्नियाँ भविष्य की योजनाओं पर विचार करने के लिए एकत्र हुए. फॉरसाइट ग्रुप ने हम सबों को अपनी अद्यतन परियोजना द स्कूल फॉर इंट्राप्रेन्यीअर्स (इंट्राप्रेन्यीअर्स वे ऑन्ट्रॅप्रॅर्ने : - ठेकेदार होते हैं जो संस्थान के अन्तर्गत ही कार्य करते हैं.) के बारे में बताया.

वे एक नक्शे को काम में ला रहे थे, जिसे मैं अक्सर अपने व्याख्यानों में काम में लाता हूँ, मगर उसकी, उनके द्वारा की गई नई व्याख्या ने मेरे ज्ञान पर एक अतिरिक्त परत जमा दी और उस विषय की सामग्री को और बढ़ा दिया.

विशेष करके, मेरा वह चार्ट जो कृषि से औद्योगीकरण और बाद में सूचना-क्षेत्र के लोगों की जानकारी देता था और बताता था कि कितने लोग कृषि-क्षेत्र में, कितने उद्योग-धन्धों में और कितने सूचना-क्षेत्र के व्यवसायों में काम करते हैं.

मेरे मित्रों ने मुझे बताया कि इन क्षेत्रों का संक्रमण काल ही वह समय होता जब वे अत्यधिक पनपते हैं. कृषिकाल का अन्तिम समय और औद्योगिक काल का आरम्भिक समय ही वह काल था जब उन उद्योग-धन्धों के महान् नेता अथवा डाकू-सम्राट, जैसा आप मानें पैदा हुए थे. अब, सूचना-क्षेत्र के आरम्भ के काल में, नए व्यापारों का जन्म हो रहा है, सन् 1950 की तुलना में छह गुना तेजी से.

> नेटवर्किंग किसी व्यक्ति को सक्षम बनाती है और नेटवर्क के अन्य व्यक्ति एक-दूसरे का पोषण करते हैं.

मेरे लिए, जहाँ मैं श्रोताओं में बैठा था, मेरे अपने विचार मेरे अपने ही नेटवर्क के व्यक्तियों के द्वारा परिष्कृत होकर मुझ तक आ रहे थे. इसी भाँति के ज्ञान की नेटवर्किंग की चर्चा वान डी'बोगार्ट करते हैं, और यह आज, देशभर के नेटवर्क में क्रियाशील है.

नेटवर्किंग पर भी एक नेटवर्क है, वान डी'बोगार्ट ने ध्यान दिया : कॅलीफोर्निया के रॅडोंडो बीच में द कॉन्शियसनेस सिंथेसिस क्लीयरिंग हाउस है जो ''नेटवर्किंग की प्रक्रिया के सर्वसाधारण ज्ञान को विकसित करता है और बन्दनवार की तरह फैल रहे विकास के पुल पर चढ़कर, बृहद् दृष्टिकोण से, इस चमत्कारिक दृश्य को निहारने की प्रेरणा देता है.''

नेटवर्क के आदर्श ढाँचे में जीवन

ऊर्ध्वगामी से समतलगामी शक्ति-स्थानान्तरण, जो नेटवर्क्स ला रहा है, वह एकल लोगों के लिए अत्यन्त मुक्ति देनेवाला बन रहा है. धर्मतंत्र ऊर्ध्वगामी बनकर आगे बढ़ने की प्रेरणा देता

है, जिससे तनाव, थकान और चिन्ताएँ जागती हैं. नेटवर्किंग व्यक्ति विशेष को शक्ति सम्पन्न बनाता है और इसमें लोग एक-दूसरे का पोषण करते हैं.

नेटवर्क के वातावरण में, पुरस्कार औरों को समर्थ बनाने से मिलते हैं, न कि एक दूसरे पर चढ़ बैठने से.

यदि आप धर्मतंत्र में कार्य करेंगे, तो सम्भव है आप उसके शिखर तक न पहुँचना चाहें. आज जब विकेन्द्रीकरण और नेटवर्किंग के मूल्यों को अधिक स्वीकारा जा रहा है और जब व्यवसायों को पुन: वैचारिक बनाने का कठिन काम करना पड़ रहा है, साथ-साथ विदेशों के साथ भी अनपेक्षित मुकाबला करना पड़ रहा है, यह परम्परागत नेतागिरी करने का योग्य अवसर नहीं है, न राजनीति में और न निगमों में.

धर्मतंत्रों में भी एक अलिखित नेटवर्क लिखित रूप-विधान जैसा रहता है. पता लगावें. कुछ लोगों का नेटवर्क शैली के वातावरण में कार्य करना मेहनत का प्रतिफल होता है. कार्य से बाहर रहना ही वह समय है जब वे स्वयं का नेटवर्क कार्य आरम्भ कर सकते हैं अथवा किसी भी नेटवर्क से सम्बद्ध होकर, समान-सोचवाले लोगों के साथ काम करें.

आज हम नेटवर्किंग के अति-व्याप्ति के युग में जी रहे हैं, जो नेटवर्किंग का तारा-मंडल नहीं है बल्कि नेटवर्किंग तारा-मंडलों की गॅलेक्सी - आकाश गंगा है.

मॅगाट्रेंड्स में से लिए उपरोक्त अंश की अनुमति ली हुई है.

देने का सिद्धान्त

दीपक चोपड़ा

सफलता का दूसरा दैविक नियम है, देने का सिद्धान्त. इस नियम को देने और पाने का नियम भी कह सकते हैं क्योंकि ब्रह्माण्ड गतिशील परिवर्तन के सिद्धान्त पर कार्य करता है. कुछ भी स्थिर नहीं है. हमारा शरीर भी गतिवान है और हर क्षण वह ब्रह्माण्ड के शरीर में से परिवर्तन ले रहा है; हमारा मस्तिष्क भी गतिशील रहकर विश्व के मस्तिष्क से वार्तालाप कर रहा है और हमारी ऊर्जा वैश्विक ऊर्जा का प्रकटीकरण है.

जीवन का प्रवाह भी और कुछ नहीं, समस्त तत्वों और शक्तियों की, पारस्परिक, सुसंगत, प्रतिक्रिया है जो अस्तित्व के क्षेत्र का निर्माण करती है. तत्वों और शक्तियों की यह ताल-मेल युक्त प्रतिक्रिया आपके जीवन में देने के नियम को क्रियाशील कर देती है. आपका

शरीर, मस्तिष्क और ब्रह्माण्ड निरन्तर गतिशील हैं अत: ऊर्जा के प्रवाह को रोकना मानों रक्त के प्रवाह को रोकने जैसा होगा. जब भी कभी, रक्त बहना बन्द कर देता है, उसमें थक्के जमने लगते हैं, वह गाढ़ा हो जाता है, दुर्गन्ध देने लगता है. इसीलिए हमें धन और बहुतायत को बनाए रखने के लिए देते-लेते रहना चाहिए या जीवन की कोई और इच्छित वस्तु को प्रवाहित करते रहना चाहिए.

''प्रवाहित'' शब्द मूल ''प्रवाह'' से बना है जिसका अर्थ होता है ''बहकर जाना.'' ''प्रवाहित'' का तात्पर्य होता है ''बहुतायत से बहना.'' दौलत यथार्थ में हमारी जीवनी शक्ति का प्रतीक है जिसे हम ब्रह्माण्ड में सेवाओं के बदले में देते हैं. पैसों के लिए दूसरा शब्द है ''करेंसी.'' इसका तात्पर्य भी ऊर्जा का प्रवहमान स्वरूप होता है. करेंसी शब्द लॅटिन के ''क्यूरेरे'' शब्द से आया है और उसका अर्थ भी ''भागना'' या ''बहना''होता है....

हर सम्बन्ध देने और लेने पर अश्रित रहता है. देने से लेने का जन्म होता है और लेने से देने का. जो ऊपर जाता है उसे नीचे आना ही पड़ता है, जो बाहर जाता है उसे अन्दर भी आना पड़ता है. यथार्थ में लेना और देना एक ही वस्तु है क्योंकि दोनों ही ऊर्जा के प्रवाह के ही ब्रह्माण्ड में व्याप्त विभिन्न स्वरूप हैं. यदि आप एक के भी प्रवाह को रोकेंगे तो प्रकृति की बुद्धिमत्ता में व्यवधान डालेंगे.

प्रत्येक बीज में हजारों वनों का आश्वासन छिपा रहता है. मगर बीज का संचयन नहीं किया जाना चाहिए; उसे अपनी मेधा उपजाऊ धरती को देनी चाहिए. उसके समर्पण से अनदेखी शक्ति का स्रोत भौतिक स्वरूप में प्रकट होता है.

आप जितना अधिक प्रदान करेंगे, उतना ही ज्यादह पाएँगे क्योंकि आप प्रकृति की बहुलता को अपने जीवन में गतिमान बनाए रखेंगे. वास्तव में, जो भी वस्तु जीवन में सारवान है वह तभी बहुगुणित होती है जब दी जाती है. जो पदार्थ देने से नहीं बढ़ता है, वह न तो देने लायक होता है और न पाने योग्य. यदि, देने की प्रक्रिया से, आपको लगता है कि आपने कुछ गँवा दिया है, तो वह देना सच्चे दिल से नहीं हुआ है और वह वृद्धि नहीं करेगा. यदि आप कुड़मुड़ाते हुए देते हैं, तो उस दान के पीछे ऊर्जा नहीं होती.

जीवन की सारवान वस्तुएँ ही देने से बहुल होती हैं.

देने और लेने के पीछे की मनोवृत्ति ही प्रमुख वस्तु होती है. देने और लेने का उद्देश्य, हमेशा दोनों के दिलों में प्रसन्नता पैदा करना होना चाहिए. क्योंकि खुशी जीवन-रक्षक और जीवन-पालक होती है और इसीलिए बहुलता पैदा करती है. देने के अनुपात में ही प्रत्यावर्तन या वापसी होती है, यदि वह बन्धनहीन हो और दिल से दिया गया हो. इसीलिए देने की क्रिया सानन्द होनी चाहिए मन:स्थिति ऐसी हो कि देने का कार्य ही आनन्द बन जाए. तब, देने के पीछे छिपी ऊर्जा अनन्त गुनी बढ़ जाएगी.

दरअसल में, देने के नियम को पालना बहुत सरल है. यदि आप आनन्द चाहते हैं तो औरों को आनन्द देना सीखें, यदि प्यार चाहते हैं, तो प्यार बाँटें, यदि ध्यान और सम्मान चाहते हैं तो इन्हीं को देना सीखें, यदि सांसारिक धन-सम्पत्ति चाहिए तो औरों को सम्पन्न बनावें. वास्तव में, जो आप चाहते हैं उसे पाने का सबसे सरल मार्ग है, जो दूसरे चाहते हैं, उसे पाने में उन्हें मदद देना. यह सिद्धान्त व्यक्तियों, संस्थानों, समितियों और राष्ट्र के लिए भी उतनी ही सफलता से काम करता है. यदि आप जीवन की सभी अच्छी वस्तुओं को पाकर धन्य होना चाहते हैं, तो मौन रहकर हर किसी को जीवन की हर अच्छी चीज देकर उपकृत बनें.

मात्र देने के विचार, आशीर्वाद की भावना या साधारण-सी प्रार्थना में औरों को प्रभावित करने की सामर्थ्य होती है क्योंकि ऐसी स्थिति में हमारा शरीर अपनी मूल स्थिति में आ जाता है और ऊर्जा और ज्ञान का स्थानीय पिण्ड बनकर ब्रह्माण्डीय ऊर्जा और ज्ञान से संयुक्त हो जाता है. हम चेतना के ब्रह्माण्ड में उतराते हुए सीमित चेतना के पिण्ड हैं. ''चेतना'' का अर्थ ऊर्जा और ज्ञान से कुछ अधिक होता है. उसका तात्पर्य होता है, वह ऊर्जा और ज्ञान जो विचार बनकर जीवित है. इसलिए हम एक विचारशील ब्रह्माण्ड के विचारशील पिण्ड हैं. और विचारों में परिवर्तन की शक्ति होती है.

जीवन चैतन्य का अनन्त नृत्य है जो ज्ञान की विस्फोटक, गतिशील विचार किरणों के रूप में स्वयं को प्रकाशित करता है, जो अणुओं और परमाणुओं के रूप में मनुष्य शरीर और ब्रह्माण्ड के शरीर, मनुष्य के मस्तिष्क तथा ख-मण्डल के मस्तिष्क के बीच नर्तन करता रहता है.

जब हम उसे देना सीख जाते हैं जो पाया है, तो अति संवेदनशील, ऊर्जावान और जीवन्त अंग-भंगिमाओं को नृत्य के रूप में सजाकर उसे जीवन के स्पन्दन का रूप दे देते हैं.

देने के *व्यवहार* को कार्यशील करने का सर्वोत्तम तरीका है समग्र आदान-प्रदान की प्रक्रिया को आरम्भ करना - निर्णय कर लेना कि जब भी हम किसी के सम्पर्क में आएँगे, उन्हें कुछ-न-कुछ अवश्य देंगे. आवश्यक नहीं कि वह भौतिक वस्तुओं के रूप में ही हो; वह एक फूल, एक बधाई, एक प्रार्थना भी हो सकती है. वास्तव में भेंट का सर्वश्रेष्ठ स्वरूप भौतिक नहीं होता. सँभाल की भेंट, ध्यान देना, स्नेह करना, प्यार होना - कुछ ऐसी सौगातें हैं जो सबसे अधिक मूल्यवान होती हैं और जिन्हें हम दे सकते हैं और जिनके लिए कुछ भी खर्च नहीं होता.

जब हम किसी से मिलते हैं तो उसे मौन रूप से आशीर्वाद दे सकते हैं; शुभ-कामनाएँ, आनन्द और हँसी का उपहार देते हुए. इस प्रकार का सु-शान्त सन्देश बहुत ऊर्जावान होता है.

बचपन में मुझे एक बात सिखाई गई थी, जिसे मैंने अपनी सन्तानों को भी सिखा दिया था कि किसी के भी घर कभी बिना भेंट लिए मत जाओ. आप सम्भव है कहें, ''मैं किसी

को उस अवसर पर कुछ कैसे दे सकता हूँ, जब स्वयं मेरे पास यथेष्ट नहीं है ?'' आप एक फूल ला सकते हैं. कोई लिखित सन्देश अथवा कार्ड, जो उसके प्रति, आपकी भावनाओं को प्रकट करता हो जिससे आप मिलने जा रहे हैं. आप बधाइयाँ ले जा सकते हैं. एक प्रार्थना भी ली जा सकती है.

जहाँ भी कहीं आप जाएँ, जिस किसी से भी मिलें, कुछ अवश्य ले जाएँ. जब तक आप कुछ देते रहेंगे, पाते भी रहेंगे. जितना अधिक देंगे, उतना ही अधिक आपका विश्वास इस नियम के जादुई प्रभाव में होगा. और जितना अधिक आप पाएँगे, आपकी देने की शक्ति भी उतनी अधिक बढ़ेगी.

हमारा वास्तविक स्वभाव प्रचुरता और समृद्धि का है; हम स्वाभाविक रूप से समृद्ध हैं क्योंकि प्रकृति हमारी सहायता करती है और हमारी प्रत्येक माँग और इच्छा को पूरा करती है. हमें कोई कमी नहीं है क्योंकि हमारी मूल प्रकृति निर्मल, अन्तर्निहित, अनन्त सम्भावनाओं से युक्त है. अत: आपको जानना चाहिए कि आप जन्मजात समृद्ध हैं, फिर भले ही आपके पास कितना अधिक या कम पैसा हो, क्योंकि समस्त धन का स्रोत विशुद्ध ऊर्जा का स्रोत है – वह आत्म-चेतना है जो जानती है कि अपनी हर माँग – आनन्द, प्यार, हँसी, शान्ति, सामंजस्य और ज्ञान – को कैसे शान्त करना. यदि आप इन सबों को स्वयं के और दूसरों के लिए प्राप्त करेंगे तो अन्य सभी बातें स्वयमेव, इनके पीछे चली आएँगी.

उपरोक्त अंश, अनुमति द्वारा, द सेवन स्पिरिच्युअल लॉज़ ऑफ सक्सेस *से लिया गया है.*

आज सम्बन्ध पहले से अधिक महत्वपूर्ण हैं

कॅरोल थॉम्पसन

सम्भव है कुछ लोग मानते हैं कि नेटवर्किंग पुराने युग की बात है – जो सन् 70 या 80 में तीव्र थी, मगर 21वीं सदी में उच्च तकनीकी दुनिया में आते-आते पुरातन हो गई. यदि, आप इसमें विश्वास करते हैं तो अच्छा होगा आप अपना हॅट ले आएँ क्योंकि आपकी भविष्य की बिक्री के आँकड़े और सफलता इस बारिश

में बह जानेवाली हैं. नए, दृढ़ सम्बन्धों को बनाना ही नेटवर्क मार्केटिंग है जो आज के तेज, वैश्विक व्यवसाय के समय में और अधिक महत्वपूर्ण हो गए हैं.

नई टेक्नोलॉजी और दिन-प्रति-दिन बढ़ते सम्पर्क के उपायों ने संवादिता के साधनों, टेलीफोन और इ-मेल ने दिन के चौबीसों घंटे, हफ्ते के सातों दिन सम्पर्क को विश्वभर में सम्भव बना दिया है. अत: इन सारी सम्पर्क की सम्भावनाओं के कारण, हमेशा से अधिक महत्वपूर्ण, अब सम्बन्ध क्यों हो गए हैं ? इसके ये चार कारण हैं :

1. निरन्तर परिवर्तन. हम सबों के कार्यस्थलों में परिवर्तन की गति और क्षेत्र बढ़ गया है. न सिर्फ हाइ-टेक कम्पनियाँ बल्कि सभी कार्य-क्षेत्रों में आवश्यकता आ गई है कि न सिर्फ हम सब अपने उत्पादों और सेवाओं में नया परिवर्तन करें बल्कि अपना काम का तरीका भी बदलें और ग्राहकों और अनुयायियों के साथ नए प्रकार से व्यवहार करें. अधिक लचीची और वास्तविक कम्पनियाँ आज जब व्यवसाय के उदाहरण बनती जा रही हैं, हमारे सामने अब नित्य जन्म लेतीं, सहभागिता और सहयोग से जुड़ी संस्थाएँ आ रही हैं. आज हमारी आर्थिक गति-विधियों की कार्य-सूची में अन्य कम्पनियों की रक्षा करना या उन्हें खरीद लेना शामिल हो गया है. अन्तिम प्रमुख पंक्ति है : आस्थापूर्ण सम्बन्धों का आज के युग में, बहुत अधिक व्यावसायिक मूल्य हो गया है. जानकारियाँ अधिक मँहगी हो गई हैं और अक्सर उन्हें पाने का अक्सीर उपाय है सम्बन्ध.

2. टेक् – तंत्रज्ञान मानसिकता. अनेकों लोग जो खुद हाइ-टेक स्थानों पर, अपनी शिक्षा, प्रशिक्षण और व्यक्तित्व के कारण हैं वे व्यापार के ''मानव'' पक्ष को भूल जाते हैं. उनके लिए तंत्र-ज्ञान – टेक्नोलॉजी ही हल है. वे भूल जाते हैं कि मनुष्य ही है जो किसी तंत्रज्ञान को खरीदने या प्रयोग करने का निर्णय लेता है, जो बना है. कॉम्प्यूटर आपको काम पर रखने का निर्णय नहीं लेते, मनुष्य ही ऐसा करते हैं. नेटवर्किंग की मूल बातें, जैसे आए फोनों को प्रत्युत्तर देना भी विशेष बात है. कई बार ऐसी प्रवृत्ति कि ''जब तक आप पाँच बार सन्देश नहीं भेजेंगे, हम लौटकर फोन नहीं करेंगे,'' अच्छी सफलता या सम्बन्धों के लिए हानिकर होती है.

यदि आप अपने निचले धरातल को उठाकर ऊपर आना चाहते हैं तो मानव-सम्पर्क से ही आरम्भ करें.

3. विस्तृत कार्य-क्षेत्र. पिछले समय के कार्य-क्षेत्रों में जिम्मेवारियाँ सीमित और अच्छे से बतलाई हुई होती थीं. लोग कहते, वे इंजीनियर, लेखापाल आर्कीटेक्ट अथवा कॉम्प्यूटर विश्लेषक हैं और उनकी व्यक्तिगत विशेषता का उनके अध्यवसाय से कोई सम्बन्ध नहीं रहता था. आज, कार्यक्षेत्रों में प्रत्येक व्यक्ति कुछ बेचता है, फिर चाहे वह कोई उत्पाद हो, सेवा हो अथवा संस्था, जिसका आप प्रतिनिधित्व कर रहे हों. आप लोगों से कितने

अच्छे से संयुक्त हो सकते हैं, वह आपकी और आपकी संस्था की सफलता का मुख्य अंग बन जाता है. यह बात ग्राहकों और सम्भावित ग्राहकों से भी आगे जाकर विक्रेताओं, कर्मचारियों, साझीदारों, संचारमाध्यमों और जन-समुदायों तक को समेट लेती है.

4. अधिक तनाव. अधिक माँग करनेवाला कार्यक्षेत्र, सुनिश्चित अन्तिम तिथियाँ, कड़ा मुकाबला और सदैव बदलता परिवर्तन माँगता है, फलस्वरूप अधिक तनाव पैदा होता है. अनेकों परीक्षणों से ज्ञात हुआ है कि व्यक्तिगत स्वास्थ्य के लिए निजी नेटवर्क होना चाहिए. वे जो स्वयं का नेटवर्क रखते हैं, दीर्घजीवी होते हैं. सशक्त व्यक्तिगत नेटवर्क एक प्रतिरोधक, सहायक सिस्टम और ऊर्जादाता के रूप में कार्य कर सकता है, ताकि इस उत्तेजक कार्यक्षेत्र की चुनौतियों का सामना हो सके.

ऊपरी छोर पर यदि दृष्टि डालें तो यह सारा तंत्र-ज्ञान हमें अधिक सुगमता और बड़ी संख्या में सम्बन्धों का विकास कराता है, न सिर्फ अपने स्वयं के समुदाय या उद्योग में, बल्कि विश्व में कहीं भी. यदि आप अपने निम्न स्तर को उठाना चाहते हैं या चाहते हैं कि आपके कर्मचारी आपके लिए ऐसा करें, तो याद रखें, मानव-सम्पर्क ही इसका आरम्भिक बिन्दु है. जब आप प्रणाली पर कार्य करें तो याद रखें, लाइन के दूसरे छोर पर भी एक इन्सान है जो ज्ञान के महापथ पर चल रहा है.

वैश्विक पास-पड़ौस

रॉबर्ट फ्रेंच

कैंटरबरी के निकट के एक गाँव एल्हॅम में, मैं एक बहुत असाधारण दम्पति से मिला. बॅटी और जॅक, दोनों अपनी साठोत्तरी उम्र में थे और वे कभी भी एल्हम से बाहर नहीं गए थे. वे घर में रहकर भी पूर्णतया सन्तुष्ट थे.

दूसरी ओर मैं इस समय इस वर्ष के अपने चौथे देश के प्रवास पर था. कौन अधिक असाधारण जीवन जी रहा था ? मुझे प्रतीत हुआ जैसे बॅटी और जॅक जी रहे हैं.

मगर अब परिस्थितियाँ बदल गईं हैं. दो सौ वर्ष पहले, अधिकांश एल्हम-निवासी, सिवाय उनके युवाओं के जो सैनिक थे, अपने पड़ौस के गाँव में भी नहीं गए थे. वे लगभग पूरी तरह से, अपनी रोज की जरूरतों और सामाजिक जीवन और नैतिक मार्गदर्शन के लिए आपस में, एक-दूसरे पर निर्भर रहते. उनके ग्रामीण साथी ही उनके ज्ञान के स्रोत थे. और

इस ज्ञान के भण्डार का आदर्श और व्यवहार, जिसे गाँव के बुजुर्गों ने स्थापित किया था बहुत कठोर और अपरिवर्तनीय थे. उनका पालन त्वरित और निष्ठुर होता. वे वैसे तो व्यक्ति स्वातंत्र्य को रोकते थे मगर वे सबों के हित में होते और निवासियों को नागरिकता के अच्छे नियम सिखाते और गाँव को एकत्र और कार्यरत रखते.

जॅक और बॅटी आज दुर्लभ पक्षी बन चुके हैं; विलुप्तता के कगार पर. आज हम स्वाधीनता से, हजारों मील दूर जाकर बस जाते हैं, अपने आरम्भिक घरोंदे अपने परिवार से बहुत दूर.

हम समृद्ध हैं और प्रवहमान हैं; हम लम्बी दूरी के टेलीफोनों के द्वारा संवाद करते हैं, फेक्स और ई-मेल का सहारा लेते हैं; अपनी जानकारी को राष्ट्रीय और अन्तर्राष्ट्रीय टेलीविज़न नेटवर्क तथा इंटरनेट से प्राप्त करते हैं. साथ-साथ, हमसे कोई पूछ नहीं सकता - अपरिचितों से लेकर निकट का पड़ौसी तक.

बिना सन्दर्भों के जीना आज के युग की पीड़ादायक स्थिति बन चुकी है. एकल व्यक्ति और परिवार अपने पड़ौसियों और साथी नागरिकों की कुशलता में रुचि शीघ्र खो बैठते हैं. निम्न नैतिक धरातल और उनके शिथिल प्रवर्तन से नशीली दवाओं का प्रचलन, बाल-यौनाचार, तलाक, अनैतिक व्यापार-नीतियाँ आदि प्रमुख होते जा रहे हैं. हममें से अनेक, स्वयं को उन लोगों से घिरा पाते हैं, जिन्हें हम उन्मादी, दकियानूस आदर्शवादी और अनैतिक गुण्डा मानते हैं जो किसी भी दल में सम्मिलित होकर न आपस में लाभप्रद वार्तालाप कर सकते हैं और न घुल-मिल सकते हैं. अन्त में यही विभेद हमारे चयन को, हमारी स्वाधीनता को गला देता है. हम आज अपने पॉर्च - बरामदे में बैठकर अपने पड़ौसी से बातें नहीं कर पाते हैं; दिन ढलने पर, अनेकों गलियों में घूम नहीं सकते.

हम अनेकों के सन्दर्भ-दल, यदि वे हैं, तो वे भौगोलिक दूरियों से निष्क्रिय और प्रभावहीन हो गए हैं.

अनेक बार, सहसा, नए सन्दर्भ ग्रुप उभर आते हैं, उनके सदस्यों की घटिया संवेदनाओं से. नशेड़ियों की जमात डकैतियों और चोरियों को अपना लेती है ताकि उनके शौक पूरे हो सकें. धर्मोन्मादी संघ अपनी बिरादरी को वैमनस्य का घूँट पिलाता है, जो जाति या धर्म में उनसे सहमत नहीं होते.

हममें से अधिकांश का यदि कोई सन्दर्भ ग्रुप होगा भी तो बहुत सम्भव है वह भौगोलिक रूप से बहुत बिखरा हुआ, दृष्टिहीन और असरविहीन रहेगा. इस ढाँचेविहीन विश्व में रहना बहुत एकाकी और संकटपूर्ण हो सकता है. हमारा नैसर्गिक स्वभाव है औरों से मेल-जोल करना, समाज बनाना, जहाँ भी वे हमें मिलते हैं नए पहचान के दायरे पैदा करना, उनसे जुड़ना. हम संगठन के उन सदस्यों में अपनी सुरक्षा देखते हैं. हम व्यायाम-शाला में हफ्ते में दो बार जाकर उन स्वास्थ्य कमाने के इच्छुकों से मेल कर सकते हैं. गोल्फ क्लब से जुड़कर

हमारे जैसा जीवन जीनेवालों के मित्र बन सकते हैं. व्यवसायी अपने व्यावसायिक नेटवर्किंग ग्रुप से मेल-जोल करके आपसी आर्थिक लाभ के मुद्दों पर बातें करके जीवन भर के साथी बन सकते हैं. हम इन सब से बच नहीं सकते क्योंकि यह हमारे खून में है.

किसी भी सशक्त, प्रभावशाली सामाजिक संस्था में प्रवेश पाने से हमारी उत्तरदायित्व की भावना बढ़ती है. प्रत्येक प्रसिद्ध आधुनिक संस्थान का, अपनी अन्य सम सामायिक ऐतिहासिक भूमिकावाली संस्थाओं की भाँति, स्वयं का स्व-निर्मित ढाँचा होता है, जिसके नैतिक और सामाजिक उत्तरदायित्व और नीति-नियम होते हैं, जिनसे वह संचालित होता है और उसके सदस्य भी बँधे रहते हैं. इसके सर्वोत्तम उदाहरणों में, ये वैश्विक गाँव, पुराने भौगोलिक गाँवों की भाँति के ही होते हैं - सिर्फ पसन्द करने की व्यक्तिगत स्वतंत्रता अधिक होती है. हम जहाँ अवस्थित हैं, उसके अलावा भी, चाहे जहाँ, अपना समूह बना सकते हैं.

कम सौभाग्यशाली लोगों की सहायता करना एक जीवन-परिवर्तनकारी, ज्ञान-सम्पन्न अनुभव हो सकता है. यह देखकर महानता का अनुभव होता है कि पहले, कठोर सोचवाले व्यापारीगण, जो गला-काट मुकाबले के लिए सदैव तत्पर रहते थे, अकस्मात, नेटवर्किंग के व्यवसाय-दल से जुड़ने के बाद, किस प्रकार से, अपने नेटवर्क सहकर्मियों की सहायता करके गहरा सन्तोष अनुभव कर रहे हैं.

> समान रुचियों पर आधारित समूहों को बनाने से अक्सर व्यक्तिगत नैतिकता और जीवन मूल्य का स्तर बढ़ जाता है.

हम समुदाय को एक मानक की जरूरत होती है. सर्व साधारण के लाभों के लिए बने समुदाय, अक्सर व्यक्तिगत नैतिकता और नीतिपूर्ण मानकों को और ऊँचा उठा देते हैं. कुछ को यह प्रक्रिया कष्ट देती है, मगर उच्च मानकों के बिना ऊँची कार्यशीलता और परिणामों को पाने की सम्भावना नगण्य रहती है. उच्च श्रेणी के ढाँचागत अनुशासनात्मक लक्ष्यों को निर्धारित करनेवाले साहसिक ही समर्थ बनकर अपने सह सदस्यों की सहायता कर सकते हैं. एक सुदृढ़ सन्दर्भ-पक्ष अपने सदस्यों को उनकी पहचान का प्रमुख चिह्न देता है - समुदाय में सदस्य के रूप में वे सहयोग के द्वारा ऐसे लक्ष्यों को पा सकते हैं, जो अकेला रहकर वे कभी भी नहीं पा सके होते.

2

नेटवर्किंग स्वभावतया आ जाती है

आज के दैनन्दिन जीवन का वह इतना सहज स्वरूप है, कि अनेकों को तब तक समझ में नहीं आता कि वे नेटवर्किंग कर रहे हैं, जब तक उन्हें कोई उस शब्द से परिचित नहीं कराता. नेटवर्किंग आज के घरेलू जीवन का अंग है और उसी के द्वारा हम अपने व्यक्तिगत जीवन को सुचारु रूप से चलाते हैं. आगे, कार्येन न्यूटन हमें बता रहे हैं कि किस प्रकार से एक बच्चे को दिया माँ-बाप का पाठ नेटवर्किंग के मुख्य, मार्गदर्शक नियम में बदल जाता है : सेंडी डोनोवॉन को याद आता है कि बचपन में, एक बालिका के रूप में उसने व्यवहार के तीन नियम सीखे थे जिन्हें हर अच्छे नेटवर्कर को जानना चाहिए, और हॅजेल वॉकर नेटवर्किंग को हमें पालक और समाज-सेवक के दृष्टिकोण से समझाती हैं.

बच्चों के लिए नेटवर्क

कार्यान न्यूटन

सो पालक होकर हम अपने बच्चों को, अपने व्यवहार सिखाते हैं कि किन बातों पर विश्वास करें और कैसा व्यवहार करें. कई बार, हम जो कहते हैं या नहीं कहते, वह हमारी क्रियाओं में समाया होता है. एक विशेष उम्र में, वे बच्चे जिन्हें उनकी मर्जी पर छोड़ दिया जाता है, वे अविवेकी, निष्ठुर या असभ्य हो जाते हैं. यदि हम इस व्यवहार को अनदेखा कर देते हैं और समझते हैं कि यह तो सिर्फ बच्चों की दुश्मनी है अथवा वे थक गए हैं – तो हम उन्हें ऐसी आदतें सिखा रहे हैं जो उनका और उनके आस-पास के सभी का जीवन दूभर कर देंगे.

और यदि, दूसरी ओर हम उन्हें औरों से ऐसा व्यवहार करना सिखाएँ, जैसा वे चाहते हैं कि दूसरे उनसे करें, तो हम उन्हें नेटवर्किंग सिखा रहे होते हैं.

मेरी सबसे बड़ी पुत्री ईव, जो बारह वर्ष की है, उसने एक क्लब – समुदाय – बनाने

की सोची. उसका पहला सदस्य उसी की उम्र का एक पड़ौसी बालक था. उन्होंने अपने क्लब की पहली बैठक हमारे गॅरेज में की, और शीघ्र ही हमें उनके संघर्ष के समाचार मिले. ईव ने अपनी सात वर्ष की छोटी बहन शैल्बी को क्लब से निकाल दिया.

संघर्ष बहुत जल्दी चीखों और आँसुओं में बदल गया और मुझे बीच-बचाव करना पड़ा. हमारे परिवार में मैंने ईव से कहा कि उसे ऐसा व्यवहार करना चाहिए, जैसा वह दूसरों से चाहती है. मैंने समझाया कि उनके प्रति हमदर्दी रखनी चाहिए जो दूसरों की सहायता के बिना वह नहीं कर सके हैं, जिसे वे करना चाहते थे. हमें औरों को अपने सम्पर्क के घेरे से बाहर नहीं रखना चाहिए विशेषकर उन्हें जो हमारे दिलों के करीब हैं या हमारे परिवार के सदस्यों को. हम नहीं जानते कि कब हमें एक और मित्र की आवश्यकता पड़ जाए.

पड़ौस के लड़के पर प्रभाव पड़ा. ''ये एक काम की बात कह रही हैं,'' उसने ईव से कहा. उसने यह भी कामना की कि कितना अच्छा होता यदि उसके अपने भाई उसके प्रति अधिक मैत्रीपूर्ण होते. उसने यह भी चाहा कि कितना अच्छा होता यदि उसके माँ-बाप भी मेरी बात को सुनते. उनकी मदद से उसके और भाई के सम्बन्ध मधुर हो जाते.

मैं चकित रह गई मगर मुझे गर्व भी हुआ कि मैं न सिर्फ स्वयं के, बल्कि पड़ौस के बच्चे को भी, देने का पाठ पढ़ा रही हूँ. यह ठीक है कि मैं सिर्फ शैल्बी की पीड़ा को कम करने का प्रयास कर रही थी जो उसे निकाले जाने से हो रहा था. मगर मुझे शीघ्र ही याद आया कि तत्काल सीखा मानव-सम्बन्धों का पाठ एक ऐसी बात थी जो उन्हें बड़ी उम्र में भी, जीवन में काम आता रहेगा.

मेरा अध्यवसाय है व्यापारिक नेटवर्किंग सिखाना. मैं जानती हूँ और मेरी सन्तानें सीख रही हैं कि हम औरों के प्रति इसलिए उदार हैं क्योंकि हम चाहते हैं कि और लोग भी हमारे प्रति उदार बनें. नेटवर्किंग में हम इस सुनहले नियम को सार-स्वरूप में कहते हैं, ''दाता लाभ उठाते हैं'' गिवर्स गेन. वे, जो नेटवर्क को उदारतापूर्वक और सोच-विचार कर प्रयोग में लाते हैं उन्हें जीवन के हर क्षेत्र में सफलता का अनुभव होता है. वे स्वयं को ऐसे लोगों से घिरा पाते हैं, अथवा ऐसे लोग उन्हें घेर लेते हैं जो उन्हें अपनी सहायक नेटवर्क सेवा के द्वारा मदद करना चाहते हैं क्योंकि वे लोग आपको पसन्द करते हैं और आपकी फिक्र भी करते हैं.

> शायद यह मेरी, अपने बच्चों को सबसे बड़ी भेंट है, जो मैं उन्हें दे सकती हूँ - उनके साथ नेटवर्किंग करके अपना प्रौढ़ ज्ञान उन्हें देते हुए कि दयालुता का कोई भी किया हुआ काम, अन्त में लौटकर, उन तक पहुँच जाएगा.

सम्भवत: अपने बच्चों को दी जा रही यह भेंट सबसे बड़ी है जो उन्हें समझाती है कि किसी के प्रति दिखलाई हुई दयालुता हर हाल में, उनके पास लौटकर वापिस आ जाएगी. नेटवर्किंग का अपना प्रौढ़ ज्ञान देते समय मैंने उन्हें यह बात भी समझायी थी. मेरे बच्चे जितना

अधिक स्वयं को, औरों को देंगे, उतना ही ज्यादा वे अपने जीवन में पायेंगे और एक माँ के रूप में, मैं उतनी ही ज्यादह सफल बनूँगी.

आप सफलता को कैसे मापेंगे ? क्या वह अधिक पैसा है जिसे आप कमाते हैं अथवा कितना बड़ा मकान बनाते हैं, कितने अधिक खिलौने जमा कर पाते हैं ? मैंने अपना सबसे बड़ा पुरस्कार देने और पाने में पाया. जितनी भी बार मैंने किसी की मदद की है, उसे विचार देकर, ज्ञान, सम्बन्ध अथवा निर्देशों के माध्यम से, मैंने एक रिश्तेदारी में धन का निवेश किया है जो किसी दिन मुझे प्रतिफल देगा.

स्वयं से आप भी यही प्रश्न पूछें जो कभी, किसी ने मुझसे पूछा था : आपके मृत्यु-लेख पर क्या लिखा होगा ? मेरा तो अभिमानपूर्वक कहेगा, ''उसने दिया और उसने उसे पुनः पाया.''

निर्माण-सामग्री का निर्माण करें

सेन्डी डॉनोवान

जितने भी महान नेटवर्करों को मैं जानता हूँ उनमें से किसी ने भी अपनी नेटवर्किंग कुशलता को उच्च, स्नातकोत्तर पढ़ाई में अथवा गहन प्रशासक मुलाकातों में नहीं सीखा. मेरे ही समान उन्हें उनके पालकों ने उसे उन्हें सिखाया था. यह ठीक है कि हम उस समय यह बात समझ नहीं पाए थे. हम उन दिनों अपने भाई-बहनों और खेल के साथियों के साथ, साथ निभाना सीख रहे थे. हमने नेटवर्किंग को कक्षाओं अथवा सभाओं में नहीं सीखा था; हम अच्छी नेटवर्किंग के गुणों के साथ-साथ बड़े हुए थे, सफलता की चाबी हमारे रक्त में थी.

ठीक है, उसका मैंने प्रतिरोध किया. जीवन का कठिन पाठ बच्चे के जीवन में ठूँसा हुआ नहीं होता. पालकों को उसे पाना होता है और फिर धीरज के साथ, दृढ़ता से उसे काम में लाना होता है. बहुत सालों तक तो मुझे भी उनके सबक का फल समझ में नहीं आया : कि इस समय प्रयत्न करना, बाद में फलदायी होता है और वे पुरस्कार प्रतीक्षा करने लायक होते हैं.

यह है वह, जिसे मेरी माँ और पिता ने बारम्बार कहा था, जब तक कि वह पाठ नहीं बन गया :

आपको हिस्सा बाँटना सीखना पड़ता है

इस पाठ को सीखना मुझे पसन्द नहीं था. जो मेरा है, वह मेरा ही है. वह न तो मेरे कज़िन का है, न मेरी बहन का, और न मेरे साथी-संगियों का - सिर्फ मेरा है. पर मैंने हिस्सा करना सीखा और हिस्सों को बाँटा भी - मेरे खिलौने, कपड़े, यहाँ तक कि कमरा भी, जब मेहमान आ जाते. मगर क्रमशः मुझे मानव-स्वभाव की एक विनोदी बात ज्ञात होने लगी. जब हम औरों के साथ कुछ बाँटते हैं तो वे भी आपके साथ अपनी वस्तु बाँटना चाहते हैं.

व्यवसाय में, हम सभी आगे बढ़ने के लिए एकाग्र रहते हैं, अपने लक्ष्यों को पाने को, अपने निजी पेशे को बढ़ाने को. मगर यदि हम बाँटना सीख लेते हैं, तो हमें पता चलता है कि हम अपनी उच्चतम उँचाइयों तक तब पहुँचते हैं जब अपने सामर्थ्य को आपस में मिलाकर, ऊपर की ओर उठते हैं. दूसरों को उनका लक्ष्य पाने में मदद देने के बाद, हम दस गुने शक्तिशाली बन जाते हैं और अपना लक्ष्य पाना, न जाने क्यों सहज हो जाता है.

जैसा कि स्टीफ़ॅन कॉवे का कहना है, स्वच्छन्दता से आश्रय की ओर बढ़ने से, हमें नायकत्व की सबसे ऊँची श्रेणी मिल जाती है. व्यावसायिक क्षेत्र में, विचारों अथवा सन्दर्भों के माध्यम से आपस में आस्था, विश्वसनीयता और भाईचारा - अपनापन - पैदा होता है. और कौन-सा, अधिक अच्छा तरीका होगा अपनी प्रतिष्ठा को स्थापित करने का, सिवाय एक ऐसे व्यक्ति के रूप में जो सदा औरों की सहायता करने को उत्सुक रहता है ?

धन्यवाद ! कहना न भूलें

लिखने और पढ़ने का प्राथमिक ज्ञान पाने के बाद मुझे इस मूल बात का ज्ञान हुआ. मुझे बर्थ-डे भेंटों के लिए सबों को "थेंक यू" लघु-पत्र लिखने थे. मुझे यह दस्तूर बहुत प्रिय नहीं लगता था, पर मुझे ज्ञात था कि यह जरूरी है, पर क्यों, यह ठीक से नहीं जानती थी. पर हर अवसर पर यह एक आदत बन गई और मैंने उसे बाद में, व्यावसायिक सम्बन्धों को बनाने में, एक सशक्त साधन पाया.

मैं लोगों को लघु-पत्र - नोट्स - भेजने का अवसर ढूँढ़ती रहती हूँ - न सिर्फ "धन्यवाद" भेजने का बल्कि और कोई भी लघु-पत्र का, जिनसे मेरे व्यावसायिक सहकर्मी, ग्राहक मित्र, सम्पर्क या साथी के साथ नियमित संवादिता आरम्भ हो सके. मैं उन्हें अखबारों के समाचारों, धर्मादाय उत्सवों, प्रवर्धक प्रोग्रामों आदि की कतरनें भेजती रहती हूँ, जिनमें उनकी रुचि हो सकती हो, समाचार जिनसे उनके व्यापार पर असर पड़ सकता हो, मगर क्यों? क्योंकि मुझे ज्ञात है, अधिकांश लोग ऐसा नहीं करते हैं और इससे दूसरों पर मेरा सार्थक प्रभाव पड़ता है. उन्हें पता चलता है कि मैं उनके बारे में सोचती हूँ. हम नहीं जानते कि कब हम किसके मार्ग में पड़ जाएँगे और वह किसी दिन आपके पेशे को प्रभावित करेगा, और मैं उस व्यक्ति को अपने पक्ष में रखना चाहूँगी, यदि रख सकी.

आपने एक वचन दिया था, अब उसे निभाएँ

हममें से हर किसी ने इस बात पर अपने माँ-बाप से झगड़ा किया है, है न ? ''मैं जानता हूँ, मैंने कहा था, पर मेरा वह मतलब नहीं था !'' मैंने कहा था कि मैं जाऊँगा, पर उन लोगों को मेरी अनुपस्थिति का पता नहीं चलेगा !'' सच है, हमारे पालक सही थे. उम्र में विकास का अर्थ होता है वादों को निभाना सीखना - और आश्वासन को पालने की अच्छी परिभाषा होती है, उस काम को अवसर और मूड बदलने के बहुत देर बाद भी करना, जिसे आपने करने को कहा था. जो कार्य हम नहीं करना चाहते, पर करने का आश्वासन दिया था, उन्हें करने से हमारे स्वभाव का अच्छा पहलू क्रमशः उभरकर सामने आता है, और वे वही दृष्टिकोण होते हैं जो बाद में हमें जीवन में सफल बनाते हैं. हम महान् नेटवर्कर, महान् सम्बन्धों को स्थापित किए बिना, कैसे बन सकते हैं ? सकारात्मक सम्बन्धों को बिना विश्वास के कैसे बना सकते हैं ? और हम पर कौन विश्वास करेगा, यदि हम वह नहीं करते हैं जिसे करने को कहा था ?

तंत्रज्ञान को धन्यवाद, हम अधिक निपुणता से काम करके अपने लक्ष्यों को पहले की अपेक्षा अधिक शीघ्रता से पा सकते हैं. पर हमारी मॉडेम-टू-मॉडेम की त्वरित गति की संवादिता व्यक्ति-व्यक्ति के बीच के वार्तालाप के गुणों का और उन मूल्यों का स्थान नहीं ले सकते हैं जो व्यावसायिक समाज का बहुमूल्य गुण है. हमें औरों से, वे ही गुण अलग करेंगे, जो हमें अपने पालकों ने बचपन में सिखाए थे और जो हमने अपनाए थे.

माताएँ पैदायशी नेटवर्कर होती हैं

हॅजेल वाकर

नेटवर्किंग इतनी प्राचीन कला है जितनी पुरानी मनुष्य जाति. बॉब बर्ग नेटवर्किंग को आपसी, लाभप्रद, लेन-देन और पूर्ण विजयी सम्बन्धों की सृष्टि कहते हैं. ''नेटवर्किंग'' शब्द हमारी स्मृति में ''बुजुर्गों का नेटवर्क'' प्रकट करता है जिसमें बड़े-बूढ़े धुएँ-भरे कमरों में आपस में व्यवसाय और अनुग्रह मात्र एक व्यक्ति के साथ करते हैं. सच तो यही है कि हम सब किसी-न-किसी प्रकार की नेटवर्किंग, किसी-न-किसी प्रकार से करते हैं और हम उन सब लोगों को जानते हैं जो लोगों से मिलने में और सम्बन्धों को बनाने में प्रवीण होते हैं. बस, हम इसे नेटवर्किंग के रूप में नहीं जानते. मेरा विश्वास

है कि प्रभावकारी नेटवर्किंग एक अर्जित कौशल है जिसके लिए धीरज और अभ्यास की आवश्यकता होती है.

एक माँ और उत्कण्ठित पीटीए स्वयं-सेवक होने के नाते, मुझे अक्सर देखने का अवसर मिलता कि विभिन्न अवसरों पर जन्मसिद्ध नेटवर्किंग स्त्रियाँ - ऊपरी तौर पर आपसी अनौपचारिक बातें करते-करते नेटवर्किंग करती थीं. मैं अक्सर बेबी सिटिंग, प्ले ग्रुप्स, घर की देख-भाल, गॅरेज सेल्स और माँ के लिए आवश्यक जानकारियों का लेन-देन उनके बीच देखता. वे सहजता से, अपने सम्पर्क के व्यक्तियों और क्षेत्रों को सारी जानकारी दे देतीं. जिसे अक्सर 'हेन पार्टी' के रूप में जाना जाता था, वह असल में पुराने प्रकार की नेटवर्किंग थी.

नेटवर्किंग ग्रुप के ढाँचागत व्यवसाय में लिप्त रहने के कारण, मुझे मौखिक विज्ञापन की शक्ति का पता चल गया था और मैंने दिलचस्पी से जाना कि औपचारिक हेन-पार्टी नेटवर्किंग असल में क्या होती है. इन समूहों में एक निश्चित नियमावली का पालन होता है.
एक भोजन-शाला की पेंट्री में स्वयंसेवक के रूप में काम करने से मुझे नेटवर्किंग की प्रक्रिया के बारे में सुनने का अवसर मिला कि वह वास्तव में कैसे कार्य करती है. माताएँ आपस में निम्नलिखित जानकारियाँ एक-दूसरे को देती हैं :

- किराए के सम्बन्ध में, ट्रस्टी के ऑफिस में सहायता के लिए किससे बात करना.
- उपयोगिता की वस्तुओं के बारे में, सबसे अच्छा सलाहकार कौन है ?
- अपने भुगतान के बिलों के बारे में, कहाँ से आर्थिक सहायता मिलेगी.
- किस चर्च की पेन्ट्री बेबी सिटर्स की सहायता करती है.
- शहर की कौन-सी संस्था दिन की सँभाल और बर्थ कंट्रोल के बारे में मदद करती है.

एक माँ को जब अपने बीमार बच्चे के लिए सहायता की आवश्यकता पड़ी, तो अनेकों औरतों ने उसे उन चिकित्सालयों के नाम और फोन नम्बर्स दिए जो उसकी मदद कर सकते थे.

ज्यों-ज्यों मैंने सुना, मुझे अनुभव हुआ कि जो कार्य वे कर रही थीं, ठीक वही काम मैं व्यावसायिकों को करना सिखाती हूँ ताकि वे नेटवर्किंग के द्वारा अपना व्यापार बढ़ा सकें. मैंने कुछ स्त्रियों से पूछा कि क्या वे अपनी नेटवर्किंग के बारे में मुझे बताना चाहेंगी. मैंने पूछा कि उन्हें इतनी सारी एजेंसियों के बारे में, विशेष सम्पर्कों के विषय में और सेवाओं के बारे में कैसे ज्ञात हुआ. क्या इतनी सारी जानकारी की कोई किताब या जगहों की सूची है जहाँ से उन्हें यह सब मदद मिल जाती है ? उन्होंने बताया कि गरीबों को अधिकांश मदद मौखिक सूचनाओं

से मिलती है. अनेकों व्यक्ति उन लोगों की मदद के लिए तत्पर रहते हैं जो समाज के उचित अंग नहीं हैं. इन तक पहुँचने का एक ही रास्ता है परस्पर सम्बन्ध और मौखिक संकेत.

अधिकांश स्त्रियाँ उन्हीं व्यक्तियों से अलग-अलग स्थानों पर मिलती हैं. वे अपने आपसी सम्पर्क, एक लाइन से दूसरी पंक्ति में खड़े होते हुए करती हैं. उनके लिए आपस में अनुभवों और जानकारी का आदान-प्रदान स्वाभाविक होता है. पूछने पर, कुछ ने बताया कि उन्हें नेटवर्किंग की अस्पष्ट जानकारी है पर उन्हें यह नहीं ज्ञात था कि वे व्यवस्थित नेटवर्किंग प्रतिदिन कर रही हैं. बहुतों के लिए, वे जो कर रही थीं वह उनके और उनके बच्चों के अस्तित्व के लिए आवश्यक था.

हर किसी के साथ वे उन सूचनाओं को नहीं बाँटती थीं. सन्दर्भ सिर्फ उन्हीं को दिए जाते थे जो बहुत दिनों के सम्पर्क के कारण परिचित हो गए थे. यही हम अपने नेटवर्किंग के व्यवसाय में सिखाते हैं. व्यापार करने से पहले उन्हें आपस में अच्छे सम्बन्ध बनाकर विश्वास अर्जित करना पड़ता है.

सन्दर्भों और जानकारियों तथा प्रमाणों को आपस में बाँटना ही इस समुदाय के अस्तित्व का रहस्य है. वे पेंसिल और कागज के साथ सदा तैयार रहते हैं. जब डॅबी को दन्त-चिकित्सक की जरूरत थी, तो सूसान ने उसे एक दन्त-चिकित्सक के बारे में बताया जो बहुत कम पैसों में इलाज करता है और भुगतान भी किश्तों में, सुविधा से करने देता है. सूसान ने एक पुर्जे पर डॉक्टर का नाम, फोन नंबर लिखा कर डॅबी को सन्दर्भ दे दिया. एक बहुत अच्छा प्रमाण-पत्र एक एटर्नी को दिया गया जो कम पैसों में बहुत परिश्रम करके काम करता था. इसी प्रकार से एक बिजली कम्पनी के सज्जन को बहुत अच्छे अंक दिए गए. और यही महिलाएँ बहुत मुँहफट भी होतीं हैं जब उनके साथ कोई बुरा व्यवहार अथवा उनका अपमान करता है.

अपने बच्चों और परिवार को पालना इनके लिए उतना ही महत्वपूर्ण था जितना कि व्यापारियों के लिए धन्धे से सम्बन्धित सूचनाएँ पाना.

मैंने इन माताओं से ही सीखा कि व्यावसायिक कैसे नेटवर्किंग करके आपस में व्यापारिक सूचनाएँ और सन्दर्भ बाँटते हैं. कुछ माताओं ने तो स्वीकार भी किया कि यही उनका व्यवसाय भी है. अपने बच्चों और परिवार को पालना इनके लिए उतना ही महत्वपूर्ण था जितना कि व्यापारियों के लिए धन्धे से सम्बन्धित सूचनाएँ पाना. नेटवर्किंग की बिना कोई औपचारिक शिक्षा के उन्होंने विशेष सन्दर्भों को एकत्र करना सीख लिया था. उनके लक्ष्य थे, उन्होंने आपस में सम्पर्क बनाए थे, वे हमेशा बात के पीछे पड़ी रहती थीं और वे ''प्रदाता ही पाता है'' - गिवर्स गेन के सिद्धान्त का पालन करती थीं. उनके अस्तित्व का आधार ही नेटवर्किंग है.

मुझे प्रतीत हुआ कि ये औरतें अनेक व्यवसायियों को, जिनके साथ मैं काम करता हूँ,

सिखा सकती हैं कि सन्दर्भों को कैसे पाना, सम्बन्धों को कैसे निभाना तथा कैसे मौखिक तरीके से व्यवसाय करना. मैंने यह भी सीखा कि इस प्रकार की संवादिता हर किसी के लिए कितनी जरूरी है. फिर भले ही व्यवसाय निजी हो अथवा सार्वजनिक. रसोई-घर के पेंट्री की औरतों ने मुझे सिखाया कि अनेकों लोगों में नेटवर्किंग की स्वाभाविक समझ होती है मगर सफलता उसे सुघड़ बनाने से मिलती है. अपने लक्ष्यों को निर्धारित करके, सम्पर्कों के माध्यम से काम करके और सन्दर्भों को हमेशा देते रहकर, इन औरतों ने साबित कर दिया है कि नेटवर्किंग का मूल तत्व है औरों की फिक्र करना - एक-दूसरे की मदद करना. डॉना फिशर अपनी पुस्तक पॉवर नेटवर्किंग में कहती हैं, ''यदि आप सारे कौशल सीख लेते हैं, सभी उपयुक्त बातें कहते हैं और सारी सही क्रियाओं में से गुजरते हैं, तब भी, नेटवर्किंग तभी सफल होता है जब उसमें वास्तविक मानव-कल्याण की भावना रहती है.''

3

आरम्भ

उत्तरी अमेरिकावासी एक सम्पन्न और आधुनिक, प्रमुख परम्परा के उत्तराधिकारी हैं और हमें और कोई भी वस्तु इतनी अधिक रोमांचित नहीं करती जितना इस अछूते क्षेत्र में आना और शान से इस दावे को स्वीकारना. अध्यवसायिता की भावना अगले चार लेखों में छिपी हुई है - जिनमें के दो, ध्यान रहे, दूसरे देशों के नागरिकों के हैं. मॅरी एन मॅरिएट समझाती हैं कि कैसे थोड़ी-सी नेटवर्किंग बड़े-बड़े सपनों और उपलब्धियों को पाने में सहायक बनती है; लिंडा मॅसॅडोनिया अपनी जीवन-कथा कहती हैं कि कैसे उन्होंने नेटवर्किंग के द्वारा अपना बही-खाते लिखने का व्यवसाय स्थापित किया; स्टॅसिया रॉबिन्सन बताती हैं कि उनका विक्रय का व्यवसाय नेटवर्किंग के कारण ही आरम्भ हुआ; और टॉड एवान्स, माइक लेविन, सिम चाउ बून तथा मॅर्विन येऊ समुद्र तट के और समुद्र-पार के नेटवर्किंग संस्थानों का मानों समाचार-पत्र फैलाकर दिखा रही हैं.

आश्चर्य-जगत् की यात्रा

मॅरी ॲनी मॅरिएट

‘‘**क्या**, कृपया, आप मुझे बताएँगे कि अब मैं यहाँ से किस ओर जाऊँ ?’’ एलिस ने पूछा.

‘‘वह इस बात पर बहुत-कुछ निर्भर करता है कि आप कहाँ जाना चाहती हैं,’’ बिल्ली बोली.

‘‘मैं अधिक फिक्र नहीं करती कि-’’ एलिस ने कहा.

‘‘तब यह भी महत्वपूर्ण नहीं है कि तुम किस ओर जाती हो,’’ बिल्ली ने कहा.

कुछ साल पहले, मेरे सामने, ‘‘एलिस की आश्चर्य-जगत की सैर’’ के उपरोक्त संवाद आए थे. आरम्भ में वे मुझे महत्वहीन लगे, मगर कुछ वर्षों में वे मेरे लिए बहुत प्रमुख बनते

गए. आप समझे, मैं भी नहीं जानती थी कि किस ओर जा रही हूँ, जब तक कि किसी ने मुझे सही दिशा नहीं बतलाई.

आठ वर्षों तक मैंने ऑफिस के वातावरण में कार्य किया था और जीवनभर वहीं रहनेवाली थी. कुछ और करने के मेरे कोई सपने नहीं थे. मेरा एक ऑफिस था, बहुत अच्छी तनख्वाह भी, और सभी मुझसे अच्छा व्यवहार करते थे. मेरी जिम्मेदारी विक्रय-क्षेत्र के लोगों से व्यवहार करने की थी. मैंने विक्रय की ओर विरुचि पैदा कर ली थी. मैं कभी भी लोगों को वस्तुएँ नहीं बेचना चाहती थी और न मुझे अच्छा लगता था कि कोई मुझ पर खरीदने के लिए जोर डाले.

पर एक दिन, मैं एक दिलचस्प युवा विक्रयकर्मी महिला से मिली, मॅलॉडी स्टीवर्ट, जो एक स्थानीय महिला-पत्रिका का विज्ञापन-अंश बेच रही थी. उसने मुझे कॉफी पीते हुए बतलाया कि वह मेरी संस्था के लिए अद्भुत कार्य कर सकती है, यदि मैं उसकी पत्रिका में विज्ञापन दूँ. मुझे तनावरहित बनाने की उसकी कला ने प्रभावित किया जिससे उसने मेरा विश्वास भी पा लिया था. मैंने सोच लिया कि मैं उसके साथ काम करूँगी क्योंकि मुझे विश्वास हो गया था कि उससे मेरी संस्था को लाभ होगा.

मैंने और मॅलोडी ने विज्ञापन का मैटर बनाने के लिए काफी समय साथ-साथ बिताया. हम मित्र बन गए और उसकी ज़िद के कारण मैंने वीमेन्स नेटवर्क के समाज-कल्याण कार्यक्रम के लिए क्रिसमस कालीन कार्यक्रम में हिस्सा लिया. मैंने कमरे में लजाते हुए, हताशा अनुभव करते हुए प्रवेश किया - जैसा एलिस ने भी अनुभव किया होगा. मॅलॉडी को देखा और मैं उसके साथ ही रही, जब तक कि मैं भी नए लोगों के साथ सहजता से बातें नहीं करने लगी. वैसे तो मैं स्वभावतया बहुत अधिक शर्मीली नहीं हूँ, मगर यह नया वातावरण था और मैं सभी अध्यवसायिकों के बीच भयभीत थी.

इस कार्यक्रम के कुछ दिनों बाद, मॅलॉडी ने मुझे फोन किया और कहा कि उसके पास, मेरे लिए एक सुअवसर है. एक नए व्यावसायिक समूह बीएनआई का कार्यक्षेत्र हॅलीफेक्स में आरम्भ हो रहा है और उसे विश्वास था कि मैं उसकी सदस्य बनना चाहूँगी. उस सप्ताह, बाद में, मैं अपने व्यावसायिक नेटवर्किंग के सन्दर्भ के साथियों से पहली बार मिली और बहुत प्रभावित हुई. मैंने सोच लिया कि मैं उसमें शामिल हो जाऊँगी, भले ही उसकी बैठक सुबह सात बजे होनेवाली थी. तब भी मैं नहीं जानती थी कि मेरा व्यवसाय मुझे कहाँ ले जाएगा. मगर मेरे अन्दर के ''मैं'' ने उसे जानने को प्रेरित किया.

इस निर्णय ने मेरे जीवन-प्रवाह को बदल दिया. मैं शीघ्र ही अपने व्यावसायिक नेटवर्कर के नए स्वरूप में स्थापित हो गई. अपने समुदाय के अन्य सदस्यों से मिल-जुलकर मैं विक्रयकर्मियों के साथ अधिक सहज हो गई और बाद में मैं स्वयं एक विक्रय-व्यक्ति बन गई. जल्दी ही मैंने सोच लिया कि घर से, अंशकालिक काम करना अच्छा रहेगा. फिर, वह मेरे

आय-कर की राशि के टेक्स को भी कम करनेवाला था. और फिर मेरा तो ''असली काम'' ही था उधार की समस्याओं से पीड़ितों की सहायता करना.

ठेकेदारी का कीड़ा मुझे काट चुका था. उसी की धुन में मैं एक अंशकालिक, गृह-निष्ठ प्रत्यक्ष-बिक्री कार्यक्रम से संयुक्त हो गई. छह महीने बाद मैंने एक विक्रय-प्रतियोगिता जीती और मैंने बीएनआई के निर्देशक कार्यक्रम में टॉरेंटों, कॅनाडा के अधिवेशन में जाने की योग्यता पा ली. इसके बहुत कम समय बाद मैंने हॅलीफेक्स स्थित बीएनआई के अंशकालीन उप-संचालक का पद स्वीकार कर लिया.

अपने व्यावसायिक नेटवर्किंग के प्रथम कार्यक्रम के बाद ही मैं वीमेन्स नेटवर्क की अध्यक्ष, यंग एटलांटिक ऐंटरप्रीनर्स एसोसिएशन के बोर्ड की सदस्य और हॅलीफेक्स चेम्बर ऑफ कॉमर्स और प्रो-नेट बिज़नेस कनेक्शन्स की सदस्य हूं.

हाल ही में मैंने अपना दस वर्ष पुराना ऑफिस का काम छोड़ दिया है ताकि मैं अपना घरेलू व्यवसाय, बीएनआई और प्रत्यक्ष-ब्रिकी को सँभाल सकूं. अब मैं वे काम कर रही हूं जिन्हें मैं चाहती हूं. मैं अनेकों अद्भुत लोगों से मिल चुकी हूं और मैंने महान् मित्रताएँ बनाई हैं. मैं सकारात्मक लोगों से घिरी हुई हूं जो मेरे तनिक-से इशारे से उपस्थित हो जाते हैं. मेरे निजी नेटवर्क में वे लोग भी शामिल हैं जो मेरी कार सुधार सकते हैं, मेरा चित्र बना सकते हैं और मुझे मेरे व्यक्तिगत लक्ष्यों को पाने में मदद कर सकते हैं.

अब मैं जानती हूं कि मैं कहाँ जाना चाहती हूं और नेटवर्किंग उसका साधन है जो मुझे वहाँ तक पहुँचाएगा. नेटवर्किंग ने यथार्थ में मेरे जीवन और मेरी जीवन-दिशा को बदल दिया है.

एक नेटवर्किंग लेखाकार बनना

लिंडा मॅसॅडोनियो

जब मैंने घर से अपना बही-खाते लिखने का व्यवसाय आरम्भ किया, तभी मैंने सोच लिया था कि मुझे अपने व्यवसाय को और स्वयं को बढ़ाने और बेचने का रास्ता खोजना पड़ेगा. मैं एक ही उपाय सोच पाई थी, स्थानीय सीपीएओं को व्यक्तिगत विवरण देते हुए पत्र लिखना, और फिर प्रत्येक पत्र के लिए स्मरण-पत्र लिखना और फोन करना. अनुत्तरित शीतल कॉल्स की कल्पना से मैं काँप जाती थी. फोन उठाने से पहले पाँच बार गहरी साँसें लेती और पेट में उठती मरोड़ को अँगूठे से दबाती. मैं काम के

प्रत्येक मिनिट से घृणा करने लगी थी पर बार-बार सोचती कि मुझे वह सब करना ही होगा यदि अपने व्यवसाय को सफल बनाना है. पच्चीस पत्रों और असंख्य फोन कॉल्स के बाद मुझे मात्र दो सीपीए मिले जो मुझसे मिलने को तैयार थे.

आरम्भ में जब मुझे नेटवर्किंग से परिचित कराया गया, तो मैं नहीं जानती थी कि उसे कैसे करते हैं. मुझे इस विचार ने आकर्षित किया था कि मुझे अन्य व्यवसायियों और व्यक्तियों से सम्बन्ध स्थापित करने हैं और सन्दर्भों के माध्यम से व्यापार करना है. अच्छा समाचार था : अब और, शीतल फोन कॉल्स नहीं !

बुरा समाचार था : नैसर्गिक रूप से शर्मीली होने के कारण मैं नहीं जानती थी कि अपरिचितों से कैसे आरम्भिक सम्बन्ध जोड़ना. मैंने समझा था कि नेटवर्किंग के कार्यक्रमों में उपस्थित होने मात्र से नेटवर्किंग करने लगी हूँ. समस्या उसमें यही थी कि मैं प्रत्येक माह उन्हीं लोगों से बात करती थी.

आम व्यक्ति बनना

मुझे पहले ज्ञात नहीं था कि मैं कितना कम जानती हूँ जब तक कि मैं एक सशक्त सम्बन्धवर्धक नेटवर्किंग संस्था में शामिल नहीं हुई थी जिसकी बैठकें हर सप्ताह होती थीं. उस बैठक का एक समयांश प्रत्येक सदस्य को स्वयं के बारे में, साठ सेकेण्डों का व्यावसायिक विज्ञापन देने की अनुमति देता था जिसमें वह अपने व्यवसाय की गति-विधियों की जानकारी दे सकता/ती थी/था. इसने मुझे दो काम करने को प्रेरित किया जो मैंने पहले कभी नहीं किए थे. पहला, अपने व्यवसाय का मूल्यांकन करना. और इस व्यावसायिक प्रसारण का तात्पर्य था अन्य सदस्यों को बताना कि अच्छे सन्दर्भों का इस व्यवसाय में क्या महत्व होता है. इसकी तैयारी ने मुझे स्वयं से पूछने को प्रेरित किया, ''मेरे लिए अच्छा सन्दर्भ कौन-सा रहेगा ? मैंने अब तक अपने ग्राहकों को ''व्यापार के लक्ष्य'' के रूप में नहीं देखा था. इसने मुझे उन पर दृष्टि केन्द्रित करने को बाध्य किया मुझे जिनकी जरूरत पड़नेवाली थी, और उन्हें अलग छाँटा जो मुझे नहीं चाहिए थे. उस समय मुझे पता नहीं था कि व्यावसायिकों के लिए यही मूल प्रक्रिया थी.

> साप्ताहिक, साठ सेकेंड के स्वयं के व्यावसायिक विज्ञापनों ने मुझे दो काम करने को प्रेरित किया, जो मैंने पहले कभी नहीं किए थे : स्वयं के व्यवसाय का मूल्यांकन करना और उसके बारे में सबों के सामने बोलना.

दूसरा पायदान था, स्वयं के बारे में एक साठ सेकेंड का विज्ञापन बनाना और उसमें स्वयं के व्यवसाय का विवरण दूसरों के सामने देना. क्योंकि विज्ञापन को हर सप्ताह नए प्रकार से बनाना था अतः मीटिंग के एक दिन पहले की रात, मुझे स्वयं के व्यवसाय के बारे में नए दृष्टिकोण से, नई बात सोचनी पड़ती थी. मैं ऐसे विषय लेती जैसे, अपने बेंक एकाउंट का

सामंजस्य-रिकन्साइलेशन करना अथवा व्यावसायिक और निजी खर्चों को अलग रखना. अपने सहभागी सदस्यों के साथ इन सहायक सूत्रों को बाँटने से विश्वास बढ़ा और उन्हें यह भी समझ में आया कि मेरी तकनीकी ज्ञान की पीठिका मेरे मुवक्किलों के काम आएगी.

हर सप्ताह, अपना विज्ञापन तैयार करने से पहले मैं इतनी निराश हो जाती कि पेट की तितलियाँ मुझे खाना नहीं खाने देतीं, जब तक कि मेरी बारी नहीं आ जाती. उस मीटिंग का एक भाग यह भी था कि प्रति सप्ताह, एक सदस्य दस मिनिट की प्रस्तुति करता. *दस मिनिट!* मैं कैसे पार पाऊँगी ?

जब मेरी दस मिनिट की प्रस्तुति की बारी आई, मैं पूरी तरह से टूट चुकी थी. मगर मैंने सावधानी से तैयारी की थी और निर्धारित दिन, मुझे प्रतीत हुआ कि मैं तैयार हूँ. सब मीटिंगों को मिलाकर कुल प्रस्तुतियाँ करीब एक घंटे की थीं. पच्चीस मिनिट बाद मेरी पड़ोसन ने मुझसे पूछा कि क्या मैं ठीक हूँ. मैंने पूछा कि उसके पूछने का क्या मतलब है. वह बोली कि मैं लगातार खाँस रही हूँ और मेरी साँस रुँध रही है. मैं बोलने के बारे में इतनी अधिक हतोत्साहित थी कि मुझे मालूम ही नहीं पड़ा कि मैं वह कर रही हूँ.

मेरी प्रस्तुति काफी अच्छी रही और अधिकांश लोगों को पता भी नहीं चल पाया कि मैं कितनी नर्वस थी. समय बीतता गया, मेरा आत्म-विश्वास और मेरी वक्तृता-कला और एक मिनिट विज्ञापनों में विकास होता गया. अब मैं वास्तव में आशु-भाषण दे सकती हूँ. अगली बार जब मैंने दस मिनिट का भाषण दिया तो बहुत अच्छा भी रहा था और मुझे खाँसी का दौरा भी नहीं पड़ा था.

लाभों की फसल काटें

दो वर्ष बाद, मैंने दो विशेष लाभों का नेटवर्किंग के द्वारा अनुभव किया. एक, जिसकी मैं अपेक्षा कर रही थी. और दूसरी जिसकी मुझे कल्पना भी नहीं थी. जैसी मेरी आशा थी, मेरा व्यवसाय दस ग्राहकों और कोई कर्मचारी नहीं से पैंतीस ग्राहक, एक सहायक और आगे काम को उप-ठेकेदारी पर, स्वतंत्र लेखाधारकों को दे देने, तक फैल गया था. आश्चर्य यह था कि मेरे शर्मीलेपन के बावजूद, मैं अब अपरिचितों से मिलने में संकोच का अनुभव नहीं करती थी और समूहों के सामने बोलने लगी थी. मैं न सिर्फ एक मिनिट के विज्ञापन प्रति सप्ताह करती, बल्कि अब कार्य-शालाओं, प्रशिक्षण-शिविरों और अन्य प्रस्तुतियों के द्वारा स्थानीय चेम्बर ऑफ कॉमर्स और अन्य संस्थाओं में स्वयं की उपस्थिति दर्ज कराती. यदि दो वर्ष पूर्व किसी ने मुझसे कहा होता कि मैं यह सब करूँगी, तो मैंने विश्वास नहीं किया होता.

मैं यथार्थ में मानती हूँ कि नेटवर्किंग अनमोल है. वह न सिर्फ आपको अपना व्यवसाय बढ़ाने में मदद करती है, बल्कि वह वे लाभ भी देती है जिनकी कल्पना हम उनके होने से पहले नहीं कर सकते.

नेटवर्किंग की शीतलता को बाँटें

स्टेसिया रॉबिन्सन

स्टेसिया रॉबिन्सन एलाबामा के मोंटगॉमरी प्रदेश में एक नई स्वादिष्ट बानगी परोसी जा रही है, वह है नेटवर्किंग आइस - वैसी ठण्डी वस्तु नहीं जैसी कि आप कल्पना कर रहे होंगे, बल्कि उन सुस्वादु पदार्थों का मिश्रण है जो, जब सम्बन्धों के साथ परोसे जाते हैं तो आपके व्यापार को अतिरिक्त सन्तोष और सफलता देते हैं.

मेरी कहानी सुदूर, उन दिनों की है जब मैं यू.एस.एअर फोर्स में कॅप्टन थी. एक कॉम्प्यूटर संवादिता अफसर होने के नाते मेरे कर्तव्यों में रणनीति तैयार करना, उनको कार्यशील बनाना और उनका अन्य कॉम्प्यूटर पद्धतियों के ज्ञान के साथ ताल-मेल बिठाना आता था, जैसे, डिफेंस डाट नेटवर्क. सन् 1986 में जब मेरा तबादला मोंटगॉमरी में हुआ तो मेरे अन्तर्गत सरकारी कॉम्प्यूटरों और निजी व्यावसायिकों के कॉम्प्यूटरों के बीच अन्तरापृष्ठीयता - इंटरफेस - आरम्भ हुआ. उसने एक कॉम्प्यूटर टॅक्नोलॉजी कांफ्रेंस को जन्म दिया जो आज भी शहर का सबसे बड़ा सम्मेलन है.

सन् 1991 में मैंने एयर फोर्स की नौकरी छोड़ दी और अपना निजी मार्केटिंग व्यवसाय शुरू किया, अपने निजी अनुभव और ज्ञान के साथ-साथ इस विश्वास के साथ कि एक सफलता ही नई सफलता को जन्म देती है. छोटे व्यवसायों के मेरे अध्ययन ने मुझे बताया कि व्यापार का अच्छा औजार नेटवर्किंग है. पॉल और साराह एडवर्ड्स द्वारा लिखी पुस्तक वर्किंग फ्रॉम होम ने मुझे एक व्यावसायिक निर्देशक संस्था बीएनआई से मेरा सम्पर्क कराया. कुछ फोन-कॉल्स के बाद मैंने मोंटगॉमरी में अपना प्रथम बीएनआई का निर्देशन-केन्द्र शुरू किया और अपनी नेटवर्किंग आइस से संबंधित खोज आरम्भ की : इन्वेस्टमेंट, कल्टीवेशन और एनरिचमेंट.

निवेश

प्रभावशाली नेटवर्किंग कुशलता को सीखने के लिए मैं प्रतिबद्ध थी. मेरे मन में लोगों के प्रति वास्तविक प्यार था और नेटवर्किंग मेरे नए व्यवसाय के उत्तर लिए हुए थी. मुझे ज्ञात हुआ कि नेटवर्क को सीखना और सम्बन्धों को पैदा करने में काफी समय और धन लगता है.

मेरे व्यावसायिक नेटवर्किंग का लक्ष्य था अपनी मार्केटिंग संस्था के लिए ग्राहक जुटाना. मैंने नेटवर्किंग सम्बन्धी सामग्री हार्वे मॅके की पुस्तक *स्विम विद द शार्क्स विदाउट बीइंग ईटन अलाइव* और *डिग योर वेल बिफोर यू आर थर्स्टी*, ईवान मिस्नर की पुस्तक *द वर्ल्ड'स बेस्टनोन मार्केटिंग सीक्रेट* ने मुझे मेरी उदीयमान नेटवर्किंग कुशलताओं को हर सम्भव अवसर पर काम में लाना सिखाया. मुझे अपनी नेटवर्किंग की दृष्टि और लक्ष्यों को विस्तारित करना पड़ा.

सन् 1992 में मुझे अपनी खोजपूर्ण नेटवर्किंग प्रवीणता का लाभ मिला जब चॅम्बर ऑफ कॉमर्स के लघु उद्योगों के उपाध्यक्ष सोन्या बकनर ने मुझे अपने पंखों की छाया में ले लिया. हम दोनों ने मिलकर तीन वर्षीय ''बाय मोंटगॉमरी'' आन्दोलन आरम्भ किया जो पुरस्कृत भी हुआ और जिसने शहर के सेल्स टेक्स की कमाई को 30 प्रतिशत बढ़ा दिया.

फसल उगाना

अपनी नेटवर्किंग प्रवीणता को बोने के लिए मैंने निश्चय किया कि मैं अपनी लोक-व्यवहार की कला को सुधारूँगी. मौलिक बातें जैसे शिष्टाचार का कौशल, वार्तालाप की कला जितने सुनने में सरल लगते हैं, उतने व्यवहार में नहीं हैं. मुझे यह भी सीखना था कि सम्पर्क बनाना, नेटवर्किंग का आरम्भ है और अपने सम्पर्क को आरम्भ ही में कुछ बेचना, भविष्य के सम्भावित नेटवर्किंग के रिश्ते को आरम्भ होने से पहले तहस नहस करने का महान् तरीका है.

> प्रथम परिचय में ही अपने सम्पर्क को कुछ बेचने का प्रयत्न करना एक सम्भावित, अच्छे नेटवर्किंग रिश्ते को, आरम्भ होने से पहले ही नष्ट करने का अच्छा तरीका है.

मेरी एक सबसे बड़ी भूल थी, मोंटगॉमरी की समूची जनता से एक साथ मिलने का प्रयत्न करना. और अपने लिए, उन्हें फॉलो-अप करने का समय नहीं रखना. मैंने जल्दी सीख लिया कि जब मैंने फॉलो-अप मुलाकातों के लिए समय बचाया, तो लोगों ने यथार्थ में मुझे याद रखा - एक सभा से दूसरी सभा तक, और मुझे सम्बन्धों को पुनर्जीवित करने का प्रयास नहीं करना पड़ा.

मेरे एक आदर्श पुरुष, जेम्स बॅल्टन जो हमारे स्थानीय एनबीसी एफीलिएट के विक्रय व्यवस्थापक हैं, ने मुझे विज्ञापन की दुनिया में मार्गदर्शन दिया और मुझे मोंटगॉमरी एडवर्टाइजिंग फेडरेशन में सम्मिलित कर लिया. मैंने उनसे एक बार पूछा कि मुझे इसकी अदायगी कब होगी; 'पहले दो, फिर पाओ' - उन्होंने तत्काल मुझे स्मरण दिलाया. मेरे लिए भुगतान तब आया जब अध्यक्ष के रूप में मेरे प्रयत्नों से, मोंटगॉमरी एडवर्टाइजिंग फेडरेशन को राष्ट्रीय विविधता विज्ञापन सम्मान मिला.

संवर्धन

जब मैंने अपनी बहन डॅना फिशर से जो आर्कनेस की द लिटिल रॉक की नेटवर्क महारानी हैं, कहा कि मैं ज्यार्ज फ्रेज़र की किताब सक्सेस रन्स इन अवर रेस को कितना अधिक पसन्द करती हूँ, क्योंकि उसमें आफ्रिकन-अमेरिकन समुदाय में नेटवर्किंग के बारे में वाद-विवाद है, तो उसने हमसे ब्लेक एक्स्पो, अटलांटा में मुलाकात का प्रबन्ध कर लिया. मैंने इस सम्पर्क से बाद में भी सम्बन्ध बनाए रखे और बहुत शीघ्र वह मेरी मित्र सोन्या बकनर से स्माल बिज़नेस बेंक्वेट, मोंटगॉमॅरी में और मेरे चॅम्बर ऑफ कॉमर्स के प्रशिक्षण शिविर में, अपने सारगर्भित व्याख्यानों के लिए अनुबन्धित हो गए. ''नेटवर्क स्टेशन डब्ल्यूओएमएम में विज्ञापन कैसे दें: मुख-के-शब्दों से मार्केटिंग - वर्ड-ऑफ-माउथ - मार्केटिंग. इसके कुछ ही समय बाद मैंने और ज्यॉर्ज ने संयुक्त रूप से उसकी पुस्तक पर आधारित एक कार्यशाला रखी. हमारी सम्पन्नता के अवसर प्रत्येक सम्पर्क के साथ बढ़ते जाते हैं.

सन् 1991 से मैंने स्वयं को अनेकों व्यवसायों, नागरिक और व्यावसायिक संस्थानों के लिए प्रस्तुत किया जिसने मुझे अपने मोंटगॉमरी स्थित व्यवसाय ''द'' हब संस्था को आरम्भ करने का अवसर मिला. मैं चॅम्बर ऑफ कॉमर्स के बोर्ड की प्रथम आफ्रिकन-अमेरिकन महिला प्रतिनिधि चुनी गई. प्रादेशिक और राष्ट्रीय स्तर पर विज्ञापन जगत् के सर्वश्रेष्ठ व्यक्तियों से, अधिवेशनों में मिलने से मैं दिल भरकर नेटवर्किंग कर सकती हूँ. नेटवर्किंग ने मुझे भविष्य के अपने परिदृश्य को और व्यवसाय की सम्भावनाओं को देखना सिखाया. मैंने सीखा है कि जब उसे ठीक से किया जाता है, तो नेटवर्किंग हमें एक सार्थक, उम्रभर के सम्बन्ध बनाकर देती है जो भौतिक और आध्यात्मिक सम्पदाएँ, व्यावसायिक सफलता और व्यक्तिगत आत्म-सन्तोष प्रदान करते हैं. मेरे नेटवर्क के साथियों ने मुझे अपनी सफलता के रहस्यों को बतलाकर उपकृत और खतरे उठाने को उत्साहित किया है ताकि मैं एक अच्छी और मूल्यवान व्यावसायिक पहचान और मित्र तथा सन्दर्भ बन सकूँ.

> जब ठीक से किया जाता है तो नेटवर्किंग के द्वारा सार्थक, उम्रभर के सम्बन्ध बनते हैं, भौतिक और आध्यात्मिक समृद्धि होती है, व्यावसायिक सफलता मिलती है तथा आत्म-सन्तोष होता है.

यही है जिसने नेटवर्किंग आईसीई के कुछ गुप्त पकवान को समझने, सीखने के बाद एक निवृत्त, पूर्व-एयरफोर्स अधिकारी महिला को सफल व्यावसायिक स्त्री बना दिया. मेरी भी आपके प्रति कामना है कि आपको भी नेटवर्क आइस की सम्पन्न रसोई परोसी जाए. और ध्यान रहे, इसे ऊष्म ही लिया जाता है.

एक नए प्रदेश में

बीसवीं शताब्दी के आखिरी दस वर्षों में सम्बन्धों की नेटवर्किंग का गगन-चुम्बी विकास हुआ है, विशेष करके डॉ. ईवान मिसनेर के द्वारा सन् 1985 में बीएनआई की संस्थापना के बाद. सारे युनाइटेड स्टेट्स में विस्तार के बाद अन्य देशों में भी उसकी उद्भावनाएँ होने लगीं. यहाँ, बीएनआई के तीन डायरेक्टर हमें बता रहे हैं कि विभिन्न संस्कृतियों के बावजूद नेटवर्किंग में छिपा दर्शन और मूल आधार सर्वत्र एक जैसा काम करता है.

कॅनॅडा - टॉड ईवान्स

अपने स्कूल के दिनों से ही मैं नेटवर्किंग का आनन्द ले रहा हूँ, पर उसे नेटवर्किंग नहीं कहते थे; वह सीधा-सादा आयोजन तथा अधिक से अधिक गति-विधियों में सक्रिय रहना और उन सभी के साथ सम्बन्धों को बनाए रखकर औरों की मदद करना होता था. बाद में कॉलेज के दिनों में, और बाप बनने के बाद भी मैं अपने मित्रों और सहकर्मियों के सम्पर्क में बना रहा और उनके पतों का विवरण अपने पास रखता. ये सारे सन्दर्भ बाद में बहुत काम आए जब मैंने कॉलेज की शिक्षा का खर्च, कॅनॅडा की कारों को अमेरिका निर्यात करना आरम्भ करके निकाला.

स्नातक बनने के बाद, विवाह करके अपना परिवार और व्यापार आरम्भ करके, मैं एक स्थानीय नेटवर्किंग समुदाय में शामिल हो गया और बाद में ओटावा बोर्ड ऑफ ट्रेड का सदस्य बन गया. मैंने अपने मित्रों के बढ़ते समूह के साथ सम्बन्धों की नेटवर्किंग आरम्भ की और उनके साझे में व्यवसाय किया. इनमें मार्क बोन विले भी थे जिनके साथ मैं और मेरे घुटने चलते बच्चे अक्सर सुबह का नाश्ता करते.

मेरे पिता जो कॅनॅडा के एक व्यवसायी थे और प्रत्यक्ष सम्पर्कों में विश्वास रखते थे, उन्होंने मुझे उदाहरण देकर नेटवर्किंग के महत्व को समझाया था. उन्होंने सन् 1995 में मुझे सुझाव दिया कि मैं तेजी से विकसमान, स्वरूप ले चुके, नेटवर्क संदर्भित समूह - बीएनआई से जुड़ जाऊँ जो उस समय कॅनॅडा में पाँव पसारने की कोशिश कर रहा था.

मुझे बीएनआई के कार्यक्रम के बारे में उनके उद्घाटन समारोह में उनके संस्थापक से ज्ञात हुआ. मैंने उन्हें ओटावा में उनके सम्पर्कों को नियोजित करने का आश्वासन दिया. मैंने सर्वप्रथम किसे बुलाया? मैंने सबसे पहले मार्क बॉनेविलॅ को आमंत्रित किया. हम दोनों ओटावा समूह के संस्थापक सदस्य बने. मैं बाद में उसका व्यवस्थापक बन गया और

मैंने विक्रय के अधिकार खरीदे. शुरू के अनेकों सदस्य मेरे सम्पर्क के साथियों और मेरे अनौपचारिक नेटवर्क से थे.

बीएनआई के ओटावा समुदाय में आज हजारों सदस्य हैं. मेरी अपनी चालीस वर्षों की जानकारी में, जिसे स्कूल के कुछ मित्रों ने आरम्भ किया था, वह संस्था अब विशाल स्वरूप ले चुकी है और उसमें व्यवसाय की अनेकों महत्वपूर्ण और उत्पादक कार्य-विधियाँ चल रही हैं और सम्पर्क कार्य कर रहे हैं जो आज कॅनॅडा का सबसे बड़ा निर्देशित नेटवर्क है.

साउथ आफ्रिका - माइक लॅविन

सन् 1994 में, रंग-भेद की राख से एक नए दक्षिण आफ्रिका का जन्म हुआ था. अन्तर्राष्ट्रीय व्यावसायिक प्रतिबन्धों के उठने के बाद, उपसहारा आफ्रिका की विस्फोटक आर्थिक व्यवस्था ने विश्व में पुनर्प्रवेश किया.

नई सरकार के आश्वासनों और आशाओं के बावजूद, रंग-भेद की उत्तराधिकार में मिली असमानता दक्षिण आफ्रिका पर बोझ बनी रही. गृहनिर्माण और शिक्षा के कार्यक्रम हीन व्यवस्थापन और आर्थिक नियोजन के कारण अपने लक्ष्य से पीछे रह गए. मन्दी के कारण बेकारी फैल गई जो 34 प्रतिशत तक पहुँच गई. विकास कार्यों की राशि बहुत कम कर दी गई. बहुतों के लिए अपराध-वृत्ति आकर्षक व्यवसाय बन गई जो आज समूचे देश को दहला रही है.

अब सरकार सोच रही है कि आर्थिक उन्नति को लघु-उद्योगों के द्वारा पाया जा सकता है. यही वह दृश्यावली है जिसमें मैं आज स्वयं को पा रहा हूँ.

एक सुखी, शादीशुदा व्यक्ति, व्यवस्थित पर अविकसमान व्यापार के साथ, जो अक्सर भोलेपन से अपने बाल्यकाल के फुटकर व्यापार के दिनों के बारे में सोचता - उत्तेजना और चुनौतियाँ जो उसने अपना नया व्यवसाय आरम्भ करते समय अनुभव की थीं. मुझे तीव्रता से परिवर्तन की आवश्यकता थी.

सन् 1998 के बाद ही, जब मैं एक व्यावसायिक प्रवास पर लन्दन गया, मुझे वह मिला जिसे मैं वर्षों से खोज रहा था. मुझे एक मित्र ने बीएनआई की बैठक में बुलाया. मैं सभा में यह सोचता हुआ बैठा रहा कि यह कार्यक्रम दक्षिण आफ्रिका में कैसा चलेगा. अवधारणा सरल थी : एक नवनिर्मित, व्यावसायिक, सन्दर्भों पर आधारित कार्यक्रम. व्यापारियों के द्वारा एक-दूसरे की मदद करना, जिससे उनका व्यापार मौखिक सन्दर्भों के द्वारा चलता. ज्यों-ज्यों सन्दर्भ बढ़ते उनका व्यवसाय बढ़ता और सहयोग भी बढ़ता.

मैं आवेश में आ गया. ऐसे व्यावसायिक, नेटवर्किंग समूह के लिए और कौन-सा देश अधिक अच्छा हो सकता है बजाय हमारे, जहाँ हजारों नए, छोटे-छोटे व्यवसाय हो रहे हैं? मौखिक सूचना-वितरण ही इसका सर्वोत्तम साधन था. वह मेरा भी आदर्श था, ऐसा मैंने

सोचा कि मैं जहाँ भी जाऊँ, अपनी आँखें और मस्तिष्क खुला रखूँ और नए अवसरों को लेता जाऊँ.

केप टाउन के अपने घर में जाकर मैंने बीएनआई के अन्तर्राष्ट्रीय मुख्य ऑफिस से सम्पर्क किया. उसके बाद अधिक दिन नहीं लगे और मैंने उस कार्यक्रम को दक्षिण आफ्रिका में आरम्भ करने का अनुबन्ध कर लिया.

सिंगापुर, सिम चाऊ बून तथा मॅर्विन येओ

नेटवर्किंग का तात्पर्य भिन्न-भिन्न लोगों के लिए अलग-अलग होता है, फिर भले ही वे किसी भी व्यवसाय अथवा प्रशिक्षण के हों. अधिकांश के लिए नेटवर्किंग का अर्थ होता है, अधिक-से-अधिक लोगों से मिलना, मुख्यतया भविष्य के सम्भावित ग्राहकों से. औरों के लिए सम्भावित ग्राहकों की सूची भविष्य में सम्पर्कों का स्रोत बन जाती है.

यह हमेशा से आश्चर्य की बात रही है कि कुछ को नेटवर्किंग सहजता से आ जाता है और दूसरों को कष्टकर प्रयासों के बाद. अनेकों बार हम अपने पूर्व सन्दर्भों को इसलिए व्यर्थ कर देते हैं, क्योंकि हम उन्हें अपने व्यवसाय के विक्रयकर्मी नहीं बना पाते हैं.

मेरी दृष्टि में नेटवर्किंग क्या है ? विक्रय-क्षेत्र में दस से अधिक वर्षों तक रहने के बाद, मुझे आदत पड़ गई है कि मैं औरों को सन्दर्भ बताती रहती हूँ. पर इतना ही करना यथेष्ट नहीं है. मैं सदा से एक व्यवसाय-निदर्शिका - ट्रेड डायरेक्टरी बनना चाहती थी : कम-से-कम एक - दो या तीन अधिक अच्छा रहेगा - व्यक्ति या व्यवसायी को, प्रत्येक क्षेत्र या व्यवसाय से, जो करीब तीस हैं, को अवश्य जानूँ. फिर मुझे अनुभव हुआ कि इस प्रकार की सूची बनाना सरल नहीं है और उसे आधुनिक बनाते रहने के लिए मुझे प्रत्येक से निरन्तर सम्बन्ध बनाए रखना पड़ेगा.

सिंगापुर में नेटवर्किंग अक्सर मनोरंजन का स्वरूप ले लेती है, जैसे गोल्फ. जैसे सम्प्रदाय के तथा अन्य सामुदायिक सेवा संस्थानों के कार्यक्रमों में हमें सामाजिक बन्धनों को पालना चाहिए. वैसे तो हर कोई जानता है कि हमारा ध्येय आपस में व्यावसायिक प्रस्तावों को निबटाना है, मगर यदि हम इसे प्रकट रूप से करेंगे तो वह अशिष्ट और जल्दबाजी में किया माना जाएगा. आपका सम्भावित ग्राहक जानता है कि आप वहाँ व्यवसाय-वार्ता करने आए हैं और दोनों उसे करने के लिए बेचैन हैं, मगर सही समय का इंतजार करते हैं. वह एक धीमा और अकुशल तरीका है.

टोस्टमास्टर्स, लायन्स क्लब और रोटरी क्लब स्वभावत: ऐसे नेटवर्क हैं जो सम्पर्कों को बढ़ाते हैं मगर वे सन्दर्भों की उत्पत्ति के लिए अकुशल हैं.

इसके लिए तदर्थ नेटवर्किंग समुदाय भी हैं जिसमें एक या दो उत्साहित व्यक्ति बीस के करीब व्यापार-बन्धुओं को डिनर, सामाजिक मेल-मुलाकात और अपने व्यावसायिक कार्डों

के आदान-प्रदान के लिए सम्मिलन आयोजित करते हैं. चूँकि उनकी कोई संस्था अथवा क्रमबद्धता नहीं होती अत: बहुत सम्भव है वे अगले छह माह अथवा साल भर पुन: न भी मिलें. अक्सर वे अपने सम्पर्कों से सम्बन्ध नहीं रख पाते और उनके व्यावसायिक कार्ड पुराने पड़ जाते हैं. सर्जनात्मक नेटवर्किंग के लिए आवश्यक अनेकों तत्वों का इन तदर्थ बैठकों में अभाव होता है : ढाँचा, कार्यक्रम, सम्बन्धों का ताल-मेल, उनकी आवृत्ति या निरन्तरता और अनेकों बार उनका अस्तिव.

जब आरम्भ से ही स्पष्ट कर दिया जाता है कि नेटवर्किंग का मूल उद्देश्य एक-दूसरे के लिए सम्पर्कों और सन्दर्भों को बनाना है तो वह अत्यन्त सफल रहती है. इसीलिए मुझे साफ-साफ प्रतीत हो रहा है कि सिंगापुर एक ढाँचागत, सन्दर्भ पैदा करनेवाले, नेटवर्किंग संस्थान के लिए पूरी तरह से तैयार है. शून्य से आरम्भ करनेवाला बीएनआई कुछ ही वर्षों में यहाँ सफलता प्राप्त कर लेगा.

4

आरम्भ का पुन: आरम्भ

व्यक्ति, जो नेटवर्किंग कर चुके हैं, अच्छी तरह जानते हैं कि यह कितना सशक्त औजार बन सकता है. अत: स्वाभाविक रूप से, जब उन्हें नए स्थान अथवा परिवर्तित परिस्थितियों के कारण उसे नए सिरे से आरम्भ करना पड़ जाता है तो उनके विचार शीघ्रता से नए बहुमूल्य सम्बन्ध बनाने की ओर दौड़ पड़ते हैं ताकि वे अपने अगले सफल प्रयाण को जम्प-स्टार्ट-ऊँची उछाल-देकर आरम्भ कर सकें. इस विभाग में डॉ. मिसनेर बता रहे हैं कि कैसे फुटबाल के चमकदार खिलाड़ी टर्कैंटन ने नेटवर्क के द्वारा अपने पुराने छिद्रयुक्त अध्यवसाय के समाप्त होने से पहले ही नए पेशे को आरम्भ कर दिया था; नेन्सी गियाको मुज़ी हमें बता रही हैं कि एक सु-संस्थापित व्यावसायिक समुदाय से जड़ों से उखड़कर बिछुड़ना कैसा होता है और क्या होता है एक नए समुदाय में जाकर सब-कुछ पुन: आरम्भ करना; और फिल केम्पबेल भी इसी समस्या के बारे में बता रहे हैं. जिसमें नए व्यवसाय को आरम्भ करने का विशेष तड़का लगा हुआ है.

फुटबाल की समाप्ति के बाद टर्कैंटन

ईवान आर. मिस्नेर

अनेकों ने मुझसे कहा, ''मैं सौभाग्यशाली हूँ,'' फ्रान टर्कैंटन कहते हैं. ''हर कोई मुझसे इसलिए बात करता है क्योंकि मैं स्पोर्ट्स की दुनिया का विख्यात आदमी हूँ और इसीलिए मैं इतना सफल भी. प्रश्न यह है : यदि यह सच है तो अधिकांश फुटबाल के खिलाड़ी अपने फुटबाल जीवन की समाप्ति के बाद, व्यवसाय में सफल क्यों नहीं होते ?''

टर्कैंटन के शब्द फोन पर एक सन्देश भी दे रहे थे कि खिलाड़ियों का खेल-जीवन संक्षिप्त होता है. एक बार वह समाप्त हो जाता है, फिर अनेकों बिना किसी विचार के रह जाते हैं कि अब वे क्या करें. अनेक वर्षों तक अत्यधिक धन-प्राप्त यशस्वी व्यक्ति रहने के बाद,

वह भी अधिकांश में दूसरों की सहायता से, वे फिर भी अपेक्षा करते हैं कि आगे भी हमेशा लोग उनका ध्यान रखेंगे. वे अपनी पुरानी कीर्ति के बल पर जीना चाहते हैं पर इसे व्यवसाय बनाना बहुत कठिन है. कुछ डॉन मेरेडिथ और फ्रेंक गिफर्ड-जैसे लोग जिन्होंने अपने व्यक्तित्व और प्रतिभा के बल पर अपने ही खेल के क्षेत्र के निकट रहकर, उद्घोषक या कोच बनकर अपना पेशा बनाया. कुछ और, जैसे जिम ब्राउन तथा एलेक्स कॅरेस अभिनय तथा प्रदर्शन के द्वारा लोगों की नजरों में बने रहे.

सार यह है कि अधिकांश पुराने खिलाड़ी साधारण काम करने से हिचकते हैं. ठीक है, रॉजर स्टॉबॅच भू-सम्पत्ति के क्षेत्र में जोरों से कूद पड़े हैं. इसे उन्होंने अपनी प्रसिद्धियों का सहारा लेकर, नेटवर्किंग की कुशलता की मदद से आरम्भ किया है.

सक्रियता के लिए अभ्यास

सभी व्यावसायिक फुटबॉल खिलाड़ियों की ही तरह से, फ्रेंक टर्केंटन भी, अपने नियमित सीज़न में अपनी कुशलताओं का घंटों अभ्यास करते. उन्हें प्रशिक्षकों से सहायता मिलती, कोच तथा अन्य खिलाड़ी भी उन्हें मदद देते. आरम्भ में, वैसे तो उन्होंने समझ लिया था कि उनका फुटबॉल का काल सदैव नहीं चलेगा और भविष्य के लिए उन्हें किसी और पेशे की तैयारी करनी चाहिए. वे जानते थे कि किसी व्यवसाय में सफलता पाने के लिए उन्हें उस व्यवसाय की सारी कारीगरी सीखनी पड़ेगी जैसी उन्हें फुटबॉल के पेशे के लिए सीखनी पड़ी थी - नेटवर्किंग की मदद से.

टर्केंटन के लिए औरों से सीखना सदा सरल रहा था. ''लोगों के बारे में उत्सुकता रखना कि वे क्या हैं और क्या कर रहे हैं, यही तो मेरे लिए नेटवर्किंग का सार था. अपने समूचे खिलाड़ी समय में और व्यवसाय के दिनों में मैंने जाना था कि लोगों के विचारों को सुनने से, उनसे सम्बन्धित बातों को समझने से और उनके जीवन की चुनौतियों को जानने से मैं असंख्य सम्भावनाओं को खोज सकता था.''

टर्केंटन ने निर्णय लिया कि वे उसी सिद्धान्त को, उसी कार्य-पद्धति को अपनी व्यावसायिक रुचियों में भी काम में लाएँगे जिन्होंने फुटबाल के क्षेत्र में सफल बनाया था. ''मुश्किल यह थी कि मैंने अपनी उम्र का अधिकांश भाग, फुटबाल सीखने में बिता दिया था ताकि मैं सर्वश्रेष्ठ फुटबाल खिलाड़ी बन सकूँ.'' उनके पास यही एक मार्ग रह गया था कि वे अपनी उन्हीं प्रवीणताओं के साथ, नई सम्भावनाओं के लिए प्रयत्न करें और उन्हीं पूर्व परिचितों से मिलने का मौका लें तथा अपने जीवन के नए पक्ष को आरम्भ करें.

प्रति वर्ष, साल के सात महीने ऐसे होते थे जब फुटबॉल उनके जीवन में दखल नहीं देता था. उन्होंने स्वयं से पूछा, ''क्या तुम उस समय को व्यर्थ कर दोगे ? या उसे उन दिनों की तैयारी में लगाओगे जब फुटबॉल तुम्हारे साथ नहीं होगा ?'' उन्होंने निश्चय किया कि वे

व्यवसाय के बारे में सब-कुछ सीखेंगे - किसी भी व्यापार के बारे में.

वे साउथ डकोटा के सायोक्स फॉल्स में विल्सन ट्रकिंग सिस्टम के बारे में सीखने गए, 500 डॉलर प्रति माह पर. उनका काम था शिपिंग एजेंट्स को प्रेरित करना कि वे अपना सामान डब्यूटीएस की मार्फत भेजें. ऐसे उन्होंने विक्रय के बारे में सीखा. सबसे महत्वपूर्ण बात तो यह थी कि उन्होंने बिक्री से सम्बन्धित एक कीमती बात सीखी जिसने उन्हें अपने व्यापार में सफल बनना सिखाया. ''बात पैसों की नहीं थी, बात थी सेवा और सम्बन्धों की.''

यह मनमोहक काम नहीं था. अधिकांश व्यावसायिक खिलाड़ी ऐसा काम कभी नहीं लेंगे. मगर इसने उन्हें व्यापार की कुछ मूल बातें सिखाईं, जिस प्रकार से प्रशिक्षण, शारीरिक अनुकूलता - कंडीशनिंग, छीना-झपटी ने उसे फुटबॉल की महत्वपूर्ण कुशलताएँ सिखाई थीं.

कार्यस्थल से सीखे पाठ

वर्ष के सात महीने, वह अपनी यशस्वी छबि को परे रख देता. वह घर से निकलकर औरों के दरवाजे खटखटाता. ''मैं इतने सारे लोगों से, इतनी सारी जगहों पर मिला और उनसे बातें कीं, जितना सम्भव था. मैं नेटवर्किंग कर रहा हूँ, मुझे ज्ञात नहीं था; मैं सिर्फ इतना जानता था कि मुझे व्यवसाय में बने रहना है और उसके लिए जरूरी था कि मैं लोगों से बातें करता रहूँ.''

टर्केंटन ने सीखा कि व्यवसाय का तात्पर्य है, आप किसे जानते हैं. अनेकों लोग व्यवसाय में शॉर्टकट ढूँढ़ते हैं. वे बिना अपने ग्राहकों के बारे में जानने का समय बिताए, बिना उनके नौकरों, साथियों और प्रतियोगियों को जाने, व्यापार स्थापित करना चाहते हैं. यह बिना नक्शे के मकान बनाने जैसा कार्य है.

> वे व्यक्ति जो व्यवसाय की सिर्फ सामग्री तथा आर्थिक पक्ष पर ही ध्यान देते हैं, वे भूल जाते हैं कि सारे व्यापार सिर्फ व्यक्तिगत सम्बन्धों के कारण होते हैं.

उन्होंने सीखा कि व्यवसाय का तात्पर्य है रिश्तेदारियाँ. व्यक्ति जो पूरी तरह से सिर्फ सामग्री और व्यापार के आर्थिक पक्ष पर ध्यान देते हैं, वे जान नहीं पाते कि अन्त में सारा व्यापार व्यक्तिगत सम्बन्धों की मार्फत होते हैं. आपके ग्राहकों को आप पर विश्वास होना चाहिए कि आप उनकी माँगों को पूरा करने में समर्थ हैं.

उन्होंने यह भी सीखा कि व्यवसाय का अर्थ है ज्ञान. वे व्यक्ति जो यथार्थ में व्यापार करना चाहते थे, वे उनसे सिर्फ फुटबाल की बातें नहीं करते थे. वे उन बातों के बारे में बात करते जिनसे उनका सम्बन्ध था - पदार्थ, सेवाएँ, पैसा. ''लोग आपको अपने ज्ञान के द्वारा आश्चर्यचकित कर देना चाहते हैं... मैं लोगों से कहता कि वे मुझे बताएँ कि वे क्या जानते हैं. मैं जानता था कि उनके प्रति उत्सुक बने रहकर मैं सीख सकूँगा कि वे क्या जानते हैं.''

अपनी ज्ञान-पीठिका और अनुभव को विस्तृत बनाने के लिए टर्केंटन फुटबॉल-खिलाड़ी

रहते हुए ही, वार्तालाप-परिधि पर निकल पड़े थे. पर वे खेल-कूद की बातें नहीं करते थे, वे व्यावसायिक समूहों के साथ रहते और प्रेरणा-सूत्रों तथा नेतृत्त्व पर वार्तालाप करते. कई बार इन समूहों के दर्शकों में प्रशिक्षक और खिलाड़ी भी होते, मगर अपनी वार्ता से पहले और बाद में वे अन्य क्षेत्रों के लोगों से बात करते. ''व्याख्याता के रूप में मैं अनेकों व्यावसायिकों से मिला.... मैंने व्यवस्थापकों, विक्रयकर्मियों, उत्पादन-व्यक्तियों और प्रबन्धकों से बातचीत की. मैंने प्रश्न पूछे और उनकी समस्याओं को सुना. यह सब मानों व्यवसाय के कार्य-क्षेत्र की मास्टर्स की पदवी पाने जैसा था. उसने नए सम्बन्धों की नई कतार खड़ी कर दी, जिसने मुझे खेल की दुनिया से व्यापार के संसार में ला दिया.''

नए समूह-साथी

टार्केंटन ने नई मित्रताओं और सम्पर्कों को स्थापित किया जिसने अपने घेरे में विविध क्षेत्रों के लोगों को समेट लिया जो सीईओ से लेकर शिपिंग के क्लॉर्क तक थे. जिमी रॉबिन्सन, अमेरिकन एक्सप्रेस के अध्यक्ष ने एक बार कहा था, ''फ्रान टार्केंटन निजी रूप से इतने अधिक मुख्य कार्मिक अधिकारियों सीईओ को जानता था कि शेष सब मिलकर भी उस गिनती की बराबरी नहीं कर सकते थे. और वह सबों से कुछ सीख रहा था. कुछ लोग सिर्फ सीईओ से जाकर अटक जाते हैं,'' वे आगे बोले, ''ऐसा करके वे अपने सीखने के मौकों को सीमित कर देते हैं.'' उन्हें प्रतीत होता कि हर श्रेणी के लोगों की बातें सुनने से उन्हें वह सूचना भी मिल जाती है जिसे वे कभी नहीं पा सकते थे. सीईओ आपको मुख्य तरीकों से सहायता दे सकता है विशेष करके तब, जब बात प्रमुख विचारों और बहुत बड़े अवलम्बन की आती है. मगर शिपिंग क्लार्क आपको ऐसी बातें सिखा सकता है जिसे अपने व्यवसाय के बारे में स्वयं सीईओ जानते तक नहीं हैं.

> सीईओ आपको मुख्य बातों में सहायता दे सकता है, मगर शिपिंग क्लार्क आपको वे बातें बता सकता जो स्वयं सीईओ अपने व्यवसाय के बारे में नहीं जानता.

कॉडेक कम्पनी में एक वार्तालाप के समय वे बिल क्लोज से मिले जो स्प्रिंग मिल्स टेक्स्टाइल कं. के अध्यक्ष हैं और उनसे कहा कि वे आकर उनका प्लांट देखना चाहेंगे. इसके बाद की एक ही बात उन्हें याद है कि वे हॅलीकोप्टर द्वारा उनके समूचे प्लांट को तूफान गति से देख रहे थे और उन लोगों से मिल रहे थे जो उसे चलाते हैं. ''मैं सीख रहा था. मैं नहीं जानता था कि वह सब मुझे कहाँ ले जाएगा, मगर मुझे उस व्यवसाय में सच्ची दिलचस्पी थी और मैंने एक अवसर देखा. उन्हें ज्ञान हुआ कि कपड़ा व्यवसाय कम मुनाफे से पीड़ित है, विशेष करके अधिक कर्मचारियों के न रहने से. और उन्हें उस बृहद् कर्मचारियों की अनुपस्थिति का कारण भी समझ में आ गया : वह था, काम की बुरी व्यवस्था और कार्य-स्थल की बुरी अवस्था, साथ-साथ उन्हें प्रेरणा न देना.

''मैंने एक सलाहकार कम्पनी बनाई, बिहॅविओरल सिस्टम्स इन्क. हार्वर्ड से विशेषज्ञों को बुलाया और स्किनर-टाइप पॉजिटिव रेनफोर्समेंट सिस्टम्स पर गवेषणा की.'' अपने प्रथम ग्राहक कॅनन मिल्स के साथ, टर्केंटन सीधे मिल मज़दूरों के पास पहुँचे और पता लगाने लगे कि उन्हें क्या बात प्रेरित करती है. ''क्या उन्हें फीड-बॅक योजनाओं को कार्यशील बनाने में मदद देने की शिक्षा देना उपयोगी होगा ?'' उन्होंने पूछा. हमने उन्हें प्रशिक्षण दिया और एक विशेषज्ञ को उनकी मदद के लिए तत्पर रखा.'' इस रणनीति को प्रयोग में लाकर कॅनन मिल के कर्मचारियों की अनुपस्थिति का प्रतिशत दो-तिहाई कम हो गया. बाद की जिन मिलों में उन्होंने कार्य किया, उनमें भी यही हुआ.

व्यवसाय क्षेत्र के नायकों से मिलकर टर्केंटन ने व्यवसाय और व्यवसाय की सम्भावनाओं के बारे में सीखा - विशेष करके उस कम्पनी को आरम्भ करने के बारे में जो व्यवसाय की समस्याओं का हल खोज सके. मगर उन्होंने और उनके कार्यकर्ताओं ने लोगों को उत्प्रेरित करने के बारे में जो सीखा वह कर्मचारियों से सीखा, व्यवस्थापकों से नहीं. यदि उन्होंने अपना सारा समय बड़े व्यवस्थापकों के कमरों में बिता दिया होता तो उन्होंने समस्या का समाधान करना नहीं सीखा होता.

''मैंने एक वर्ष में आईबीएम में बीस व्याख्यान दिए. ऐसा करके मैं उनके क्षेत्रों के लोगों के सामने आया - विक्रय, उत्पादन, वितरण. मैंने आईबीएम के उस समय के कुछ उच्च व्यवस्थापन अधिकारियों के साथ सम्बन्ध बनाए.

जैसे, बोर्ड के चेयरपरसन, जॉहन ऍकर्स, यू.एस. के जनरल मॅनेजर टॅरी लॉटेहचेच और चीफ टेक्निकल ऑफीसर अर्ल ह्वीलर. उस अनुभव के साथ मैंने निज की एक उच्च तंत्र-ज्ञानवाली कम्पनी आरम्भ की.

जब भी मुझे कोई समस्या होती, मैं इन व्यक्तियों से विचारों और सहयोग के लिए कह सकता था. परिणामस्वरूप, आईबीएम मेरी कॉम्प्यूटर कम्पनी में दस प्रतिशत के हिस्सेदार बन गए. इससे हमारी बिक्री को 6 मिलियन डॉलर से बढ़ाकर 129 मिलियन डॉलर प्रतिवर्ष करने में मदद मिली.

''अब मैं तनख्वाह के बारे में साल में पचास बार चर्चा करता हूँ. वह विश्व की सबसे बड़ी प्रयोगशाला है. मैं प्रतिवर्ष पचास उद्योगों के सम्पर्क में रहता हूँ - खाद्य पदार्थ, उत्पादन, विक्रय, निर्माण और विपणन.''

टार्केंटन कहते हैं कि जिन लोगों से वे मिलते हैं वे यथेष्ट ज्ञान, अनुभव और कुशलता रखते हैं और उन्हें उनके व्यवसाय में एमबीए की पदवी दी जा सकती है. उन्होंने ज्ञान की इतनी विशाल पीठिका तैयार कर ली है कि वे अनेकों विषयों पर वक्तृता दे सकते हैं. इस ज्ञान और लोगों के सम्पर्क ने उन्हें इतना अधिक धन दिया है, जितना वे मात्र व्याख्यान देकर नहीं कमा सकते थे. वे कहते हैं, ज्ञान निश्चय ही शक्ति है.''

"यह आवश्यक है कि आप खेल में लगे रहें. आपको वहाँ रहना चाहिए जहाँ होना हो रहा है. मैं स्वयं को, सिर्फ रविवार दोपहर का एनएफएल देखकर, खेल में लिप्त नहीं कर सकता." दूसरी ओर, उनका कहना है कि आपको गवर्नर के बॉल का उद्घाटन आमंत्रण मिले, यह भी जरूरी नहीं है, जिसमें अधिकांश व्यक्ति अपने अहंकार की तृप्ति के लिए उपस्थित रहते हैं. सफलता की सरल राह है लोगों से मिलना जो आपको व्यवसाय के बारे में बता सकते हैं.

खेल की योजना

टर्केंटन की रणनीति का सार निम्न-लिखित तीन सीधे सरल नियमों में आ जाता है :

- उत्सुकता बनाए रखें; प्रश्न पूछें और उत्तरों को ध्यान से सुनें. लोगों को अच्छे श्रोता पसन्द आते हैं जो उनकी बातों पर ध्यान दें.
- हर किसी से सीखें. हर क्रम के लोगों से वार्तालाप करें, क्योंकि हर कोई कुछ-न-कुछ सिखा सकता है.
- सत्तारूढ़ व्यक्तियों से सम्बन्ध बढ़ावें जो आपको विचार और सहारा तथा अवसर दे सकें उनसे, जो पैसा कमाने की रुचि रखते हैं और उनसे, जिनके हृदय और पसन्द आप जैसे हैं.

एक और सुझाव : यात्रा का आनन्द लें.

सफलता के सम्पर्क

नेन्सी गियाकोमुज़ी

सम्भव है आपको मूर्खतापूर्ण लगे, मगर मैं ऊटाह से मिनेसोटा कॅरेबियन होकर गई. मैं साल्ट लेक सिटी में बहुत दिनों से निवास कर रहीं हूँ, समुदाय की सक्रिय स्वयंसेविका हूँ, समिति की सदस्या और गोल्फ-प्रेमिका हूँ तथा मेरा फलता-फूलता भू-सम्पत्ति का व्यवसाय है. अपने अवकाश-सप्ताह के जहाज के प्रवास की तैयारी करते हुए मैंने सोचा भी नहीं था कि मैं ऐसा प्रवास चुन रही हूँ जो मुझे मेरे विवाह की बेदी से होता हुआ ले जाएगा, ऊटाह से बाहर, 10,000 झीलों के प्रदेश में. मैं उस समुद्र-यात्रा में अल गियाकोमुज़ी से मिली. दो वर्ष बाद, मैंने स्वयं को शीतकालीन पार्का के लिए खरीदी करते पाया और अपने नए बिजनेस कार्डों को छपाया.

एक नए प्रदेश में, भू-सम्पत्ति के नए व्यवसाय को आरम्भ करते हुए, अपने ऊटाह के

पुराने सामाजिक और व्यापारिक सन्दर्भों से दूर रहना मुश्किल होगा. मगर मै जानती थी कि मुझे सबसे पहला काम करना है, लोगों से जुड़ना. मुझे अन्य व्यापारिक स्वामियों, पेशेवरों और व्यवसायियों को ढूँढ़ना था जो सम्पर्को और मौखिक सन्दर्भों के द्वारा अपना व्यापार करते थे. हमें आपस में मिलने की जरूरत थी ताकि नेटवर्किंग की जा सके. इसके अलावा, इस बर्फीले मौसम में मैं लोगों के दरवाजों को टकटकाते हुए घूमनेवाली भी नहीं थी. नहीं महाशयजी, मैं ठण्डे, निराशाभरे प्रत्युत्तरों के लिए तैयार नहीं थी.

अत: जब वृद्ध शीतकाल मेरे घर के बाहर चीत्कार कर रहा था, मैं अन्दर 'नेटवर्किंग के आजमाए हुए तरीकों' को काम में लाने में व्यस्त थी. मैं उन लोगों के नामों को जमा कर रही थी जिनसे मैं और एल मिले थे अथवा जिनके साथ व्यवसाय किया था. एक भू-सम्पत्ति दलाल के लिए उपयोगी व्यापारों की सूची भी बनाई. जल्दी ही मैंने अपना एक छोटा-सा नेटवर्किंग समुदाय बना लिया जो सप्ताह में एक बार, सिर्फ सन्दर्भों की अदला-बदली के लिए मिलता था.

जल्दी ही, हमारा वह समुदाय बड़ा हो गया और अब हम अपने नए मित्रों के समुदाय के साथ मिलने के लिए उस साप्ताहिक बैठक की उत्सुकता से राह देखते, जिसमें हम आपस में सन्दर्भों के विनिमय के साथ-साथ एक-दूसरे की सफलता की कामना भी करते. किसी मित्र को सन्दर्भ देना, और उससे कोई और पाना, कितना सन्तोष देता है. बर्फ के पिघलने और शीतकाल के बाद लिली के खिलने तक तो मैं अपने व्यवसाय में स्थापित हो चुकी थी.

आज भी नेटवर्किंग मेरे व्यवसाय की रीढ़ है. मैं आज भी साप्ताहिक बैठकों की उत्सुकता से राह देखती हूँ जहाँ सदस्यों में सन्दर्भों का आदान-प्रदान होता है. जानना सहज है कि मैं नेटवर्किंग की सिफारिश क्यों करती हूँ, क्योंकि वह काम करता है !

नेटवर्किंग का सिद्धान्त सरल है : सफल होने में औरों की सहायता करो और आप भी सफल हो जाएँगे. नेटवर्किंग कुछ चुने हुए लोगों के लिए ही नहीं है, बल्कि वह नुस्खा है सफलता का, हर किसी के लिए, जो दूसरों को सफल होने में सहायता करना चाहता है. सफलता के सन्दर्भ स्थापित करें.

बूटस्ट्रेप नेटवर्किंग

फिल कॅम्पबॅल

जब मेरी पत्नी एक देहाती क्षेत्र के समुदाय में संचालक बनीं तो मैंने सोचा कि अब मुझे भी नौकरी पाने में कोई कठिनाई नहीं होगी. मैं

एक सफल ऋणदाता दलाल का सफल ऋणदाता अफसर रह चुका था और समझता था कि मेरे कौशल की कदर सब जगह होगी. अत: हम लोगों ने अपना सामान बाँधा और कस्बे के शान्त और तनावरहित जीवन की ओर चल पड़े.

वैसे तो मेरे परिचय का विवरण बहुत लम्बा-चौड़ा था, पर मुझे जानकर आश्चर्य हुआ जब मैं विक्रय-क्षेत्र में कोई काम न पा सका. मैंने अनुभव किया कि अब सर्वश्रेष्ठ मार्ग यही है कि मैं स्वयं का व्यवसाय करूँ. मैंने पता लगाने का प्रयत्न किया कि उस समाज में कौन-सा उद्योग सफल रहेगा. समाज का अध्ययन करने के बाद मैंने खान-पान की ठेकेदारी का कार्य करने के बारे में सोचा. अब, जब कि मैंने स्वयं को कार्य आबंटित कर दिया था, मुझे ग्राहकों की आवश्यकता हुई.

मैंने यलो पेजेज़ में विज्ञापन देने की सोची पर उसकी अन्तिम तिथि निकल चुकी थी. फिर मैंने प्रत्यक्ष विक्रय के बारे में सोचा, मगर मुझे लगा कि यह प्रयत्न ऐसे व्यवसाय के लिए सफल नहीं होगा क्योंकि मुझे ग्राहक जल्दी चाहिए थे इसलिए मैंने व्यावसायिक सन्दर्भ नेटवर्क आरम्भ करने का निर्णय लिया.

धरातल से ऊपर उठना

एक स्थानीय बेंक से, जो लघु व्यापारों के खातों की विशेषता रखता था, मुझे कुछ प्रगतिशील व्यावसायिकों के पते मिले : एक कानूनज्ञ, एक सीपीए, और अन्य. मैंने उनमें के छह व्यवसायिकों को रात्रि-भोज पर, एक स्थानीय रेस्त्राँ में बुलाया और सुझाव दिया कि यदि हम अपने स्रोतों को एकत्र करें तो अधिक व्यापार कर सकते हैं. हमने साप्ताहिक बैठकें करने का और, यथासम्भव, आपस में व्यापार का निर्णय लिया. हमने एक व्यवसाय के एक ही व्यक्ति को चुना था, फिर भी संगठन के सदस्यों की संख्या बढ़कर सतासी हो गई. प्रत्येक बैठक में हर सदस्य अपना कार्ड देता था और एक मिनिट में अपना परिचय देता.

इस नेटवर्किंग ग्रुप को आरम्भ करने का सबसे पहला लाभ यह हुआ कि मैंने यथेष्ट विश्वसनीयता प्राप्त कर ली. मैं मात्र कुछ ही महीनों से व्यवसाय में था, मगर मुझे सम्भावित ग्राहक मिल रखे थे, सिर्फ बैठकों में जाने और अन्य सदस्यों के लिए स्वयं को उपलब्ध कराने से. वैसे तो कस्बे में अन्य कॅटरिंग कम्पनियाँ थीं, मगर मुझे अपने सहयोगियों से सभी सन्दर्भ मिल रहे थे. मैं भी जब बेचने की प्रतियोगितात्मक स्थिति में होता, मैं उन्हें अपने प्रमुख सामुदायिक सदस्यों को दे देता, जिनके साथ मेरे अच्छे सम्बन्ध थे. किसी व्यवसाय को हासिल करते समय यही सबसे प्रमुख मुद्दा होता है. मेरे नेटवर्किंग क्षेत्र के सभी लोगों के लिए, जिनका कोई मित्र केटरर नहीं था, मैं उनका नया साथी बन गया.

कार्य करते-करते सीखना

मैं इससे पहले कभी केटरर के व्यवसाय में नहीं रहा था, अत: बहुत-कुछ सीखना शेष था. कस्बे की अन्य कॅटरिंग कम्पनियों को मैंने जाना और उन्हें सुझाया कि मैं उनका अतिरिक्त-ओवरफ्लो - व्यवसाय सँभाल सकता हूँ. व्यस्त सप्ताहान्तों में मुझे उनका कुछ अतिरिक्त काम मिल जाता. यह सब बिना किसी रेडियो, टीवी, अखबार या डायरेक्ट मेलिंग के हो रहा था.

स्थानीय ''नॉलेज नेटवर्क'' किवानिस का सदस्य होने के कारण मैंने अपने व्यवसाय के योग्य कर्मचारियों को भी पा लिया. मुझे अपने एक सह-सदस्य से, जो कस्बे का हेल्थ अफसर था, कॅटरिंग से सम्बन्धित स्वास्थ-नियमों का भी पता चल गया. मुझे यह भी पता चला कि अलाभकारी संस्थानों जैसे, केंसर सोसायटी, लंग एसोसिएशन, रेडक्रॉस के साथ सहयोग करके मैं उनके लिए धन और मेरे लिए व्यवसाय पा सकता हूँ. सारा कार्य मैं करता था, उन्हें पैसे मिलते थे और मुझे मेरा पारिश्रमिक

जब मैं उस कस्बे में आया था, किसी को भी नहीं जानता था, मगर मैं शीघ्र ही स्थानीय कॅटरिंग के कार्यों के लिए प्रतियोगितात्मक भाव भरनेवाला व्यक्ति बन गया. जब मुड़कर देखता हूँ तो प्रतीत होता है कि यदि मैंने नया नेटवर्क आरम्भ न करके, प्रचलित, पुराने नेटवर्क को ही अपनाया होता तो जल्दी सफल हो गया होता. मेरी आपको यही सलाह है कि आप अपने क्षेत्र में किसी व्यावसायिक सन्दर्भ नेटवर्क को खोजें, जैसे बीएनआई क्योंकि वही नए व्यापार का सक्रिय सूत्र है.

सफल नेटवर्किंग के लिए कुछ सुझाव

- नेटवर्क की प्रत्येक बैठक में उपस्थित रहें.
- हर बैठक में समय पर पहुँचें.
- शीघ्रता से हर मीटिंग के हर व्यक्ति से परिचित हो जायें.
- सदस्यों को पता चले कि आप विश्वसनीय हैं और आप पर भरोसा किया जा सकता है.
- आपका शब्द मूल्यवान है और आप नियमित हैं.
- यदि आपके पास किसी सदस्य के लिए कोई सन्दर्भ है तो उसके लिए अगली बैठक तक न रुकें; तत्काल फोन करें और उस सदस्य को मार्ग दिखा दें.
- हर सन्दर्भ को, जो आपको नेटवर्किंग से मिला है और हर सह-सदस्य को अच्छी सेवा दें.
- प्रत्युत्तर में तुरन्त फोन करें.

जब आप किसी सन्दर्भ समूह में सम्मिलित हों, तो अन्य सदस्यों को जानने में समय लगाएँ. सिर्फ अपने लिए व्यवसाय पाने के लिए उससे न जुड़ें, और सदस्यों के व्यापार के बारे में भी जानें : अपनी आँखें और कान खुले रखें ताकि आप उनकी ओर व्यवसाय का रुख मोड़ सकें. अपने रोज के व्यापार और व्यक्तिगत मामलों में आप प्रतिदिन ऐसे लोगों के सम्पर्क में आएँगे जिन्हें कुछ-न-कुछ चाहिए, जिसे आपके नेटवर्क के सहयोगी दे रहे होंगे. जितना अधिक आप अपने सहयोगी सदस्यों को ध्यान में रखेंगे, उतना ही अधिक आपके वे साथी भी आपको दिमाग में रखेंगे.

हम नहीं जानते कि व्यापार किस मार्ग से हम तक आएगा. मैंने एक बार सीधे, एक सन्दर्भ से, अपनी कम्पनी के लिए 55,000 डॉलर पैदा किए थे. नेटवर्क की सहायता के बिना वह मैं पा ही नहीं सकता था.

करीब डेढ़ साल अपने व्यवसाय को जमाने में लगाने के बाद, मुझे उसे बेचने को बाध्य होना पड़ा जब मेरी पत्नी का फिर से तबादला हो गया. फिर भी, नेटवर्किंग ही एक बार फिर से मेरी सहायता के लिए आगे आई. मैंने बड़ा मुनाफा लेकर, कम्पनी अपने एक सहयोगी नेटवर्क सदस्य को बेच दी, और उसके विक्रय मूल्य में सदस्यों की संख्या ही सबसे बड़ा घटक था.

व्यापार पैदा करने के तीन तरीके

किसी भी व्यवसाय में व्यापार पैदा करने के सिर्फ यही तीन उपाय हैं :

- कोल्ड कॉल विज्ञापन पद्धति - अखबारों के माध्यम से, डायरेक्ट मेल और दरवाजे खटखटाना.
- रिन्यूवल्स - पुराने ग्राहकों से सम्पर्क करना ताकि पुन: व्यापार पाया जा सके - यह बहुत कठिन होता है जब आप नया व्यवसाय करते हैं.
- रेफेरल्स - सन्दर्भों के सहारे. समय की कमी के समय सबसे अधिक उपयोगी, विशेष करके जब आप लघु व्यवसायी, एक विक्रय-प्रतिनिधि अथवा परामर्शदाता हों जो तरह-तरह के व्यवसाय करता है.

5

महान् अवसर का उत्सव मनावें

अनेकों बार हम यह भ्रम पाले रहते हैं कि वे व्यक्ति जिन्होंने बड़ी-बड़ी कार्य-सिद्धियाँ पाई हैं, वह उन्होंने पूर्णतया स्वयं की बुद्धिमत्ता और प्रयत्नों से पाई हैं. यदि आप पर्दे के पीछे देखें तो पाएँगे कि अच्छी से भी अच्छी, तथा सर्वोत्तम सिद्धियाँ उन्होंने विस्तृत नेटवर्क के माध्यम से, मित्रों और सहकर्मियों के प्रोत्साहन और सहयोग से ही पाईं हैं. कॉन्डांस बेली तथा कॉनी हिन्टन, कॉलिन पॉवेल्स के प्रभावशाली अध्यवसाय के निरूपण में यह बात विस्तार से, उत्साहपूर्वक बताते हैं. कॉनी हिन्टन दुनिया के सबसे अमीर आदमी बिल गेट्स का आख्यान बताते हैं. आर्लेट एस. पोलेंड तथा रॉन स्टार्क ने एड एस्नर का साक्षात्कार लिया है.

कॉलिन पॉवेल की कहानी

केंडांस बॅली तथा कॉनी हिन्टन

नेटवर्किंग की कुशलता मानव-सम्बन्धों की प्रवीणता है. सम्बन्धों की इस बात को जितनी अच्छी तरह से जनरल कॉलिन पॉवेल समझा सकते हैं, उतना और कोई नहीं. वे एक बारहमासी व्यक्ति हैं जिनका सैनिक काल रिपब्लिकन प्रेसीडेंटों आइज़न हॉवर, निक्सन, फोर्ड, रीगन तथा बुश और डेमोक्रेटिक प्रेसीडेंटों कॅनेडी, जॉन्सन, कार्टर और क्लिंटन के समय में था.

स्वयं उस व्यक्ति के अनुसार : "यह एक काले बालक की कहानी है जिसका परिवार आप्रवासी होकर आया था और जिसके आरम्भिक जीवन में कोई आश्वासन नहीं थे, जिनके साधन बहुत सीमित थे, जिसका पालन साउथ ब्रोंक्स में हुआ था और जो किसी प्रकार से युनायटेड स्टेट ऑफ अमेरिका के प्रेसीडेण्ट का सुरक्षा सलाहकार बन गया, बाद में स्टाफ का संयुक्त प्रमुख बना."

पॉवेल ने अपनी नेटवर्किंग की योग्यता का अधिकांश अपने पिता लूथर से सीखा था जो जमैका के आप्रवासी थे. लाखों दूसरों की तरह, जो उनसे पहले और बाद में अमेरिका आए थे, लूथर भी एक निर्धन जीवन जी रहे थे, अपने छोटे-से अपार्टमेंट में, अच्छे जीवन की आशा में. पॉवेल बोले, ''हमारा परिवार मातृ-सत्ता समर्थक था. मैं अपने चाचाओं को बहुत चाहता था; वे शरारती थे; आनन्दी तथा कभी-कभी वे बदमाश बन जाते. मगर अधिकांश अपनी पत्नियों की अपेक्षा दुर्बल व्यक्तित्व के थे. औरतें प्रतिमान स्थापित करतीं, अपने बच्चों को पीटकर आकार में लातीं और उन्हें आगे की ओर धकेलतीं. मेरे पिता इसके अपवाद थे. लूथर पॉवेल भले ही आकार में छोटे, देखने में अप्रभावशाली, शायद कुछ हास्यास्पद होते हुए भी उस पारिवारिक सर्कस के रिंग मास्टर थे.''

उनके पिता एक नैसर्गिक नेटवर्कर थे. विभिन्न प्रकार के व्यक्तित्व, बुद्धिमत्ता और सपनों के लोगों से घिरे हुए भी, वे उन्हें परिवार के सामान्य अच्छे के लिए, काम करने को प्रेरित करते. अवश्यम्भावी समस्याओं पर विजय पाना, निश्चय ही किसी योद्धा-दल पर विजय पाने से अधिक अलग नहीं था जिसका अपने सैनिक-जीवन में कॉलिन पॉवेल को बारबार, जीवनभर सामना करना था.

नायकत्व के लिए नियत

कॉलिन पॉवेल्स की प्रतिभा, बुद्धिमत्ता और मानव सम्बन्ध बनाने की योग्यता ने उन्हें वियतनाम युद्ध के दो घंटों में स्वाभाविक रूप से नायक बना दिया. उनकी नेटवर्किंग की प्रवीणता - सम्बन्धों को बनाने और बढ़ाने की योग्यता, जो राजनैतिक दबावों के बावजूद, और लोगों को अपनी कार्य-सिद्धि की योग्यता दिखाने से उन्हें सेना में शीघ्रता से और निश्चित रूप से, प्रोमोशन्स मिलने लगे. उनके जीवन की प्रमुख उपलब्धियों पर ध्यान दें :

निक्सन राज्यकाल में : मेजर पद पर प्रोन्नति, डिप्टी डायरेक्टर फ्रेंक कारलूसी और डायरेक्टर कॅस्पर वेनबर्जर के अन्तर्गत, व्हाइट हाउस फॅलोशिप, मॅनेजमेंट तथा बजट विभाग में.

कार्टर एडमिनिस्ट्रेशन में : ब्रिगेडियर जनरल के पद पर नियुक्ति, रक्षा मंत्रालय के डिप्टी सेक्रेटरी के सहायक, ऊर्जा सेक्रेटरी के सहायक, मेजर जनरल के पद पर प्रमोशन.

रीगन प्रशासन में : रक्षा विभाग के संक्रान्ति काल में फ्रेंक कारलूसी के सहायक, ग्रेनेडा पर आक्रमण और लीबिया पर सैनिक कार्यवाही के दौरान, रक्षा-विभाग के सेक्रेटरी कॉस्पर वेनबर्जर के सीनियर मिलिटरी सहायक; कमांडिंग जनरल, फिफ्थ कॉर्प्स, जर्मनी; फ्रेंक कारलूसी, नेशनल सिक्यूरिटी एडवाइज़र के सहायक, लेफ्टिनेंट जनरल के पद पर प्रमोशन; प्रेसीडेंट फॉर नेशनल सिक्यूरिटी अफेयर्स के सहायक, सोविएट प्रेसीडेंट गॉर्बाचेव के साथ शिखर सम्मेलन की समिति, को-आर्डिनेशन ऑफ टेक्निकल एंड पॉलिसी एडवाइजर्स के प्रेसीडेंट के सहायक; नेशनल सिक्यूरिटी एडवाइज़र.

बुश के प्रशासन काल में : चार-स्टार जनरल के पद पर प्रोन्नति; प्रमुख, यू.एस. फोर्सेस कमांड; जाइंट चीफ्स ऑफ स्टाफ के चेयरमॅन; ऑपरेशन्स डॅजर्ट शील्ड तथा डॅजर्ट स्टोर्म के कमांडर ऑफ फोर्सेस.

यह सुस्पष्ट है कि पॉवेल बहु-प्रतिभा के धनी गुणी व्यक्ति थे जिसे उन्होंने रण-क्षेत्र की और शक्ति-क्षेत्र की सेवाओं के बीच बढ़ाया था. उनके आदर्श गुरुओं कॉस्पर वेनबर्जर और कार्लूसी ने उनकी, विविध प्रकार के कर्तव्यों और जिम्मेदारियों को ठीक से निभाने की प्रतिभा को पहचान लिया था. और उनके तीव्र ऊपरी कक्षा तक के विकास के लिए अधिकांश रूप से, उनका अपने मित्रों और बहुत पुरानी पहचान के साथियों के साथ नेटवर्किंग करना, जिम्मेदार था. सन् 1989 तक तो उन्होंने सारी कुशलता और अनुभव प्राप्त कर लिया था और वे सही अवसर पर सही स्थान पर रहते तथा सबसे कम उम्र के जेसीएस चेयरमॅन बने. जब उन्होंने, सन् 1990-91 में, अपने अत्यन्त सफल डॅजर्ट शील्ड तथा डॅजर्ट स्टोर्म ऑपरेशन्स का संचालन किया, तो उनकी, अपने अधीनों और ऊपरी अफसरों से पहचान ने और मीडिया के लोगों तथा जनता ने उन्हें पलक झपकते राष्ट्रीय हीरो बना दिया.

क्लिंटन प्रशासन के आरम्भिक कुछ महीनों में, अपने जेसीएम चेयरमॅन के अखंड कार्यकाल में, उन्होंने सेना से निवृत्ति ले ली, मगर उनकी राष्ट्र के प्रति सेवा जारी रही. पॉवेल ने भूतपूर्व प्रेसीडेंट कार्टर और सीनेटर साम नन् के साथ सन् 1994 में राजनैतिक मिशन पर हॅटी की यात्रा की जिसका परिणाम वहाँ के सैनिक-प्रशासन के अन्त, और उस देश की निर्वाचित सरकार की शान्तिपूर्ण वापसी से हुआ. उनकी लोकप्रियता के कारण लोगों ने उन्हें सन् 1996 के प्रेसीडेंट का चुनाव लड़ने को उकसाया; मगर वे स्वयं को इसका समर्थक नहीं मानते थे और वे अपने परिवार के साथ एक शान्त, निजी जीवन बिताना चाहते थे अत: उन्होंने स्वयं को किसी भी निर्वाचित पद से दूर रखा. उस समय उनकी समर्थन रेटिंग 70 प्रतिशत थी, और कम-से-कम एक निर्वाचन ने उन्हें ''सबसे अधिक विश्वसनीय जीवित अमेरिकन'' चुना था.

> पॉवेल की संवादिता की कुशलता ही थी जिसने सभी विभागों के लोगों के साथ वार्तलाप किया, जिसने उनके लिए सैनिक और नागरिक राष्ट्रीय सेवाओं का रास्ता बनाया.

एक सुविशेष नागरिक

पॉवेल के निजी मगर सार्वजनिक जीवन में उन्होंने दुनियाभर में व्याख्यान दिए, काँग्रेस से परामर्श किए, अनेकों समितियों के सदस्य रहे और अपना अधिकांश समय अमेरिकन युवाओं की सहायता में लगाया. एक साल से कम समय में उन्होंने अमेरिकन कॉर्पोरेट संस्थानों को बालकों की सर्व-सेवा के लिए तैयार कर लिया. और उसे एक राष्ट्रीय आन्दोलन बना दिया :

अमेरिका का संकल्प. इस शीघ्रता से विकसित हो रही संस्था की अब तक 300 संकल्पनाएँ सरकारी संस्थानों, राज्य सरकार, धार्मिक संघटनाओं और अन्य अलाभकर संस्थाओं के माध्यम से कार्यान्वित हैं.

पॉवेल ऐसे व्यक्ति हैं जो आत्म-विश्वास बिखेरते चलते हैं, सम्मान और आकर्षण का जादू फैलाते हैं, अत: स्वाभाविक ही है कि उनकी एक सबसे प्रिय योजना है व्यक्तिगत जिम्मेदारी की भावना को फैलाना. लोकप्रिय होते हुए भी वे छिपकर लोगों को कपड़े बाँटने का काम करते हैं और गृहविहीनों के आश्रय-स्थल को बिस्तर बाँटते हैं.

अपने सर्वाजनिक नौकरी के सेवा-काल में, जनरल पॉवेल ने अपना राजनीतिक झुकाव कभी भी प्रकट नहीं होने दिया; वे स्वतंत्र के रूप में वोट के लिए अनुसूचित होते थे. उन्होंने दोनों, रिपब्लिकन और डॅमोक्रॅटिक प्रशासनों में काम किया और उनका ध्येय था, जो भी शासनस्थ प्रेसीडेंट हो, उसकी सेवा करना. उनकी हर किसी के साथ वार्तालाप करने की कला ने उनके नागरिक जीवन में और जीवन में, राष्ट्र-सेवा का मार्ग सुदृढ़ किया.

उनके जीवन का उद्देश्य, उनके स्वयं के निर्मित ''13 नियम'' में वर्णित हुआ है जिन्हें वे अपने पेंटागॉन की टेबल के काँच के नीचे रखते थे : ''निरन्तर आशावादिता शक्ति को बहुगुणित करता है.''

बिल गेट्स की कहानी

कॉनी हिन्टन

एक सर्वसामान्य व्यावसायिक नेटवर्क गति-विधि है उन कार्यक्रमों में उपस्थित रहना जिसमें पेशेवर व्यवसायी सम्मिलित होकर एक-दूसरे से मिलते और अपने कार्डों का विनियम करते हैं. इन सबका उद्देश्य प्राथमिक परिचय को दीर्घजीवी सम्बन्धों में बदलना है ताकि वे प्रत्येक सदस्य को उसका मूल्य दे सकें. आज की प्रतियोगितापूर्ण और दिन-प्रति-दिन संश्लिष्ट होती दुनिया में, सम्बन्धों को महत्वपूर्ण सहयोगों में बदलना ही अनेकों संस्थाओं की सफलता का रहस्य बना है.

बिल गेट्स और मायक्रोसोफ्ट की कहानी प्रदर्शित करती है कि सशक्त, राजनीतिपूर्ण एकीकरण कितना अधिक सफल हो सकता है. बिल गेट्स को एक आदर्श सॉफ्टवेयर दृष्टा और अत्यधिक सफल व्यवसायी माना जाता है. उनकी सफलता अनेकों सामयिक और महत्वपूर्ण, नेटवर्क के सम्बन्धों के सहयोगों से आई. मगर, उनका व्यावसायिक साम्राज्य,

आज के अर्थों में प्रचलित नेटवर्किंग के द्वारा स्थापित नहीं हुआ, जिसमें व्यावसायिक कार्डों का विनिमय होता है.

सभी सही व्यक्ति

गेट्स ने आरम्भ से ही नीतिपूर्ण संयोजनाएँ बनाना आरम्भ कर दिया था. उन्होंने अपने आस-पास विभिन्न क्षेत्र के बुद्धिमानों को एकत्र किया था जो उसकी जीवन-दृष्टि का समर्थन करते थे. हाइस्कूल के छात्र के रूप में उन्होंने अपने मित्रों पॉल एलन और स्टीव बाल्मर के साथ कॉम्प्यूटर्स और सॉफ्टवेयर के बारे में सीखा था और उनसे उनका वह सम्बन्ध हार्वर्ड युनिवर्सिटी के दिनों में से होता हुआ वर्तमान में भी जारी रहा. ये व्यक्ति प्रथम मायक्रो कॉम्प्यूटर के लिए विशेष रूप से निर्मित प्रोग्रामिंग भाषा बेसिक के निर्माण के प्रमुख व्यक्ति थे. बिल गेट्स की कथा बताती है कि सम्बन्धों का निर्माण बहुत कम उम्र में भी होना सम्भव है.

बिल गेट्स की उसी निजी, व्यक्तिगत, तीव्र और भावपूर्ण चारित्रिक विशेषताओं पर ही उनका मायक्रोसॉफ्ट का सिद्धान्त आधार रखता है. गेट्स ने अपनी ओर उन लोगों को आकर्षित किया जो कॉम्प्यूटर्स की ही दुनिया में जीते थे, साँस लेते थे और काम करना पसन्द करते थे. मायक्रोसॉफ्ट के आरम्भिक दिनों में निर्मित सहयोगिताएँ ही गेट्स के मायक्रोसॉफ्ट के गगनचुम्बी विकास की नींव थीं.

> बिल गेट्स ने अपने आस-पास अनेक क्षेत्रों के बुद्धिमानों को जमा कर लिया था जो उसकी जीवन-दृष्टि का समर्थन करते थे.

एक व्यापार व्यावसायिक के रूप में, बहुत जरूरी हो जाता है कि परिश्रमपूर्वक हम उन व्यक्तियों के साथ सम्पर्क बढ़ावें जो आपके व्यवसाय की प्रगति में सहायोग दे सकें, साथ ही पुराने व्यापारिक सम्बन्धों को भी न तोड़ें. मायक्रोसॉफ्ट के संवेदनशील सहयोगिताएँ जॉहन रोच के टेंडी कॉम्प्यूटर्स; कुजुहिको निशि, जो मायक्रोसॉफ्ट के सभी उत्पादनों के जापानी बाजार में प्रवेश के लिए कारण रूप बनी थीं; तथा आईबीएम के प्रशासक, जिन्होंने मायक्रोसॉफ्ट की विशाल उछाल का, कॉम्प्यूटर सॉफ्टवेअर इंडस्ट्री में आने पर स्वागत किया था.

एक पारिवारिक सम्बन्ध

सम्भव है बिल गेट्स ने नेटवर्किंग में, सम्बन्धों की शक्ति का कीमती पाठ अपनी माँ से सीखा हो. हो सकता है, मॅरी गेट्स ने आरम्भिक, संवेदनशील मायक्रोसॉफ्ट की युति में भी महत्वपूर्ण हिस्सा लिया हो. वे अनेकों साम्प्रदायिक सेवाओं और नागरिक संस्थाओं से भी जुड़ी थीं, जिनमें नेशनल बोर्ड ऑफ द युनायटेड वे भी आती है. मॅरी गेट्स और इस संस्था के एक सदस्य - जोहन ओपॅल, सीईओ, आईबीएम, के सम्बन्धो ने मायक्रोसॉफ्ट और आईबीएम के सौदे को सरल बना दिया. नेटवर्किंग, अक्सर, इस प्रकार के ''ट्रिलॉज़ी

ऑफ ट्रस्ट'' - की मार्फत सौदे को पूरा करने में मदद करती है. यह ऐसा विश्वास है जो एक व्यक्ति में दूसरे के प्रति रहता है, और फिर उसे इन दोनों के माध्यम से तीसरे सन्दर्भित व्यक्ति तक पहुँचा दिया जाता है.

भले ही बिल गेट्स विशेष प्रकार के नेटवर्कर न दिखते हों, मगर उन्होंने नेटवर्किंग की खूबियों में प्रवीणता, चतुर लोगों के साथ दीर्घसूत्री सम्बन्धों को बाँधकर पा ली थी. ये व्यक्ति - विशेष, एक समान जीवन-दृष्टि और लक्ष्य रखते थे और उस सुविशेष ज्ञान को, मायक्रोसॉफ्ट के जीवन से भी बृहद् सामुदायिक प्रयत्नों के पटल का सर्जन करने में सहायक बन रहे थे. वे कहते हैं, ''मुझे आनन्द का एक बड़ा हिस्सा हमेशा, प्रवीण लोगों को काम में रखकर, उनके साथ कार्य करके मिलता था. मुझे उनसे सीखने में आनन्द आता.''

बिल गेट्स और मायक्रोसॉफ्ट साबित करते हैं कि हम सभी नीतिपूर्ण सम्बन्धों को स्थापित करके शक्ति और सफलता पा सकते हैं. अगली बार जब आप कोई नेटवर्किंग के कार्यक्रम में उपस्थित रहें, बिल गेट्स की सफलता को ध्यान में रखें. व्यावसायिक कार्डों को जमा करते हुए लोगों से मिलते समय, उन्हें भविष्य के सम्भावित ग्राहकों के रूप में देखें, न सिर्फ सम्भावित व्यापारियों के रूप में. कार्मिकों का एक दल बनावें और उस सफलता को प्राप्त करें जिसका आपने सिर्फ सपना देखा था.

एड आस्नर की कहानी

आर्लेट एस. पॉलेंड तथा रॉन स्टार्क

आज उसका नाम हर घर में पहचाना जाता है. मगर एक समय था जब एड आस्नर के जीवन में वह वास्तविकता नहीं थी. आज-जैसा सफल अभिनेता बनने के लिए वह नेटवर्किंग के पाँच मूल तत्वों को व्यवहार में लाया ताकि सफलता के दरवाजे खुल सकें और उसका प्रचुर ज्ञान उन द्वारों को खुला रख सके.

''जब मैंने शिकागो में कार्यारम्भ किया,'' एक दोपहर वह हमें बता रहा था, ''मैंने अनेकों नाटक अभिनीत किए. मैं अनेकों से, और हर किसी से पूछा करता कि वे मुझे कहें या लिखें कि और क्या करना चाहिए. यह मुझ पर निर्भर था कि मैं साबित करूँ कि मैं सफल अभिनेता हूँ.'' एक प्रदर्शन जो उसे विशेष पसन्द आया वह था थ्री पॅनी ऑपेरा; स्वाभाविक ही है, उसमें उसे जे.जे. पीचम, द ''हॅवी'' के रूप में दर्शाया गया था.

अनुबन्धों से लबालब भरना

जल्दी ही, ऍड ने निर्णय लिया कि उसे न्यूयार्क अपने लक्ष्यों की पूर्ति के लिए जाना पड़ेगा. तैयारी के समय उसने अपने हर परिचित से न्यूयार्क के परिचितों और सम्पर्कों के फोन नम्बर लिए.

एड का एक फोटोग्राफर मित्र का एक मित्र, शिकागो में था जो साधारण टाइयाँ बनाता था. एड न्यूयार्क जाकर अच्छा प्रभाव डालना चाहता था अत: उसने सोचा कि ये टाइयाँ उसकी सहायता करेंगी, इसलिए वह टाई बनानेवाले से मिला और उससे अनेकों टाइयाँ खरीदीं. आदतन, उसने उससे भी पूछ लिया कि क्या वह उस विशाल नगर में किसी को जानता है. टाई मेकर वहाँ सिर्फ एक ही व्यक्ति को जानता था; उसने एड को एक नाम और नम्बर दिया.

न्यूयार्क जाकर एड ने दिए गए हर नम्बर पर फोन किया. टाई मेकर के द्वारा दिया गया नम्बर एक रेडियो के कार्यक्रमों को प्रस्तुत करनेवाले का निकला जिसने बाद में उसे नाटकों के अनेकों पार्ट करने को दिए.

सत्यनिष्ठा प्रदर्शित करना

अपने नाट्य-अभिनय की पुनर्स्थापना के लिए उसने अपना सारा ताम-झाम समेटा और न्यूयार्क जाकर-थ्रीपॅनी ऑपेरा के निर्माता से अपने जे.जे. पीचम के अभिनय-अंश के बारे में पूछा कि क्या वह उसे पुन: मिल सकता है, मगर वह किसी और को दे दिया गया था. निर्माता एड के बारे में कुछ भी नहीं जानता था, मगर वह अभिनेता की सीधी बातों से बहुत प्रभावित हुआ और उसने प्रदर्शन में एक छोटा-सा अभिनय अंश उसे तत्काल दे दिया.

ऍड ऍसनर के नेटवर्किंग के सर्वोच्च सूत्र

- सन्दर्भों के लिए हर किसी से पूछें.
- दिए हर सन्दर्भ का अनुवर्तन - फॉलोअप - करें.
- स्वयं में और काम में आस्था रखें.
- एक अच्छा, सकारात्मक प्रथम प्रभाव डालें.
- एक अच्छी प्रतिष्ठा बनाएँ और उसे बनाए रखें.

प्रस्ताव आकर्षक था मगर ऍड ने खेदपूर्वक उसे अस्वीकृत कर दिया. वह उस समय

भी रेडियो शो कर रहा था, यह उसने उन्हें समझाया कि भले ही रेडियो का अंश छोटा और मामूली था और वह सप्ताह में एक ही बार होता था, मगर वह उसे नहीं छोड़ सकता था.

निर्माता को ऍंड की समर्पण-भावना पसन्द आई और उसने उससे वादा किया कि वह उसे ध्यान में रखेगा. और यथार्थ में, जब ऍंड का रेडियो का अनुबन्ध पूरा हुआ, तो निर्माता ने पुन: उसे एक छोटा-सा अभिनय-अंश दिया.

माँगो और आप पाएँगे

''अभिनय-अंश जो मुझे प्रस्तावित किया गया था, वह टाइगर ब्राउन का स्थानापन्न लघु-अंश था. यह साधारण रिवाज था कि छोटे अंश का अभिनय करते समय विशाल अभिनय को स्थानापन्न किया जाता है. टाइगर ब्राउन का अभिनय करनेवाला जल्दी ही अपना काम छोड़ने का नोटिस देनेवाला था. मुझे भय था कि कहीं मैं भी उसी छोटे-से अभिनय-अंश से हिलगकर न रह जाऊँ, क्योंकि मैं जे.जे. पीचम का ही अभिनय करना चाहता था जैसा मैंने शिकागो में किया था.''

ऍंड जानता था कि यदि आप वह नहीं माँगेंगे जो चाहते हैं, तो सम्भव है उसे आप कभी भी न पा सकें. ''देखिए, मैं जानता था कि पीचम के पात्र का अभिनयकर्ता, टाइगर ब्राउन का अभिनय करनेवाले से भी पहले काम छोड़कर जानेवाला है, इसलिए मैंने टाइगर ब्राउन का अभिनय करनेवाले को बताया कि मैं कितनी उत्सुकता से उस पीचम के अभिनय को करना चाहता हूँ. उसने मुझसे सहानुभूति दिखाई और अपने प्रस्थान के समय को ऐसे बैठाया जिससे मुझे पीचम का अभिनय करने का अवसर मिल सके - और मैं उसे पा गया.'' ऍंड ने करीब ढाई वर्ष पीचम का अभिनय किया था और वह उसे चाहने लगा था.

''न्यूयॉर्क के अपने आरम्भिक दिनों में मैं प्रहसनों से दूर रहा. मैं और मेरे प्रतिनिधि ने मात्र गम्भीर नाटकीय अभिनयों पर ध्यान दिया. मेरे जीवन के निकृष्ट व्यावसायिक समय ने मेरी उस भावना को खण्डित कर दिया. एक निर्देशक ने दो भिन्न चलचित्रों में मुझे काम दिया. पहली एक *पॅरी मॅसन* की, दो घंटों की, घटिया नकल थी जिसे उन्हीं लोगों ने बनाया जिन्होंने *पॅरी मॅसन* शो बनाया था.

लाउ ग्रांट बनना

''दूसरा शो प्रहसन नहीं था, मगर मेरे पात्र का लेखन चीख-चीखकर कह रहा था कि वह प्रहसन है, अत: मैंने डंडा लेकर अभिनय किया. निर्माता को भय लग रहा था, मगर उसे अच्छा लगा. एक ने दैनिक शूटिंग के समाचारों को देखा. वह ग्रांट टिंकर था.

''ग्रांट टिंकर उन दिनों *मॅरी टायलर मूर शो* का निर्माण कर रहे थे. वे लाउ ग्रांट के पात्र के अभिनय के लिए किसी को खोज रहे थे. उन्हें सन्देह था कि क्या मैं उस कॉमेडी को कर

पाऊँगा, तभी उन्होंने उस रोज के अभिनय की डेलीज़ को देखा.''

अपनी एक्टिंग की प्रवीणता को बढ़ाने के लिए ऍड उछल पड़ा. अपने सुविशेष कार्पोडिएम मनोवृत्ति से उसने ध्वनि परीक्षण की अनुमति माँगी.

''पहली बार जब मैंने अभिनय-अंश को पढ़ा, मैंने उसे पारम्परिक ढंग से पढ़ा. उन्होंने कहा, ''हम आपको मॅरी के साथ पढ़ने के लिए फिर से बुलाएँगे और इसे कॉमेडी की अपेक्षा अधिक विशालता से पढ़ने को कहेंगे.'' मैंने उनसे कहा, 'नहीं, मुझे अभी, इसे फिर से पढ़ने दो. यदि मैं अभी कॉमेडी नहीं कर पाया, तो आपको मुझे वापिस फिर से बुलाने की जरूरत नहीं है.'

''मैं तत्काल, उसी समय जानना चाहता था और कुछ सप्ताह रुककर नहीं जानना चाहता था कि मुझे वह अभिनय नहीं मिला है. दूसरी बार जब मैंने उसे पढ़ा, मुझे होश नहीं है कि क्या पढ़ रहा था. मैंने मानो शाबाशियों में डूबकर उसे पढ़ा. वे हँस रहे थे. तब उन्होंने मुझे मॅरी के साथ पढ़ने को कहा. वर्षों बाद मुझे ज्ञात हुआ कि मेरे पढ़ने के बाद मॅरी ने उनसे पूछा था, ''आप सचमुच चाहते हैं कि यह रहे ?''

जन-सेवा के प्रति वचनबद्धता

ऍड आस्नर मनुष्य जाति के कल्याण के लिए पूर्णतया समर्पित थे और उनमें अपनी आस्था के विपरीत आ रहीं सभी बाधाओं का सामना करने की हिम्मत थी. इस बात का पूरा समर्थन, जब वे सन् 1981 में, स्क्रीन एक्टर्स गिल्ड के अध्यक्ष पद के लिए चुनाव लड़े थे और उसमें जीते थे, उससे लगता है. वे चार वर्षों तक उस पद पर बने रहे. ''मैं सदैव कुछ लौटाना चाहता था. मुझे अद्‌भुत सफलता मिली थी और मेरा मानना था कि गिल्ड ने मेरी मदद की थी, मुझ पर एक प्रकार का उपकार.''

सन् 1970 के आरम्भ में, गिल्ड की प्रसिद्धि ''पुराने लड़कों का नेटवर्क'' के रूप में थी. ऍड ने भी उसे उसी प्रकार का पाया था और वे उसकी उस छबि को भंग करना चाहते थे. उन्होंने अपनी सुनिर्मित कीर्ति और योग्यता को काम में लगा दिया और अपने नेटवर्क को विस्तारित करना आरम्भ किया, गिल्ड के भीतर सम्बन्धों को बढ़ाकर.

''मेरी ओर से, मित्रों ने अन्य मित्रों से सम्पर्क किया. मेरे पक्ष में *मॅरी टायलर मूर शो* की सफलता काम कर रही थी, अत: मैं मोर्चे का अच्छा, पहला आदमी बना. मैं सड़कों पर घूमा और मैं कैसा अनुभव कर रहा था, उस बारे में लोगों से कहा. अन्त में लोगों में भी चिन्गारी भड़क उठी.

''अच्छी नेटवर्किंग का रहस्य है एक नाम से तीन प्रकार से विचार-विमर्श करना. मेरी सबसे बड़ी कठिनाई थी कि मैं नामों को मुश्किल से याद रख पाता था.'' ऍड हॅसा. क्लार्क गॅबल इसमें प्रवीण थे. वे हर किसी को नाम से पुकारते.

''एक बार, मॅरी टायलर मूर शो में, टॅड (सामंत) से मिलने उसके मित्र की पुत्री सेट पर आई. मेरा भी उससे परिचय कराया गया, मगर मैं उसका नाम याद नहीं रख पाया, अत: मैं उसके आसपास चक्कर लगाकर उसके पीछे गया और टॅड से उसका नाम इशारे से पूछा. उसने जोरों से, उसे मजाक बनाते हुआ कहा, ''उसका नाम क्या है ?'' मैं सकुचा गया, मगर और सब हँस पड़े. यदि आप स्वीकार कर लें तो लोग बहुत क्षमाशील होते हैं.''

आप जिससे भी मिलें, नाम अवश्य पूछें, नम्बर भी लें ताकि उनसे बाद में सम्पर्क कर सकें. अपने सभी सम्पर्कों के बीच से गुजरें. स्वयं में और अपने कार्य में आस्था रखें. पहला असर प्रभावशाली डालें. अच्छी कीर्ति पैदा करें और उसे बनाए रखें. यदि आप इन पाँच मूल बातों को ध्यान में रखेंगे और नेटवर्किंग करेंगे तो आप भी, अपने जीवन ही में, एक घरेलू, लोकप्रिय नाम बन जायेंगे.

6

प्रकाशन-योग्य बने

सार्वजनिक व्यक्ति बनने का एक और तरीका है, अपने नाम को किसी पुस्तक के आवरण पर नीचे छपा हुआ पाना. वैसे तो लेखन एक अकेले की कला है, मगर उसका प्रकाशन और बिक्री एक प्रमुख नेटवर्किंग प्रक्रिया है. जो टाय अपनी मुलाकात के अवसर को अपनी पुस्तक को बेचने के सुनहले, अनमोल मौके में बदलते हैं - छोटे पैमाने का अनुभव बड़े पैमाने पर कैसे नेटवर्किंग का आदर्श बन जाता है, इसे मार्क विक्टर हेन्सन अपने ब्लॉकबस्टर सीरीज के बेस्ट सेलर के माध्यम से बताते हैं.

एक सौभाग्यशाली सिक्का

जो टाय

पिछली सर्दियों में, मैं अपने परिवार को फ्लॉरिडा ले गया था जहाँ अवकाश बिताना था. हमने एक दिन की वेस्ट में गुजारा जहाँ मैंने और मेरे पुत्र ने स्कूटर भाड़े पर लिया और सारे टापू पर फट्फट् करते घूमते रहे. मगर मेरी पत्नी और पुत्री ने क्रेडिट कार्डों को अपने सफर का चहलकदमी का साथी बनाया.

टापू के मुख्य आकर्षण डुवल स्ट्रीट की राह में ''साहस'' शब्द मुझे दिखा. वह एक दुकान की शो-विंडो पर लिखी कविता का शीर्षक था. नेवर फीयर, नेवर फीयर, नेवर क्विट नामक पुस्तक का लेखक होने के नाते स्वाभाविक था कि मैं उस ओर आकर्षित हुआ. हम उस मकानों के समूह का चक्कर काटकर एक छोटी-सी दुकान के सामने रुके जिसका नाम था लास्ट फ्लाइट आउट. दुकान टी-शर्ट्स, बेस बॉल की टोपियों और अन्य सामानों से भरी पड़ी थी, उनमें से कुछ, दुकान की कविता के शीर्षक को चरितार्थ कर रही थीं. दुकान में बहुत भीड़ थी, अत: मैंने सिर्फ उसका कार्ड लिया और लौट गया.

लोवा लौटने के बाद मैंने दुकान के मालिक क्ये ग्रीजर से सम्पर्क किया और उसे अपनी

पुस्तक ''करेज'' की एक टी-शर्ट भेजी.

इसके बाद जो हुआ उससे नेटवर्किंग के अपने विश्वास में मेरी दृढ़ता बढ़ी : हमेशा पीछे पड़े रहो. बाद में ज्ञात हुआ कि लास्ट फ्लाइट आउट एक दुकान नहीं थी, बल्कि दुकानों की एक श्रृंखला थी - अनेकों स्थानों पर एकाधिकार पाई हुई. यह भी पता चला कि हम दोनों की अनेकों रुचियाँ और जीवन-मूल्य समान हैं. बाद के अनेक दिन मैंने उसके भागीदार एलिस फ्रेंज़ेटा और क्ले से मिलने में बिताए जिसने वह कविता लिखी थी. हमने आपस में बहुत-से तरीकों पर बातें कीं जिससे हम एक-दूसरे की मदद कर सकते थे.

वे दोनों *नेवर फीयर, नेवर क्विट* के लुभावने षड्यंत्र से वश में हो गए थे. अब वे लोग अपनी लास्ट फ्लाइट आउट स्टोर्स में एकमात्र वही किताब बेचते हैं और प्रतिदिन इतनी अधिक प्रतियाँ बेचते हैं, जितनी सिर्फ सबसे व्यस्त दुकानों में बिकती हैं. लगभग प्रति सप्ताह लास्ट फ्लाइट आउट स्टोर, की वेस्ट की दुकान के काउंटर पर खड़े होकर, दुकान के मालिक के साथ की मेरी फोटो के पास खड़ा पुराना साथी या परिचित सेल्स मॅन सम्पर्क करता है.

नेवर फीयर, नेवर क्विट पुस्तक का एक अध्याय है ''सौभाग्यशाली सिक्का वह है जिसका आप योग्य उपयोग करते हैं.'' मैं सदा अवसरों की प्रतीक्षा में रहा जो देखने में आकस्मिक घटना लगते थे, उन्हें मधुर सांध्य-गीतों में बदल दिया. और फिर, क्या नेटवर्किंग यही सब नहीं है ?

नेवर फीयर, नेवर क्विट पुस्तक में रॅफ कहते हैं, ''जीवन में हम जिसे सबसे ज्यादह पाना चाहते हैं, उसे पाने का सबसे अच्छा तरीका है, उसे पाने में किसी और की मदद करना जिसे उसकी जरूरत आपसे भी अधिक है.'' लास्ट फ्लाइट आउट के लोग मेरी पुस्तक के बारे में लोगों में सन्देश फैला रहे हैं, जो अब एक पुस्तक के स्वरूप से बढ़कर, सारे युनाइटेड स्टेट्स और कॅनाडा में एक संस्था बन चुकी है और उसके सदस्य सर्वत्र फैले हुए हैं.

मैं सदा अवसरों की प्रतीक्षा में रहा जो देखने में आकस्मिक घटना लगते थे, उन्हें मधुर सांध्य-गीतों में बदल दिया. और फिर, क्या नेटवर्किंग यही सब नहीं है ?

अब मैं उसका अगला धारावाहिक लिख रहा हूँ जिसमें की वेस्ट की घटना भी जोड़ी जाएगी. उसका एक दृश्य लास्ट फ्लाइट आउट में घटित होता है और उसमें, अनुमति के साथ, ऍलिसा की वह स्फूर्तिदायक कविता ''करेज'' भी शामिल की जाएगी.

जब वह पुस्तक ''बेस्ट सेलर'' की सीमाएँ छूने लगेगी तो लास्ट फ्लाइट आउट में भी पाठक यह देखने के लिए उमड़ेंगे कि उस स्थान ने मेरे ध्यान को, एक विशेष प्रकार से आकर्षित क्यों किया था. दाता ही पाते हैं !

क्या अकस्मात् ? जी नहीं, मधुर गीत, एक अवसर जिसे मैंने गँवाया नहीं था.

मार्क विक्टर हॅन्सेन की नेटवर्किंग की विजय

एड क्रेइन

चिकन सूप फॉर द सोल सीरीज के सह-लेखक मार्क विक्टर हॅन्सेन और जॅक कॅन्फील्ड इस बात के प्रमाण हैं कि नेटवर्किंग सफल होती है. तेंतीस प्रकाशकों के द्वारा अपनी पुस्तक की पांडुलिपि के अस्वीकृत होने के बाद, उनके प्रतिनिधि ने कहा था कि वह कभी भी नहीं बिकेगी. मगर अप्रभावित हुए बिना मार्क और जॅक अपनी पाण्डुलिपि को ॲनेहेम में हो रहे अमेरिकन बुक-सेलर्स एक्स्पो में ले गए. एक मंडप से दूसरे में चलकर जाकर और सैकड़ों प्रकाशकों से बातें करके, आखिर में उन्हें एक प्रकाशक मिला जो उनकी कृति चिकन सूप फॉर द सोल को पहले पढ़ेगा, फिर प्रकाशित करेगा. पुस्तक की 1.3 मिलियन प्रतियाँ प्रथम डेढ़ साल में बिकीं.

मार्क विक्टर हेन्सेन का मानना है कि अगली शताब्दी में दो सबसे प्रमुख हुनर होंगे नेटवर्किंग और नव-परिवर्तन को जगाना. नेटवर्किंग के गुणों को जानना सरल है. यह एक आजमाया हुआ सत्य है कि हम लोगों के सहयोग से और जिस योजनाओं को करते हैं उनसे विकास पाते हैं. नया परिवर्तन इनोवेशन - नेटवर्किंग को दिशा देता है. मार्क की राय में, ''बिना किसी उद्देश्य की नेटवर्किंग बिना किसी लक्ष्य के तेजी से दौड़ना जैसा है.'' सर्वाधिक नए परिवर्तन तब आकृति लेते हैं जब हम औरों से सम्पर्क स्थापित करते हैं और विचारों और योजनाओं को साकार स्वरूप प्रदान करते हैं.

ताल-मेल में दो की शक्ति

मार्क का विश्वास है, ''दो व्यक्तियों के समधरातल पर आने से'' व्यक्ति ऐसा समूह बना सकता है जो किसी भी महत्वपूर्ण उपलब्धि को पा सकता है. ''यदि आप किसी और एक व्यक्ति को भी अपने किए जा रहे कार्य की ओर मोड़ सकें तो आप कुछ भी पा सकते हैं. इस मेल से आप एक ऐसा संगठन बना लेंगे जिससे संयुक्त होने को सभी उत्सुक होंगे.''

मार्क ने इस सिद्धान्त का प्रयोग तक किया था जब जॅक के साथ मिलकर *चिकन-सूप फॉर सोल* का सह-लेखन किया था. मार्क और जॅक बहुत दिनों, पच्चीस वर्षों से अधिक से मित्र तथा प्रशिक्षक और प्रेरणादायक व्याख्याता, तथा सहकर्मी थे. एक दिन, अपने दैनिक ब्रेकफास्ट के समय उन्होंने पुस्तक लिखने के बारे में बातें करना आरम्भ किया : कुछ सर्वोत्तम कहानियों का संकलन करने का, जिन्हें वे अपने प्रेरणादायक व्याख्यानों में व्यवहार में लाते

थे. *चिकन सूप फॉर द सोल* का जन्म हुआ.

नव-परिवर्तन और लक्ष्य

जब कोई विचार पककर लक्ष्य में बदल जाता है, और यदि आपने दो की शक्ति का आकलन किया है, तो फिर शेष रह जाता है नेटवर्किंग करना. नेटवर्किंग के माध्यम से, विचार अथवा लक्ष्य संस्कारित, परिष्कृत और बहद् हो जाते हैं. हम सबों को इसका अनुभव होता है, जब हम किसी काम को अधिक अच्छे प्रकार से करने के लिए गहरा चिन्तन करते हैं. हमें कोई विचार सूझता है, फिर हम उसे परिष्कृत करने के लिए औरों को बताते हैं. जब पहली बार मार्क और जॅक ने पुस्तक की परिकल्पना की थी तब उन्होंने 101 बेस्ट सेलिंग लेखकों से सम्पर्क किया था और पूछा था कि उन्हें अपनी पुस्तक को बेचने के लिए क्या करना चाहिए. उनकी उपलब्ध जानकारी ने उन्हें पुस्तक की सामग्री को नया रूप देने को प्रेरित किया ताकि वह बिकाऊ बन सके.

नव-निर्माण की कुंजी, मार्क की राय में है विशाल सपना देखना और अपना लक्ष्य अधिक-से-अधिक लोगों को बताना. चिकन सूप फॉर द सोल सीरीज की अत्यधिक सफलता के बाद, मार्क चौहत्तर और पुस्तकों की योजना बना रहे हैं जिनकी बिक्री का लक्ष्य होगा 100 मिलियन कॉपियों की बिक्री. उसका बिल्कुल तत्काल का लक्ष्य है, एक दिन में दस लाख प्रतियाँ बेचना. सम्भव है यह दूर की कौड़ी लगे, मगर मार्क ने लोगों का एक समूह तैयार कर लिया है, जिसमें उसके सह-लेखक भी हैं जो उनके लक्ष्य को पाने में उनकी मदद अवश्य करेंगे.

दाता ही पाते हैं

नेटवर्किंग बहुत समय और परिश्रम लेता है, तब जाकर हमें इच्छित फल मिलते हैं. मगर जैसा चिकन सूप फॉर सोल में दिया है, परिणाम अपेक्षा से कहीं अधिक होते हैं. अब, जब मार्क और जॅक ने दो की समरसता की शक्ति को साबित कर दिया है, वे नए सिद्धान्त जितना अधिक आप देंगे, उससे अधिक आप पाएँगे को सिद्ध करने में लगे हैं. हर बिकी पुस्तक के पीछे, मार्क बच्चों की सहायता-संस्थाओं को एक डॉलर दान करते हैं. वे मिलियन प्रतियों की संख्या पार कर चुके हैं - दस लाख डॉलरों का बच्चों की संस्थाओं को दान.

जैसा कि मार्क विक्टर हेन्सन के व्यावसायिक कार्य-कलापों से ज्ञात होता है, नेटवर्किंग अपना बिजनेस कार्ड देने से कहीं अधिक है. लक्ष्यों को निर्धारित करना, दो का एकत्रित होकर ताल-मेल से कार्य करना, अस्वीकृतियों के अवसरों पर भी दृढ़ता बनाए रखना, अनेकों लोगों से सम्बन्धों को बढ़ाना और नई हवा, नए सुझाव और नए परिवर्तन - सभी जीवन में प्रमुख होते हैं.

आप अब किसलिए रुके हैं? यह आपका जीवन है. आपमें सामर्थ्य है अपना समूह बनाने का. आप क्या करने के इच्छुक हैं? बढ़ें और उस सहभागी को चुनें, बड़ी योजनाएँ बनाएँ, अपना समूह रचें और अपना जादू दुनिया को दिखा दें.

7

सिर्फ व्यवसाय के लिए नहीं

व्यावसायिक लोग अक्सर नेटवर्किंग को व्यापार कि गति-विधि समझ लेते हैं. परन्तु अनुभवी नेटवर्कर जानते हैं कि नेटवर्किंग एक उर्वर साधन है, जो प्रायः हर वस्तु को करने में समर्थ होता है. नीचे सन्दर्भित चारों लेखक इसे सशक्त रूप से साबित करते हैं. गिलियन लॉसन जिज्ञासा से उत्पन्न घेरे में चक्कर खाती, नेटवर्क के द्वारा आदान-प्रदान से प्राप्त हुईं अनेकों वस्तुएँ, जैसे व्यवसाय, दान-धर्म, प्रदर्शनीय कलाएँ तथा राजकीय ठाठ, सभी आ जाते हैं; ग्रेग डब्ल्यू. कॅम्पाना अपने परिवार के उन अनुभवों के बारे में बताते हैं जो उन्हें, नेटवर्किंग के द्वारा, नए बालक को उनके जीवन में लाने में हुए थे. कॅथलीन मॅथी हमें याद दिला रही हैं कि बीसवीं सदी की एक अद्‌भुत घटना, द सेल्फ हॅल्प ग्रुप पुनर्जीवित हो गया है; नेन्सी हॉलेण्ड बता रही हैं कि उन्होंने कैसे, नेटवर्किंग के द्वारा, अपने ऑलम्पिक खेल में और व्यवसाय में, सफलता पाई.

राजकुमारी के साथ धर्मादाय नेटवर्किंग

गिलियन लॉसन

"बुद्धिमानीपूर्ण नेटवर्किंग, हम जो भी परिणाम पाना चाहें, हमें दिला सकती है, बशर्ते हम अपने सामने पहले दूसरों के कल्याण की भावना रखें, फिर अपनी."

मेरे पति मार्टिन ने यह विचारोत्तेजक वक्तव्य मुझे तब सुनाया था जब हम वेल्स की स्वर्गीय महारानी की एक धार्मिक संस्था के लिए चन्दा जमा करने की योजना बना रहे थे. मैं उनकी संगीत की गति-विधियों से जुड़ी थी और चॅरिटी विकास मण्डल ने मेरे पति को इन धन-संग्राहक गति-विधियों को व्यावसायिक दिशा देने को कहा था. मार्टिन ने हमें सफलता

के उस राजपथ पर ला खड़ा किया था जहाँ से अत्यन्त सफल कार्यक्रम का मार्ग जाता था.

मैं उस समय मार्टिन के वक्तव्य से कुछ विचलित हुई थी और एक दूसरे संशय में पड़ गई. मगर ज्यों-ज्यों अर्थ प्रकट होते गए, हम सभी की समझ में उस उत्प्रेरक विचार की शक्ति आने लगी.

हमारा आरम्भिक बिन्दु था कि हम लोग अपने बीच में, अनेकों उद्योगों और संस्थानों के बहुत सारे लोगों को, बहुत बड़ी संख्या में जानते थे. दूसरी बात, हम सबों को जिसने आश्चर्य में डाल दिया था वह था मार्टिन, उसका यह कहना कि एक और धर्मादाय संस्था को ढूँढ़ो जिसे हमारी ही तरह या हमसे भी बढ़कर, सहायता की आवश्यकता हो और उसे, हमें मिली प्रत्येक सहायता का आधा भाग देने का निश्चय करो. उस समय तक यह ज्ञात नहीं था कि हम इतने अधिक सफल होंगे, जितने हुए.

समझदारीपूर्ण नेटवर्किंग हमारे इच्छित कोई भी परिणाम हमें दे सकती है विशेष करके तब, जब हम स्वयं की सहायता करने से पहले दूसरों की सहायता के बारे में विचार करते हैं.

फिर समय आया हम-सबों को अपने सन्दर्भ के नेटवर्क में डुबकी लगाने का और उन व्यवसायों और संस्थानों को चिह्नित करने का जिन्हें हम अन्दरूनी व्यक्ति की भाँति जानते थे - संस्थाएँ जहाँ हमने परिश्रमपूर्वक अपने सम्बन्ध उगाए थे अथवा सम्पर्क थे, जो हमें अन्दर की खबर दे सकते थे. हम ऐसी संस्थाओं को खोज रहे थे जिन्हें किसी खास वस्तु की जरूरत थी अथवा जिनके पास किसी वस्तु की बहुतायत या साधनों की अधिकता थी और वे उनका विनिमय करने को तैयार थे.

आवश्यकताओं और फायदों का सतत आगमन

हमने जो सीखा था वह था एक बड़े उद्योग के विविध कमाई के स्रोतों और आवश्यकताओं का आपस में ताल-मेल बैठाना. हम उस धारा के खिलाड़ियों को खोज रहे थे जिन्हें आवश्यकता थी और जो अन्य संस्थानों के साथ मिलकर, हिस्सेदारी में, कार्य करने को तैयार थे. अक्सर इस प्रकार से, दो उद्योगों की आवश्यकताओं का मेल बिठाना दूभर होता है; फिर भले ही एक के पास कोई वस्तु हो जिसे वह देना चाहता है और उसकी कुछ जरूरतें भी हों, और दूसरे के पास वह वस्तु हो जिसे पहला चाहता है मगर पहले की वस्तु की उसे जरूरत न हो. हमने जब इस समस्या का सामना किया तो हमने अपने घेरे को विस्तृत बनाया और तीसरे और चौथे खिलाड़ी को भी शामिल कर लिया ताकि उस योजना में सबों का काम बन जाए.

हमारे नेटवर्किंग के अन्वेषण विभाग ने विश्व की एक सबसे बड़ी बीमा कम्पनियों में से एक के बारे में पता लगाया जो इंग्लेंड के नए और अर्धविकसित व्यापार-क्षेत्रों में प्रवेश कर

रही थी. इस कम्पनी ने हाल ही में एक प्रतियोगी स्वास्थ-बीमा कम्पनी का अधिग्रहण किया था जो अपने मार्केट के हिस्से को, लाभांश बढ़ाए बिना, बढ़ाना चाहती थी और अपने ग्राहकों के बिगड़े स्वास्थ्य को कारण के रूप में प्रकट रूप से नहीं दिखाना चाहती थी.

हमारे अन्वेषण विभाग ने यह भी पता लगाया कि एक बृहद पुस्तकों तथा रेकॉर्डों के क्लब का अन्दाजा था कि उनकी भविष्य की उन्नति बढ़ सकती है यदि वे अपने सदस्यों को अनोखी सुविधाएँ दें. उनका विश्वास था कि सदस्यों को सुविधा देने से उन्हें दीर्घ समय तक अपनी सदस्यता को बनाए रखने का प्रोत्साहन मिलेगा. हमें यह भी पता चला कि इस कम्पनी ने अपने सदस्यों की सूची को कभी भी किसी और कम्पनी को काम में नहीं लाने दिया, पर वह इस पर विचार कर सकती है यदि कोई अन्य सम्माननीय कम्पनी संगीत समारोह का आयोजन करे जो सिर्फ उसके सदस्यों के लिए हो और उसमें राजकुमारी डायना उपस्थित हों.

आप किसे जानते हैं, वह महत्वपूर्ण है

हमारा फन्दा यही था कि हम रॉयल हाइनेस द प्रिंसेस ऑफ वेल्स से परिचित थे और वे हमारे धर्मादाय कार्यक्रम द लन्दन सिम्फॉनी कोरस की राजसी संरक्षिका थीं. हमने महल के अपने सम्पर्कों से पता लगाने का प्रयत्न किया कि और कौन-सी संस्थाएँ उनके इस संरक्षण से धन्य हैं. हमारा निर्णय मेडिकल संस्थानों पर ध्यान केन्द्रित करने का था जिससे वह बीमा कम्पनियों की मदद कर सकें और बदले में वे अपने उत्पादनों को पोस्ट द्वारा, रेकार्ड क्लब और पुस्तक-क्लब के सदस्यों को बेच सकें.

> हमारा फन्दा यही था कि हमारी पहुँच वेल्स की महारानी तक थी.

हमें ऐसी एक संस्था मिली, ब्रिटिश लंग फाउंडेशन. हमारा एक सम्पर्क जो ऊँची पोस्ट पर था, उसने बतलाया कि वैसे तो मृत्यु के 30 प्रतिशत रोगी फेंफड़े की बीमारी से मरते हैं, मगर औषधि-शास्त्र की खोज में, सिर्फ 5 ही प्रतिशत राशि उसके लिए आबंटित होती है. बहुत अच्छा अवसर था ब्रिटिश लंग फाउंडेशन की मदद करने का जो महारानी की मनभावन धर्मादा संस्था थी, उसकी मदद करने से बीमा कम्पनी को बेहद अनुकूल यश मिलनेवाला था, जिससे उन्हें नए ग्राहक पाने में भी मदद मिलती.

फिर तो वह संस्थानों के बीच का मामला बन गया कि प्रिंसेस डायना पर जोर दिया जाए कि वे लन्दन के मनोमुग्धकारी और ऐतिहासिक रॉयल एल्बर्ट हॉल में, बुक और रेकार्ड क्लब के सदस्यों के लिए हो रहे प्रदर्शन में अवश्य सम्मिलित हों. सदस्यों ने महारानी के एक प्रिय कार्यक्रम, वाल्टन्स बेल्शाज्ज़ार की फीस्ट को सुना जिसे लन्दन सिम्फॉनी कोरस ने प्रदर्शित किया था और उसकी आय को ब्रिटिश लंग फाउंडेशन को दान में दिया गया. बीमा

कम्पनियों ने भी प्रोत्साहक होने के कारण धर्मादा संस्थानों को दिल खोलकर दान दिया और इसके लिए उन्हें बुक और रेकार्ड क्लब के सदस्यों की मेलिंग लिस्ट व्यावसायिक काम में लाने को मिली.

फंड एकत्र करने की इस कला ने संस्थाओं की विभिन्न जरूरतों को, फंड रेजिंग नेटवर्क के अन्तर्गत एकत्र करके, समन्वय द्वारा बहुत प्रभावशाली बना दिया. उसके बाद से, जो श्रम के प्यार के रूप में आरम्भ हुआ था वह मार्टिन और मेरे लिए एक उपजीविका बन गया. हमने अनेकों सफल फंड एकत्र किए हैं. उनमें का एक वेल्स की राजकुमारी के जन्म-दिन का संगीत समारोह था जो विश्व-विख्यात दिशा-सूचक जोस कॅरेरास; ब्रिटेन के सबसे बड़े हॉल में हुआ. हमने अब तक एक मिलियन पाउंड से अधिक, उसी सिद्धान्त को ध्यान में रखकर जमा किए हैं ''स्वयं से पहले दूसरों के बारे में सोचें.

नेटवर्किंग के द्वारा पॅरेंटहुड

क्रेग डब्ल्यू. कम्पाना

वह शुक्रवार की रात थी और मैं एक अपर्याप्त फ्राइड फिश डिनर का ऑर्डर बँधवा रहा था जिसे अपने परिवार के लिए घर ले जाना था. वेट्रेस का चेहरा मुझे परिचित लगा. उसने मुझसे नाम पूछा, मैंने कहा, ''कम्पाना.''

उसने सिर उठाकर मेरी ओर देखा और बोली, ''क्रेग ?''

तभी मुझे याद आया - उसने एक प्रोडक्शन कम्पनी में काम किया था, जिसे वीडियो प्रोड्यूसर के रूप में मैं काम में लाया था. ''आप कैसी हैं, कॅरन ?'' मैंने पूछा.

हमने कुछ मिनिट बात की, फिर कॅरन ने एक प्रश्न पूछा जिसने समय को स्थिर कर दिया और पुरानी ऊष्म यादों को जगा दिया : ''आपकी बेबी कैसी है ?''

मैंने इस प्रकार से उत्तर दिया, हमारी ''बेबी'' अब छह वर्ष की चंचल बालिका है.

कॅरन बोली, ''मैं वह दिन कभी नहीं भूलूँगी जब आपकी पत्नी और आप उसे अस्पताल से घर लाए थे. उसने वह सन्देश समझ लिया था जिसने मुझे बता दिया था कि हम, अन्त में, पॅरेंट्स बन गए थे - नेटवर्किंग के माध्यम से !

आठ साल पहले, मुझे और मेरी पत्नी को पता चला कि हम दोनों, शरीर-रचना के कारण, माँ-बाप बनने में समर्थ नहीं हैं, गर्भ-धारण नहीं हो सकता. अपने आर्थिक और

भावनात्मक साधनों के चूसे जाने के बाद, जो मेडिकल प्रयत्न हम पर, अपना परिवार आरम्भ करने के लिए किए गए थे, हम एक अनुर्वरता - इन्फर्टिलिटी सपोर्ट ग्रुप से जुड़ गए.

समूह के अन्य अनेकों सदस्यों के ही समान, हमने भी गोद लेने का निर्णय लिया. हमने एडॉप्शन सपोर्ट ग्रुप की मीटिंगों और कक्षाओं में हिस्सा लेकर और गोद ले चुके परिवारों के साथ, स्वाभाविक माँ-बाप के साथ बातें करके उससे सन्दर्भित जानने योग्य सभी बातें जान लीं. धीरे-धीरे हममें, अपनी जरूरतों को "उन सम्पर्कों को, जिन्हें हम जानते थे," बताने का साहस आता गया. हमने एक सशक्त सन्देश बनाकर उसे अधिक-से-अधिक लोगों तक पहुँचाने का निश्चय किया. उस समय भी हमें पता नहीं था कि हम नेटवर्किंग कर रहे हैं.

हमने एक व्यावसायिक कार्ड बनाया जिस पर लिखा था, "हम गोद लेना चाहते हैं" उस पर एक बतख का रेखाचित्र और उस फोन का नम्बर था, जो हमने अपने घर में लगवाया था. हमने अपने फोटो उतरवाए और घर के वातावरण में मेरे तथा पत्नी के वीडियो खिंचवाए. यह सब गोद लेने के मामले में नई बातें थीं. हमने इन गोद लेने के कार्डों को अपने 250 क्रिसमस कार्डों की विस्तारित सूची में सम्मिलित कर दिया जिनमें रिश्तेदारों, मित्रों, हाइस्कूल तथा कॉलेज के साथियों, चर्च के मित्रों, सहकर्मियों, पुराने सह-साथियों डाक्टरों तथा पादरी-वर्ग शामिल था. हमने हर किसी मिलनेवालों को कार्ड दिए और कहा कि वे प्रत्येक परिचित से पूछें कि क्या कोई पैदा होनेवाला बच्चा गोद लेने के लिए उपलब्ध है ? उनसे कहा कि वे हमारे कार्डों को लेने के साथ-साथ लोगों को हमारे बारे में यह आश्वासन भी दें कि हम लोग दम्पत्ति हैं. हमें विश्वास था कि हमारे परिचितों में से कोई-न-कोई किसी और को अवश्य जानता होगा जो इस काम के लिए सही आदमी होगा.

अन्त में, बहुत धीरज के बाद, योजनाओं और दृढ़ता के फलस्वरूप हमें अपना इच्छित फल मिला.

अपनी मेलिंग लिस्ट बनाते समय हमने बहुत प्रयत्न किया था कि एक कार्ड, एक खास व्यक्ति, पादरी को भेजा जाए जो मोंटाना में थे. हमारा खयाल था कि वे हमें भूल चुके होंगे. वास्तव में इसी एक कार्ड ने सारा अन्तर ला दिया. क्रिसमस के ठीक एक महीने बाद पादरी ने मेरी काम की जगह पर फोन करके मुझे बताया कि उनकी भक्त-मंडली में एक महिला हैं जो अपनी सन्तान को गोद लेने के लिए देना चाहती हैं. यह व्यक्ति पुराने सम्बन्धों के कारण हमें जानते थे और उन्होंने उस महिला से कहा कि हम अच्छे माँ-बाप साबित होंगे. स्त्री ने हमें शाम को फोन किया और हममें ऐसे सम्बन्ध बँध गए जिनके कारण साढ़े-चार माह बाद गोद लेने के कारण, हमें माँ-बाप बनने का सौभाग्य मिला.

हमारा पुत्र कॉरे जून 1991 में पैदा हुआ. दैववश उसी स्टेट में जिसमें मैं पैदा हुआ था. उसे लेने हम हवाई जहाज से मोंटाना के हॉस्पिटल गए, उस समय आश्चर्यचकित थे कि कैसे एक सीधे-सादे, मगर अद्‌भुत बिजनेस कार्ड से स्थापित सम्बन्ध हमें वह वस्तु दे रहा

था जिसके लिए हमने वर्षों आशा और प्रार्थना की थी.

हमारे नए परिवर्धित परिवार की कहानी हमारे चर्च से सम्बद्ध राष्ट्रीय पत्रिका की कवर-स्टोरी बनकर छपी. बाद में हमें देशभर से अन्य दम्पतियों के फोन आने आरम्भ हो गए जो सन्तान गोद लेना चाहते थे, तो हमने एक स्वतंत्र एडॉप्शन नेटवर्क आरम्भ कर दिया. इस सहयोग ग्रुप ने, पिछले छह वर्षों में, अनेकों दम्पतियों को गोद लेने के लिए सन्तान ढूँढ़ने में सहायता की है. इसने उन्हें यह भी सिखाया कि नेटवर्किंग में जीवन में परिवर्तन लाने की कितना शक्ति है.

अच्छे स्वास्थ्य के लिए नेटवर्किंग

कॅथलीन मॅथी

आज की द्रुतगति, सरल संवादिता के युग में हम नेटवर्किंग को व्यावसायिक सफलता के लिए काम में लाते हैं. हमें सन्तुष्ट ग्राहकों से अच्छे प्रत्युत्तर मिलते हैं और हम अपने मित्रों और परिचितों को उनसे सन्दर्भित कर देते हैं. हमें विश्वसनीय सह-साथी मिलते हैं जिनके साथ अपना मूल्यवान तांत्रिक ज्ञान बाँटते हैं. मगर नेटवर्किंग हमारे निजी जीवन में कितनी मूल्यवान है ?

बहुत कीमती, यदि हम पाश्चात्य समाज में फैले स्वयं-सेवी संगठनों की बात करें. ये छोटे-छोटे दल जो विशेष कार्यों और पारस्परिक मदद के लिए बने हैं, मूल रूप से व्यावसायिक नेटवर्क के समानधर्मी हैं. उनकी भी मूल प्रवृत्तियों में सामाजिकता, समर्थन, सूचनाओं का आपस में वितरण, समझाना और सहारा देना आता है. वे हिस्सा लेनेवालों को सामना करने और योजनाएँ बनाने का ज्ञान देते हैं तथा तीव्र भावनाओं को वश में करना सिखाते हैं.

अनेकों अध्ययनों में हमारे अच्छे स्वास्थ्य और कुशलता के बारे में मूल सामाजिक समर्थन से सम्बन्धित जानकारी भी मिलती है. इसके लिए हमारे समर्थक समूह हैं जो केंसर से लेकर वस्तु का दुरुपयोग, एड्स, शोक-सन्तप्तता, आनन्द-धाम दर्शन आदि सभी के रोगियों की मदद करते हैं, फिर भले ही वह नए ज्ञान को आपस में बाँटना हो, या अनुभव अथवा कुशलताओं को सीखना. वे मनोवैज्ञानिक या स्वास्थ्य की परम्परागत पद्धतियों का

नया विकल्प सुझाते हैं. दल से जुड़ने से उन्हें रोगमुक्त होने का अधिक अच्छा अवसर मिलता है बजाए अकेले इलाज कराने के.

भले ही हम अक्सर, सहयोगी समूह का अर्थ आधुनिक घटना मानें, मगर मानव इतिहास में निज-व्यक्तित्व और आत्मिक स्वास्थ के लिए छोटे सामाजिक समुदाय हमेशा सक्रिय रहे हैं. पुराण-कथाओं का चिकित्सक जादू-टोने के द्वारा दुखी समूहों का इलाज करता जिसमें परिवार, मित्र और धार्मिक समाज आ जाता. बाद में वही समुदाय इस बात का प्रचार करता. आज के आधुनिक युग में यह समूह-चिकित्सा हमें विचित्र लगती है क्योंकि हम अलग-अलग सबर्बनों में रहनेवाले एकल परिवार हो गए हैं.

भले ही हम अक्सर, सहयोगी समूह का अर्थ आधुनिक घटना मानें, मगर मानव इतिहास में निज-व्यक्तित्व और आत्मिक स्वास्थ के लिए छोटे सामाजिक समुदाय हमेशा सक्रिय रहे हैं.

सालभर पहले मैं व्यक्तिगत आश्रय और नेटवर्किंग का गहरा चाहक और आस्थावान बन गया. चौदह महीनों के दौरान, मेरा एक ग्राहक गम्भीर रूप से बीमार हो गया और उसे एकाधिक सर्जरी की आवश्यकता पड़ी. इसके बाद विस्तृत चिकित्सा और स्वास्थ-लाभ होना था. मैं उनसे एक बार मिला मगर उनके साथ जुड़ने से झिझक रहा था कि शायद वह बहुत अधिक व्यक्तिगत दखलंदाजी न हो जाए. इसके अलावा मैं उन्हें सिर्फ व्यावसायिक के रूप में ही जानता था.

सौभाग्यवश, उनके अनेकों मित्र और साथी स्वास्थ्य तथा समाज-सेवा कार्यकर्ता थे. वे जानते थे कि उसे निरन्तर सक्रिय सहारे की जरूरत है, फिर भले ही वह उसे न माँगें. वे उससे लगातार मिलते, उसका बोझ बाँटते और उसे निराशा से बचाते रहे. समूह के रूप में, उन्होंने पूरा ध्यान उसके ठीक होने में लगा दिया; उसकी बीमारी का अध्ययन किया, इलाज और खोज में विशेषज्ञ बन गए, उपलब्ध सबसे अच्छी डॉक्टरी चिकित्सा करवाई और उसके डॉक्टरों के दल को पूरी तरह से विज्ञप्त रखा. उन्होंने अपनी बीमारी की अतिरिक्त छुट्टियाँ, अपना ठोस समय और वार्षिक अवकाश का समय उसके लिए लगा दिया; वैसे तो उसने लगभग पाँच महीने गँवा दिए थे, मगर वह भुगतान का चेक पाती रही. उसका निजी सहारे का नेटवर्क उसे अन्य किसी भी बात की चिन्ता नहीं करने देता था, सिवाय अच्छे होने के.

हाल ही में जब मैं उनसे मिला तो वे अद्‌भुत लग रहीं थीं ! उन्होंने बताया कि वे अच्छा महसूस कर रही हैं और डॉक्टर उनके प्रति बहुत आशावान हैं. ''हम सब-कुछ पा लेंगे,'' उसने कहा. और मैंने कहा, ''मुझे विश्वास है, ''हम'' पा लेंगे.''

ऑलम्पिक्स और उसके पार, नेटवर्किंग

नेन्सी हॉलेण्ड

कभी देर नहीं होती, यदि सीखना है, और मैं लम्बे समय से सीखती जा रही हूँ, दो सफल पेशों के बीच से. एक में मैं एक ऑलम्पियन, और वर्ड कप अल्पाइन स्काइयर हूँ, पहाड़ों पर से गर्दन-तोड़ गति से बर्फ पर से अपने प्रतियोगियों के साथ फिसलनेवाली, और दूसरे में, एक सफल व्यवसायी स्त्री, अपने मित्रों और सहयोगियों के बीच सतत व्यापारिक सन्दर्भों का विनिमय करनेवाली एक कला, जिसे मुझे व्यावसायिक रूप से सफल बनने के लिए सीखना पड़ा.

मगर इससे आभास होता है कि मानों मैं चॅम्पियन स्काइयर अपने आप बन गई. है न! मगर सच्चाई यही है कि मुझे उस एकलौते क्षेत्र में सफलता पाने के लिए भी उतनी ही नेटवर्किंग करनी पड़ी जितनी व्यवसाय में, फर्क इतना ही है कि उस समय मैं यह जानती नहीं थी. अपनी बुद्धि के विकास के अपने आरम्भिक प्रयत्नों से लगाकर, मेरा स्वयं का एक सहायक नेटवर्क था, मगर मैंने उसे उस रूप में नहीं समझा था. वास्तव में मेरे निकट सहयोगी, मेरे प्रशिक्षक, समर्थक, संरक्षक और माँ-बाप सभी ने अपने द्वार मेरे लिए, अपनी नेटवर्किंग के द्वारा, अपने सम्पर्कों के माध्यम से खोल दिए थे.

बालिका के रूप में मैंने कॅनेडियन नेशनल बॅले में अध्ययन किया. बाद में, टीन-आयु में, मुझे अपनी व्यायाम की निपुणता के कारण अल्पाइन स्काइंग में आवेदन करने का सुझाव मिला. राष्ट्रीय दल के सदस्य के रूप में मैंने दो शीतकालीन ऑलम्पिक्स और एक विश्व-चॅम्पियनशिप में हिस्सा लिया और विश्व के प्रथम दस खिलाड़ियों में चुनी गई. मेरा एक ही काम था, तेजी से नीचे जाना, फिर ऊपर आना, और फिर से बहुत तेजी से नीचे की ओर फिसलना. उन आरम्भिक दिनों में, मुझे अन्तर्प्रेरणा होती कि मैं सिर्फ अपनी शारीरिक कुशलता ही के कारण नहीं, बल्कि अपने नेटकर्मियों के भावनात्मक सहारे के कारण ही मुकाबला कर पा रही हूँ.

सन् 1989 के पहले तक, मेरा औपचारिक रूप से भी नेटवर्किंग से परिचय नहीं था. अब मैं एक राष्ट्रीय विकासशील कर्मचारी-नियुक्ति केन्द्र चलाती हूँ जिसमें तीस से अधिक व्यक्ति काम करते हैं. मैं नेटवर्किंग विशेषज्ञ बन चुकी हूँ.

मैं स्पष्ट रूप से देख पा रही हूँ कि मेरी ऑलम्पियन के रूप में और व्यवसाय में सफलता का श्रेय मेरी नेटवर्किंग को जाता है जो हर किसी की सफलता के लिए जरूरी है, फिर भले

ही वह पेशा हो अथवा कुछ और.

मुझे यह भी समझ में आया कि जो वैयक्तिक गुण ऑलम्पियन बनने में सहायक होते हैं, वही एक विशेषज्ञ नेटवर्कर बनाते हैं. यहाँ मैं कुछ विशेषताओं का वर्णन करूँगी जो मेरे लिए बहुत महत्व की थीं.

भय पर काबू पाएँ

एक अल्पवयस्क प्रतियोगिनी स्काइयर के रूप में मुझे हर प्रकार की प्रतियोगिताओं में हिस्सा लेना पड़ता था, उनमें से मुझे स्लॅलोम और विशाल स्लॅलोम अच्छे लगते थे. मुझे सीधे-सीधे चपटे होकर नीचे जाना पसन्द नहीं था, जो नीचे की ओर की दौड़ में अनिवार्य होती है. मैं गिरने से डरती थी. मुझे स्वयं को मानसिक रूप से तैयार करना पड़ता ताकि मैं आरम्भ के दरवाजे तक पहुँच सकूँ. स्वयं से बारबार कहती कि मुझे गति बहुत पसन्द है ! मैं जानती थी कि जब मन संशय करता है तो शरीर हिचकता है.

इस अन्तर्दृष्टि ने मुझे अपने भय पर काबू पाने में मदद की - व्यवसाय की दुनिया में और व्यावसायिक नेटवर्किंग की दुनिया में भी. मेरा सबसे बड़ा डर जन साधारण में बोलना है, जो मेरे कार्य का एक आवश्यक अंग है. जब मैं उस आरम्भिक छटपटाहट का अनुभव करती हूँ तो स्वयं को समझाती हूँ कि इस दुनिया की किसी और वस्तु को मैं इतना प्यार नहीं करती हूँ जितना स्टेज पर खड़े होकर बड़े समुदाय के सामने शब्दों की फुहारें छोड़ना. मैं बोलने का अच्छा अभ्यास करके और योजना बनाकर स्वयं को सुदृढ़ बनाती हूँ. और जब मैं यथार्थ में अच्छा भाषण देती हूँ तो मुझे प्रतीत होता है मानों मैंने कोई रेस जीत ली हो. भय का कारगर उपचार है अच्छी तैयारी - फिर आरम्भिक द्वार से गोली की तरह से निकलना और अपने लक्ष्य पर ध्यान केन्द्रित करना ! बाद में, जब मैं उसे निबटा लेती हूँ और अल्प विराम लेती हूँ तो अपनी नेटवर्किंग में खो जाती हूँ ताकि पता लगा सकूँ कि सुधार कैसे होगा. मेरा नेटवर्क मेरा प्रशिक्षक बन जाता है.

अपने सामर्थ्य को जानें

हर कोई, कठिनाइयों का मुकाबला करके और उन पर विजय पाकर अधिक सशक्त बनता है. खराब मौसम में रहना और कार्य करना, नीचे गिरना और फिर स्वयं को उठाना, बार-बार, बहुत बार - ढलान पर. उसने मुझे सिखा दिया है कि मैं दर्द के साथ जी सकती हूँ, चोटों से छुटकारा पा सकती हूँ और अपने निश्चय से, अपनी प्रतियोगिता की धार को पुन: प्राप्त कर सकती हूँ. ये शक्तियाँ मुझे बनाए रखती हैं, जब मैं व्यापार में रुकावटें पाती हूँ. वे मुझे उन कार्यों को करने को प्रेरित करती हैं, जो मैं जानती हूँ, मुझे करनी चाहिए, खास करके उस समय जब मैं उन्हें करना नहीं चाहती. मेरी नेटवर्क की सक्रियता मेरे सामर्थ्य को बढ़ाती है

और मुझे कार्यरत बनाए रखती है. मुझे सहायता मिल जाती है, जब मैं चाहती हूँ और मुझे अवसर दिए जाते हैं कि मैं औरों की मुश्किलों को दूर करने में उनकी सहायता करूँ.

एक सफलता दल बनावें

आज के जटिल और प्रतियोगितात्मक युग में, सफलता अकेले काम करके नहीं पाई जा सकती. ऑलम्पिक खिलाड़ी अपने आदर्श पुरुष, प्रशिक्षक, स्पॉन्सर्स, चिकित्सक, दल के सदस्यों, तंत्रज्ञों, मित्रों तथा परिवार पर निर्भर रहते हैं. व्यवसायी भी इसी प्रकार के सहायकों पर निर्भर रहते हैं. इस नेटवर्क को कुछ शिथिल बनाया जा सकता है जिसमें अन्य अनेकों लोग इसी प्रकार की रुचियों, लक्ष्यों और चारों दिशाओं में फैलते प्रोत्साहन को बाँट सकें न कि सिर्फ एक खिलाड़ी को वह दें.

स्कायइंग के समय मैं एक सितारा और विजेता थी. मगर मैंने जब स्वयं का व्यवसाय आरम्भ किया तो मुझे कार्य-धरातल बदलने पड़े और अपने सहयोगियों का समूह बनाना पड़ा जिसमें मैं बराबरी की कार्यकर्ता थी. आरम्भ में वह एक संघर्ष था. मुझे अपने पुराने मित्रों और साथियों से अपने नए काम में मदद माँगना कतई पसन्द नहीं था. मगर वह क्रमशः सरल होता गया जब मैंने जाना कि बदले में मैं भी उनकी मदद कर रही थी, और अब जब मैं पिछले दस वर्षों से नेटवर्किंग कर रही हूँ, यह सब स्वाभाविक लगता है. मैं फिर से एक तारिका और विजेता बन रही हूँ.

दोनों परिस्थितियों में, नेटवर्किंग की सफलता का राज है अपना सम्पर्क स्थापित करना जो आपको अपना लक्ष्य पाने में मदद कर सके और शीघ्रता से, यदि आप कोई भूल करते हैं तो उसे सुधार सके. अपनी नेटवर्किंग की सफलता पानेवाली समिति बनाते समय, अपने प्रशिक्षकों को और खिलाड़ियों को भी सावधानी से चुनें. कई बार सिर्फ एक फोन कॉल से आप किसी ऐसे व्यक्ति से मिल जाते हैं जो आपको खींचता हुआ सही दिशा की ओर ले जाएगा. गलत दिशा की ओर ले जानेवाले लोगों से स्वयं को बचावें.

संसार की आदत है श्रेष्ठ खिलाड़ियों को मंचिका पर स्थापित कर देने की, मगर खिलाड़ी भी व्यक्ति हैं जो अपने उत्कट इच्छापूर्ण कार्यों को करते हैं और उनमें से कुछ को महान् सफलता मिलती है. दूसरे शब्दों में, वे भी हम जैसों के ही समान होते हैं - उत्पादन में, विक्रय में, सेवाओं में, या अन्य किसी क्षेत्र में सर्वोत्तम पाते हैं. हम सबों को अपना लक्ष्य पाने के लिए एक-दूसरे की मदद चाहिए और नेटवर्किंग उसे पाने की और देने की कुंजी है.

8

मौखिक शब्दों का सामर्थ्य

नेटवर्किंग क्यों काम करती है, इसका रहस्य उसके सबसे लघु-तत्व में छिपा है : व्यक्ति से व्यक्ति का सम्पर्क. लोग अन्य लोगों पर विश्वास करते हैं न कि बृहत् अनाम संस्थानों पर. एक व्यक्ति का दूसरे से कहा शब्द अधिक प्रतिक्रियाएँ, अधिक कार्य-निष्पादन, समूचे ट्रेन डब्बों से भरे सामूहिक विज्ञापन से अधिक प्रसिद्धि उत्पन्न करता है. यही कारण है कि व्यापारी एक अकेले ग्राहक के प्रशंसा के एक शब्द का अधिक मोल करते हैं, और क्यों नेटवर्किंग अधिक प्रभावशाली है: व्यक्ति-व्यक्ति के बीच का सम्बन्ध, मित्रों और सहकर्मियों के नेटवर्क के द्वारा अनेकों गुना बढ़ा अपनत्व ही अनुपात से बढ़-चढ़कर असरकारक हो जाता है.

आगे दिए गए पाँच लेखों में, टॉम पीटर्स मौखिक मार्केटिंग की व्यवस्थित पद्धति समझा रहे हैं; जय कॉनोर्ड लेविन्सन हमें व्यवसाय के उपयोगी सूत्र बता रहे हैं जो आपके लिए काम करेंगे; जॅरी विल्सन कह रहे हैं कि ग्यारह सन्तुष्ट ग्राहक आपको जितना लाभ पहुँचा सकते हैं, उससे अधिक हानि एक असन्तुष्ट, चिड़चिड़ा ग्राहक पहुँचा सकता है. रिचार्ड पो एक समूची उद्यमों की श्रृंखला बताते हैं - श्रेणीबद्ध विपणन शैली मौखिक शब्दों के विज्ञान पर आधारित; और पाम शॅल्डन एक चित्तरंजक राजनीतिक कथा बुनते हैं कि किस प्रकार से एक व्यक्ति के मुख से उच्चरित शब्द समूचे सम्प्रदाय को बहाकर ले जा सकता है.

मौखिक मार्केटिंग की व्यवस्थित पद्धति

टॉम पीटर्स

क्या नया निजी कॉम्प्यूटर खरीद रहे हैं ? नए, अर्थ-व्यवस्था की सेवाओं के जंगल में से अपना मार्ग ढूँढ़ रहे हैं ? कानूनी सलाह के लिए किस वकील के पास जावें ? निश्चय ही आप टीवी के सामने इन सबके लिए विज्ञापन

की राह देखते नहीं बैठेंगे. और न आप ''अपनी उँगलियों को चलने को कहेंगे.'' आप सम्भव है अपनी किसी आदरणीय मित्र, पड़ौसी, सहकर्मी से इस बारे में पूछें जो इसी मार्ग पर चल चुका है.

आइए, अब पाली बदलते हैं. यदि आप किसी नए उत्पाद अथवा सेवा के भविष्य के विक्रेता हैं तो आप अपने नेटवर्क के मित्रों अथवा विशेषज्ञों से कैसे सम्पर्क करेंगे जिससे वे सम्भावित ग्राहकों को सलाह दे सकें? सेवाओं, जटिल उत्पादनों और विशेष करके नए उत्पादनों की बिक्री मौखिक रूप से होती है. एक विक्रेता के रूप में, आपको निष्क्रिय होकर नहीं बैठना चाहिए. आपको *''मौखिक रूप से विज्ञापित'' बिक्री के लिए भी उतना ही सुव्यवस्थित, विचारशील और क्रमबद्ध होना चाहिए जितना अन्य माध्यमों की बिक्री के लिए.*

रेगिस मॅककेन्ना के अनुसार व्यवसायी मास मीडिया पर आवश्यकता से अधिक जोर देता है बजाय सुप्रसिद्ध विज्ञापन अभियानों के जो सावधानी से आगे की ओर बढ़ रहे हैं. वे आगे कहते हैं :

> मौखिक विज्ञापन अनेक रूपों में प्रकट होता है. उद्योग के सहभागी ''ओल्ड बॉय नेटवर्क'' की स्थापना करते हैं ताकि वे आपस में एक-दूसरे को नई प्रगति की जानकारी दे सकें. एक अधुनातम बाजार-निर्देशिका से ज्ञात हुआ कि इस प्रकार की संघटना टॅलीकम्युनिकेशन क्षेत्र में प्रमुख प्रभाव डाल रही है. इस नेटवर्क में प्रवेश पाना उतना ही महत्वपूर्ण है जितना सफलता....
>
> शाब्दिक संवादिता एक इतना सुस्पष्ट साधन है कि अधिकांश लोग उस पर ध्यान देकर उसका विश्लेषण करके उसके निर्माण के ढाँचे को समझने का प्रयत्न ही नहीं करते. अनेकों के लिए वह मौसम के समान है. ठीक है, वह महत्वपूर्ण है, मगर आप उसके लिए अधिक कुछ भी नहीं कर सकते. आप ''मौखिक संवादिता'' को व्यावसायिक योजनाओं में कभी देख नहीं सकते....
>
> ठीक है, किसी कम्पनी और उसके उत्पादनों के बारे में किए जा रहे अधिकांश मौखिक प्रचार पर कम्पनी नियंत्रण नहीं रख सकती, मगर कम्पनी उस मौखिक सन्देश को अपने लाभ के लिए काम में ला सकती है. वह एक ''मौखिक प्रचार कार्यक्रम'' भी बना सकती है.
>
> ... उस कम्पनी को निर्णय लेना है कि कौन उस सन्देश को ग्रहण करे और कौन-सा कम्पनी का ही व्यक्ति उसे सर्वत्र पहुँचाए. मौखिक सन्देश प्रसारण की विशेषताओं के कारण उसे अधिक दूर तक प्रसारित करना सम्भव नहीं है. सौभाग्यवश, ऐसा करने की जरूरत भी नहीं है. शाब्दिक या मौखिक प्रचार 90-10 के नियम से चलता है. ''विश्व के 90 प्रतिशत लोग शेष 10 प्रतिशत से प्रभावित होते हैं...'' एक मौखिक

प्रचार-अभियान को एक सन्दर्भित - टार्गेटेड - संवादित पर आधारित होना चाहिए. मौखिक शब्द जानकारी को दूर तक फैलाने का सचोट तरीका नहीं है.

मौखिक प्रचार के निम्नलिखित भेद होते हैं :

आर्थिक समुदाय : संस्थान को जो सहारा देता है, वह अधिक महत्वपूर्ण होता है बजाय इसके कि कितना धन उसमें लगा है.... कम्पनी के प्रोत्साहक अपने मौखिक वक्तव्यों के द्वारा कम्पनी के सन्देश को फैला सकते हैं.

उद्योगों के निरीक्षक : तेज गति से प्रगति कर रहे उद्योग-धन्धे परामर्शदाताओं, उद्योगपतियों, भविष्य दृष्टाओं और चापलूसी करनेवालों से भरे रहते हैं जो खोज करके संस्था की सूचनाओं को मौखिक रूप में सब ओर फैलाते हैं.

ग्राहक-उपभोक्ता : संस्थाएँ औद्योगिक सम्मेलनों, प्रदर्शनियों, शैक्षणिक आयोजनों और ग्राहक-पंचायतों के द्वारा ग्राहकों तक पहुँच सकती हैं. नए उत्पादनों के परीक्षण-स्थलों और आरम्भिक ग्राहक इसमें विशेष महत्वपूर्ण होते हैं.

समाचार पत्र : व्यावसायिक एवं तंत्रज्ञ पत्रिकाओं की 90 प्रतिशत से भी अधिक समाचार-कथाएँ साक्षात् वार्तालापों से आती हैं. सभी पत्रकारों के अपने सम्पर्क-सूत्र होते हैं जिनके माध्यम से वे पृष्ठभूमि, अभिमत और स्पष्टीकरण प्राप्त करते हैं. इस मौखिक शब्द-जाल का सदस्य बनना उपयोगी रहता है.

विक्रय-श्रृंखला : बिक्री की श्रृंखला में विक्रय-प्रतिनिधि, वितरक और खुदरा विक्रेता आते हैं.... इनमें भी उत्साह और उत्पाद के प्रति निष्ठा जगाने के लिए मौखिक प्रेरणा आवश्यक होती है.

समुदाय : प्रत्येक व्यक्ति जिसका साक्षात्कार लिया जाता है अथवा वस्तु का पॅकेट प्रदान करता है अथवा कम्पनी में आता है वह एक प्रभाव को लेकर लौटता है. यदि कम्पनी के कर्मचारी ठीक से वार्तालाप करते हैं, तो कम्पनी के सम्पर्क में आनेवाला हर व्यक्ति उस कम्पनी का विक्रय-प्रतिनिधि बन जाता है. वह उसकी शुभ-कामनाओं का वितरक और शुभेच्छु बन जाता है.

सदर्न कॅलिफोर्निया विश्वविद्यालय के एव रॉजर्स जो ''अभिनव परिवर्तन के प्रचारक'' के रूप में अग्रणी हैं, उन्होंने खोज की है कि नए विचार और उत्पाद कैसे प्रसारित होते हैं. उनकी दर्जनों खोजों से पता चलता है कि नवीन औद्योगिक उत्पादक, परिवार-नियोजन की पद्धतियाँ का चलन और कृषि सम्बन्धी तंत्र-ज्ञान सभी के अध्ययन से विशेषता सूचक, तीस से चालीस वर्ष के विलम्ब का पता चलता है जो विस्तृत रूप से बिखरे हुए नवीन विचारों में

– यहाँ तक कि उन उत्पादनों और सेवा में भी प्रवेश कर गया है जो आरम्भ ही से, स्फटिकवत् स्वच्छ, निर्णायक लाभों की ओर इंगित करते हैं.

मॅककेन्ना ही की तरह, रॉजर्स भी नेटवर्क्स के अभिभावी – ओवरराइडिंग शक्ति के बारे में कहते हैं : अधिकांश व्यक्ति नवीन विचारों का मूल्यांकन वैज्ञानिक विश्लेषणों या निष्कर्षों के रूप में नहीं करते. अधिकांश, नवीन विचारों के व्यक्तिनिष्ठ मूल्यांकन को स्वीकार करते हैं जो उन तक औरों की मार्फत पहुँचता है, जिसमें वे स्वयं भी आ जाते है जिसने कभी उस नवीन विचारों की क्रान्ति को स्वीकार किया था. आपसी लोगों पर आधारित, यह फैलाया हुआ अनुभव बताता है कि इस विस्तारित प्रक्रिया का मूल उनके नेटवर्क के सम्भावित सहयोगी हैं जो पहले भी इसे स्वीकार कर चुके हैं.'' रॉजर्स की खोज के बाद की खोज इन बातों का पता लगाती है, (1) नवीन विचारों की क्रान्ति तभी आरम्भ होती है जब ''व्यक्तियों के बीच की नेटवर्किंग प्रस्फुटित हो चुकती है और व्यक्तिनिष्ठा मूल्यांकन'' फैलने लगता है. और (2) ''सफलता परिवर्तनकर्ता या सम्मति प्रवर्तकों के बीच काम कर रहे व्यावसायिकों के कारण आती है.''

मैं स्वीकार करूँगा कि मैं आस्तिक की तरह, उत्साहपूर्वक लेखन करता हूँ. मेरी पहली पुस्तक *इन सर्च ऑफ एक्सॅलेंस* का अवतरण एक अव्यवस्थित, मगर जब सोचते हैं तो गम्भीर, मौखिक अभियान के द्वारा हुआ था. पुस्तक की 125 पृष्ठों की प्रस्तुति, जो पुस्तक की प्रमुख उपलब्धियाँ थी, वह बाद में सन् 1980 में संकलित रूप में प्रकाशित हुई, पुस्तक के प्रकाशन के ठीक दो वर्ष पहले, जब वह छपकर चोरी-चोरी से व्यावसायिक कार्यकारियों के बीच बँटी थी. मेरे सह-लेखक बॉब वाटर मेन और मैंने बाद में भूमिगत माँग को पूरी करने के लिए उसकी 15,000 प्रतियाँ फिर से छापीं जो मुफ्त वितरण के लिए थीं और मेरे आतंकित प्रकाशक का विश्वास था कि हम अपनी भविष्य की बिक्री का नाश कर रहे हैं. हमने संचार-माध्यमों के टीकाकारों को भी अनेक वर्षों तक मनोयोगपूर्वक प्यार किया. इस प्रकार से पुस्तक के लोकार्पण के बाद, पुस्तक के पक्ष में समालोचनाएँ छपीं और 15,000 प्रतियाँ नेटवर्किंग के द्वारा, और करीब उतनी ही प्रतियाँ ज़ेरॉक्स विधि से बिक गईं, असली वस्तु को अपने मातहतों के लिए खरीदने की होड़ में. यदि हमने व्यवस्थित रूप से, योजनाबद्ध तरीके से भी विक्रय का आयोजन किया होता, तब भी हम उसे इतनी सुचारुता से नहीं कर पाए होते.

सबसे अहम् मौखिक गति-विधि होती है आरम्भिक चुनावकर्ताओं को लक्ष्य बनाना.

मौखिक सन्देश को सुनियोजित करना

मॅककेन उत्साहपूर्वक जिस बिन्दु पर चर्चा करते हैं, वह यह है कि इस प्रक्रिया को भी सुव्यवस्थित किया जा सकता है. उदाहरणार्थ :

- औपचारिक और सावधानीपूर्वक अनौपचारिक अभिमत देनेवाले प्रमुख लोगों की सावधानीपूर्वक सूची बनना.
- अत्यधिक सम्माननीय और आरम्भिक स्वीकृति देनेवाले लोगों को लक्ष्य बनाकर विक्रय का अन्दाजन समय निर्धारित करना.
- आरम्भिक ग्राहकों और चाहकों को प्रोत्साहन स्वरूप भेंट देना.
- आनन्दित नए ग्राहकों को लेकर उत्सवपूर्ण आयोजन करना ताकि जन-समुदाय इन्हें एक बार अथवा बार-बार के आयोजनों में देख सके.
- व्यवहार में लानेवालों की गृह-पत्रिका के माध्यम से नए ग्राहकों को आकर्षित करना.
- प्रमाण-पत्रों/प्रशंसा-पत्रों को संकलित करके व्यवस्थित रूप से प्रचारित करना.
- इन सभी कार्यक्रमों और अन्य बातों को विस्तार से लिखकर, क्रमश: ''मौखिक प्रचार'' के रूप में फैलाना.

छोटे, प्रगतिशील ग्राहकों की खोज

सबसे संवेदनशील मौखिक गति-विधि है आरम्भिक ग्राहकों को लक्ष्य बनाना. *सबसे अधिक नए युग के अपनानेवालों पर ध्यान देना,* फिर भले ही वे बहुत बड़े न हों. अवश्य ही, आप अपने कार्य-स्थल का उद्घाटन जीएम के द्वारा कराना चाहेंगे. हाँ, आप यही चाहेंगे कि शहर की सबसे बड़ी संस्था का अध्यक्ष ही आपकी निजी आर्थिक आयोजन सेवा को सबसे पहले खरीदे. पर ऐसे विशाल व्यक्तित्व, फिर भले ही वे मौखिक सन्देश को फैलाने में सहायक साबित होवें, मगर जब किसी नए उत्पादन या सेवाओं को खरीदने की बात आती है, वे फिसड्डी साबित होते हैं. अत: आप समझदारी करेंगे, यदि किसी छोटी संस्था अथवा व्यक्तियों में अपना समय लगाएँगे जिनकी प्रतिष्ठा एक प्रगतिशील संस्था के रूप में हो. अधिक अवसर हैं कि वे आपके उत्पाद के आरम्भिक प्रायोजक बन जाएँ. अपनी समूची शक्ति को उन्हें अपने संयोजकों की सूची में शामिल करना उचित राजनीति रहेगी.

मौखिक शब्दों का आरम्भिक स्वरूप

जय कॉनरेड लेविन्सन

मौखिक शब्दों के द्वारा विज्ञापन की सृष्टि सम्भव है. इसे पाने के अनेक तरीके हैं. पहला, निश्चय ही, आप जो करें उसमें अत्यन्त निपुण होना है. अथवा उन उत्पादनों को देना है जो बहुत ही श्रेष्ठ हैं. और अपने बारे में आपके ग्राहकों को बतावें. प्रक्रिया को आगे बढ़ाने का दूसरा तरीका है अपने नए ग्राहकों को उसकी पुस्तिका देना. उससे उन्हें याद आता रहेगा कि उन्होंने आपको क्यों चुना और मौखिक रूप से वे बात की पुष्टि करेंगे. सकारात्मक संस्तुतियाँ पाने का तीसरा तरीका है, उन्हें यथार्थ में माँगना. आपकी कम्पनी के बारे में आपसे बढ़कर कोई नहीं बता सकता है. अपने सभी ग्राहकों से कहें ''यदि आप मेरे उत्पाद अथवा सेवाओं से यथार्थ में सन्तुष्ट हैं तो इस बारे में, मैं उपकृत होऊँगा, यदि आप अपने मित्रों से कहेंगे.''

आखिर में, आप अपने ग्राहकों को घूस दे सकते हैं. उनसे कहें, ''यदि कोई ग्राहक आपका नाम लेता हुआ आएगा तो हम आपको एक भेंट देंगे/दस प्रतिशत कमीशन देंगे.'' आप इनमें से कौन सा तरीका काम में लाएँगे ? एक शिकारी की तरह से आप को सभी उपाय काम में लाने चाहिए.

याद रखने योग्य बात है कि कोई भी बड़ी संस्था, सिर्फ मौखिक प्रचार के बल पर सफल नहीं हो सकती है, और न कोई व्यवसायी हो सकते हैं. मगर स्वयं पर कृपा करें और सब-कुछ मौखिक विज्ञापन और अपने सुखी ग्राहकों के जिम्मे न छोड़ें. सम्भव है उनके पास वार्तालाप के लिए अधिक महत्वपूर्ण बातें हों. और फिर एक छापामार सैनिक के लिए निरन्तर मार्केटिंग करते रहना सफलता के लिए जरूरी होता है.

स्वयं के व्यवसाय में लगे व्यक्ति की सर्वांगीण मार्केटिंग योजना के लिए यलो पेजेज़ में अनुसूचित कराना, परिपत्रों और कार्डों को मेलिंग द्वारा भेजना, अभिज्ञान चिह्नों को पोस्ट करना, जिन्हें सामग्री भेजी गई है उन्हें फोन द्वारा अनुस्मरण कराना. चार काँटों पर टिके प्रयत्न - यलो पेजेज़, मेलिंग, अभिज्ञान चिह्न और फोन - किसी व्यवसाय को आरम्भ करने के लिए यथेष्ट हैं, ताकि वे बाद में दौड़ सकें. आप निश्चिन्त रहें, किसी भी बड़ी कम्पनी के पास मार्केटिंग का इतना सरल और छोटा प्लान नहीं होता है - और न कम खर्चीला.

कल्पना करें एक स्टॅपल पिन की मशीन और कुछ परिपत्रों की जो आपके व्यवसाय के लिए आवश्यक साधन हैं. आइबीएम मुझे व्यवसाय का इतना सरल उपाय बताने के कारण

अपने संस्थान के ऑफिस में से लात मारकर निकाल देगा. मगर अनेकों सफल, घरेलू टाइप की सेवाएँ मात्र इसी प्रकार के साधन काम में लाती हैं. मैं एक टायपिस्ट को जानता हूँ जिसने टाइप किए परिपत्रों को भेजकर अपनी टाइपिंग की कुशलता का लोगों को परिचय दिया. फिर उसने उन्हें सभी स्थानीय कॉलेजों के बुलेटिन बोर्डों के लिए भेज दिया. इन दिनों अब वह और परिपत्र नहीं भेजती है और उसकी स्टॅपल की गन धूल खा रही है. उनका स्थान मौखिक विज्ञापन ने ले लिया है और उसे आवश्यक व्यवसाय सन्दर्भों से मिल जाता है.

इस अंश को गुरिल्ला मार्केटिंग से साभार लिया गया है.

आपके ग्राहक आपके बारे में क्या कहते हैं ?

जॅरी आर. विल्सन

क्या कभी आप बारह अन्य लोगों के साथ चेक आउट पंक्ति में खड़े हुए हैं और सोचा है, ''क्या कभी ये एक और रजिस्टर आरम्भ करेंगे ?''

मैं एक हार्डवेयर की दुकान में एक बार, इसी प्रकार से खड़ा था जब उनका एक उप-व्यवस्थापक पास से निकला. मैंने उससे पूछा, ''क्या व्यवस्थापक एक और लाइन आरम्भ करने की योजना बना रहे हैं ?'' वह बोला, ''मुझे नहीं पता, मैं खाना खाने जा रहा हूँ.'' और चला गया.

मैं पंक्ति में खड़ा रहा और मैंने पंक्ति के अगले व्यक्ति के साथ वार्तालाप आरम्भ किया. हम किस बारे में बोले ? सब्बल और स्क्रू डाइवरों के बारे में ? नहीं, हमने बात की कि ये लोग कितने मूर्ख हैं. हमने स्वीकार किया कि व्यापार की मौत नहीं होती है, उसे कत्ल कर दिया जाता है. वे आत्महत्या करते हैं, ग्राहकों के प्रति दृष्टिकोण और अपने स्वभाव के कारण...

अधिकांश व्यवस्थापक भूल जाते हैं कि उनकी संस्था यथार्थ में दूसरों को कैसी लगती है और बहुत-से जान-बूझकर बातों की ओर ध्यान नहीं देते. वे स्वयं से भी पूछने का प्रयत्न नहीं करते कि ''लोग उनकी संस्था के बारे में क्या कह रहे हैं ?'' वे व्यवस्थापन की चीजों के बारे में ध्यान देते हैं - संख्या और लोग - मगर याद नहीं रखते कि शब्दों के प्रवाह को नियमित करना व्यवस्थापन की सबसे प्रमुख कला है. वे मुख के शब्दों पर ध्यान क्यों

नहीं देते, इस कारण के बारे में रॅजिस मॅककेन्ना कहते हैं, ''व्यापार-क्षेत्र का सबसे प्रमुख आदान-प्रदान का साधन.''...

बातें डरावनी हो सकती हैं

सामग्री और सेवाओं के बारे में हर किसी के पास एक डरावनी कहानी होती है. लोगों को डरावनी बातें करना अच्छा लगता है. मेरा खयाल है, सुननेवाले और भी भयंकर बातें सुनना चाहते हैं.

कथा-कहानियों में, लेखकों को भूत-प्रेतों और भेड़ियों की कहानी कहने में आनन्द आता है. राक्षसों और दुष्ट आत्माओं की कथा. वे बिकती हैं क्योंकि लोगों को उसमें सहभागी होना पसन्द है. सच को जानें, बुरे समाचारों से अखबार बिकते हैं. आपके अखबार के पहले पृष्ठ की प्रमुख कथा भला कितनी बार सकारात्मक होती है ? उतनी बार नहीं जितनी बार नकारात्मक कथा होती है. सुपर मार्केट के निकलने के दरवाजे के पास, चीखकर रहस्य खोलनेवाली पत्रिकाएँ कैसे जीवित रहती हैं ? निश्चय ही उसके लेख, मदर थॅरेसा ने क्या-क्या अच्छा किया था नहीं होते, बल्कि प्रमुख व्यक्तियों की चरित्रहीनता, अनैतिक जन्म, मानव-विकृतियाँ, त्रासदियाँ और विकृत मनोकामनाएँ ही उन्हें जीवित बनाए रखती हैं. टीवी पर चटपटा क्या है? अपराधों की पुनरावृत्ति और बेतुकी स्वीकृतियाँ. भयानकता से अनुराग मानवीय अवस्था का अंग बन चुका है.

व्यवसाय में यह अवधारणा एक हानिरहित स्वरूप लेकर प्रकट होती है. लोग अपनी रूक्ष क्लार्क से हुई भीषण मुठभेड़ का अनुभव रस लेकर सुनाते हैं. सहानुभूतिशून्य वेटर, रद्दी माल और व्यापार-बुद्धि की बात होती है. यदि आप ग्राहकों से सम्बन्धित व्यापार में हैं - कौन नहीं है - तो आप इस प्रकार की कहानियों का निशाना नहीं बनना चाहेंगे. मगर क्यों? 3-33 के नियमानुसार.

> ... प्रत्येक 3 व्यक्ति जो आपकी कम्पनी के बारे में एक आशाप्रद वाक्य कहनेवाले हैं, 33 अन्य व्यक्ति ऐसे होते हैं जो उस बारे में, एक हॉरर-कथा सुनाएँगे.

सच है. एक सन्तुष्ट ग्राहक, सम्भव है तीन व्यक्तियों से आपके साथ हुए अच्छे व्यवसाय और व्यवहार के बारे में बताए. और हाँ, एक चिड़चिड़ा ग्राहक 33 ग्राहकों को अपनी भयानक कहानी बताता चला जाए. व्यापार पर आधार रखकर, बुरे-अच्छे ग्राहक की कहानियों का अनुपात बदलता चला जाता है. व्हाइट हाउस के उपभोक्ता व्यवहार विभाग ने पता लगाया है कि एक असन्तुष्ट ग्राहक अपने अप्रिय अनुभव के बारे में 9 अन्य लोगों को सुनाता है. एक कॅलिफोर्निया की मार्केट रिसर्च संस्था बताती है कि ऑटोमोबाइल का असन्तुष्ट ग्राहक अपनी बात 22 अन्य लोगों से कहता है. एक डॅलास का खोजी बताता

है कि बेंकिंग में, असन्तुष्ट खातेदार बेंक की गलती के बारे में 11 लोगों से कहेगा और वे 11 लोग आगे 5 व्यक्तियों को गलती के बारे में बताएँगे - इस प्रकार से 55 भयानक कहानियाँ फैल जाएँगी

मैं 3-33 का नियम पालता हूँ क्योंकि वह अधिक वर्णनात्मक है. सिर्फ गणित के नियमानुसार घटाकर कहना कि एक व्यक्ति. अच्छी कहानी के बदले में 11 भयप्रद कथाएँ सुनाता है, यथेष्ट नहीं है. मैंने पाया कि लोगों को 3 बार से अधिक बार मौके नहीं मिलते जब वे सार्थक, अच्छी बात कहते हैं. न जाने क्यों, किसी से शिकायत करना बहुत सरल होता है.

समस्या यह नहीं है कि असन्तुष्ट ग्राहक शिकायत करते हैं, बल्कि यह है कि वे अपनी शिकायत को व्यापार के मालिक अथवा मॅनेजर तक नहीं ले जाते. जिन्होंने उसे असन्तुष्ट और चिड़चिड़ा बनाया था. वे अपने परिवार से, मित्रों से और सह-कर्मियों से शिकायत करते हैं. आप इस प्रकार का बुरा विज्ञापन बर्दाश्त नहीं कर सकते हैं. शराब की पार्टियों और लंच के अवसर पर कही जानेवालीं इस प्रकार की कहानियों की संख्या सरलता से सैकड़ों तक पहुँच सकती है. यह संवादिता सबसे अधिक भयावनी है.

मेरी अधिकांश, निजी भय-कथाएँ एयरलाइंस और हॉटलों से सम्बन्धित हैं. मैंने एक बार लॉस वेगास में हॉटल के रिजर्वेशन के लिए फोन किया. जब भुगतान की बात निकली तो उस भली औरत ने कहा, ''हाँ हम क्रेडिट कार्ड्स स्वीकार करते हैं, मगर यदि हम इसे आपके वीसा पर अंकित करेंगे, तो इस व्यवसाय को सँभालने के 5.75 अतिरिक्त लेंगे.'' मैंने कहा, ''आपसे कुछ खरीदने के आप मुझसे पैसे लेंगी? आपको भुगतान करने के अधिकार के बदले में मैं आपको सर्विस चार्ज नहीं दूँगा.'' वह बोली, ''मैं चाहूँगी कि आप सारी राशि हमें फेडरल एक्सप्रेस के मनी ऑर्डर द्वारा भेज दें और अतिरिक्त राशि बचा लें.''मैंने कहा, ''मैं 1 बजे रात को पोस्टल मनीआर्डर क्या पा सकूँगा ?'' वह बोली, ''शायद नहीं, श्रीमान जी.'' फिर मैंने पूछा, ''आप से बातें करते समय अधिकांश लोग क्या करते हैं ?''

समस्या यह नहीं है कि असन्तुष्ट ग्राहक शिकायत करते हैं, बल्कि यह है कि वे अपनी शिकायत को व्यापार के मालिक अथवा मॅनेजर तक नहीं ले जाते. जिन्होंने उसे असन्तुष्ट और चिड़चिड़ा बनाया था.

उसने कहा, ''वे फोन रख देते हैं.''

मैंने भी रख दिया.

अब, बात का मर्म.

नि:सन्देह, अनेकों आशाभरी सकारात्मक कहानियाँ भी हैं. मैं ग्राहक-सेवा के लिए किंवदन्ती के समान सुप्रसिद्ध, सीटल स्थिति फुटकर विक्रेता नॉर्डस्ट्रॉम के बारे में प्रचलित

उस कथा को प्यार करता हूँ जो वाल स्ट्रीट जर्नल में भी छपी थी. इस कथा के अनुसार एक चिड़चिड़ी स्त्री टायरों के सेट को लाई. वह उनसे सन्तुष्ट नहीं थी, ऐसा वह ज़िद करके कह रही थी और अपने पैसे वापिस माँग रही थी. अतः नॉर्डस्ट्रॉम ने समूची बिक्री की रकम लौटा दी.

बहुत महान् सौदा हुआ, आप कहेंगे. इसे इस प्रकार से सोचें : नॉर्ड स्ट्रॉम ने उसे वे टायर बेचे ही नहीं थे. दुकान को उन टायरों के कारण नुकसान उठाना पड़ा जो उस महिला को किसी और ने बेचे थे – न कोई वाद-विवाद, न कोई चिड़चिड़ाहट. उस महिला ने यही सोचा था कि उसने उन्हें नॉर्थ स्ट्रॉम से खरीदे थे, उसके दिमाग में वे वहीं से लिए गए थे और उस महिला के सन्तोष के लिए उस दुकान के बारे में उसकी प्रतिक्रिया ही सदा के लिए माप-दण्ड बन गया था जिससे उसने दुकान के व्यवहार को मापा था. जो कहानी वह हमेशा लोगों से कहेगी वह यही होगी या तो सकारात्मक अथवा नकारात्मक. दुकान की पूरी कोशिश नकारात्मक बात को सँभालने की और ग्राहक को खुश रखने की थी, बजाय टायरों को वापिस न लेने की. परिणाम ? सकारात्मक ढेर सारी बातें. यदि आपने उसे वाल स्ट्रीट जर्नल में नहीं पड़ा है, तो आप उसे अब, यहाँ पढ़ रहे हैं. ठीक है न ?

अब स्वयं से ये प्रश्न पूछें : आपकी दुकान अथवा व्यवसाय में उस महिला का क्या हुआ होता ? क्या उसने आपकी दुकान आनन्दपूर्वक छोड़ी होती ? अथवा वह क्या अपमानित होकर लौटी होती ? ग्राहक जब गलती करता है तब क्या आपके कर्मचारी, बहस करने को लालायित रहते हैं ? आपने किस प्रकार का वार्तालाप आरम्भ किया होता ? अक्सर हम नकारात्मक बातें करते हैं.

नॉर्डस्ट्रॉम और उसके सहकर्मी सेवाओं के सम्बन्ध की मौखिक बातों के प्रति इतने अधिक सचेत थे कि आप कह सकते हैं कि वे दबे हुए थे. नार्डस्ट्रॉम अपने ग्राहक की सन्तुष्टि के लिए कुछ भी करने को तत्पर थे जबकि, अनेकों अन्य, उसके विपरीत कुछ भी कर बैठते हैं.

क्या इस प्रकार की प्रतिबद्धता के लिए आपका बड़ा दुकानदार होना जरूरी है ? सुनिश्चित रूप से, नहीं. मैं विश्व के सर्वश्रेष्ठ चित्रकार को जानता हूँ. उसका नाम कर्ले है और उसका एक छोटा-सा गॅरेज है. उसने एक बार एक कार रँगी और उस गाड़ी का मालिक उसे वापिस लाकर उन गल्तियों को गिनाने बैठ गया जो स्प्रे पेंटर के वश से बाहर हैं. जैसे, रॉकर पॅनल के नीचे का हिस्सा जो दिखता नहीं है. कर्ले न शान्ति से शिकायतों की गीतमाल सुनी और कहा, ''एक मिनिट रुकें,'' फिर अन्दर जाकर एक 800 डॉलर का चेक लाया, उसे दिया और उसकी आँखों में आँखें डालकर बोला,'' कोई भी आदमी आपकी कार को इससे अच्छी तरह से पेंट नहीं कर सकता था. मैं भी नहीं कर पाया. मैं आपके पैसे लौटा रहा हूँ क्योंकि मैं नहीं चाहता कि आप शहर भर में दौड़ते फिरें और लोगों से कहें कि मैंने

कितना बेकार काम किया है. मैं इतना समर्थ नहीं हूँ कि इस बात को सहन कर सकूँ.'' मैं जानता हूँ कि यह कहानी सच है क्योंकि मैं इसका गवाह था. मैं यह भी जानता हूँ कि कर्ले अपनी सेवाओं के प्रति पूरी तरह से समर्पित था और लोगों की टीकाओं को भी नियंत्रित करना जानता था. मुझे पता है कि कर्ले मूर्ख नहीं था, इसलिए उस ग्राहक का कोई भी काम वह भविष्य में लेनेवाला नहीं था. निष्कर्ष स्वरूप कहा जा सकता है कि वह गल्तियाँ खोजनेवाला चाहे जितनी भयानक कहानियाँ सुनाता-फैलाता रहे, मगर कर्ले के विषय में कोई भी नकारात्मक बात कहने का उसके पास कोई आधार नहीं था.

क्या आप सोचते हैं कि उस 800 डॉलर के आदान-प्रदान में कर्ले को नुकसान हुआ ? शायद. मगर हम जानते हैं कि यदि वह विघ्न-सन्तोषी लोगों को विपरीत बातें कहता फिरता, तो बहुत सम्भव है, अनेकों ग्राहक कर्ले के यहाँ नहीं जाते. अब, यदि वह कुछ कहता है तो लोग उसे अकड़बाज कहेंगे और कर्ले को हीरो. कर्ले उनमें से है जो सम्भावना का खतरा नहीं उठाना चाहता है. आज उसकी दुकान पहले से पन्द्रह गुना बड़ी हो गई है बाद में उसके ग्राहकों की प्रतीक्षा-सूची होती है. बस, इतना काफी है.

वर्ड ऑफ माउथ मार्केटिंग *पुस्तक से लिए गए उपरोक्त गद्य-खंड की अनुमति ली गई है.*

मौखिक-वार्तालाप तत्व का महत्व

रिचर्ड पो

पॉल ज़ेन के लिए ककूनिंग - कुसवारी का अर्थ किताब में दिए अर्थ से कुछ अलग ही था. यह प्रकृति की विध्वंसात्मक शक्ति है जिसने उसकी कम्पनी को करीब-करीब धराशायी कर दिया था. आज के अनेकों प्रशासकीय अधिकारियों और उद्यमियों की भाँति उसने भी अपने व्यवसाय को नेटवर्किंग के द्वारा बचाया. यह करके उसने न सिर्फ पुरानी उधारी वसूल की बल्कि कम्पनी का अतुलनीय विकास भी किया.

पॉल कोई साधारण व्यवसायी नहीं है. वह एक तेजस्वी और आदरणीय अर्थशास्त्री है. तेईस वर्ष की आयु में वह सिटी बेंक का सबसे कम उम्र का वाइस-प्रेसीडेंट बना. वह प्रेसीडेंट रीगन और बुश का आर्थिक सलाहकार भी रहा. उसने कॉंग्रेस को 200 बिलियन डॉलर के आसन्न सेविंग्ज और लोन संकट की पूर्व-चेतावनी दी थी पर उस समय सरकार सुनने को

तैयार नहीं थी. अर्थशास्त्र का व्याख्याता होते हुए भी वह अपनी शैक्षणिक योग्यताओं का तिरस्कार करके अपने सिद्धान्तों का परीक्षण व्यावसायिक जगत् में करने को निकल पड़ा. उसने भू-सम्पत्ति और निर्माण-कार्यों से दसियों मिलियन डॉलर निजी रूप से कमाए और आर्थिक विषयों पर धमाकेदार बेस्ट सेलर्स लिखे, जैसे - *अनलिमिटेड वेल्थ, अदर पीपल्स मनी*, और *गॉड वान्ट्स यू टू बी रिच.*

नई पीढ़ी

सरसरी तौर पर देखें तो पॉल हमें एमएलएम - मल्टीलॅवल मार्केटिंग - के भक्त नहीं दिखते. इस उद्योग को लोग बहुत दिनों से जानकार कूड़ा, नीले कॉलरवाले स्वप्नशील, आरामदाय सूट पहने खोंमचेवाले समझते हैं जो शीघ्र-पैसा कमाने के लिए निकल पड़े हैं. मगर पॉल के व्यवसाय में प्रविष्ठ होने तक इस प्रकार के लोग गायब हो चुके थे. उच्च कोटि के नेटवर्करों की नई पौध आ चुकी थी जो विवेकी, उच्च शिक्षा-प्राप्त व्यावसायिक थे जो सायबर की दहलीज पर लाभप्रद झरोखा खोज रहे थे. पॉल इस पार्श्वचित्र में सुघड़ता से समा गए.

पॉल के लम्बे और घुमावदार मार्ग एमएलएम की सफलता सन् 1989 से आरम्भ हुई जब उसने अपना प्रथम सीडी-रॉम जो एक प्रोत्साहक कार्यक्रम था जिसमें पॉल अपने सहयोगी, प्रेरक व्याख्याता एन्थनी रॉबिन्स के साथ आर्थिक विचारों पर चर्चा करते हैं. उसकी पॉवर टॉक सीडी की सफलता ने पॉल को एक विचार सुझाया. क्यों न इस नए साधन का उपयोग बच्चों की शिक्षा के लिए किया जाए ? पॉल को लगा कि बच्चे अपनी एकाग्रता को इन सीडी गेम्स में लगाते हैं, उसे उनके बीजगणित के पाठों में लगाया जा सकता है यदि चित्रों की सहायता से बीजगणित के पाठ सजीव, परस्पर प्रेरक रूप से तैयार किए जायँ. पॉल की दृष्टि अपने समय से बहुत आगे थी. सम्भावित व्यवसाय-क्षेत्र बहुत विशाल था. मगर पॉल के गेम-प्लान में एक तत्व कम था जिसने करीब-करीब उसका सर्वस्व हर लिया.

समस्या

उसने यह विचार नहीं किया था कि ककून - सुरक्षित आवरण - को कैसे भेदना. बिना इस रणनीति के उसका व्यवसाय रसातल को चला गया. पॉल ने अपने शैक्षणिक सीडी-रॉम्स को पारम्परिक तरीकों - डायरेक्ट मेल, फुटकर विक्रेता तथा स्कूलों के माध्यम से बेचने में वर्षों लगा दिए. उसकी डलास स्थित फर्म ज़ेन पब्लिशिंग ने इसके मार्केटिंग में 25 मिलियन डॉलर झोंक दिए. मगर वितरण के हर तरीकों को नुकसान उठाना पड़ा. बिक्री करने के लिए पॉल को एक नहीं तीन-तीन मानसिक अवरोधों को तोड़ना पड़ता था. प्रथम, माँ-बाप अपने बच्चे की शिक्षा में स्वयं को शामिल करना जरूरी नहीं समझते थे. वे सोचते कि यह स्कूल का काम है. दूसरे, वे सोचते कि इस नए बहुपंखी प्रयोग से गुजरने की क्या आवश्यकता है.

और अन्त में, ग्राहकों की इतनी तेज बुद्धि नहीं थी कि वे पॉल के और अन्य प्रतियोगियों के सीडी में फर्क कर सकें कि पॉल का सीडी कितना श्रेष्ठ है. अपनी पुरानी मान्यताओं के ककून - गर्भ - में छिपे रहकर वे दुकानों में पोस्टरों और प्रदर्शनों को अनदेखा कर देते. माँद में छिपे लोग हर नई वस्तु को एक मनोवैज्ञानिक घुस-पैठ के अलावा कुछ नहीं समझते जिसे विज्ञापन फैलाता रहता है.

व्यक्ति-व्यक्ति के बीच

इस समस्या का हल पहले से हाजिर था, पर पॉल को उसका पता नहीं था. वह नहीं जानता था कि इसके लिए एक व्यक्तिगत बिक्री कार्यक्रम चाहिए. पॉल को विक्रय-व्यक्तियों की जरूरत थी जो सीधे ग्राहकों तक पहुँचते, उनका ध्यान आकर्षित करते, उनका विश्वास जीतते और विस्तार से इस पद्धति के लाभ समझाते. संक्षेप में कहें तो उसे मौखिकविक्रय-व्यवस्था चाहिए थी.

प्रमुख व्यावसायिक धाराओं में निजी प्रमाणों को स्वयं प्रस्तुत करने का कोई विधान नहीं है. पारम्परिक व्यावसायिक इसे अच्छे विज्ञापन का प्रतिफल मानते हैं न कि उसे प्रचार की रणनीति. उनकी मान्यता है कि अच्छा विज्ञापन प्रसारण वस्तु के बारे में चर्चाएँ स्वत: आरम्भ कर देता है. मगर वह गुंजन उतना ही अकल्पनीय और अनियंत्रणीय होता है जितना मौसम का मिज़ाज़.

दूसरी ओर नेटवर्क मार्केटीयर, मौखिक मार्केटिंग को सायंस मानते हैं. वे जानते हैं कि कड़ी मेहनत और कुछ जाने-माने सिद्धान्तों को उपयोग में लाकर ही मौखिक गुंजार को जगाया जा सकता है जिनका बारम्बार सचोट और अक्सर लाभदायी असर होता है. वास्तव में नेटवर्कर अपनी रोजी के लिए यही करते हैं. पॉल को यह समझने में कुछ वर्ष लगे कि बहु-स्तरीय मार्केटिंग व्यवहार में प्रचलित है. मगर जब एक बार उसे ज्ञात होगा तो वह स्वयं इसका सबसे प्रबल समर्थक बन जाएगा.

वितरण का क्षेत्र

एक मनोरंजक घटना के द्वारा पॉल का इस व्यवसाय से परिचय हुआ था. सन् 1991 में एक दिन, एक एम्बे का वितरक डॉन हेल्ड पॉल का ऑडियो टेप पॉवर टॉक सुन रहा था. पॉल अपने मित्र एन्थनी रॉबिन्स को समझा रहा था कि सन् 1990 में बड़ा धन अच्छे माउसट्रेप्स- चूहेदानी - बनाने से नहीं मिलेगा बल्कि उसे भली प्रकार से वितरण करने से मिलेगा.

टेप में पॉल ने एक स्मरणीय उदाहरण के द्वारा अपनी बात को समझाया था. उसने द ग्रेज्युएट चलचित्र के एक सुप्रसिद्ध दृश्य के बारे में बताया जिसमें एक अच्छा चाहनेवाला व्यवसायी बॅन को पेशे के बारे में सलाह देता है. इसमें बॅन का अभिनय डस्टिन हॉफमॅन करते

हैं. सलाह एक शब्द के रूप में दी जाती है : ''प्लास्टिक्स'' सन् 1960 के दिनों में वह एक बहुत अच्छी सलाह थी. उन दिनों सबसे अधिक पैसा लागत घटाकर उत्पादन का मूल्य कम करके कमाया जा सकता था. उसका एक मार्ग था धातु के स्थान पर प्लास्टिक की वस्तुओं का निर्माण करना. मगर सन् 1991 के आते-आते यह अवसर समाप्त हो गया था.

बढ़ते यांत्रिक ज्ञान ने किसी वस्तु की लागत को उसके विक्रय-मूल्य का 20 प्रतिशत कर दिया है. इससे उसके लागत मूल्य को और कम करने की सम्भावनाएँ समाप्त हो गई हैं. दूसरी ओर वितरण का खर्च, वस्तु के विक्रय-मूल्य का 80 प्रतिशत तक हो गया है. उन्हें कम करने की अनेक सम्भावनाएँ हैं. इसी बात को पॉल ने समझाया था कि वितरण में खर्च को कम करके लाभ कमाया जा सकता है.

एमएलएम के सम्पर्क सूत्र

पॉल को उस समय ज्ञात नहीं था कि वितरण खर्च को कम करने का एक श्रेष्ठ मार्ग नेटवर्क मार्केटिंग है. पारम्परिक विक्रयकर्मियों के स्थान पर एमएलएम वितरकों को सीमा से अधिक, उनके कमीशन से ज्यादा, लाभ नहीं मिलता है. मौखिक विज्ञापन की शैली जो निर्माताओं को बिना-मूल्य मिल जाती है, से अधिक प्रभावशाली पद्धति से व्यवसाय-केन्द्रों को भेदा जा सकता है, बजाय मल्टी-मिलियन डॉलर के विज्ञापन-प्रसारणों के.

लेखक के रूप में उनकी विस्तृत ख्याति, प्रेसीडेंट के आर्थिक सलाहकार के रूप में सम्मान, अर्थशास्त्र के व्याख्याता और व्यवसायी होने के बावजूद, पॉल को ये मौलिक बातें ज्ञात नहीं थीं. उन्होंने नेटवर्क मार्केटिंग के बारे में कुछ भी नहीं सुना था. मगर पॉवर टॉक के टेप को सुनकर डॉन हेल्ड को सम्पर्क तुरन्त समझ में आ गया.

''वे कह रहे हैं कि अधिक धन अब वितरण से मिलेगा,'' डॉन को याद आ रहा था, ''जब मैंने, वह सुना तो मैं बोला, ''हे भगवान् ! इसी में तो हम हैं !'' डॉन ने उस सुप्रसिद्ध अर्थशास्त्री को खोज निकाला और अगली एम्बी रॅली में बोलने के लिए अनुबन्धित कर लिया.

अमेरिकन मार्ग

ठीक है, पॉल जेन पिल्जर ने एम्वे के बारे में पहले कभी नहीं सुना था. मगर पृष्ठभूमि में यह कम्पनी क्रान्तिकारी परिवर्तन ला रही थी और सन् 1959 से अमेरिकन व्यवसाय को बदल रही थी. उस वर्ष, ग्रेंड रेपिड्स, मिचिगन के दो बचपन के मित्र - रिच डी' वॉस और जयवान ऐंडल ने न्यूट्रिलाइट प्रॉडक्ट्स, इंक. से सम्बन्ध तोड़ा. इस जोड़ी ने विटामिन तथा मिनरल्स सप्लिमेंट्स को कार्ल रेहनबोर्ग की प्राचीन एमएलएल को सप्लाई किए थे. मगर, बाद में उन्होंने सोचा कि यदि वे स्वयं के लिए काम करेंगे तो अधिक अच्छा होगा. रेहनबर्ग

के एमएलएम के कम्पन सेशन प्लॉन के विकसित स्वरूप को उपयोग में लाकर उन्होंने एक नई संस्था एमवे कॉर्पोरेशन बनाई.

द्वितीय विश्व युद्ध के दौरान आर्मी एयर कॉर्पस में काम करने के कारण डी'वॉस तथा वॉन एन्डेल कट्टर देश-प्रेमी थे. वे आदर्श क्रिश्चियन और कड़े प्रशासन के प्रोटेस्टेंट परिवार में पले-बड़े थे. उनके पूर्वज हॉलेंड से परिव्राजक बनकर आए थे. आरम्भ से ही, उन सहभागियों का विश्वास था कि एम्वे अमेरिका के प्राचीन गुणों का प्रतीक बनेगा. स्वयं उसका नाम, संक्षेपीकरण था 'अमेरिकन वे' का. एम्वे की पुनर्जागरित बिक्री रॅलियाँ, आज भी ''गॉड ब्लेस अमेरिका'' और ''स्टार-स्पेंगल्ड बैनर'' से आरम्भ होती हैं. जिसमें ओल्ड ग्लोरी बृहत् वीडियो के पर्दे पर लहराता हुआ दिखता है : उनका वितरकों का समूह अधिकांश में, श्रद्धालु चर्च जानेवाले हैं. भगवान, देश और विभिन्न स्तरीय मार्केटिंग को एम्वे विश्व-दर्शन में एक सुखद मिलाप का सम्मिश्रण मिलता है.

अज्ञात् की ओर

एम्वे का सूत्र अनोखे प्रकार से सफल साबित हुआ. एक छोटे-से उद्योग के रूप में जिसका आरम्भ हुआ था जो एक सर्वोपयोगी जैविक अपक्रमित सफाई का पाउडर ''फ्रिस्क'' बनाता था, अब वह बढ़कर 5.7 बिलियन का अन्तर्राष्ट्रीय कॉर्पोरेशन बन गया है जिसके 3 मिलियन स्वतंत्र वितरक विश्वभर में हैं जो 6,500 से अधिक पदार्थों और सेवाओं का उत्पादन करते हैं और इंटरनेट की एक बृहत्तम रीटेल वेब साइट का व्यवस्थापन करते हैं. एम्वे का रिसर्च और मॅन्युफॅक्चरिंग विभाग ही अकेला आठ बिल्डिंगों में 4.2 मिलियन स्क्वेर फीट में फैला हुआ है. डी'वॉस तथा वॉन एन्डेल नियमित रूप से, फॉर्च्युन और फॉर्बेर्स पत्रिकाओं द्वारा प्रकाशित अमेरिका के सबसे धनी व्यक्तियों की वार्षिक सूची में, अक्सर छपते रहते हैं.

पॉल ने जब अपनी प्रथम एम्वे की रॅली में वक्तव्य देने की सहमति दी, उसे इन बातों के बारे में ज्ञान नहीं था. उसके लिए वह एक और सम्मेलन की नाव थी, मगर पॉल ने अनजाने में ही अपनी यात्रा का पहला कदम उठा दिया था जो उसे एक दिन इक्कीसवीं सदी के नव-जागरण को गढ़ने की ओर ले जाएगा. वह उस ओर जा रहा था जहाँ अब तक कोई भी मुख्य धारा का अर्थशास्त्री नहीं जा पाया था. अगर वे जानते कि वह क्या करनेवाला है, तो पॉल के पुराने व्हार्टन बिजनेस स्कूल के प्रोफेसर ने निश्चय ही असहमति में भौंहें सिकोड़ी होतीं. फिर भी, पॉल जिस सौभाग्य का शीघ्र ही वरण करनेवाला था, उस पर विस्मय भी किया होता.

सूअर के बाड़े की नेटवर्किंग

पाम शॅल्डन

प्रभावशाली नेटवर्कर जानते हैं कि मौखिक शब्द सिर्फ प्रकटन नहीं है – वह जीवन-पद्धति है. सर्वश्रेष्ठ राजनीतिज्ञ, जो सबसे समर्थ नेटवर्कर हैं जान गए हैं कि शताब्दियों से मुख की वाणी ने, चुनावों में विजय और पराजय का अन्तर दिखा दिया है.

जब मैंने कुर्सी के लिए लड़ने का निश्चय किया था, मैं मौखिक शब्दों की शक्ति को नहीं जानती थी. मैंने इसे जीतने के बाद समझा.

मैं एक शहरी लड़की थी, टॉरन्टों में पैदा हुई और बढ़ी-पली. मैं उस खूबसूरत ग्रामीण प्रदेश के लिए नई थी जहाँ मैं अपने पति और दो छोटे-छोटे बच्चों के साथ हाल ही में आई थी. कोई भी बात मुझे ग्रामीण समाज के स्थानीय लोगों के विरोध में म्युनिसिपालिटी के चुनाव में खड़े होने जैसे उत्साहहीन काम के लिए आकर्षित नहीं कर सकती थी. मैं जानती थी कि कृषि की समस्याएँ क्या हैं. आखिर मैं उनके बारे में पढ़ती रहती थी. निश्चय ही वह एक सीधा-सादा मामला था : बस, मुझे सभी किसानों से कहना भर था कि क्या करना चाहिए और वे मुझे वोट दे देंगे.

मगर मैं जिस बात के लिए तैयार नहीं थी वह थी, किसानों का बाहरी व्यक्ति के लिए अविश्वास. मैंने न कभी खेती की थी, न ट्रेक्टर चलाया था, न गोबर उठाया था और न कभी दूध दुहा था. फिर मैं औरत थी. म्युनिसिपालिटी में अब तक कोई भी महिला सदस्य नहीं बनी थी. महिलाओं की जागृति इस छोटे-से गाँव के क्षितिज पर अब तक नहीं आई थी.

किसान हमेशा विनम्रता से पेश आते, मगर मैं जब भी कोई मेला या ग्राम्य कार्यक्रम में जाती, मुझे हमारे बीच की अदृश्य दीवाल की उपस्थिति का पता चल जाता. मैं जान जाती कि मैं मुसीबत में हूँ. मैंने अक्सर सुना था, ''वह शहर से आई औरत.''

हर राजनीतिज्ञ जानता है कि चुने जाने के लिए हमें बाहर निकलकर दरवाजों को खट्खटाना पड़ता है – राजनीति का समानार्थी शब्द ''कोल्ड-कॉलिंग.'' हम अपने क्षेत्र के लोगों से मिलते हैं, अपनी परिचय-पुस्तिकाएँ देते हैं और उनके वोटों के लिए निवेदन करते हैं. कुछ किसान कहेंगे सड़कों पर गड्ढे हैं, कुछ पूछेंगे आप खेती की जमीन के बचाव के लिए क्या करेंगी ? मैंने सीख लिया था कि जब ऐसी परिस्थिति आए तो बजाए बोलने के सुनना अधिक अच्छा रहता है.

एक दिन मैं एक लम्बी गली में कार चलाती हुई एक किसान के घर पहुँची और फॉर्म हाउस में किसी को भी न पाकर, अपने रबर के जूते पहने, जिन्हें मैं हमेशा साथ रखती हूँ, और भूसे के कमरे में घुसी जहाँ एक इंजिन के चलने की आवाज आ रही थी. एक गंदी बू बहकर आई और मेरे नथुनों में गई. मैंने अन्दर कदम रखा. फर्श घुटनों तक सूअर की ताजी खाद से भरा हुआ था. इस सब के बीच एक किसान अपने ट्रेक्टर की देख-भाल कर रहा था और ध्यानपूर्वक सूअर के ताजे, गर्म गू का ढेर बनाकर एक ओर रख रहा था.

जब उसकी नजर मुझ पर पड़ी, उसने ट्रेक्टर बन्द किया, पीछे निढाल बैठा, अपना टोप ठीक से सिर पर लगाया और अपनी बाँहों को क्रॉस किया. वह एक शब्द भी नहीं बोला, सिर्फ घनी भौंहोंवाली आँखों से मुझे देखता रहा. मैं जान गई, वह क्या सोच रहा था : ''यह शहर की औरत !''

मैं नहीं जानती कि मुझ में कहाँ से साहस आया. बिना एक भी धड़कन गँवाए मैंने एक कदम आगे रखा, फिर चल पड़ी धब ! धब ! धब ! प्रार्थना करती हुई कि फिसलकर गिर न पड़ूँ. और ट्रैक्टर तक पहुँची. मैं बोली, ''आप कैसे हैं, आज ? मैंने सोचा कि चलूँ, आपसे मिलती चलूँ.'' वह वहाँ बैठे थे और मैं खड़ी थी और हम लोग पन्द्रह मिन्टों तक बातें करते रहे - करों के बारे में, उन शहरी चिकने लोगों के बारे में जो यहाँ आकर सब-कुछ बदलने का प्रयत्न करते हैं. एक बार भी सुअर की खाद के बारे में चर्चा नहीं हुई.

मैं उस किसान को कभी नहीं भूलूँगी जो अपने भूसा रखने की बखार में खाद बना रहा था क्योंकि मैं जानती हूँ, मेरी विजय में उसका बहुत बड़ा हाथ था, क्योंकि अगले कुछ वर्षों तक गोबर के ढेर में, घुटनों तक धँसी महिला की कथा अनेकों बार मेरे सुनने में आई थी.

नवम्बर में मैं चुन ली गई - वहाँ के प्रशासन समिति की प्रथम महिला सदस्य. मैं उस किसान को कभी नहीं भूलूँगी जो अपने भूसा रखने की बखार में खाद बना रहा था क्योंकि मैं जानती हूँ, मेरी विजय में उसका बहुत बड़ा हाथ था, क्योंकि अगले कुछ वर्षों तक गोबर के ढेर में, घुटनों तक धँसी महिला की कथा अनेकों बार मेरे सुनने में आई थी. जब मैं उससे मिलने गई थी, मैं नेटवर्किंग कर रही थी, मगर जब उसने अपने किसान मित्रों को उस महिला के बारे में बताया जो गंदी बू और सूअर के गू से नहीं डरती थी तो वह मेरे पक्ष का सबसे सशक्त सकारात्मक, मौखिक विज्ञापन बन गया. उसके सामने मेरे तमाम पोस्टर्स और पताकाएँ तथा रेडियो और टीवी के मँहगे विज्ञापन तुच्छ साबित होते. उस एक किसान ने मेरे राजनीतिक भविष्य के लिए इतना अधिक किया जितना मैं सौ दरवाजे खटखटाने से भी नहीं कर पाती. उसने लोगों से कहा, उन्होंने लोगों से कहा, और फिर लोगों ने और लोगों से कहा और फिर उस दिन से लोगों ने मुझे ''वह शहर से आई औरत'' कहने के स्थान पर ''वह जोशीली लेडी कांउसलर'' कहना आरम्भ कर दिया.

मौखिक शब्दों का चमत्कार कभी भी हो सकता है. वह मेरे लिए हुआ. अगली बार मैं जान लूँगी कि उसे कैसे करना.

9

सम्पर्क साधना

अनुभवी नेटवर्कर्स जानते हैं कि अपने नेटवर्क को फैलाने और प्रोन्नत करने का सबसे तीव्र तरीका है नियमित रूप से उन बैठकों में जाना जहाँ नेटवर्किंग होती है. अनेकों एक-जैसे उद्देश्यवाले लोगों का सम्मिलन, सम्पर्कों पर आधारित परस्पर हितकर उद्देश्यों को सामने लाता है. यहाँ हम सात लेख दे रहे हैं जो इन बैठकों से अधिक-से-अधिक लाभ उठाने की रणनीति तथा तरीके बताएँगे. सिंडी माउंट और जॅरैमी एलन नेटवर्किंग अवसरों पर सफल होने के छह सूत्रीय मूल बातों की रूपरेखा बताते हैं; एन्ना बेंक्स ऐसा उपाय बताती हैं जो आपके स्वाभाविक संकोच को दूर हटाकर स्वयं के फायदों को देखना सिखाएगा; जो मॅकब्राइड नाम को पहचानने की कला की स्थापना का महत्व बताते हैं; डॉ. मिसनेर अपने श्रोताओं का ध्यान आकर्षित करके उनकी स्मृति में, कुछ चुने शब्दों को बोलकर, कैसे बने रहें, यह समझाते हैं; मॅल कॉफमान्न सुझा रहे हैं कि मीटिंग के बीच क्या करना चाहिए और क्या नहीं; ऍन बाबर तथा लाएन वेमॅन एक विस्तृत खाका खींचकर समझाते हैं कि सम्मेलनों में शामिल होकर अधिक-से-अधिक कैसे प्राप्त करना; और सुसान लिन्न बारह मूल्यवान पथ-प्रदर्शक सूत्र बता रहे हैं ताकि बैठकों में उपस्थित होकर प्रभावशाली नेटवर्कर बना जा सके.

नेटवर्किंग कार्यक्रम में उपस्थिति

सिंडी माउंट तथा जॅरैमी ऍलन

जैसा कि प्रत्येक अच्छा नेटवर्कर जानता है, अपने व्यवसाय को तेजी से और अच्छी तरह से विकसित करने का उपाय मौखिक विज्ञापन है. यही मूल कारण है कि नेटवर्कर्स नेटवर्किंग के कृत्यों में अवश्य सम्मिलित होते हैं. वे व्यक्ति जिन्होंने नेटवर्किंग को एक व्यवस्थित शास्त्रीय विज्ञान के रूप में स्वीकार किया है, उन्हें इन छह मूल बातों को ध्यान में रखना चाहिए : (1) उद्देश्य (2) लक्ष्य (3) योजना तथा

(4) इन्हें कार्यशील बनाना (5) अपने प्रयत्नों का मूल्यांकन करना तथा (6) अपने सभी सन्दर्भों से सम्पर्क करना.

प्रत्येक नेटवर्किंग की घटना को एक यात्रा समझें. आपके पास यात्रा का कारण है, मस्तिष्क में लक्ष्य बसा हुआ है और वहाँ तक पहुँचने का तरीका है. हम ड्राइविंग आरम्भ करते हैं, प्रगति का लेखा-जोखा करते हैं, तदनुसार अपनी योजना में फेरफार करते हैं; और उद्देश्य को पाने के बाद, यात्रा के अनुभवों को व्यवहार में लाते हैं.

इसी तर्क को आधार बनाकर आगे कुछ बातें सोचीं हैं जो नेटवर्किंग में लगाए आपके समय और प्रयत्नों के बदले अधिक-से-अधिक परिणाम प्रदान करेंगे.

1. उद्देश्य या तात्पर्य

किस कारण से आप कार्यक्रम में शामिल हुए थे ? क्या आप हाजिर होकर, हाथ मिलाकर व्यावसायिक कार्डों का आदान-प्रदान करके एक सामाजिक व्यक्ति बनना चाहते थे ? नहीं. क्या बिक्री बढ़ाने और व्यवसाय को स्थापित करने की इच्छा से गए थे ? शायद. मगर आप वहाँ वास्तव में इसलिए थे, क्योंकि नेटवर्किंग को आप व्यवसाय का सम्पूर्ण दर्शन और जीने का तरीका मानते हैं - और स्वयं की सेवा करने का सबसे सरल उपाय दूसरों की सेवा करना है. यदि यह सच है तो इसे सदैव अपने दिमाग में रखना अच्छा होगा. वह आपको प्रत्येक बैठक में उपस्थित रहने को प्रेरित करेगा, हर नए व्यक्ति से मिलाएगा और अपना समय, प्रयत्न और कुशलता को औरों की मदद करने में लगाएगा. काम करने में वह आपकी सहायता करेगा. यदि आपका कार्य करने का उद्देश्य प्रेरित करने के योग्य नहीं है तो आप में नई इच्छा जगाकर आपको एक नया उद्देश्य देगा.

आप क्या इसलिए नहीं गए थे क्योंकि आप नेटवर्किंग को व्यवसाय का दर्शन और जीने की पद्धति मानते हैं ?

2. लक्ष्य

आपका लक्ष्य क्या है. उस मौके पर आप क्या हासिल करना चाहते हैं ? आपके विचार से घटना का क्या परिणाम होगा ? आपको किस प्रकार के व्यापारों में कितने सम्पर्क चाहिए ? क्या अपने लक्ष्यों को पाने के लिए आपको सावधान रहना चाहिए ? स्वयं से ये प्रश्न पूछें. आपके व्यवसाय या सेवाओं के लिए कौन-से व्यवसायी, व्यापारी या दुकानदार आपसे मिलना या आपके बारे में जानना चाहेंगे. अपने नेटवर्किंग प्रयत्नों के लिए इन लोगों को अपना लक्ष्य बनावें. जैसे, नौकरानी प्रदान करनेवाली सेवा, योग्य सुतार, गलीचा धोनेवाले, निजी कार्यक्रम-नियोजक, बिजली सुधारनेवाले, रँगाई करनेवाले तथा गृह-सज्जा के लोगों के बारे में भी यह जानकारी दे सकती है.

3. योजना

एक बार आप अपना लक्ष्य जान गए, फिर आपको एक नक्शे की जरूरत पड़ेगी जो आपको वहाँ तक पहुँचने का मार्ग बता सके. एक अच्छा नक्शा आपको मार्ग की मुश्किलें और पेट्रोल लेने के स्थान भी दर्शाएगा. एक अच्छा नेटवर्किंग कार्यक्रम इन-सब बातों को बताएगा :

अनुसन्धान. आपको किससे मिलना है ? वे लंच कहाँ लेते हैं ? उद्देशित संस्था का वार्षिक आयोजन क्या बताता है? आपके उद्दिष्ट उद्योग में कौन-सी नई धाराएँ बह रही हैं ?

प्रतियोगिता. आपके प्रतियोगी कौन हैं ? बाजार में उनका हिस्सा कितना है और उसमें का कितना हिस्सा आप हासिल करना चाहते हैं ? आपके मुकाबले की कौन-सी धार तेज है / विशेष है ? अर्थात आपका कौन-सा पक्ष सबल है. आपकी शक्तियाँ और लाभ कौन-से हैं ?

साधन. आपको कौन-से साधन चाहिए ? और उन्हें आप कहाँ पाएँगे ? आपको क्या मार्गदर्शन चाहिए ? क्या आपके सुनने की प्रवीणता आपको अपने निवेश के लायक कमाई करवा देगी ?

पुनर्समर्थन. क्या आपको कुछ नई भरती करने की या समर्थकों और सहयोगियों को अपने अन्तर्गत शामिल करने की जरूरत है ताकि वे आपकी कुछ जिम्मेदारियाँ सँभाल सकें अथवा आपको अपना लक्ष्य शीघ्रता से पाने में सहायता कर सकें ?

कार्यक्रम. आपने अपना लक्ष्य पाने के लिए स्वयं को कितना समय दिया है? आपके पास क्या कोई आपद्कालीन योजनाएँ हैं ताकि मुश्किल के समय उन्हें कार्यान्वित किया जा सके?

4. कार्यान्वयन

योजनाएँ तब तक कारगर नहीं होतीं जब तक कि उन पर कार्य न किया जाए. सफलता के लिए, अपनी योजनाओं का कार्यान्वयन आवश्यक है - अतः नक्शा उठाएँ और उस ओर चलना आरम्भ कर दें. आपके समय और योजना के संचालन की कुशलता की परीक्षा होगी. समय अनुपालन नियोजक और आयोजन नियामक आपको पूरे सप्ताह की झाँकी एक बार में दिखा सकते हैं. उन तारीखों को चिह्नित करें जिस दिन आपको किन्हीं परिणामों की आशा हो. फिर उलटे लौटते हुए आप मासिक, साप्ताहिक और दैनिक लक्ष्यों को पूरा करें. यदि अपने लक्ष्य को पाने का आपका कार्यक्रम बारह महीनों का हो तो निश्चय करें कि आप छह महीनों में, तीन महीनों में, तीन सप्ताह में और एक दिन में कहाँ तक पहुँचना चाहेंगे.

5. मूल्यांकन

आप अपनी योजना के प्रत्येक नियंत्रण स्थल पर ज्यों-ज्यों पहुँचते जाएँ, कुछ विराम लेकर

अपने परिणाम का लेखा-जोखा लें. क्या आपने मार्ग में अपेक्षित वस्तुओं को पाया, अथवा मार्ग के घुमाव ने आपको रास्ते से हटा दिया ?

अब क्या आपको नए मार्ग की जरूरत है ? आप यदि पाते हैं कि आपके नेटवर्क का एक समुदाय आपके लक्ष्यों को पूरा नहीं कर पा रहा है तो अपने कार्यक्रम को थोड़ा बदल दें. उस समुदाय के साथ काम करने का आपको नया तरीका सोचना पड़ेगा अथवा शायद नया समूह बनाना पड़े. यदि आवश्यक विराम के बाद भी आपको सन्दर्भ नहीं मिलते हैं तो समय आ गया है उन कारणों के मूल्यांकन का. सम्भव है आपको नई कुशलता अथवा सहायता की आवश्यकता हो ताकि आप अपना लक्ष्य पा सकें. आपको आराम अथवा छुटकारे की भी जरूरत हो सकती है ताकि आप अपने दिमाग को पुन: ऊर्जित कर सकें.

6. पुन: प्रयत्न

एक बार अपना लक्ष्य पाने के बाद, एक क्षण का विराम लें ताकि अपनी उपलब्धि का स्वाद चखा जा सके. तब समय आता है आपको पुन: काम में जुट जाने का. मिले प्रत्येक व्यक्ति की सूची तैयार करें, उनके बिजनेस कार्ड्स और ब्रॉशर्स को सुलभ रखें और अपने प्रत्येक नए सम्पर्क की सामर्थ्य के बारे में सोचें. इन सन्दर्भों के साथ यथाशीघ्र मिलने और कार्य करने का समय नियत करें. हाल के परिचय को पुराना और ठण्डा मत होने दें, अन्यथा भूलना आरम्भ हो जाएगा. यदि पोषण किया गया तो वह सम्बन्ध फलदायी बन सकता है.

नेटवर्किंग की भविष्य की सफलताओं के लिए सु-संचालित सम्पर्क-नियमन पद्धति अति आवश्यक है. उसे बनाए रखें. उत्कृष्ट नेटवर्कर अपनी आवश्यक वस्तुओं में एक विद्युतीय सम्पर्क नियंत्रक पद्धति भी रखते हैं जिसमें ई-मेल प्रोग्राम, प्रोजेक्ट प्लॉनिंग सॉफ्टवेयर और एक डाटाबेस रहता है. यदि आपके पास नहीं है तो अविलम्ब उसे खरीदें और एक निजी डिजिटल सहायक को नियुक्त करें ताकि वह समय पर आपको आपकी इच्छित जानकारी दे सके.

एक बार आपने अपनी सम्बन्ध नियंत्रक परियोजना स्थापित कर ली तो फिर उसके द्वारा अपने नेटवर्क के प्रत्येक सदस्य के साथ छह से आठ हफ्तों के बीच सम्पर्क करें. यह सम्पर्क के गुणों और आप के लक्ष्यों पर निर्भर करेगा. इससे आप अपने सम्पर्कों के मस्तिष्क में बने रहेंगे और जब वे अपनी अथवा अपने मित्रों के लिए खरीद करेंगे, आप याद आएँगे

> हाल के परिचय को ठण्डा मत होने दें अन्यथा आप भूल जाएँगे; यदि उसे संजीवित किया गया तो वह सम्बन्ध फलदायी बन सकता है.

नेटवर्किंग का बीज शब्द है "कार्य." इसमें समय, प्रयत्न और धीरज की आवश्यकता होती है. किन्तु एक सबल नेटवर्किंग का लाभ एक निजी मार्केटिंग रण-नीति है जो अपने लक्ष्यों को पाने की आपकी गति को बढ़ा देंगे.

शेखी मारना सीखें

अन्ना बेंक्स

हम जानते हैं कि सचोट विज्ञापन का अर्थ अक्सर सफलता और मात्र अस्तित्व के बीच अटक कर रह जाता है. हम यह भी जानते हैं कि मौखिक विज्ञापन सबसे प्राचीन और प्रभावशाली तरीका है. नेटवर्किंग मूल रूप से एक सुव्यवस्थित और सोद्देश्य मार्केटिंग योजना है जो मौखिक-विज्ञापन-शैली को काम में लाती है.

आपका मौखिक प्रोत्साहन नीचे लिखीं चार क्रियाओं पर आश्रित रहता है. आपको अवश्य

- एक ऐसा उत्पादन या सेवा अर्पित करनी चाहिए जो मूल्यवान हो और लोगों को उसकी इच्छा हो.
- अपने उत्पाद या सेवा के बारे में आश्वासन देते हुए बतावें.
- आपके बारे में तथा आपके उत्पाद या सेवा के बारे में लोग ऊँची राय बनावें, इसके लिए आप उन्हें प्रेरित करें.
- जिस वस्तु या सेवा को देने का आपने आश्वासन दिया हो, लोगों को वही दें.

हममें से अधिकांश के लिए, ऊपर दी दूसरी बात बहुत कठित होती है. आपके ग्राहक और सम्पर्क जो आपको ग्राहक तक पहुँचाते हैं, उन्हें बाध्य करें कि वे अपनी जरूरतों के लिए आप तक पहुँचें, न कि आपके प्रतियोगी के पास. वैसे तो अपने उत्पाद अथवा सेवा के बारे में हम सब बहुत सारी शास्त्रीय जानकारी दे सकते हैं मगर हममें से अनेक स्वयं का विज्ञापन करना पसन्द नहीं करते जिससे वस्तु का यथार्थ मूल्य समझा जा सकता है. दरअसल, प्रत्येक बिक्री में सबसे प्रमुख वस्तु है स्वयं को बेचना. यह बात विशेष करके मौखिक विज्ञापन में अधिक ठीक होती है.

अधिकांश लोगों के लिए स्वयं को प्रोत्साहन देना इतना कठिन क्यों होता है ? क्योंकि हमारे माता-पिता और गुरुओं ने हमें सिखाया है कि डींगें हाँकना अच्छी बात नहीं है. समाज के घेरे में यह बात अब भी उचित है, मगर व्यापार की दुनिया में प्रत्येक को स्वयं की ढपली बजानी पड़ती है ताकि लोग ध्यान दें. विनम्रता आपको कहीं नहीं ले जाएगी.

नेटवर्किंग आपके बारे में बताना आरम्भ कर देती है जब और लोग आपके उत्पाद या सेवाओं के बारे में कहना आरम्भ करते हैं कि वे कितने अच्छे हैं. मगर बात को गति आप ही को देनी पड़ेगी. आपको अपने नेटवर्किंग सहभागी को बताना पड़ेगा कि आप क्या करते

हैं और उसे कितनी अच्छी तरह से करते हैं. आपको उन्हें अपना उन्नयन का बारूद तो देना ही होगा. वे आपके बारे में डींगे हाँकें इसके लिए आपको भी स्वयं के बारे में कुछ बड़ी-बड़ी बातें कहनी होंगी.

अपने संकोच को दूर करने का और स्वयं को बाजार में पेश करने का उपाय है बीएनआई जैसी नेटवर्किंग संस्था का सदस्य बनना जो सिखाती हैं कि स्वयं के बारे में योग्यता से कैसे बोलना. ईवान आर. मिसनर तथा रॉबर्ट डेविस द्वारा बिसनेस बाय रेफॅरल्स में आरम्भ में छपे द गेन्स प्रोफाइल, एक ऐसा औजार है जिसे आपको स्वयं की दिलचस्पियाँ, कुशलताएँ आदि के बारे में औरों को बताने के लिए सीखना चाहिए. यह व्यक्तिगत और व्यावसायिक सूचनाओं का सार होता है ताकि लोग आपके बारे में निश्चय कर सकें कि क्या उन्हें आपके

गेन्स के जीवन की रूपरेखा

इस फॉर्म को आप अपने लक्ष्यों, उपलब्धियों, रुचियों, नेटवर्क सदस्यों या अन्य की विगत से भर सकते हैं, जिनके साथ आप सम्बन्ध बनाना चाहते हैं. हर व्यक्ति के लिए एक फॉर्म का उपयोग करें. यदि स्थान कम पड़े तो अतिरिक्त पृष्ठ जोड़ सकते हैं. हर विगत को दिनांकित करें ताकि पता चल सके कि सूचना किस समय की है. इन विभागों में न समा सकनेवाली यदि कोई सूचना हो तो उसका पन्ना अलग से जोड़ दें.

नाम ______________________ दिनांक ____________

लक्ष्य ______________________

____

____

____

उपलब्धियाँ ______________________

____

____

____

रुचियाँ/शौक ______________________

____

____

____

नेटवर्क्स ______________________

____

____

____

प्रवीणताएँ/हुनर ______________________

____

____

____

साथ व्यवसाय करना है, या आपके व्यापार को औरों को प्रोत्साहित करना है.

अपने व्यावसायिक सन्दर्भों को नेटवर्किंग के द्वारा बढ़ाने के लिए आपको न सिर्फ खड़े होकर स्वयं के बारे में बोलना है, बल्कि नेटवर्किंग की सभी विधाओं को काम में लाना है, जो बनाई गईं और अनुभवी नेटवर्करों के द्वारा सुधारी गई हैं. आप इन्हें स्वयं भी सीख सकते हैं, मगर अपना समय पुन: ह्वील की खोज में क्यों बिगाड़ते है ? आप इन्हें शीघ्रता से और अच्छे से, विशेषज्ञों से सीखने के साथ-साथ, एक औपचारिक व्यवसाय संदर्भ-संस्थान से जुड़कर व्यापार भी कर सकते हैं. जब तक आप डींगें हाँकना सीखेंगे, आप प्रवीण नेटवर्कर बनने की राह पर चल चुके होंगे.

अपना नाम बताना सीखें

जो. मॅकब्राइड

अधिक दिन नहीं हुए जब एक अनौपचारिक सम्मिलन में, एक व्यवसायी ने मुझे बताया कि उसकी संस्था गलत अफवाहों के कारण बहुत पीड़ित है. मुझे तुरन्त अपनी मित्र साराह की याद आई जो एक सुप्रसिद्ध विज्ञापन तथा लोक-सम्पर्क की एजेंसी चलाती है. मैंने उन्हें साराह का कार्ड दिया और सुझाव दिया कि वे उससे सम्पर्क करें. उनकी प्रतिक्रिया ने मुझे विस्मित कर दिया.

''अरे हाँ,'' वे बोले, ''मैं उन्हें जानता हूँ. उन्होंने मेरी किवानीज़ क्लब की सभा में पिछले वर्ष भाषण दिया था, आप ठीक कहते हैं. मैं उन्हें फोन करूँगा.''

दो ही सप्ताह में दोनों, वे और साराह, मुझे धन्यवाद देने, मुझसे मिलने आए कि मैंने उन्हें आपस में मिलाया.

बाद में मुझे प्रतीत हुआ कि ठीक है, मैंने उनके आपस के सम्बन्ध को जोड़ा, मगर उस व्यवसायी को साराह का नाम याद था, यह इस सन्दर्भ की सफलता का बीज था. जब मैंने साराह से यह बात की तो उसने बताया कि स्थानीय व्यवसायिकों के बीच नाम को परिचित बनाना ही उसकी मौखिक-विज्ञापन-कला की रणनीति है.

नाम की पहचान या अभिज्ञान के कई मार्ग हैं. थोक-बन्द विज्ञापनबाजी, प्रेस-विज्ञप्तियों को भेजते रहना और संस्थानों में प्रसिद्धि को बनाए रखना जैसे कुछ समय-सिद्ध उपाय हैं. मगर इनमें का एक भी उसकी शक्ति के निकट नहीं पहुँचता जा साराह कर रही है. वह प्रति साल पच्चीस से तीस व्यावसायिक संस्थानों में संवाद करती है जिनमें के कुछ व्यावसायिक होते हैं

कुछ नागरिक तथा कुछ पेशेवर लोगों के. उसे लगता है कि उसकी अन्य नेटवर्किंग क्रियाएँ कम-से-कम तीन गुना अधिक असरकारक हैं, क्योंकि वह नामों को याद रख सकती है.

तनकर आगे खड़े रहें

प्राय: प्रतिदिन, हजारों नागरिक, व्यावसायिक या सेवा-संस्थाएँ अपनी बैठकें करते हैं. आपके लिए इनमें की प्रत्येक सभा लक्ष्यों से भरा-पूरा वातावरण है - एक स्थान जहाँ आप अपनी नाम-पहचान की प्रक्रिया को बढ़ा सकते हैं. और इसका सर्वोत्तम तरीका है अधिक-से-अधिक लोगों से बातें करना.

सही अवसर को पाना यहाँ आश्चर्यजनक रूप से सरल होता है. अधिकांश स्थानीय अखबारों में आप होनेवाली सामूहिक मीटिंगों के बारे में जान सकते हैं कि इनके लिए किनसे, कहाँ और कब सम्पर्क करना है. सम्पर्क आपको यह भी बता देगा कि व्याख्याताओं का चुनाव कौन करेगा.

आप पूछें कि श्रोता किस प्रकार के और किन विषयों के व्याख्याताओं को सबसे अधिक पसन्द करते हैं. यदि आपका विषय उनकी जरूरतों के अनुसार है तो आप संक्षेप में अपने कार्यक्रम के बारे में उन्हें बतावें और अधिक जानकारी भेजने का आश्वासन दें. हर समुदाय के लिए आपका सन्देश, सम्भव है उपयोगी न हो, मगर अनेकों समुदाय हैं और आप थोड़ी-सी सूझ-बूझ से अपने दृष्टिकोण को मोड़ सकते हैं ताकि वह काम कर सके. एक व्यावसायिक फोटोग्राफर को मैं जानता हूँ जो प्रत्येक समुदाय को - औरतों के चर्च जानेवाले समूह से, कॅम्पफायर के बच्चों तक के लिए एक कार्यक्रम अपने गृह-क्षेत्र में करता है जिसे वह ''छुट्टियों में श्रेष्ठ चित्र कैसे खींचना'' कहता है. इसमें वह अच्छे फोटो उतारने के दस याद रखने लायक सूत्र, समझाता है. जिन लोगों ने उसके कार्यक्रम को सुना होता है, उन्हें जब कभी किसी अवसर पर फोटोग्राफर की आवश्यकता होती है, और उन्हें उसका नाम याद आता है तो वे उसे बुलाते हैं. अथवा उस नाम को यलो पेजेज में खोजकर बुला लेते हैं.

एक ग्रुप, अनेक कारणों से आपको व्याख्यान देने को बुला सकता है. आप नए तंत्रज्ञान या नियमों के बारे में बोल सकते हैं जिनके कारण आपका या उनका व्यवसाय प्रभावित हुआ है; किसी नई समस्या के बारे में बता सकते हैं जिसका गलत प्रतिपादन हुआ है; अथवा आप किसी लोक-निर्माण के बारे में भी बोल सकते हैं जिसका आपके व्यवसाय से कोई सम्बन्ध नहीं है. विषय चाहे जो हो, यदि आप उसे रोचक और समयानुकूल बना सकते हैं, तो आपके श्रोता आपके बारे में अधिक जानना चाहेंगे और आपका नाम सुविदित होगा.

भय का तत्व

''कौन, मैं ? आप मजाक कर रहे हैं. मैं स्टेज पर बोल ही नहीं सकता !''

हाँ, मैं जानता हूँ. मगर इस बारे में क्षणमात्र भी चिन्ता न करें, यहाँ एक सूत्र बताता हूँ :

टोस्टमास्टर्स इंटरनेशनल में प्रवेश ले लें. फोन बुक में उसका नम्बर पाना सरल है अथवा आपका स्थानीय चेम्बर ऑफ कॉमर्स आपको वह दे देगा और आपको अपनी घबराहट से छुटकारा पाने में मदद मिलेगी.

टोस्टमास्टर्स के साथ सत्रह वर्षों तक सम्बन्ध रखने के बाद मैंने ऐसा एक भी वाकया नहीं देखा जब किसी ने उनके कार्यक्रम को ठीक से किया हो और लाभ न हुआ हो. टोस्टमास्टर्स आपके पेट में उड़नेवाली घबराहट की तितलियों का उड़ना बन्द नहीं करतीं, मगर हाँ, उन्हें पंक्तिबद्ध आकार लेकर, उड़ना सिखातीं हैं.

दिमाग में एक स्पष्ट रूपरेखा के रहने से, हताशा को वश में रखने में मदद मिलती है. इन तीन प्रमुख बातों को आप कर सकते हैं :

अपने प्रस्तोता का प्रभावशाली उपयोग करें : यहाँ एक सुपरिचित और विश्वसनीय तीसरे व्यक्ति से लाभ उठाने का अवसर मिलता है और आप भी उल्लेखनीय बन सकते हैं. पता लगावें कि आपका परिचय लोगों से कौन करावेगा और उससे, कम-से-कम एक हफ्ते पहले मिलें. उसे अपने एकाधिक दस्तावेज भेजें. (1) अपनी संक्षिप्त जीवनी - अपने बारे में, एक पृष्ठ में, सारे तथ्य, जिनमें के दो-तिहाई विषय के बारे में आपका अधिकार व्यक्त करते हों और शेष, जीवन के हल्के-फुल्के व्यक्तिगत विषयों पर प्रकाश डालते हों; (2) तीन से पाँच पत्र उन लोगों के जो आपसे या आपकी संस्था से सन्तुष्ट हैं और आपकी प्रशंसा कर रहे हैं. (3) एक परिचय देनेवाला नमूने का पत्र जिसमें आपके बारे में उपरोक्त में की कुछ बातें हों. मेरा अनुभव है कि दस में से सात परिचय देनेवाले, आप ही के दिए नमूने के परिचय को पढ़ देते हैं; कुछ ही होते हैं जो आपको अधिक प्रकाशित करते हैं.

अपने वक्तव्य को समूह के योग्य बनावें : यदि उस समूह में आपके ग्राहक अथवा उपभोक्ता हैं, और यदि व्यावसायिक नियमों का उल्लंघन नहीं होता है, तो अपने व्याख्यान में उनका उल्लेख करें; इस प्रकार से उन्हें आभार कहें कि उनका और आपका, दोनों का लाभ हो. उनसे अनुमति माँगने से, आपके जाने के बाद, एक अच्छा साहचर्य बनेगा. उस समूह से जुड़े सन्दर्भों का पता लगाएँ, यदि आप हस्तरेखा शास्त्रियों से कॉम्प्युटर के बारे में वार्ता कर रहे हैं तो उन्हें बतावें कि किस प्रकार से अन्य रेखाशास्त्रियों को कॉम्प्यूटर से लाभ हुआ है.

> यहाँ मौका है एक तृतीय व्यक्ति से प्रसिद्धि पाने का, जिसे समूह के अधिकांश ठीक से जानते हैं और उस पर विश्वास करते हैं. उस व्यक्ति का पता लगावें कि आपका परिचय कौन देनेवाला है और उससे कम-से-कम एक हफ्ते पहले सम्पर्क करें.

नामों का आदान-प्रदान : अपने श्रोताओं की मदद करें ताकि वे व्याख्यान के बाद भी आपका नाम अपने पास रख सकें और आप भी उनमें के अधिक-से-अधिक नामों को याद रखें. उपरोक्त फोटोग्राफर अपने दस सूत्रों को अपने स्टूडियो के नाम, फोन नम्बर तथा

पते को नीचे कोने में छापता था और श्रोताओं को व्याख्यान के बीच बाँटता था. व्याख्यान आरम्भ करते ही वह एक बॉस्केट को दर्शकों के बीच घुमाता और उसमें अपने-अपने कार्ड डालने को कहता ताकि उसमें से किसी एक का मुफ्त पोर्ट्रेट वह बनाकर दे सके. और शेष कार्ड्स ? वह उन्हें घर ले जाकर अपनी मेलिंग लिस्ट में शामिल कर लेता और बहुत जल्दी हर सदस्य को एक पत्र मिलता जिसमें विशेष छूट का कूपन होता.

स्मृति को याद का काँटा कैसे बनावें

ईवान आर. मिस्नेर

आप अनुभव करें अथवा नहीं, आप स्मृति-हुक के बारे में बहुत-सी बातें पहले से जानते हैं. आप उन्हें काम में ला रहे हैं, जान-बूझ कर अथवा अनजाने में, बचपन से ही. आपके बेस्ट-फ्रेंड का निकनाम - उपनाम - क्या था जब आप तीसरी कक्षा में थे ? जब रेडियो पर ''मॅकआर्थर पार्क का नाटक आता था, उस समय आपका निवास कहाँ था ? जब भी कोई ''ईईह'' कहता है, आपको किसकी याद आ जाती है ? सिर्फ संवादों, गानों, जोक्स और आलापों के अंशों को सुनने से आपको लोगों, स्थानों और घटनाओं की याद आ जाती है जिन्हें हमने वर्षों से सुना अथवा देखा और अनुभव किया नहीं होता - और फिर भी, वे जीवन-भर हमारे साथ बने रहते हैं.

कौन-सी बातें अच्छा स्मृति-हुक बनाती हैं ?

''मॅमेरी हुक'' में मुख्य शब्द है ''मॅमरी.'' यदि आप चाहते हैं कि वह अपनी इच्छानुसार काम करे और जब भी उस वस्तु या सेवा की जरूरत हो, सम्भाव्य ग्राहक के दिमाग में उछलकर सामने आ जाए. याद रखने में उसे सरल होना चाहिए. उसे याद रखने का सर्वश्रेष्ठ तरीका है उसे संक्षिप्त और सु-स्पष्ट बनाना.

उसे देखें, सुनें और अनुभव करें -

एक अच्छा स्मृति-हुक हमारे मूल चेतना-केन्द्रों को प्रभावित करता है - दर्शन, श्रवण, स्वाद, गन्ध और स्पर्श को. लोगों से साक्षात् मिलते समय अथवा अपनी मार्केटिंग सामग्री या सेवा को प्रस्तुत करते समय, हमें अपनी इन्द्रियों को सशक्त रूप से उपयोग में लाना चाहिए- निश्चय ही मन-भावन तरीके से. आगे कुछ श्रेष्ठ नमूने दे रहे हैं :

''चंचल गुब्बारों के लिए आकाश के भालुओं को याद करें.'' यादों को लौटाने का यह काँटा, खिलौनों और गुब्बारों के फुटकर व्यापारी को वह दृश्य-कल्पना याद आ जाती है और वह उन पर उसे अंकित कर देता है ताकि वह स्मृति में बनी रहे. अगली बार जब कोई सम्भावित ग्राहक - किसी पार्टी, विवाहोत्सव या सम्मेलन के लिए गुब्बारे चाहता है तो ''आकाश के भालू'' का चित्र उसके दिमाग में उभर आता है. अथवा सम्भव है वह मार्ग पर ड्राइविंग करती जा रही हो और कोई गुब्बारे की दुकान में लगा बड़े भालू का चित्र उसे दिखे और तत्काल याद आए, ''अरे हाँ, मुझे यह स्थान याद रखना चाहिए ताकि अगले महीने जब मैं जिम्नेशियम को क्लास यूनियन के लिए सजाऊँ तो यहाँ से गुब्बारे ले जा सकूँ.''

यहाँ बात एक स्मृति दिलानेवाले पेंच की है जिसका उपयोग एक ट्रेवल एजेंसी करती है, उससे एक लोकप्रिय गाने की याद आ जाती है, ''कम फ्लाय अवे विथ मी'' यह फ्रेंक सिनाट्रा का दसियों वर्ष पुराना हिट गाना है. गन्धों के सिवाय, और कोई भी वस्तु हमें पुराने गानों की प्रिय स्मृतियों की भाँति उन्मत्त नहीं बना सकती.

उन्हें हँसाएँ, रुलाएँ उन्हें

एक और ''इन्द्रिय'' है जो स्मृतियों के काँटों में हमें अक्सर फँसाती है, वह है : हास्य. जब आप किसी का ध्यान अपनी ओर आकर्षित करना और बनाए रखना चाहते हैं तो उसकी हास्य-वृत्ति को उत्प्रेरित करना सबसे अच्छा उपाय है. यादों में बने रहने का और अपरिचय की सीमाओं को तोड़कर लोगों की अच्छी किताब में लिखे जाने का सबसे सरल और त्वरित उपाय हास्य है. याद रखने के जितने छन्द हैं, वे सभी हँसी से जुड़े हैं.

शब्दों के द्विअर्थक प्रयोग हास्य का ही एक प्रकार है जिसके खिलाफ हर कोई आर्तनाद करता है, मगर फिर, उसे प्रयोग में लाकर आगे बढ़ाना नहीं भूलता. श्लेष - पन - की शक्ति उसकी आकस्मिकता में छुपी है; श्रोता समझता है कि आप एक बात कह रहे हैं, मगर उसे सहसा पता चलता है कि आपका तात्पर्य कुछ और है, क्योंकि आपने या तो शब्दों को तोड़-मरोड़ दिया है अथवा उसकी नई व्याख्या कर दी है. यहाँ हम कुछ उदाहरण दे रहे हैं जो स्मृति के हुक में पन/श्लेष को अटकाकर शब्दों का खिलवाड़ करते हैं :

- ''वी चेक योर *शोर्ट्स*,'' एक इलेक्ट्रिशियन ने प्रस्ताव रखा.
- ''वी आर *डाईंग* टू सेव यू मनी'' एक कम्पनी का वक्तव्य है जो गलीचे रँगती है.
- ''बी ट्रू टू योर टीथ ऑर दे विल बी *फॉल्स* टू यू.'' एक ओहियो के दन्त-चिकित्सक ने सावधान किया.

नामों को शुद्ध रूप से स्मृति में बनाए रखने के लिए कुछ असरकारक श्लेष किसी संस्था

अथवा व्यक्ति के नाम पर बनाए जाते हैं :

- इर्वाइन, कॅलीफोर्निया का सम्पत्ति को बन्धक रखनेवाला बॉब हाओ कहता है, ''नो हाओ टू गेट योर नेक्स्ट लोन !''
- ट्रू कलर स्क्रीनप्रिंट एंड ग्राफिक्स ऑफ वर्मन, कॉनेक्टिकट के लोग अपनी कम्पनी का नाम अपने आमंत्रण-पत्र में काम में लाते हैं : ''लेट अस हेल्प यू शो योर ट्रू कलर्स.

छन्द या शब्द-छल

किसी के ध्यान को आकर्षित करने का निश्चित तरीका छन्द या कविता है. जब पहले जमाने में अधिकांश लोगों को पढ़ना नहीं आता था, तब कथा-वाचक जन-जातियों की दन्त-कथाओं को कविता के रूप में परस्पर सुनाते थे. कविता याद रखने में सरल होती है. वही परम्परा अब तक चली आ रही है. अधिकांश व्यक्ति याद करके कविता या कु-कविता या हास्य-कविता की पंक्तियाँ, भले ही वे छन्दबद्ध हों अथवा अ-तुकान्त, सुनाते हैं और लोग तत्काल उसके शब्दों और लय की ओर खिंच जाते हैं. यदि आप उस छन्द में अपना नाम भी जोड़ सकें तो और भी अच्छा होता है. यहाँ हम कुछ उदाहरण दे रहे हैं :

- जब वस्तुएँ धुँधली होने लगें, तो ''पोंडा'' पर आकर न रुक जाएँ; लड़खड़ाते हुए बढ़ें और 17वीं गली में जाकर डॉ. होंडा से मिलें.'' जो आँखों के डॉक्टर हैं.
- यदि आप स्वयं को सरकारी अधिकारियों के चंगुल में फँसा पाएँ, पोर्टलेंड, मेइन के एक वकील द्वारा रचित निम्न-लिखित कविता आपके दिमाग में कौंधेगी : ''जब पुलिस फॉयर में हो तो अपने परिचित लॉयर मार्चीज को याद करें.''

लूट या लय ?

अनेकों स्मृति स्मरणिकाएँ इस सिद्धान्त पर काम करती हैं कि किसी भी सुप्रसिद्ध कहावत को ले लें और उसका पुन:निर्माण करें, अक्सर उसमें हास्य का पुट देते हुए. अर्थात् किसी गाने या कहावत की पॅरोडी बनावें जिसे श्रोता या पाठक पहचान जाए. मगर ऐसा करते समय सावधान रहना चाहिए : कुछ लोग, विशेषकर गीतकार अपनी रचना के प्रति बहुत संवेदनशील होते हैं और इसे कॉपीराइट का उल्लंखन मानते हैं.

- जब आप किसी कॉमोशन - उत्तेजना - में हों, तो किसे बुलाएँगे ? लॉ इन मोशन !'' लोंग बीच कॅलीफोर्निया की ग्लोरिया जोंस पॅरेलीगल उद्घोषणा करती हैं. शर्तिया उन्होंने घोस्टबस्टर्स देखा है.

- थॉमस क्विर्क, ह्वाइट प्लेन्स, न्यूयार्क का बेंकर यह विचार प्रस्तुत कर रहा है, जो संभव है किसी वर्ल्ड बार II के जनरल के प्रसिद्ध बिदाई भाषण से उधार लिया गया हो : ''ओल्ड बेंकर्स नेवर डाइ – दे जस्ट लूज इटेरेस्ट !''

पुरानी दोहरी उलटबाँसी

भाषा की एक सबसे सशक्त चाल है, एक वक्तव्य जिसमें वाक्य का दूसरा अंश या तो पहले अंश को नकार देता है, अथवा बदल देता है. असली अर्थ को कुछ परिवर्तन के साथ अथवा पूरी तरह से बदलकर निर्मित किया जाता है जिससे कपटपूर्ण मानसिक परिस्थिति का पता चलता है. जैसे:

- ''अ बिजनेस विदाउट अ साइन इज असाइन ऑफ नो बिजनेस'' – कॅनयॉन स्प्रिंग्ज़ कम्पनी, कॅलीफोर्निया की एक साइन कम्पनी.

- ''इफ योर हेयर इज नॉट बिकमिंग टू यू, दॅन यू शुड बी कमिंग टू मी''– कॉवीना, कॅलीफोर्निया की एक हेयर स्टाइलिस्ट कम्पनी.

ये सन्दर्भ आपको कुछ साधनों के बारे में बताएँगे जिनसे आप स्वयं की स्मृति – सन्दर्भ – पकड़ स्थापित कर सकते हैं. अनेकों स्मृति–पकड़ें इन्हीं में की कुछ प्रक्रियाओं के संयोगों को काम में लाती हैं. आप शब्दों के संसार का कोई भी खेल खेलें, वह मनोरंजक ही होगा – और उसे वैसा ही होना भी चाहिए, अन्यथा आप दिल को नहीं छू सकेंगे. गीत की धुन अक्सर लयात्मक होती है, अत: यदि आप किसी गाने की पॅरोडी बनावें तो उसे भी लयात्मक होना चाहिए. और इनमें से कोई भी विधि अच्छी रहेगी यदि आपकी स्मृति की पकड़ छोटी और त्वरित है और इन्द्रियों को प्रभावित करती है.

स्मृति–पकड़ को कब और कैसे व्यवहार में लावें

सर्वोत्तम स्मृति–पकड़ वह है जिसे आप अनेकों सन्दर्भों में उपयोग में ला सकें. वह शुद्ध मौखिक परिस्थिति में भी व्यवहार में लाई जा सके, जैसे जब आप नेटवर्किंग की कोई सभा में हों. आपके बिजनेस कार्ड पर भी वह योग्य लगे – लॅटर हैड, कॅलेंडर, बाँटने की पॅनों पर भी शोभा दे. उसे संक्षिप्त रखने का यह भी एक कारण है. आपकी छपी विज्ञापन–सामग्री और खर्च के सबसे ऊपरी छोर पर विराजमान ब्रॉडकास्टिंग विज्ञापनों में भी उसकी संक्षिप्तता अच्छी लगेगी. भले ही सामूहिक विज्ञापन हो अथवा प्रत्यक्ष, आप चाहेंगे कि लोग आपको याद रखें, सिर्फ आपको, जब भी वे आपकी किसी स्मृति–पकड़, मेमरी हुक को देखें, सुनें या याद करें.

उपरोक्त उद्धरण को सेवन सेकेंड मार्केटिंग *से सधन्यवाद, अनुज्ञा सहित लिया गया है.*

कैसे चुनें और पसन्द करें

मॅल कॉफमॅन

एक लाख डॉलर का सवाल है यह.... ''उनके व्यावसायिकों को कैसे चुनें जिनके साथ मिलकर आपको कार्य करना है ?''... उत्तर.... प्रत्येक कार्यक्रम में 30 मिनिट पहले पहुँचे... अपने देय चुकावें... अपने नाम का बिल्ला तैयार करें... रजिस्ट्रार को अभिवादन करें... मेजमान को भी नमस्कार करें.... वक्ता का स्वागत करें.... दरवाजे से 15 फीट दूर खड़े रहें.... दरवाजे से 45^0 पर चेहरा रखें.... भूखे गिद्ध जैसे मत दिखें.... अपनी दृष्टि को औरों के नाम के बिल्लों पर केन्द्रित रखें... उनके कपड़ों से उनका मूल्यांकन न करें.... उनके बालों का ढंग... उनके जेवरात.... उनके शरीर का आकार-प्रकार.... सिर्फ उनके नाम पर ध्यान दें.... चित्र को देखें, फ्रेम को नहीं.... यदि आप किसी के फ्रेम पर अनुरक्त हो गए तो आर्थिक चित्र नहीं देख पाएँगे, उसे गँवा देंगे...

कॉफमान कॉरोलरी # 2 : विक्रय और नेटवर्किंग साथ नहीं चलते....

नेटवर्किंग और *विक्रय* तेल और पानी के समान होते हैं.... आपके आर्थिक स्वास्थ्य के लिए दोनों ही आवश्यक हैं... मगर दोनों को अलग डब्बों में रखें... कुछ पेशेवर *नेटवर्किंग* को विक्रय के समतौल मानते हैं... पर वह है नहीं !... मैं अक्सर पेशेवरों को, लंच खाकर जाते-जाते कहते सुनता हूँ... ''वाह !.... क्या मैं अच्छा *नेटवर्कर* हूँ, मैंने अभी-अभी 3 सौदे पाए''.... वह बेचना है.... बेचने से सम्बन्ध कट जाते हैं.... *नेटवर्किंग* से सम्बन्ध स्थापित होते हैं... हाँ, यदि आपने गरीब रहने की कसम खाई है... कार्यक्रमों में बेचने का प्रयत्न मत करें.... यदि आप माँग करते रहेंगे... तो अगले कार्यक्रम में... जिनसे आप मिलना चाहेंगे, वे आपसे छिपते फिरेंगे, मानों आपको चेचक निकली हो.... *जानकारियाँ जमा करें.... ऑर्डर नहीं !...*

कॉफमान कॉरोलरी # 18 : एक समिति को चुनें

किसी भी नागरिक संस्था में, उसमें लिप्त हुए बिना, सम्मिलित न हों.... लिप्त होने का अर्थ ही होता है सम्बन्धों का गाढ़ा होना.... यदि आप एक गृहविहीनों के सँभाल-घर में ज़ेरोक्स के सीईओ के बगल में पानकेक्स बना रहे हैं.... आप निश्चय ही जुड़ जाएँगे... शर्तिया !.... तात्पर्य यह है कि आपके पास कार्यक्रम होना चाहिए.... आपको ज्ञात होना

चाहिए कि पानकेक की ब्रेकफास्ट पार्टी में कौन-कौन से कमेटी सदस्य आनेवाले हैं... सोचकर रखें कि आपके पानकेक्स को कौन उछालकर पलटेगा... आप स्वयं अपने आर्थिक विश्व के सीईओ हैं.... और भूमण्डल हमेशा से उदार रहता आया है...

कॉफमान कॉरोलरी # 48 : लैटरमॅन का लंच

सन् 1920 में.... एल्मार लैटरमॅन न्यूयार्क शहर में एक बीमा-विक्रयकर्मी था... वह फोर सीजन्स हॉटल में, हफ्ते में पाँच दिन, चार लोगों के लिए एक टेबल सुरक्षित कराता... वह किसी ग्राहक अथवा सम्भावित ग्राहक को फोन करके पूछता कि वे किससे मिलना चाहेंगे... वह 3 ग्राहकों से कम के लिए लंच का आयोजन करता... उसकी योजना उनके ग्राहकों अथवा सम्भावित ग्राहकों से उसे मिलाने की होती ताकि वह अपना व्यवसाय बढ़ा सके... उसकी कोई परिचय पुस्तिका नहीं थी.... उसकी कोई मूल्य-तालिका भी नहीं थी... वह कोई बीमा भी नहीं करता था.... यदि कोई उससे बीमे के बारे में पूछता तो उसकी टिप्पणी होती....'' मैं अपने हिस्सेदार से कहूँगा, आपको फोन करें.''... एल्मार मल्टी *मिलियोनियर* बन गया...

कॉफमान कॉरोलरी # 68 : पानी की प्याऊ

हर किसी का एक पेशेवर होता है जिससे वे मिलना चाहते हैं... कुछ कार्मिक आपके फोन का प्रत्युत्तर नहीं देंगे... हर कोई, जिससे आप मिलना चाहते हैं उसका एक तृप्ति का अड्डा होता है.... उन कार्यक्रमों का पता लगावें जिसमें वे अक्सर जाते हैं... धर्म-कार्य, जिन्हें वे आश्रय देते हैं.... संस्थाएँ, जिनके वे सदस्य हैं... समय-बाद के सामाजिक कार्य.... उनका प्रिय जीवन-दर्शन सुधारने का पब.... यह सब, खोज और प्रमुख बिक्री के समय को समाप्त कर देता है....

लिंक का उपरोक्त अंश अनुमति के साथ प्रकाशित किया जा रहा है.

सम्मेलन में सम्यग् मिलन

एनी बॅबर तथा लाएन वेमॉन

किसी सम्मेलन में जाने में कठिनाई क्या है? आप अपना रजिस्ट्रेशन फॉर्म भेजें, हवाई-यात्रा की टिकिट खरीदें, सूटकेस तैयार करें और चल पड़ें. ठीक ?

गलत ! इस तरीके से अधिकांश लोग सम्मेलनों में जाते हैं. आप सम्मेलन से यथार्थ में क्या प्राप्त करते हैं, यह आपकी रणनीति पर निर्भर करता है. आप किताब पढ़ सकते हैं अथवा व्यवसाय का ताज़ा अंक और ठीक वही जानकारी पा सकते हैं जो अधिवेशन में जाने से पाएँगे. फर्क, स्पष्ट रूप से साफ है. सम्मेलन में लोग परस्पर, साक्षात मिलते हैं. यदि आप सम्मेलन में लोगों से असरकारक सम्बन्ध स्थापित नहीं कर पाते हैं, तो असन्तुष्ट होकर घर लौटेंगे.

यदि आप इस बारे में सोचेंगे तो अनुभव करेंगे कि आप और आपकी संस्था, दोनों अपेक्षा करते हैं कि उस अनुभव से आपको लाभ होगा. आप भी धारणा बनाते हैं कि आपको मूल्यवान ज्ञान मिलेगा. आपकी संस्था भी आशा करती है कि वे आपके लिए खर्च कर रहे हैं ताकि आप मियामी तट पर सन-टॅन के अलावा उस सप्ताह कुछ और भी पाएँ...

आश्चर्य तो यह है कि लाइब्रेरी में सम्मेलनों का *आयोजन* करने और संचालन से सम्बन्धित विषय पर आल्मारियों पर आल्मारी भरी हुई हैं, पर सम्मेलन का एक असरकारक, सक्रिय सहभागी कैसे बनना यह कोई भी पुस्तक नहीं बताती. इस पुस्तक में दिए विचारों को पढ़कर आप सम्मेलन को एक कीमती व्यावसायिक अनुभव बना सकते हैं, ऐसा, जो आपके समय और प्रयत्नों के अनुकूल हो.

अपनी अपेक्षाओं को विस्तृत करें

लोगों को आमने-सामने लाना खर्चीला काम है. व्यावसायिक समुदाय में अनेकों बातें उठ रही हैं कि मीटिंगों के स्थान पर टेली कॉन्फरेंसिंग को व्यवहार में लाना चाहिए. दूसरी ओर साक्षात् मिलन के पक्ष में सशक्त तर्क दिए जाते हैं. आपकी संस्था सम्मेलनों में जाते रहने के लिए आपके लिए और खर्च करना जारी नहीं रख सकती है, जब तक कि आप उनके लिए आधारभूत लाभ हासिल न करें. आपके बिलों का भुगतान आपकी संस्था करे, इसके कुछ तरीके हैं :

बरामदे की मुलाकातों का लाभ उठाएँ

यदि आप सम्मेलनों में से स्मरणिकाओं और विज्ञापित सामग्री से कुछ अधिक ले जाना चाहते हैं तो अनौपचारिक और अनिर्मित बातों का पूरा लाभ उठाएँ – ''बरामदे की भेंटों'' का. इन्हें आप तब निर्मित करते हैं जब प्रमुख वक्ता ने बोलना आरम्भ नहीं किया होता और आप स्वयं का किसी निकट बैठे को परिचय देते हैं या हॉटेल के बरामदे में किसी से वार्तालाप आरम्भ करते हैं अथवा भोजन के दौरान गप-शप करते हैं, किसी नवागन्तुक का स्वागत करते हैं अथवा आरम्भिक परिचय-सत्कार में शुभ-कामनाएँ देते हैं.

होटल बुरी हो सकती है और मौसम बेढंगा, वक्ता उबाऊ हो सकते हैं मगर यदि आप एक भी योग्य व्यक्ति से मिल सकें जो आपकी बिक्री बढ़ाने में समर्थ हो, आपके व्यवसाय को आगे ले जा सके, नया पेशा दे सके या आपकी समस्या को सुलझा सके जो आपकी टेबल पर पके फौड़े-सी लौंक रही है, तो आपका अधिवेशन अच्छा हुआ समझें.

जाने से पहले मुस्तैद बनें, मजबूत बनें

तैयार होने के लिए ये छह कार्य करें.

1. अपना कार्यक्रम तैयार करें

लिखित रूप से देने और पाने की सूचियाँ तैयार करें, कार्य-सूची बनाकर आप सम्मेलन को नियमित बनाते हैं ताकि आप अपना मनोवांछित पा सकें.

देने की सूची में उन बातों को लिखें जो आप अपने मिलनेवालों के साथ बाँट रहे हैं.

- उपलब्धि के नए स्रोत जो आपने खोजें हों,
- विशेष कार्य-कुशलता जो आपने विकसित की हो,
- समस्याएँ जिन्हें आपने सुलझाया हो, तथा
- सफलता जो आपने पाई हो.

यदि आप नवागन्तुक हैं, तो अपनी अन्तर्दृष्टियों की सूची बनावें जो आपने अन्य कार्य-क्षेत्रों से पाईं हों. यदि आप अनुभवी हैं, तो उन जानकारियों की सूची बनावें जो आप इस क्षेत्र में आ रहे नए लोगों को दे सकते हों.

पाने की सूची को मूल्यवान बनाने का यत्न करें और अपनी सूची को अधिक-से-अधिक दीर्घ बनावें. सब-कुछ लिखें जो आप जानना चाहता हैं :

- उन चुनौतियों का उत्तर जिनका आप सामना कर रहे हैं,
- समस्याओं का समाधान जिनमें आप उलझे हैं,
- साधन जिन्हें पाना आवश्यक है, तथा
- लोग, जिनसे आप मिलना चाहेंगे...

2. अपने साथ औरों की कार्य-सूचियाँ भी ले जाएँ

हर किसी के पास न समय होता है और न धन कि वह अधिवेशन में जा सके. अपने पैसे का अधिक लाभ उठाने के लिए और अपने सहकर्मियों, बॉस, विक्रयकर्मियों या भागीदार

के साथ अच्छे सम्बन्ध स्थापित करने के लिए आप उनकी सोची बातों को भी साथ ले जाएँ और उसके जवाबों को सम्मेलन में खोजें....

3. अपने सत्र को पहले से चुनें

हॉटल में पहुँचने से पहले ही अपने सत्र का चुनाव कर लें. अपने ऑफिस में बैठे-बैठे ही अग्रिम चुनाव करें, इससे आप अपने लक्ष्य को पाने के लिए अपने अनुभवों का उपयोग कर सकेंगे....

4. अपने स्वयं के सत्रों का निर्माण करें

ध्यान रहे, अनेक बार, सबसे अच्छे सत्र को कार्यक्रम-पुस्तिका में सम्मिलित नहीं किया जाता है -उन्हें आपको निर्धारित करना होता है ! कान्फ्रेंस में जाने से पहले उन्हें नियत कर लें.

इसके लिए कुछ सुझाव इस प्रकार हैं :

- उस व्यवसाय से सम्बन्धित किसी शाखा अथवा मुख्यालय में जाएँ अथवा उसके किसी ग्राहक से मिलें ताकि आपका ज्ञान बढ़ सके.
- जिस शहर में अधिवेशन हो रहा है, उसके किसी प्रमुख व्यवसायी या ग्राहक से मिलें.
- अधिवेशन से पहले उसके किसी व्याख्याता से मिलें और उसे नाश्ते या भोजन के लिए आमंत्रित करें.
- किसी उस जैसी संस्था के सदस्य, समकर्मी, आदरणीय व्यक्ति, विशेषज्ञ या समान अधिकारी से सम्पर्क करें जिनसे आपका सम्पर्क बहुत दिनों से टूट चुका हो...
- किसी असाधारण अनुभव की योजना बनावें जिससे आपकी मौलिकता को प्रोत्साहन मिले. सम्भव है, व्यवसाय में इसका लाभ बाद में मिले....

5. अधिवेशन के बीच विश्राम का, तनाव मुक्ति का, व्यायाम और दर्शनीय-स्थल देखने का समय निकालें.

जाने से पहले शहर के बारे में जानकारी प्राप्त कर लें. चेम्बर ऑफ कॉमर्स से निवेदन करने पर, पत्र द्वारा सारी जानकारी आ जाएगी. इंटरनेट पर उस शहर का पृष्ठ खोलकर पढ़ें. प्रवास-पत्रिकाओं के पृष्ठ भी पलटें. सम्मेलन के स्थान का लाभ कैसे उठाया जाए, इसकी जानकारी लें. यदि आप इसका फायदा नहीं उठा पा रहे हैं, तो अच्छा होगा घर पर ही रहें....

6. अधिवेशन में काम करने की इच्छा बतावें

पहले से उनसे सम्पर्क करें और उसमें सहायता करने का प्रस्ताव रखें. जिस समिति के अन्तर्गत आप काम करना चाहेंगे उसके अध्यक्ष का नाम जानें और अपनी प्रतिभा के बारे में उन्हें बताकर सहयोग देने की प्रार्थना करें. वह विचित्र समूह ही होगा यदि एक अतिरिक्त व्यक्ति की सेवाओं को काम में नहीं ला सकता है. इस प्रकार से आपको लोगों से सम्पर्क करने में सरलता रहेगी. आपकी व्यावसायिकता भी सामने आएगी, प्रमुख व्यक्तियों से घुल-मिल सकेंगे और एक राष्ट्रीय नेटवर्क स्थापित कर पाएँगे.

या अधिवेशन में करने के लिए स्वयं को काम देवें. घर छोड़ने से पहले, अपनी संस्था के किसी व्यक्ति को, सम्मेलन के किसी पक्ष पर रिपोर्ट तैयार करने को कहें, राष्ट्रीय एवं स्थानीय अखबारों के लिए सामग्री तैयार करें अथवा अपने व्यावसायिक स्थानीय मंडल से इस बारे में लिखने को कहें. इस प्रकार से काम पैदा करके आप अपने कार्यक्रम को सशक्त बनावेंगे और अनुभव करेंगे कि अब आपके पास लोगों से मिलने का और भी उचित कारण है, प्रश्न पूछने का, टिप्पणियाँ लिखने का.

तत्पर हो जाएँ कॉन्फ्रेंस के लिए

कमर कस लें. मेज पर जमनेवाले काम के ढेर की कल्पना, वाइस मेल के सन्देशों के विशाल संग्रह का भय - सभी को परे ढकेल दें. कन्वेंशन के महान् कनेक्शन को प्राणवान बनाने के लिए, आगे दिए दस सूत्रों को काम में लाएँ :

1. कन्वेंशन में जल्दी पहुँचें

प्रमुख व्यक्ति - प्रवक्ता, अधिवेशन के संयोजक, संस्थाओं के अग्रणी व्यक्ति सभी, ''सम्मेलन के पहले की बैठकों'' के लिए जल्दी पहुँचेंगे. सफल व्यक्तियों के साथ रहें. वे ही ज्ञान-सम्पन्न हैं. अपने आदर्श-पुरुष अथवा मार्गदर्शक को चुनें.

2. सदा मुस्कुराएँ

अपनी अंग-भंगिमाओं से प्रकट करें, ''मुझसे बात करना बहुत सहज है.'' दर्शनीय इशारों को समझें. जवाहरात, नेकटाई, टी-शर्ट की प्रशंसा करें. नाम का बिल्ला जिस पर लिखा हो कि आप किन प्रदेशों की यात्रा कर चुके हैं, आपका परिचय देगा. यदि आप नाटक की टिकटें लेने खड़े हैं और आप ही जैसे बिल्लेवाला कोई व्यक्ति मिलता है तो उससे तुरन्त कहें, ''हाय ! मैं जॅक हूँ, जॅक आर्मस्ट्रोंग, मैं भी एनसीएसी की मीटिंग में आया हूँ.''

3. (फिर से) सहायता करने का प्रस्ताव रखें

लोगों को नाम के बिल्ले बाँटें. जिनका हवाई जहाज कोहरे की वजह से देर से आया

है, उनका नामांकन-पत्र भर दें, लोगों को पेम्फ्लेट्स बाँटें जिनमें व्याख्याताओं के नाम छपे हैं. हिस्सा लेने से परिचय बढ़ता है.

4. व्याख्याताओं तथा जो सूची-बद्ध करते हैं उन्हें अपना परिचय दें

कार्यक्रम से पहले उनका अभिवादन करें और उन्हें बताएँ कि आपने उनका सत्र क्यों चुना है. अक्सर उन्हें जिज्ञासा रहती है कि उनके सत्र में कौन-कौन श्रोता हैं. यदि वे अपनी तैयारी में व्यस्त नहीं हैं तो उनसे बात करें. सम्भव है वे आपका नाम अपने व्याख्यान में लें. आप तत्काल दर्शनीयता पा लेंगे !...

5. सत्र में हिस्सा लें

सवाल पूछें, इससे अनेकों प्रतिक्रियाएँ आरम्भ हो जाएँगी. इससे आप सचेत होकर मीटिंग में भाग लेंगे, बजाय चुपचाप बैठे रहने के. खड़े होकर ऊँची आवाज में अपना प्रश्न पूछें ताकि सभी सुन सकें. अपने बारे में बताएँ कि आप कहाँ से आए हैं अथवा किस संस्था में कार्यरत हैं. आपको लोग याद रखेंगे क्योंकि आप दिख चुके हैं. आपकी दर्शनीयता के बाद, सत्र की समाप्ति पर आपके पास आकर आपसे वार्तालाप करना लोगों को सरल लगेगा...

6. अपरिचितों का साथ दें

सत्र और भोजन के दौरान आप अपने पुराने परिचितों के साथ न बैठें. उस समय का उपयोग नए लोगों से परिचय बढ़ाने में करें. स्वयं को सचेत करें कि कोई भी परिचय आकस्मिक नहीं होता. आप में और किसी और में समानता ढूँढ़े और उससे मिलें. पता लगाएँ कि और लोग क्या खोज रहे हैं और उसे पाने में उनकी मदद करें - उन्हें साधन और सम्पर्क बताएँ.

7. लोगों को आपस में मिलाने के बहाने खोजें

समानता पर ध्यान दें, फिर महान् बिचौलिए का काम करें. ''फ्रेड, मैं तुम्हारा परिचय वहाँ खड़े सॉम से कराना चाहता हूँ, आप दोनों शिकागो में पले-बढ़े हैं.'' ''मॅरी, सुनीता से मिलो. आप दोनों अपने-अपने कार्यक्रमों की प्रमुख हैं. मुझे विश्वास है आप दोनों बहुत-सी बातें करना चाहेंगी.''

8. सूची को देखते रहें

सम्भव है आपको अपने रजिस्ट्रेशन पॅकेट में उपस्थित लोगों की सूची मिले. उसे और अधिवेशन की अन्य सामग्री को स्थल पर उपस्थित लोगों को जानने के लिए काम में लाएँ. उनमें से किन से आप मिलना चाहेंगे. इसे खेल बनाएँ और वार्तालाप के हर अवसर का लाभ उठाएँ.

पहली बार आए आगन्तुकों का स्वागत करें. संस्था के संयोजक/संयोजिका का, परिश्रम करने के लिए अभिनन्दन करें. लिफ्ट में प्रवास के समय भी सबों को विश करें. अपने-जैसा ही काम करनेवालों से अवश्य मिलें. उनसे भी मिलें जो इस समय वह काम कर रहे हैं, जिसे आप बाद में पाना चाहते हैं....

9. पुनर्निवेशन – फीडबॅक – करें

अधिवेशन के आयोजकों को सुझाव दें कि उसे अगली बार और अच्छा, नेटवर्क के अनुकूल कैसे बनाया जा सकता है. शिकायतें कभी भी न करें. सिर्फ सुझाव दें. सहयोग देने का प्रस्ताव रखें ताकि आप सर्जक सहायक के रूप में देखे जाएँ.

10. काम की तलाश में तत्पर रहें – फिर भले ही आप सोचें कि आप वह नहीं कर रहे हैं

अपना संक्षिप्त विवरण तैयार रखें और उसकी एक दर्जन प्रतियाँ साथ ले जाएँ. अपने व्यावसायिक कार्ड को भी अद्यतन बनाकर रखें. अपने कार्य के कुछ नमूने भी संलग्न रखें. यदि आप साक्षात्कार में हैं, तो साथ में अमेरिका का नक्शा भी रखें ताकि बिगविले को नक्शे में खोज सकें. स्वयं का मूल्यांकन करें. यदि कोई नौकरी का आबंटन या साक्षात्कार है तो उसे स्वीकार करके सम्भावित कर्मचारियों का साक्षात्कार लेना आरम्भ कर दें. इससे आपके साक्षात्कार के गुणों का विकास होगा. इससे आपकी नौकरी की योग्यता और आपके व्यवसाय के प्रचलित भाव – जो देश के अन्य हिस्सों में हैं – उनका भी पता चलेगा.

यदि आप दूसरों को नियुक्त कर रहे हैं, तो अपनी नौकरी की सम्भावनाओं के लिए उनका साक्षात्कार लें. इससे आपको पता चलेगा कि आपकी नौकरी में किस तरह के लोगों की रुचि है. आपके पास, घर लौटने के बाद, लोगों के लिए एक माप-दण्ड होगा. सम्भव है आपको, जिस नौकरी का आप निर्माण कर रहे हैं, उसकी रूपरेखा भी मिल जाए. फिर आपको अपने इच्छित काम के बारे में स्वयं को आरम्भ से नहीं लिखना पड़ेगा.

घर पहुँचकर अनुवर्ती कार्यवाही करें

अपने स्मरण-संकेतों को लेकर आप कॉम्प्यूटर के सामने बैठ जाएँ और अपने प्रमुख विचारों, साधनों और सम्पर्कों की सूची बनाएँ. धुँधली रूप-रेखाओं को सक्रियता की सीढ़ियों में बदलें. जिन व्यक्तियों से पुन: सम्पर्क करना है उनकी भी यादी बनाएँ. सप्ताह भर में ये सब काम निबटा लें. क्या आपने अपने समानकर्मी को अलबुकार्क में, एक लेख को भेजने का आश्वासन दिया था जिसमें बच्चों के पालकों को मनोरंजक तरीकों से समझाया गया है ? भेज दें ! आपने किसी से कहा था कि आप उसका संक्षिप्त विवरण पढ़कर सुधार देंगे और लौटा देंगे ? करें !

अपने मालिक से अधिवेशन के बारे में बताएँ, फिर उसे लिखित रूप से उन्हें दें. आपने जो भी विचारोत्तेजक बातें सुनी हों वे उन्हें कहें. बॉस को बताएँ, आपने किन-किन से बातें की थीं, कौन-से सत्रों में गए थे और वहाँ क्या सीखा और वह सब आपके और आपकी संस्था के लिए उपयोगी क्यों है....

बाद में, पुनर्प्रेरित हों

अन्त में, छह माह बाद, अपनी डायरी के नोट्स को फिर से पढ़ें. इसके लिए एक निकम्मा, बरसाती सोमवार चुनें. आपको प्रतीत होगा कि अधिवेशन के समय की सारी स्फूर्ति, प्रेरणा और ऊर्जा फिर से लौटकर, आपको आप्लावित किए दे रही है. इसीलिए तो सम्मेलन होते हैं : आपको विचार और संजीवनी देने के लिए. विलियम जेम्स, मनोवैज्ञानिक, एक बार बता रहे थे कि अन्त:चेतना को, विचारों को पक्व बनाने में कितना समय लगता है. हम सर्दियों में तैरना सीखते हैं और गर्मियों में स्कॅटिंग.'' आप पाएँगे कि अब उस कन्वेंशन के विचार परिपक्व हो गए हैं और परिणाम देने के लिए तत्पर हैं.

और फिर, इस छह महीनों की समय-सीमा में आप कन्वेंशन में मिले लोगों से सम्पर्क करेंगे, विचारों का लिखित आदान-प्रदान करेंगे, उनसे पूछें कि क्या वे अगले अधिवेशन में आएँगे ? अपने सम्पर्कों से सम्बन्ध बनाए रखें. उन्हें अपने अवकाश के दिनों की सूची में सम्मिलित करें. इससे, अगले अधिवेशन में जाने की आपकी सम्भावनाएँ बढ़ जाएँगी : आप मिलने के लिए उत्सुक रहेंगे; अपरिचितों को नहीं, बल्कि अपने मूल्यवान व्यवसायी मित्रों को.

स्मार्ट नेटवर्किंग से लिया उपरोक्त गद्यांश अनुमति से व्यवहृत हुआ है.

कार्यक्षेत्र का दायरा बढ़ाएँ

सूसान लिन

नेटवर्किंग क्या है ? विस्तृत अर्थों में, नेटवर्किंग अपने सम्पर्कों को काम में लाकर इच्छित वस्तु को पाना है. वैसे, सामान्य रूप से, शब्द का अर्थ समूह की परिस्थिति होता है जिसमें व्यावसायिक आपस में सम्पर्क कर सकते हैं. यह पुरातन सिद्धान्त : ''आप क्या जानते हैं वह महत्वपूर्ण नहीं है, जरूरी है, आप किसे जानते हैं.''-का आधुनिक गुंजन है.

लोग अनेक कारणों से नेटवर्किंग करते हैं : मित्र बनाने के लिए, जानकारी पाने के लिए, सहकर्मियों का समूह बनाने के लिए, नौकरी खोजने के लिए, अपने व्यवसाय में अधुना बने रहने के लिए, व्यवसाय परिवर्तन के लिए, व्यवसाय के सम्भावित ग्राहकों को खोजने के लिए, नए उद्योगों की जानकारी लेने के लिए, अग्रणी के गुणों को सीखने के लिए, स्वयं की विज्ञाप्ति के लिए और विशेष करके छोटे उद्यमियों का मार्केट, उत्पादन या सेवाओं को जानने के लिए. व्यवसाय की शिरोरेखा और बीज-बात है कि लोग परिचितों के साथ व्यापार करते हैं और जिन्हें जानते हैं, उन्हीं को काम पर रखते हैं. कार्य की सुरक्षा और भविष्य के व्यवसाय के लिए, अच्छा है कि अधिक लोग हमें जाने.

स्वयं को समर्थ और प्रभावशाली व्यावसायिक नेटवर्कर बनाने के लिए एक दर्जन सूत्र दे रहे हैं.

● अपना व्यावसायिक कार्ड सदा साथ रखें. वह आपका मौन विक्रेता है जो लोगों को, आपके जाने के बाद भी, आपकी याद दिलाता रहेगा.

● किसी भी सम्मिलन में कम-से-कम पाँच नए लोगों से मिलने का प्रयत्न करें. नियम बना लें कि आप पाँच अनजान लोगों से बात करेंगे. अपने मित्रों और परिचितों के साथ रहना सुविधाजनक हो सकता है, मगर नेटवर्किंग का उद्देश्य अपनी परिचय की परिधि को बढ़ाना है.

● नेटवर्किंग एक सक्रिय व्यवहार है. व्यापार की परिस्थिति में, दीवाल का शोभा-फूल बने रहने से लाभ नहीं होता. प्रयत्न करें, किसी अपरिचित के पास तक चलकर जाने का और उसे अपना परिचय देने का.

● स्वयं को नियमित रूप से नई नेटवर्किंग की परिस्थितियों में रखते रहें. नेटवर्किंग उन मार्गों को खोल देती है जिनके बारे में आपको ज्ञात ही नहीं था कि वे वहाँ हैं. भले ही आप व्यापार की अपेक्षा न कर रहे हों, मगर भविष्य के पेशे की सम्भावनाओं के लिए सम्पर्क बना सकते हैं अथवा काम की जानकारी पा सकते हैं.

● हर किसी से बातें करें, आप नहीं जानते कि आपके पड़ौस में बैठा व्यक्ति कौन है. एक बार मैं एक नए ग्राहक से मॅरी-गो-राउंड के पास मिली थी. हम दोनों नेत्र-चिकित्सक की दुकान के खुलने की राह देख रही थीं.

● सामने वाले को बोलने का मौका दें. लोगों को सुनने से ज्यादह बोलना पसन्द आता है. प्रश्न पूछें और जिससे वार्तालाप कर रहे हैं उसके बारे में अधिक जानने का प्रयत्न करें. समान रुचियों का पता लगावें और उसके कार्य के बारे में स्पष्ट रूप से जान लें.

● मददगार बनें और दूसरों के लिए प्रेरित हों. इसमें ''मेरे हित का क्या है'' की भावना आपके नेटवर्किंग के सामर्थ्य को बुरी तरह से प्रभावित करेगी. स्वयं पर से ध्यान को हटाएँ और देखें कि आप कहीं अधिक स्व-चेतस या शर्मीले तो नहीं हैं. जिनसे भी आप मिलें,

उनके हित के लिए आप क्या कर सकते हैं, इस पर विचार करें. सुझाव दें, उन्हें दूसरों से मिलाएँ अथवा उनकी समस्याओं को सुलझाने के लिए उनके चिन्तन को बदलने का प्रयत्न करें.

● अपनी प्रवीणता को उस समूह को देने का सुझाव रखें. किसी भी समूह में जाने का सरल तरीका उसमें सक्रिय होना और सामने आना है. आदर्श तो यही होगा कि आप उसके सदस्य बन जाएँ अथवा समिति में सम्मिलित हो जाएँ. यदि आपके पास देने को अधिक समय नहीं है तब भी आप बैठक में, सदस्यों को उपस्थिति-पत्र में हस्ताक्षर करने को कहकर अथवा सत्कार में मदद करके सहयोग दे सकती हैं. मेजबान बनकर सहयोग दें; यदि आप शर्मीली हैं तो इसे करने से आपको लोगों से बातें करने का, साथ-साथ कुछ काम करने का अवसर मिलेगा.

अपनी कुर्सी के लिए घेरेबन्दी न करें. मीटिंग के आरम्भ होने तक आप शान्तिपूर्वक खड़ी रहें, फिर बैठें. भोजन के समय अपने टेबल के साथियों से परिचित होने का आपके पास यथेष्ठ समय रहेगा. जिनसे आप कभी नहीं मिलीं हैं, उनके पास बैठने का प्रयत्न करें.

● स्मरणीय बनें. जिस समुदाय में आप हैं, यदि वह स्व-परिचय की अनुमति देता है, तो कोई हास्यास्पद, हल्की-फुल्की या अनोखी बात कहें, ताकि लोग आपको याद रखें. किसी चतुर दृश्य को करने से लोग आपको और भी सरलता से याद रख पाएँगे.

● संक्षिप्त रहें. अकेले लोगों को परिचय देते समय या समुदाय को बताते समय सीधी सादी भाषा में संक्षेप में कहें कि आप क्या करते हैं. अपने बारे में लगातार कहते रहने से बढ़कर विरुचि पैदा करनेवाली बात और कोई नहीं होती.

● याद रखें, नेटवर्किंग बिक्री करना नहीं है ! वह लोगों से सम्पर्क बढ़ाना है. इन सम्बन्धों से होकर आपकी इच्छित या जरूरत की कोई भी वस्तु आ सकती है, जैसे नई नौकरी या अधिक व्यापार. पर पहले आपको लोगों में अपनी साख जमानी होगी अन्यथा आप अपरिचित ही बनें रहेंगे और वे किसी अनजान व्यक्ति पर विश्वास क्यों करें अथवा उससे व्यापार कैसे बढ़ाएँ ?

10

अच्छा प्रभाव डालना

सुदृढ़, महत्वपूर्ण, व्यक्ति-व्यक्ति के बीच के सम्पर्कों को स्थापित करना ही नेटवर्किंग का मूल काम है. इसके लिए यह जानना आवश्यक है कि प्रथम दृष्टि में लोग आपको किस रूप में देखते हैं, विशेष करके परिचय के आरम्भिक कुछ क्षणों में, जब आप कुछ बोल भी नहीं पाए हैं. अगले चार निबन्धों में सूसार रॉएनी बताती हैं कि एक सुदृढ़, दीर्घायु, परस्पर उपयोगी सम्बन्धों के बीच की अड़चनों को कैसे दूर करना; कॅथेरीन बेल अपना ध्यान आपके स्वरूप पर केन्द्रित करती हैं कि उसे आपके पक्ष में कैसे कारगर बनाना; मॉरिस ई. गुडमॅन हमें स्पष्टता से समझाते हैं कि जब हमारे पास बोलने को कुछ नहीं होता तो नि:शब्द वार्तालाप कितने सशक्त रूप से कार्यरत हो जाता है; तथा डॅरेल और डॉना रॉस चर्चा करते हैं कि जब लोग कुछ नहीं बोलते हैं, तो क्या बोल रहे होते हैं.

मार्ग की अड़चनें हटाना

सूसान रो एन

नेटवर्किंग के मार्ग की हर रुकावट को दूर करने का उपाय है...

उपाय # 1 : ''अपरिचित'' शब्द को नया अर्थ दें.

मम्मी कहती हैं न, अपरिचितों से बात न करें ? ठीक है, आओ हम शब्द का नया अर्थ निकालें. निश्चय ही, आज के समाज में हमें कुछ सावधानी तो बर्तनी ही होगी. शहर का हर चौरस्ता मिलने-जुलने का सही स्थान नहीं है. और सदा कुछ लोग बने रहनेवाले हैं जो, न जाने क्यों, आपको बहुत बेचैन कर देते हैं. अपनी आत्मा की आवाज को सुनकर प्रतिक्रिया व्यक्त करें.

मगर यदि आप व्यावसायिक सहकर्मियों की सभा में हैं, तो आप अपरिचितों के साथ नहीं हैं. यदि आप किसी पीटीए की बैठक में जाते हैं, तो सम्भव है आप कमरे में उपस्थित किसी भी व्यक्ति को न जानते हों, मगर आप सबों के बीच बाल कल्याण और अच्छी शिक्षा का एक सामान्य सेतु बना हो. जब आप किसी नए हेल्थ क्लब, नए चर्च, पूजा-स्थल, धर्मादाय संस्था या राजनैतिक बैठक में जाते हैं, तो अन्य लोगों के साथ आपका भावनात्मक, एक-जैसा लगाव रहता है.

आप जब किसी उत्सव में जाते हैं तो आमंत्रक या मेजबान को जानते हैं. विवाहोत्सव में आपका भी वर या वधू से कोई रिश्ता होता है. बेसबॉल खेल के समय कैसे, हर कोई, हर किसी से बातें करता है, जो उसी टीम का पक्षधर होता है.

किसी भी कार्यक्रम के समय पता लगावें कि समान तन्तु कौन-सा है. यही वह व्यवस्था है जो आपको अधिक आरामदायक और तैयार रखेगी. आप हर किसी के साथ वही तादात्म्य स्थापित कर सकते हैं, जो आप ही जैसा काम करता है, आपके कार्य में रुचि रखता है अथवा आप उसके काम में दिलचस्पी रखते हों....

उपाय # 2 : स्व-परिचय का अभ्यास करें

स्कारलेट ओ'हारा को, सम्भव है ''सही परिचय'' की जरूरत रही हो, मगर हम अलग दुनिया में रहते हैं. यदि हम किसी दैवी पुरुष - फेयरी गॉडपरसन या ऍड मॅकमाहो की राह देखते रहेंगे कि वे आएँ और हमारा परिचय कराएँ तो किसी भी जीवित प्राणी से नहीं मिल पाएँगे. हम कमरे के कोने में खड़े-खड़े ''असली कार्यकर्ताओं'' को देखते रह जाएँगे जो पूरी तरह से निश्चिन्त हैं, कमरे में चारों ओर घूम रहे हैं, अपरिचितों से बातें कर रहे हैं, मिल रहे हैं, और भीड़ में से अपना मार्ग बना रहे हैं.

आप सौभाग्यशाली हैं कि आप ऐसी बैठकों में शामिल होते हैं जिनमें स्वागत समिति होती है. समस्या यह है कि बैठक का हर व्यक्ति नहीं जानता कि आप कौन हैं, किससे मिलना चाहते हैं अथवा कैसे ठीक से स्वयं का परिचय दें. अत: सम्भव है वे आपको अपना परिचय ठीक से न दे पावें और वे सही व्यक्ति को शायद न दे रहे हों....

सच्चाई यही है कि सिर्फ जॉहनी (कार्सन) को एक मॅकमाहो का परिचय देने का अवसर मिला था. शेष हम सब स्वयं के आसरे हैं. इसलिए हमें एक सुनियोजित और व्यावहारिक स्व-परिचय बनाना चाहिए जो स्पष्ट, आकर्षक, और ठीक-से प्रेषित हो. कार्यक्रम की विशेषता से निश्चित होगा कि हमें स्वयं के बारे में क्या कहना है. जैसे चॅम्बर ऑफ कॉमर्स के स्वागतोत्सव में आप अपना नाम और आप क्या करते हैं, यह जोशपूर्वक बताएँगे. मगर एक विशुद्ध सामाजिक कार्यक्रम में आपका व्यवसाय सम्भव है इतना महत्वपूर्ण न हो जितनी यह बात कि आप मेजबान को कैसे जानते हैं. आपके स्व-परिचय को उत्सव के अनुरूप

ढला होना चाहिए...

उपाय # 3 : ''निमंत्रित'' का आचरण छोड़कर आमंत्रक का व्यवहार करें

''अच्छी वस्तुएँ आपके पास स्वयं आएँगी'' सोचते हुए आपको अपने बाल सफेद करने की आवश्यकता नहीं है. उसका एक उपाय है.

स्किल्स फॉर सक्सेस के लेखक डॉ. एँडेल शील का कहना है, एक सामाजिक अथवा नेटवर्किंग की स्थिति में लोगों का स्वभाव होता है वे या तो ''मेजबान'' की अवस्थिति में होते है अथवा ''मेहमान'' की.

जो मेजबान या आमंत्रक होते हैं वे नम्र और अच्छा आचरण करते हैं - लोगों से मिलना, वार्तालाप आरम्भ करना, दूसरों को औरों से मिलवाना और सुनिश्चित करना कि मेहमानों की जरूरतें पूरी हों. 'उन्हें' दूसरों के आराम की चिन्ता होती है और सक्रिय रूप से वे उसे उपलब्ध कराते हैं.

''मेहमानों'' का बर्ताव इससे ठीक विपरीत होता है. ''मेहमान'' राह देखते हैं कि कोई उनसे उनका कोट ले, उन्हें पेय की पेशकश करे और कमरे में उनका परिचय कराता फिरे. अक्सर इंतजार लम्बा हो जाता है. यदि उन्हें कोई ये सेवाएँ नहीं दे पाता है तो ''मेहमान कमरे के किसी कोने में जाकर तब तक खड़े रहते हैं, जब तक कि उनकी मुक्ति के लिए कोई आ नहीं जाता. वे शर्म के कारण इस पीड़ा को भोग रहे होते हैं, मगर औरों की नजरों में उनका यह आचरण ''बिना जल की मछली'' जैसा होता है.

इससे यही सीख मिलती है कि ''मेजबानों'' को करने के लिए बहुत-सी बातें होती हैं और ''मेहमानों'' को कुछ भी नहीं होता. डॉ. शील का सुझाव है कि सफलता का रहस्य है मेहमान की स्थिति से चलकर ''आमंत्रक ''की परिस्थिति में पहुँचना. हम सबों के भीतर ''मेजबान'' बनने की भावना छिपी रहती है. नेशनल स्पीकर्स एसोसिएशन सॅन फ्रेंसिस्को' में अपनी प्रस्तुति देने के बाद, मेरे साथी विन्स्टन हूज़ ने मुझसे पूछा, ''सुसान, आपने घर को सँवारना कैसे सीखा ?''क्षण के विराम के बाद मैं अपने कन्धे उचकाकर सच बोली ''मुझे मेरी माँ ने सिखाया.'' हममें से अधिकांश इसी भाँति सीखे हैं.....

आमंत्रक क्या करते हैं ? मूल रूप से उनका काम स्वयं को फैलाकर मेहमानों तक ले जाना और उन्हें आरामदायक बनाना होता है. यदि आप ऐसा कोई अवसर मनाने जा रहे हैं, तो आप मेहमानों की एक सूची और मेनू बनाते हैं. आप हॉल का शौचगृह स्वच्छ करते हैं. मेहमानों का दरवाजे पर स्वागत करते हैं, उनके कोट लेते हैं और अन्दर आने को आमंत्रित करते हैं. आप मुस्कुराते और उनका स्वागत करते हैं. आप उन्हें कुछ पेय देते हैं और भोजन

के लिए बुलाते हैं. आप उनका सबों से परिचय कराते हैं और उनकी समानताओं की तुलना औरों के गुणों से करते हैं. आप वार्तालाप का आरम्भ मेहमान की किसी विशेषता अथवा रोचक कथा से करते हैं. समापन के समय आप उनके कोट उन्हें वापिस करते हैं और प्रत्येक मेहमान का, आने के लिए आभार मानते हैं...

आप अपनी संस्था की स्वागत-समिति के लिए स्वयं को प्रस्तावित कर सकते हैं. आप उन सबों से मिलने का अवसर पाएँगे, जो भी दरवाजे से अन्दर आएगा; आपका काम होगा लोगों से मिलना और उन्हें सुखद वातावरण देना. आपके पास कुछ विशेष करने को रहेगा, और यही तो है जिसे आखिर आप करना चाहते हैं - लोगों से मिलना और उनसे जुड़ना. आपके पास खिलने के लिए इतना अवसर होगा, जितना आप चाहेंगे....

उपाय # 4 : रूखेपन से वैसे ही लड़ें जैसे फ्लू से लड़ते हैं - और दड़बे में से उड़ जाएँ

अस्वीकृति का भय कई बार स्वयं को सन्तुष्ट करनेवाली भविष्यवाणी बन जाता है. यदि हमें भय है कि लोग हमें अस्वीकृत कर देंगे, तो कर सकते हैं फिर भले ही वह प्रभुदत्त हो, मगर वह असहनीय तो होता ही है. उससे उबरना सहज नहीं है. उससे बचकर बाहर आना, हाथ बढ़ाना और मुस्कुराना, परस्पर परिचय लेना-देना और बदले में अवज्ञापूर्ण दृष्टिपात पाना.

इस प्रकार के नीरस व्यवहार के लिए मैं एक ही बात सुझा सकता हूँ; आगे बढ़ जाना. युद्ध को बढ़ाने का प्रयत्न न करें. सामनेवाला व्यक्ति सम्भव है, आपको ''नष्ट'' करने को तैयार बैठा हो मगर आपको उस हद तक नीचे गिरने की आवश्यकता नहीं है.

बदले में, सिर्फ आगे बढ़ जाएँ. हो सकता है उसके व्यवहार का आपसे कोई सम्बन्ध न हो. वह अनेकों से वैसा ही व्यवहार कर रहा/रही हो. इस प्रकार से अयोग्य व्यवहार का वैसे ही स्वागत करें जैसे फ्लू के कीटाणुओं का करते हैं - और दड़बे से उड़ जाएँ !

उपाय # 5 : ''पकड़े संकेत'' पर ध्यान न दें, यदि वह आप तक आकर रुक गया है

आज इतने सारे स्त्री-पुरुष साथ-साथ काम कर रहे हैं कि हमें अपने करणीय और ना करने योग्य कामों पर नियंत्रण रखना चाहिए, अन्यथा हमारे कुछ काम जो सेक्सुअल नहीं हैं, उन्हें भी वैसा समझ लिया जाएगा. फिर भी, अनेकों बातें ऐसी हैं जो आपको करना चाहिए, जिससे बन्धन बना रहे, जैसे शब्दों, इंगित - इशारों और हाव-भाव पर नियंत्रण, कपड़ों का चुनाव जिस से अश्लीलता का आभास अथवा संकेत न मिलता हो.

सबसे पहले तो स्वयं से पूछें कि क्या आपके व्यवहार को गलत समझा जा रहा है, अथवा आपका व्यक्ति में यथार्थ में रुझान है. यदि आपकी दिलचस्पी में यथार्थ में प्रेम है, तो सच्चाई का स्वयं सामना करें और इस रूप में आगे बढ़ें कि आपके व्यावसायिक सम्बन्ध अस्त-व्यस्त न हों.

वदि आपकी उसमें दिलचस्पी नहीं है और आप चाहते हैं कि इस प्रकार की बात आगे किसी और के साथ न हो अथवा बात फिर से न उभरे तो :

- बुरी छबि के योग्य कपड़े न पहनें. पारदर्शी ब्लाउज़ और अन्य इंगित करनेवाले कपड़े पहनकर ऑफिस न आएँ.
- बहुअर्थी वाक्यों और घटिया टिप्पणियों से बचें.
- अपने शारीरिक हाव-भाव के प्रति सावधान रहें.
- अपने उद्देश्यों के प्रति स्पष्ट रहें, काम से काम रखें.
- आप अपने जादुई स्पर्श को कुछ गँवा दें, विशेषकर ऐसी परिस्थितियों में जहाँ उसे गलत समझा जा सकता है.

हम औरों के विचारों और कार्यों पर काबू नहीं रख सकते हैं, मगर हम अपने भेजे संकेतों के प्रति तो सावधान रह ही सकते हैं और क्या हम उन्हें भेजना भी चाहते हैं या नहीं.

मित्रवत् और उदार बने रहें.... मगर सावधान रहें.

हाउ टू वर्क अ रूम *में से लिया उपरोक्त अंश अनुज्ञा के साथ लिया गया है.*

आपकी छबि आपकी मदद कर रही है ?

कॅथेरीन बॅल

क्या आपको ज्ञात है कि प्रथम प्रभाव डालने में दस सेकंड से भी कम समय लगता है ? नेटवर्किंग की परिस्थिति में, इन कुछ सेकेंड्स में, जिससे आप पहली बार मिल रही हैं, वह आपकी आर्थिक परिस्थिति, शैक्षणिक योग्यता, विश्वसनीयता तथा आत्म-विश्वास के बारे में अपनी राय बना लेता है.

आज के प्रतिस्पर्धात्मक व्यापार-क्षेत्र में यदि आपका पालन-पोषण अच्छा हुआ है और आप अच्छे कपड़ों में हैं तथा सही मनोवृत्ति, सामाजिक कौशल तथा व्यक्तित्व बता रहे

हैं तो सकारात्मक प्रथम प्रभाव डालने के अवसर बढ़ जाते हैं. नेटवर्किंग के निष्णात बनने के लिए सुनिश्चित करना आवश्यक होता है कि आप दूसरों को जो संकेत भेज रहे हैं वे आपकी पेशेवर छबि, आपकी कम्पनी की प्रतिष्ठा और आपने स्वयं की जो छबि पसन्द की है, उसके योग्य हैं. ये सब प्रथम साक्षात्कार में आप जिससे मिलने जा रही हैं, उसके सामने प्रथम दस सेकेंडों में ही आ जाएगा !

नेटवर्किंग में आपकी छबि निश्चय से पार्ट अदा करती है. आप अपनी जो छबि आगे प्रसारित करती हैं, उससे सुनिश्चित हो जाता है कि आप सफलता को किस हद तक पा सकती हैं. गतिशील नेटवर्किंग एक ऐसी प्रक्रिया है जो तब आरम्भ होती है जब आप किसी व्यक्ति के साथ सम्मुख रहकर नेटवर्किंग करते हैं. यदि आप सकारात्मक प्रभाव डालती हैं तो सामना जारी रहता है और विश्वास पर आधारित सम्बन्ध प्रस्फुटित होते हैं. जिनके बढ़ने की सम्भावना रहती है. आप अपनी छबि पर जितना अधिक ध्यान देंगे, आपको दूसरों को सन्तुष्ट करने में उतना कम समय लगेगा कि आप पर विश्वास किया जा सकता है. एक बार वे आपके व्यापार की नीतियों और प्रवीणता के प्रति निश्चिन्त हो गए, तो वे आपका सन्दर्भ औरों को भी देने लगेंगे.

कपड़ों की रण-नीति

आपके कपड़े और दर्शनीयता आपके नेटवर्किंग आयोजन के अंग होने चाहिए. वर्तमान कपड़ों की डिजाइनों, बालों का विन्यास, अन्य आकर्षण के उपादान, नेत्रों की शोभा के लिए प्रयुक्त चशमे आदि से सुपरिचित रहना चाहिए. यदि आपके वस्त्र और रूप-सज्जा किसी और युग की कहानी कहते होंगे तो लोगों को आपके वर्तमान युग के ज्ञान पर शंका होगी. इस भाव-भंगिमा और रहन-सहन को आप सदा अधुनातम बनाते रहें. मगर उनके दास अथवा अन्धानुयायी न बनें जो आपकी सहूलियत के बीच में आए. यदि आप इस बारे में सहज नहीं रहेंगी तो गम्भीर और आत्म-विश्वासी भी नहीं रह पाएँगी.

आज की, सहज कपड़े पहनने की प्रवृत्ति के कारण आपको परम्परागत नियमित शैली और तनावरहित आधुनिक विन्यास के बीच ताल-मेल करना चाहिए. उभारों को छिपाते हुए, भली प्रकार से कपड़ों को पहनें. व्यवसाय में, जहाँ गहरा नीला या काला रंग अब भी प्रचलित है, उसे और सफेद कमीज या ब्लाउज़ को बदलकर एक आकर्षक रंग, बनावट या पैटर्न का वस्त्र पहनकर आप अधिक मिलनसार दिखेंगी, साथ-ही-साथ प्रोफेशनल भी. अधिक अनौपचारिक वातावरण में स्पोर्ट्स कोट या जॅकेट आपको व्यावसायिक होते हुए भी नैमित्तिक बनाएँगे. रंगीन कमीजों और ड्रेस पेंट के साथ बेल-बूटे भरी जॉकेट और टाई, पोलो शर्ट और जीन्स से मीलों आगे की वस्तुएँ हैं. यदि आपको अकस्मात् किसी महत्वपूर्ण ग्राहक से मिलना पड़ जाए जब शुक्रवार के कारण आप औपचारिक कपड़ों में न हों, तो पहनने के

लिए ब्लेज़र तैयार रखें. जब गर्मी बढ़ने लगे और पोलो शर्ट की ओर झुकाव बढ़े तो उसे ड्रेस के स्लॅक्स और जूतों के साथ पहनें बजाय खाकी और डॉर्क साइडर्स के.

विभिन्न स्तरों का पहनावा

एक बार में कितने कपड़ों का जोड़ बनाना चाहिए, रंगों का चुनाव, कपड़ों का पैटर्न और फॅब्रिक तथा वस्त्रों की स्टाइल, ये सभी परिवर्तनीय अंग हैं जो आपके कपड़ों की उपलब्ध औपचारिकता को प्रभावित करते हैं.

● कपड़े जितनी अधिक संख्या में पहने जाएँगे, वे उतने ही अधिक - फॉर्मल - औपचारिक होंगे. थ्री-पीस सूट सबसे अधिक औपचारिक है : पेंट और टी-शर्ट सबसे अधिक कॅजुएल - अनौपचारिक हैं.

● गहरे रंग सामर्थ्य और प्रभुत्व दर्शाते हैं, विशेष करके जब वे गहरे रंगों के कपड़ों के साथ पहने जाते हैं. इसी प्रकार से गहरे रंगों से बीच के शेड्स की ओर जाने से, जैसे मिड ग्रे या टॉपे से आप अधिक मिलनसार दिखेंगी. एक रंग के जॅकेट को अन्य रंग के पेंट या स्कर्ट के साथ पहनाना उसे अधिक अनौपचारिक बनाएगा बजाए मॅचिंग सूट के.

● कपड़ा जितना अधिक चिकना और सादा होगा, वह उतना अधिक फॉर्मल होगा. निटेड कपड़े बुने कपड़ों की अपेक्षा कम फॉर्मल होते हैं. वर्स्टेड ऊन और सिल्क को श्रेष्ठ माना जाता है अत: वे अधिक फॉर्मल होते हैं बजाय अधिकांश कॉटन, लिनन और सिंथेटिक कपड़ों के.

● दर्जी की बनी कॉलरवाली शर्ट अधिक फॉर्मल होती है बजाय बिना कॉलर की शर्ट, ब्लाउज़ या टी-शर्ट के. पूरी तरह से दर्जी के सिले कपड़े अधिक प्रभाव डालते हैं बजाय उसकी बनावट के. महिलाओं को विशेष ध्यान देना चाहिए कि ड्रेस का कम प्रभाव पड़ेगा बजाय सूट के, यदि वह विशेष कोटड्रेस या जॅकट के साथ पहनी जानेवाली ड्रेस नहीं है. ड्रेसी या फॉर्मल कपड़े व्यावसायिकों के लिए ठीक नहीं होते, जैसे बिसनेस सूट एक अनौपचारिक सोशल पार्टी में स्थानभ्रष्ट माने जाते हैं.

धारणा के दिशा-सूचक

एक बार आपने नेटवर्किंग सभा को समझ लिया और अपने वस्त्रों को रणनीति के अनुसार चुन लिया, फिर अपने अन्तिम मेक अप पर भी ध्यान दें जो आपकी कार्य-कुशलता पर प्रभाव डालनेवाली है. आपकी शारीरिक बनावट को आपके कपड़े माफिक आएँ और ठीक से फिट हों, विशेष करके कन्धों और कॉलर क्षेत्र में जहाँ जाकेट आनेवाली है. वे साफ-सुथरे और ठीक से सुधरे हों.

आपके जूते दूसरों को आपकी आर्थिक परिस्थिति और विगत की ओर ध्यान देने की

आपकी आदत के बारे में बताएँगे. बिना पॉलिश के या एड़ी घिसे जूतों के उपयोग से बचें. एड़ियों के पिछले हिस्सों पर अवश्य पॉलिश करें. जब आप लौटते हैं तो लोगों की नज़रें वहीं रहती हैं.

श्रेष्ठ वस्तुएँ खरीदने का प्रयत्न करें. चमड़े का ब्रीफकेस, पोर्ट-फोलियो, बटुआ या बिल-फोल्ड देखने में भी अच्छे लगेंगे और प्लास्टिक की अपेक्षा अधिक चलेंगे भी. पुराना बेल्ट नए सूट या मोजों से अलग दिखेगा. यदि आपको अन्य व्यावसायिकों के बीच लिखने का काम करना है तो अच्छी पेन जरूरी है. टूटी छतरी भी अच्छा प्रभाव नहीं डालती.

आगमन को आकर्षक बनाएँ

आप गन्तव्य तक पहुँच चुके हैं और नेटवर्किंग आरम्भ करने ही वाले हैं. आप दरवाजे पर रुककर कपड़ों की सिलवटें दूर करते हैं. आपने जो कपड़े पहने हैं उन्हें सावधानी से, व्यावसायिक प्रभाव डालने के हिसाब से खरीदा गया है. खिड़की के काँच में अपनी परछाईं को देखकर आप चुपचाप अपने बालों पर नजर दौड़ाते हैं और अपने जूतों पर आखिरी नजर डालते हैं. आपने सोच लिया है कि आप क्या बोलेंगे और प्रवेश के लिए तैयार हैं.

आपकी गति और चलने की भंगिमा से आत्म-विश्वास और आत्म-नियंत्रण झलकना चाहिए. कमरे में प्रवेश के बाद, दरवाजे में सहमे हुए, खड़े मत रहें. समझ-बूझकर कुछ कदम चलें और दोनों पाँवों पर समान बोझ डालते हुए खड़े होकर, कमरे में उपस्थित अन्य लोगों पर नजरें दौड़ाएँ. अकेले खड़े व्यक्ति के पास जाएँ अथवा दो से अधिक लोगों के समूह की ओर बढ़ें. मुस्कुराएँ और स्वयं का परिचय दें. स्वागत के लिए अपना हाथ बढ़ाएँ, सामनेवाले के हाथ को दृढ़ता से पकड़कर दो या तीन बार हिलाएँ और छोड़ दें.

सफल चेहरे की आभा

लोग उनके साथ सम्पर्क करना पसन्द करते हैं जो सफल दिखते हैं. मगर छबि, ऊपरी पॉलिश से कुछ विशेष होती है. वह आपके ऊपरी दिखावे और व्यवहार से अलग होती है जिसे आप औरों से मिलते समय प्रकट करते हैं. अयोग्य दर्शनीय निर्णय, जिन्हें आप किसी व्यावसायिक या सामाजिक अवसर पर, किसी से पहली बार मिलते समय प्रकट करते हैं, उनसे बचना चाहिए. उनके अन्तर्गत रण-नीति की वे बातें भी आती हैं जिन्हें एक बार सीख लेने के बाद हम सामाजिक तथा व्यावसायिक क्षेत्रों में उनसे लाभ उठा सकते हैं. आपको अपने सकारात्मक गुणों को प्रकाशित करने का अवसर चाहिए, जो आपमें हैं और अच्छे व्यावसायिक सम्बन्धों को आप विकसित करना चाहते हैं. सुनिश्चित करें कि आपकी छबि *आपके लिए* सक्रिय है.

लोग उनसे सम्पर्क करना पसन्द करते हैं जो सफल दिखते हैं.

अन्तरात्मा की भाषा

मॉरिस ई. गुडमॅन

लोग जब "नेटवर्किंग" शब्द सुनते हैं तो वे प्राय: मौखिक या मुख के संवादों की प्रवीणता को इस क्षेत्र की सफलता का मुख्य साधन समझ बैठते हैं. मगर मैंने इस क्षेत्र में सफलता और व्यापार को पाने का एक और तरीका खोज निकाला है. मैं इस उपाय को पिछले बीस वर्षों से काम में ला रहा हूँ और कई बार मुझे आश्चर्यजनक परिणाम मिले हैं. यह जादू की तरह काम करता है - फिर भी, अधिकांश लोग इस पर ध्यान नहीं देते.

मैं अपनी खोज के बारे में आपको बताऊँगा, मैं आपको उन दिनों में ले जाना चाहूँगा, जब मैंने इसकी शक्ति का चमत्कार देखा था. मार्च 9, सन् 1981 में मैंने अपना निजी, एक इंजिन का हवाई जहाज खरीदा. मैं लगभग 10 वर्षों से निजी पायलट था और मुझे हवाई जहाज उड़ाने से प्यार था और इस विमान से अपने जीवन-बीमा और आर्थिक-प्लॉनिंग के व्यापारों को बढ़ाना चाहता था जो वर्जीनिया तथा पूर्वी नॉर्थ कॅरोलिना में फैला हुआ था. टॉप ऑफ द टेबल और मिलियन डॉलर राउण्ड टेबल का सदस्य होने के नाते मैंने अपना सारा व्यवसाय प्रभावशीलों और सन्दर्भों के मजबूत केन्द्रों में फैलाया था. अपने ऑफिस की दीवालों पर मैंने अपने प्रभावशाली ग्राहकों के चित्र लटका रखे थे. मैंने एक बोर्ड ऑफ डायरेक्टरों की समिति बनाई थी जिसमें एक बेंकर, एक एटर्नी, एक लेखाकार और अन्य प्रमुख व्यवसायी थे जो नियमित रूप से आपस में, सन्दर्भों के आदान-प्रदान के लिए मिलते रहते थे. मैं नेटवर्किंग का निष्णात था. व्यवसाय जोरों से बढ़ रहा था और मैं सातवें आसमान पर था. मगर वह सब दूसरे दिन बदल गया.

10 मार्च, 1981 के दिन, मैं लंच के बाद अपने घर से निकला और अपनी पहली उड़ान के लिए अपना विमान निकाला. उतरते समय मैं इलेक्ट्रिक वायरों से टकरा गया. बेहोश हालत में मुझे अस्पताल पहुँचाया गया. मुझे गर्दन से नीचे तक के हिस्से में लकवा मार गया था और मेरा हर स्नायु, मसल तथा हड्डी टूट चूके थे. मेरी गर्दन पहली और दूसरी सर्विकल वर्टेब्रा पर टूट गई थी. स्पाइनल कॉर्ड पिचक गया था.

डॉक्टर निर्णय नहीं ले पा रहे थे, इसलिए मैं चार दिन अस्पताल में यों ही पड़ा रहा. मेडिकल क्षेत्र के सभी का मत था कि मैं चौबीस घंटों में मर जाऊँगा, मगर मैं चार दिनों से अटका हुआ था. चार दिनों बाद उन्होंने एक ऐसे ऑपरेशन को करने की तैयारी की जैसा आज तक नहीं किया गया था. मेरी गर्दन को काटा गया और खोलकर उसमें विशेष प्लास्टिक

भरा गया, सिलाई हुई और फिर उसे पिघलाकर एकाकार कर दिया गया. मेरे ठीक होने के अवसर मिलियन में एक से भी कम थे. डॉक्टरों ने मेरे परिवार से कहा कि यदि मैं बच भी गया तो अधिक-से-अधिक वे ये आशा कर सकते हैं कि मैं ह्वील चेयर में बैठकर आँखें झपका सकूँगा.

मगर मैं बच ही गया और अगले आठ महीनों तक मैं साँस लेने की मशीन से जुड़ा रहा जहाँ मैं आँखें मिचमिचाने के अलावा और कुछ नहीं कर पाता था. बाद में चलता हुआ अस्पताल से बाहर निकला. इस प्रकार का स्वास्थ लाभ आज तक मेडिकल इतिहास में किसी ने नहीं किया था. औषधि-विज्ञान के लोगों ने मेरा निक नाम ''मिरेकल मॅन'' रखा.

अब आपको मैं उस अद्भुत नेटवर्किंग के बारे में बताऊँगा जिसे मैंने तब खोजा था जब अस्पताल में था. डॉक्टर और नर्सें जब पास आते तो मेरे साथ बहुत कम समय बिताते; उन्होंने सोच लिया था कि मैं शीघ्र ही मर जाऊँगा. मैंने सोचा कि मुझे अपनी लक्ष्य-प्राप्ति के लिए उन्हें जीतना होगा, यदि मैं जीना चाहता हूँ. पर मैं उनसे कोई संवाद अथवा सन्देशों का आदान-प्रदान नहीं कर सकता था. सब नैराश्यपूर्ण था. फिर मुझे सूझा कि मैं यदि शाब्दिक वार्तालाप नहीं कर सकता हूँ, तो क्यों न अ-शाब्दिक संवाद करूँ ?

इसलिए मैंने सिर्फ आँखों और मुस्कुराहट से उन्हें बताना आरम्भ किया कि वे जो कर रहे हैं, उसे मैं कितना पसन्द करता हूँ. मैंने अपनी जीवन-दृष्टि – एटीट्यूड, अपने अन्दर के आदमी के द्वारा उन्हें बताना शुरू किया कि वे मेरे लिए बहुत महत्वपूर्ण हैं. क्या प्रयास सफल हुआ ? जादू की तरह से. अब मैं उन्हें मेरे बारे में बातें करते हुए नर्सों के निवास पर सुन सकता था और अब उन्होंने मेरे साथ मेरी जरूरतों की पूर्ति के लिए अधिक समय बिताना आरम्भ कर दिया था. वे डॉक्टरों से ''इस आदमी'' के बारे में बताते जो मृत्यु के द्वार पर खड़ा दारुण यंत्रणा भोग रहा था – मगर सदैव सुखी और मुस्कराता हुआ दिखता था. मैं सारे अस्पताल में वार्तालाप का विषय बन गया था. विशेषज्ञों और पुनः स्वास्थ्य-लाभ कार्मिकों को बुलाया जाता कि वे मेरी प्रगति का आकलन करें.

मैंने जाना कि सभी व्यक्ति आत्म-स्वीकृति के भूखे हैं और यदि आप उन्हें यथार्थ स्वीकृति और धन्यवाद दें तो वे आपसे ऐसे चिपकेंगे जैसे शहद से मधुमक्खी. जब आपके मन में हर किसी वस्तु और व्यक्ति के लिए कृतज्ञता की भावना होती है और आप हर वस्तु और व्यक्ति के सर्वश्रेष्ठ को देखते हैं, तो वह भावना बाहर निकलकर, अपने सम्पर्क में आ रहे हर व्यक्ति और हर वस्तु को सराबोर कर देती है.

> जब आप हर वस्तु और व्यक्ति में सर्वश्रेष्ठ की कामना करते हैं, आप उस मनोवृत्ति को परावर्तित करते हैं तो हर वस्तु और व्यक्ति की अच्छाई आप में आ जाती है.

इसी को मैं सकारात्मक कामनाएँ कहता हूँ. जब आप हर व्यक्ति और वस्तु में श्रेष्ठ

की इच्छा करते हैं और उस कामना को वापिस लौटाते हैं तो हर वस्तु और व्यक्ति का श्रेष्ठ खिंचकर आप तक चला आता है.

अत: इसी दृष्टिकोण को अपनाएँ और उसमें रहना और जीना आरम्भ कर दें और जिससे भी मिलें उसे इससे लिप्त कर दें. आपको दर्शनीय परिणाम दृष्टिगोचर होंगे, न सिर्फ आपके व्यवसाय में बल्कि जीवन के हर क्षेत्र में. जब भी कभी किसी वार्तालाप में आपके व्यवसाय से सम्बन्धित बात उठेगी, सबसे पहले आपका नाम आपके असंवादी नेटवर्क द्वारा लिया जाएगा. हर दिन का स्वागत एक सम्भावनाओं से भरे दिन के रूप में करें. संवादों के माध्यम से नेटवर्किंग करना और सन्दर्भों को पाना बन्द न करें; मगर अपने तरकश में अवाक् नेटवर्किंग के लक्ष्य भेदी तीर को अवश्य शामिल कर लें.

विगत बीस वर्षों से मैं यही कर रहा हूँ और मैं अपनी प्रात:कालीन प्रार्थना को अपनी योग्यता के अनुकूल अवसर पाने की इच्छा से समाप्त नहीं करता हूँ, बल्कि अपने सामर्थ्य को, आज आनेवाले अवसर के अनुकूल बनानेवाले निवेदन से समाप्त करता हूँ. आप भी प्रयत्न करें - और मुक्तहस्त से उगी फसल को काटें.

मिरेकल मॅन से लिए उपरोक्त अंश की अनुमति ली हुई है.

नि:शब्द नेटवर्किंग

डॅरेल तथा डोना रॉस

अपने उत्पादनों अथवा सेवाओं को बेचने के क्षेत्र के अनुभवी जानते हैं कि हम अपने ग्राहकों, सहकर्मियों, सम्पर्कों और नेटवर्किंग के सहभागियों के साथ जितना भी वार्तालाप करते हैं, वह एक भी शब्द का उच्चारण करने से पहले ही हो जाता है. हम जो सोचते और अनुभव करते हैं, उसे जाने बिना ही कि हम कह रहे हैं, बोल देते हैं. यह कैसे हो जाता है ?

अधिकांश बातें हम अब भी नहीं समझ सके हैं, मगर हम तीन क्षेत्रों में, इस बारे में, शिक्षाप्रद अनुमान लगा सकते हैं. नेटवर्कर होने के नाते, आपको ज्ञात होगा कि कमरे में प्रवेश करते समय ही हम संकेत फैलाना आरम्भ कर देते हैं और हमें इन संकेतों को इतना साफ और प्रेरक बनाना चाहिए ताकि हम आस्था और घनिष्ठता स्थापित कर सकें.

अन्तर्प्रेरणा

मानव संसाधन पेशेवर कहते हैं कि उन्हें आरम्भ के दो या तीन ही मिनिटों में पता चल जाता है कि साक्षात्कार में आया व्यक्ति काम के योग्य है अथवा नहीं. बाद के साठ मिनिट, आरम्भ के कुछ मिनिटों के प्रभाव को परखने में लग जाते हैं. इसी प्रकार से किसी से प्रथम बार मिलते समय ही, आरम्भ ही के कुछ मिनिटों में, हममें से अधिकांश, मिलनेवाले का लगभग सही आकलन कर लेते हैं, इससे पहले कि एक भी शब्द कहा जाए. यह बात सुस्पष्ट है कि हम ऐसी परिकल्पना अन्तर्प्रेरणा से करते हैं न कि किसी नियम के अनुसार. हम स्वयं से यह नहीं कहते, ''यह व्यक्ति पिनस्ट्रिप्ड सूट पहने और छड़ी लिए है, इसलिए वह अपने स्वरूप के बारे में बहुत जाग्रत और निर्णय लेने के बारे में बहुत तेज, साथ ही रीति-रिवाजों में जल्दबाज होगा. विगत के बारे में पूर्णतावादी, आदि-आदि है.'' हम इन बातों को सोचते नहीं हैं : हम मात्र उनका अनुभव करते हैं, अन्तर्प्रेरणा से और तत्काल.

यह ठीक है कि हमारे अनुभव और व्यवहार-बुद्धि हमसे कहते हैं कि बहुत सम्भव है, हमारा प्रथम प्रभाव लक्ष्य से बिल्कुल दूर हो और हमें अपने मूल्यांकन को नए प्रमाणों की रोशनी में बदलने के लिए तैयार रहना चाहिए. मगर हमारा ''प्राथमिक ढाँचा'' अन्तर्प्रेरणा द्वारा परिचालित होता है, विशेष करके सम्बन्ध के आरम्भ में.

अन्तर्प्रेरणा किस प्रकार से काम करती है ? वह किस पर आधारित होती है ? अध्ययनों से पता चला है कि हम अनेकों के साथ शब्द-रहित वार्तालाप करते हैं. संवाद की यह प्रक्रिया बोले शब्दों से अधिक तेज होती है क्योंकि इसमें हमें हमारी ओर उछाले गए शब्दों की ओर सचेत ध्यान नहीं देना पड़ता और न शब्दों की लड़ियों का अर्थ निकालना पड़ता है. हमारा सुपरिचित उदाहरण है हाव-भाव की भाषा. अनेकों वर्षों की खोज के बाद, व्यावसायिक संप्रेषकों ने अध्ययन के बाद बताया कि हम अपनी भाव-भंगिमा-शरीर की चेष्टा, चाल-ढाल, सिर की स्थिति, आँखों की चंचलता और दृष्टि-निक्षेप तथा अन्य क्रियाओं के द्वारा बातें करते हैं. अधिकतर संकेत हम अपनी मन:स्थिति, भावनाओं, जीवन-दृष्टि के बारे में देते हैं, मगर अधिक स्पष्ट और उदात्त सन्देशों का आदान-प्रदान शब्दों के उपयोग के बिना, काम में लाते रहते हैं. इस धरातल के सन्देशों को रोका जा सकता है यदि हमें ध्यान रहे कि हम क्या कर रहे हैं.

मौन संवादिता शाब्दिक वार्तालाप से तेज होती है, क्योंकि इसमें हमें हमारी ओर उछाले गए शब्दों की ओर सचेत ध्यान नहीं देना पड़ता है और न शब्दों की लड़ियों का अर्थ निकालना पड़ता है.

संवादिता का एक और स्वरूप है, रसायन. अन्य जानवरों की तरह से हम भी फॉरोमॉन्स का उत्सर्जन करते हैं जिससे और जीवधारियों को हमारी जाति के बारे में पता चलता है और कुछ जातियों को अपने मित्रों के बारे में ज्ञात होता है, हमारी तात्कालिक मानसिक स्थिति,

हमारे भय और इच्छाएँ, किसी के प्रति हमारे आकर्षण और विकर्षण भी ज्ञात होते हैं. इनमें के अधिकांश सन्देश हमारे सचेत नियंत्रण से बाहर होते हैं. अलग-अलग लोग इनके प्रति विभिन्न प्रतिक्रियाएँ बताते हैं; कुछ की प्रतिक्रिया सशक्त होती है और कुछ लोग कोई भी प्रतिक्रिया नहीं दिखाते. यदि हम उनके प्रभाव के बारे में जाग्रत रहें तो उनके प्रति अपना राग-विराग बता सकते हैं अथवा उनकी उपेक्षा भी कर सकते हैं. क्या ये सभी ज्ञात, नि:शब्द संवाद ही ज्ञान और व्यवहार हैं जिन्हें हम अन्तर्प्रेरणा कहते हैं ? कुछ आधुनिक शौकीन आध्यात्म, रहस्यात्मकता, अज्ञात् ''शक्तियों'' तथा ''प्रभाव मण्डलों'' के बारे में बातें करते हैं जो भौतिक विज्ञान के ज्ञात नियमों के परे हैं. यह सच है कि आज भी मानस-शास्त्र के अनेकों पक्षों को अब भी पूरी तरह से समझना शेष है, पर वैज्ञानिक खोजों के इतिहास से पता चलता है कि मनुष्य का स्वभाव रहस्यमय होते हुए भी वैज्ञानिक साधनों से ज्ञेय है और आधिदैविक व्याख्याएँ अनावश्यक और असामयिक हैं.

जो हम जानते हैं वह यह कि हम लोगों के साथ लगातार वार्तालाप करते रहते हैं फिर भले ही हमारे होठ बन्द हों. भेद की बात यही है कि हमें अपने अनुच्चारित वार्तालाप के प्रति सजग रहना चाहिए क्योंकि हम जिन सन्देशों को प्रसारित करते हैं वे ठीक से बता देते हैं कि हम कौन हैं और हमें किस रूप में समझा जाना चाहिए.

दृढ़ निश्चय

सभी महान् गुरु जीवन में दृढ़-निश्चयी और उद्देश्यपूर्ण रहने के महत्व को समझाते हैं. बेंजमिन डिजरायली के शब्दों में, ''सफलता का रहस्य उद्देश्य के प्रति दृढ़ता है.'' नेटवर्किंग क्षेत्र में प्रवेश से पहले जान लें कि आपका उद्देश्य क्या है. यदि आपका अन्तर्निहित उद्देश्य समूह का लाभ उठाना है, तो आप अलग प्रकार से वार्तालाप करेंगे - शाब्दिक रूप से भी और अशाब्दिक रूप से भी, बजाय तब के जब आप उसे कुछ देना चाहते होंगे. अन्त में आप बदले में कुछ चाहेंगे. ठीक है, मगर एक अच्छा नेटवर्कर दिमाग में सबसे ऊपर, दूसरों के तत्काल भले की भावना रखता है.

अपने जीवन में हम बहुधा, संकल्पों और सम्भावनाओं के उबलते मिश्रण के रूप में रहते हैं. हम दूसरों का भला करते हैं और बदले में, अनेक प्रकार से अपना निजी लाभ चाहते हैं. जब हम नेटवर्किंग आरम्भ करते हैं तो हमारा ध्यान तत्काल और लगातार एक स्थिति से दूसरी परिस्थिति तक, उन सम्भावनाओं को खोजती हुई जाती है जो हमारे हित में हैं. अपनी धारणा को औरों के कल्याण के लिए दृढ़ता से स्थापित करने से और विचारों को सुशृंखलित करने और उन्हें लिखने से, हम अपने प्रमुख उद्देश्य का सही स्वरूप सामने रख सकते हैं. यही है जीवन-लक्ष्य. अपनी सर्वोच्च प्राथमिकता पर ध्यान केन्द्रित करने से आप अपने अन्य मनोवेगों को पीछे ढकेल सकते हैं.

इस प्रकार से ध्यान और धारणाओं को केन्द्रित करके, आप अपने संवादों को स्पष्ट और अर्थों को बिना दुरूहता के प्रकट कर सकते हैं कि आप दूसरों की समस्याओं को सुलझाकर और आवश्यकतों की पूर्ति करके उनकी सहायता करना चाहते हैं. इससे आपका आत्म-विश्वास बढ़ेगा और आप दूसरों के सन्देशों को ग्रहण करने के लिए उत्सुक रहेंगे. वे भी इसकी अनुभूति करेंगे और आपकी ओर आकर्षित होंगे. आपका सन्देश आपके नेटवर्किंग सहयोगियों में विश्वास और घनिष्ठता पैदा करेगा जिससे आप परस्पर लाभदायी सम्बन्धों को दृढ़ता से स्थापित करने में समर्थ होंगे.

विश्वसनीयता

ऑक्सफोर्ड इंग्लिश डिक्शनरी के अनुसार इंटेग्रिटी शब्द का अर्थ होता है ''होलनेस, साउण्डनेस, अप-राइटनेस, ऑनेस्टी'' - एकात्मकता, गहनता, ईमानदारी, सत्यवादिता - ये सब असंवादी वार्तालाप के प्रमुख अंग हैं. यहीं पर हमारी अन्तर्प्रेरणा और लोगों के सन्देशों और अभिप्रायों से मिलती है और हमें इशारा करती है कि क्या वे विश्वसनीय हैं ?

हम सभी, कभी-न-कभी, मुस्कुराते चेहरों, गर्म हस्त-दोलनों और सामनेवालों की जिज्ञासाओं में फँस चुके हैं जो हमारे स्वास्थ्य और व्यवसाय के बारे में जिज्ञासा बताते हैं मगर वे इतनी गहरी अवास्तविकता की भावना फैलाते हैं कि हम बिना रुके उनसे दूर हो जाते हैं. वे निश्चय ही निजी लाभ की तलाश में घूमते हैं और उनकी भाव-भंगिमा और चाल-ढाल बताते हैं उनके शब्द उनके क्रिया-कलपों से मेल नहीं खा रहे हैं. वे टीवी विज्ञापन के उद्घोषक की तरह होते हैं जो डिनर के समय आपसे मुस्कुराकर पूछते हैं. ''आप इस शाम कैसे हैं, मि. स्मिथ ?''

जिस प्रकार से हम उस व्यक्ति से विकर्षित होते हैं जो हमारी ओर गड़बड़ सन्देशों के साथ बढ़ता है, वैसे ही हम विश्वसनीय और प्रामाणिक व्यक्ति के साथ सहज में सम्बन्ध बना लेते हैं. एक नेटवर्कर के लिए सबसे प्रामाणिक सन्देश यह है, ''मैं आपका मित्र बनना चाहूँगा और चाहूँगा कि आप भी मेरे मित्र बनें. मेरा विश्वास है, हम दोनों को इससे लाभ होगा. और मैं इस मित्रता को आपके लिए कुछ करके आरम्भ करना चाहता हूँ.'' यदि आप इस जीवन-दृष्टि को पूरे सामर्थ्य से हर प्रकार से, औरों तक विश्वसनीयता से फैलाएँगे, तो आप सरलता से बहुमूल्य, लाभप्रद, दीर्घजीवी नेटवर्किंग के सम्बन्ध बना लेंगे.

11

सीखने के लिए सुनना

लोगों को यह बताना आवश्यक है कि आप क्या करते हैं और वे आपके कार्यों, उत्पादनों या सेवाओं से कैसे लाभ उठा सकते हैं. मगर नेटवर्किंग के क्षेत्र में अपने सहकर्मियों के बारे में सारी जानकारी रखना और भी आवश्यक है. ऐसा करके आप उन्हें बता सकते हैं कि आपसे सम्पर्क करके उन्हें कौन-से लाभ मिल सकते हैं. आगे दिए चार लेखों में डॅबी पीटर्स तथा डिएनातुसी शिमिट् हमें तीन स्तरीय सवाल पूछने और सुनने के बीच का फर्क बताते हैं, एलिस ऑस्ट्रोवर समझाती हैं कि अपनी सुनने की क्षमता बढ़ाकर जानकारी के दिमागी मार्ग को खोल सकते हैं; बॉब बर्ग उन दस प्रश्नों की रूपरेखा बनाते हैं जिन्हें पूछकर आप आपने नेटवर्किंग पार्टनर को लाभ देने में निष्णात बन जाएँगे; और मार्कशीर सन्दर्भों को पूछने के सर्वश्रेष्ठ मार्ग बताते हैं.

स्वयं को पहचानना आरम्भ करें

डॅबी पीटर्स तथा डिएनातुसी शिमिट्

एक बड़ी रोएँदार मकड़ी की कल्पना करें जो कमरे के एक कोने में लटकी उस अभागे कीट की प्रतीक्षा कर रही है जो भूल से उसके जाल में फँसनेवाला है. अनेकों व्यक्ति ''नेटवर्कर'' को इसी रूप में देखते हैं - एक परभक्षी संकट, जो व्यवसायियों से भरे कमरे में हमले के लिए घात लगाए बैठा है ताकि वह शिकार को चोट पहुँचाकर उसे बिक्री के वादों और स्व-उत्कर्ष की तेज बाढ़ में अचेत कर सके.

नेटवर्कर को अपनी इसी छबि को प्रेषित करने से बचना चाहिए. ज्ञानी पुरुष जानते हैं कि प्रत्येक अच्छी नेटवर्किंग सहयोगिता, जो परस्पर के लाभों को लाती है, का आरम्भ समान लाभों की खोज से होता है. और यदि आप इस भावना से सम्बन्धों की ओर बढ़ते हैं कि सामनेवाले के लिए अधिक जरूरी शीघ्रता से आपके बारे में सब-कुछ जानना है, तो आप

स्वयं को एक कोने में अकेला खड़ा पाएँगे - अपने वेब पर प्यासे, राह देखते कि कोई आए, जिसे आपके बारे में सावधान नहीं किया गया है.

शिक्षा-गुरु नेटवर्कर्स इस परिस्थिति को पलट देते हैं. वे ऐसी परिस्थितियाँ खोजते हैं जहाँ वे श्रोता बन सकें. वे प्रश्न पूछकर संवाद आरम्भ करते हैं - एक के बाद दूसरा - एक प्रश्नार्थी के रूप में नहीं, बल्कि एक जिज्ञासु श्रोता के रूप में. यदि उनसे प्रश्न पूछे जाएँ तो वे उत्तर देते हैं, मगर शीघ्र ही नया प्रश्न पूछकर वार्तालाप को पुन: नए परिचय की ओर मोड़ देते है. उन्होंने लोगों के बारे में एक नई मनोरंजक बात जानी है; जितनी ज्यादह बातें आप उनसे करेंगे और जितना अधिक आप उन्हें सुनेंगे, उतना ही अधिक वे आपको पसन्द करेंगे और आप पर विश्वास करेंगे.

श्रेष्ठ नेटवर्कर्स ''सक्रिय श्रवण'' - अन्तरात्मा की आवाज को सुनने तथा दूसरों की भावनाओं को समझने की कला जानते हैं. महान् मनो-चिकित्सकों और परामर्शदाताओं द्वारा व्यवहृत यह ''सक्रिय श्रवण'' - विश्वास पैदा करती है. सुनने की इस पद्धति का एक और नाम है, ''आपके बारे में जानना आरम्भ करना''.

सन् 1992 में मैंने एक चूज़े जैसी कम्पनी को सिर्फ नेटवर्किंग और मौखिक प्रचार के द्वारा एक विशाल फलती-फूलती कम्पनी में परिवर्तित कर दिया. आरम्भ के पाँचवें वर्ष तक हम छपे विज्ञापनों की ओर नहीं मुड़े. मेरा सीधा-सादा व्यवसाय बढ़ाने का कार्यक्रम रहता प्रति सप्ताह कुछ नए लोगों से मिलना. मैंने एक लक्ष्य निर्धोरित किया था : हफ्ते में पाँच दिन अपने नाश्ते और भोजन के समय मैं नियम से नए लोगों से मिलता. ग्राहकों को बढ़ाने और व्यापार के लिए मैं यह नहीं करता था, सिर्फ नए व्यावसायिक मित्र बनाने के लिए करता. हमारे बीच की छोटी-सी समानता का मैं पता लगाता जिससे हम आपस में जुड़े रह सकें. मैं शायद ही कभी असफल हुआ था.

व्यावसायिक वार्तालाप के तीन स्तर

न सिर्फ मैंने अनेकों नए मित्र बनाए, मैं संवादिता के बारे में भी नई बातें सीखा. हजारों. व्यावसायिक नाश्तों और भोजनों से, मुझे व्यावसायिक वार्तालाप के तीन स्तरों का पता चला. प्रत्येक नेटवर्किंग मीटिंग का उद्देश्य उस वार्तालाप के सबसे महत्वपूर्ण स्तर, तीसरे स्तर तक पहुँचना होता था.

स्तर 1 : लिफ्ट का वार्तालाप

कल्पना करें ! दस या बारह व्यक्ति पाँच x पाँच फुट के आल्मारी जैसी जगह में कन्धे से कन्धा भिड़ाकर, कुछ मिनिटों के लिए ठँसे खड़े हैं और वे मिनिट घंटों-जैसे लग रहे हैं और अपरिचित लोग आपस में शान्ति से ऊबकर, वार्तालाप कर रहे हैं, ताकि तनाव टूट सके, ''आज मौसम कैसा था ?'' ''आप क्या सोचते हैं, लेकर्स जीत जाएँगे ?''

यह यांत्रिक संवाद आरम्भ में गैर-संवाद प्रतीत होते हैं. मगर लिफ्ट के साथी यह कहना चाह रहे हैं, ''मैं चाह रहा था कि यहाँ कोई भी नहीं होता, और क्या यह धीमी लिफ्ट है ? मेरे में इतना धीरज नहीं रह गया है कि आपके या मेरे बाहर निकलने की राह देख सकूँ.'' इसमें व्यक्तिगत उत्तरदायित्व शून्य होता है क्योंकि इसमें नेटवर्किंग के दर्शन अथवा निवेश नहीं होता, इसलिए उसका कोई प्रतिफल भी नहीं मिलता. और आप ऐसे व्यक्ति से फिर कभी नहीं मिलना चाहेंगे.

स्तर 2 : निष्कपटता का प्रश्न

किसी अनजान व्यक्ति से बातों में व्यस्त होने के बाद आप जानकारी के लिए सज्जनता से उससे पूछते हैं, ''आपका व्यवसाय कैसा है ?'' चूँकि आपने अब तक उसके साथ कोई विश्वसनीय सम्बन्ध स्थापित नहीं किए हैं, अत: आपको नपा-तुला उत्तर ही मिलेगा, ''बहुत अच्छा है.''

आज से साल भर बाद आप उससे एक किराने की दुकान में मिलते हैं, आपस में नमस्कार करते हैं. आप व्यवसाय या सन्दर्भों की बातें करने में सहजता का अनुभव नहीं पाते हैं, क्योंकि अब भी उसे ठीक से नहीं जानते हैं. वह भी सम्भव है आपके बारे में ऐसा ही अनुभव कर रहा हो. आपके सम्बन्ध वैसे ही हैं जैसे साल भर पहले थे. आप उसे देखते ही पहचान लेते हैं, मगर आपने उसके साथ कोई भी व्यवहार या अनुभव नहीं किया है जिससे विश्वसनीयता पनप सके.

स्तर 3 : समान धरातल

आप अपने किसी नए परिचित से बातें कर रहे हैं और अकस्मात् ही, आप दोनों को विस्मय में डालते हुए एक समान धरातल का – रुचि का – पता चलता है. शायद अपने बेसमेंट में आपने भी रेल-गाड़ियों के मॉडल्स जमा कर रखे हों अथवा दोनों ही तूफान के दौरान कॅनकन गए हों फिर चाहे दोनों तूफान अलग-अलग रहे हों. फिर, अनजाने ही दोनों निश्चिन्त हो जाते हैं. फिर, समान बातों पर सहमत होने की दोनों की खोज रुक जाती है; और यह समानता आपस की बात को सहज बना देती है. दूसरे व्यक्ति में आपका विश्वास और अवलम्बन बढ़ने लगता है.

> अन्तत: चाहे जो दो व्यक्ति, समान रुचि के विषय अथवा अनुभव खोज सकते हैं जिसके सहारे विश्वसनीयता स्थापित की जा सकती है.

इस प्रकार के वार्तालाप दोनों को महत्वपूर्ण लाभ पहुँचा सकते हैं. आप सोच नहीं सकते हैं कि वे कैसे होगे, मगर यदि आप प्रश्नों को पूछना जारी रखेंगे तो प्रतिदिन अधिक सम्भव होता जाएगा कि कोई सामान्य धरातल मिल जाए. वह तत्काल भी हो सकता है अथवा लम्बे समय बाद भी, मगर अन्त में, कोई भी दो व्यक्ति समान रुचि या अनुभव को पा लेते

हैं, जिसके आधार पर बढ़ता हुआ विश्वास – और बहुत सम्भव है अन्त में एक ठोस और परस्पर आश्रित नेटवर्किंग सम्बन्ध बन जाए.

प्रवीण नेटवर्कर्स जानते हैं कि इस प्रकार के सम्बन्ध दुर्लभ नहीं हैं और उन्हें ढूंढ़ना एक सौभाग्यशाली अकस्मात् के जिम्मे नहीं छोड़ना चाहिए. वे प्रश्नों को पूछते हैं. वे ध्यान से सुनते भी हैं. फिर तत्काल या बाद में, वे उस कुंजी को पा लेते हैं जो एक उपहार जैसे सम्बन्ध और अनन्त सम्पर्कों के व्यवसाय को देता है – संयोगवश नहीं.

मैत्रीपूर्ण सामान्य बातचीत एक ऐसी साधारण गति-विधि है कि द्वेषी सहकर्मी और प्रतिस्पर्धी, कई बार उसका सम्बन्ध महान् गुरुओं के कार्यों से नहीं जोड़ पाते हैं. ''व्यापार तो उसकी गोद में आ गिरा है,'' ''वह तो बहुत सौभाग्यशाली है.'' वे जो बात नहीं देखते हैं वह है कि मास्टर नेटवर्कर्स ने वर्षों, अनवरत परिश्रम, उस स्तर 3 के वार्तालाप में शामिल होने के लिए किया है ताकि लोग उसमें सम्मिलित हो सकें और मित्र तथा सहयोगी नेटवर्कर बनें.

जब मैं नेटवर्क करता हूँ, मैं जानता हूँ कि मेरा उद्देश्य दूसरों से परिचित होना है. यदि हम वार्तालाप के दौरान अपना लंच खाना भूल जाते हैं तो मैं समझ जाता हूँ कि हमने सम्पर्क साध लिया है और अब मुझे अपनी सेवाएँ उसे कभी नहीं बेचनी पड़ेंगी. मेरी यह नई मित्र मेरे पास अवश्य आएगी जब उसे मेरी सेवाओं की आवश्यकता होगी. या मुझे अपने मित्रों से सन्दर्भित करना चाहेगी. मित्र भरोसेमन्द मित्रों के साथ ही व्यवसाय करते हैं.

पाँच साल पहले, मैं लोगों को लंच के लिए बुलाता था. आज मुझे प्रति सप्ताह दर्जनों लंच के आमंत्रण मिलते हैं, उन लोगों से जिन्हें मेरी प्रशिक्षण देने की कला में रुचि है. अब मुझे किसी को कभी, अनुत्तरित फोन कॉल्स नहीं करने पड़ते; और न मुझे कमरे के किसी कोने में खड़े होकर, मेरे जाल में किसी के फँसने की राह देखनी पड़ती है. अब मैं निश्चिन्त हूँ, अपने भोजन का आनन्द उठाती हूँ और अपने नए मित्र को ''जानने का प्रयत्न'' करती हूँ.

सीखें, सुनना और सुने जाना

एलिस ऑस्ट्रोवर

नेटवर्किंग लोगों को जोड़ने की कला है जिसमें लोग एक दूसरे की जरूरतों को पूरा करके उन्हें उनके लक्ष्यों को पाने में मदद करते हैं. क्योंकि नेटवर्कर इतनी गम्भीरता से सम्बन्धों को स्थापित करने और उन्हें बनाए रखने में विश्वास करते हैं कि वे उसके लिए आवश्यक दो प्रमुख तत्वों – सुनना और सुने जाना, संवादिता – पर

विशेष ध्यान देते हैं. वे बहुत खास प्रवीणताएँ हैं, दरअसल में वे एक ही सिक्के के दो पहलू हैं. कारीगरी इसी में है कि उन्हें उच्च स्तर तक चमकाकर पूर्णता तक पहुँचाना, फिर उनका उचित व्यवहार करना.

सुनें और सीखें

आप जिससे भी मिलें, उसको यथा-सम्भव सुनें ताकि अधिक-से-अधिक सीख सकें. सुनकर जानने का प्रयत्न करें कि आप अपने सहकर्मी नेटवर्कर की कौन-सी जरूरतों को पूरा कर सकते हैं. आप सुनते रहें ताकि जानें कि एक व्यक्ति की आवश्यकताओं को दूसरे के पदार्थों या सेवाओं के द्वारा कैसे पूरा किया जा सकता है - कई बार स्वयं अपनी. जितना अधिक आप सुनेंगे, उतना कम स्वयं के बारे में बोलेंगे और एक ज्ञानी तथा विचारशील पुरुष माने जाएँगे.

मगर पहली नजर मैं ज्ञात नहीं हो पता है कि सुनना इतना कठिन है. आप विभिन्न परिस्थितियों में अलग-अलग प्रकार से सुनते हैं. आपका ध्यान, निरुत्साहित होकर एक ध्वनि से दूसरी की ओर बँट जाता है जब आप तनावरहित होकर किसी खास बात को नहीं सुन रहे होते हैं और सिर्फ आयोजन की ध्वनियों को सुनते हैं - संगीत, काँच के बर्तनों की खनखनाहट, संवादों पर से गुजरते दूसरे संवादों के शब्द. अथवा आपका ध्यान लेसर किरण की तरह अपनी कार पर केन्द्रित है जो फ्री वे में सत्तर की स्पीड से जा रही है और उसमें से एक अनोखी आवाज़ आने लगती है जो क्रमश: बढ़ती जाती है.

सोते समय भी आप सुनते हैं. आँखों के विपरीत, जिन्हें आप दृष्टि-पथ को रोकने के लिए बन्द कर सकते हैं, आपके कान अपना नियत कार्य करने के लिए चौबीसों घंटे, सप्ताह के हर दिन, खुले रहते हैं. अत: जब आप गहरी नींद में होते हैं, आप रेफ्रिजरेटर को चलते हुए, क्रिकेट को धीमी आवाजों में खेला जाते, दूर राज-पथ पर दौड़ते यातायात के शराबे को, यहाँ तक कि टीवी के कार्यक्रम या दो परिचितों को पास के कमरे में वार्तालाप करते सुन सकते हैं. आप सुनते हैं, मगर सोए रहते हैं.

मगर यदि छोटी बच्ची पिनपिनाती है, आप सहसा जाग जाते हैं. आपका अवचेतन मस्तिष्क, गहरी तंद्रा में भी जानता है कि क्या सुनना जरूरी है और आपके सचेतन मस्तिष्क के बटन को चालू कर देता है ताकि आप परिस्थिति को सँभाल सकें. यह कौशल, चयनात्मक श्रवण, एक ऐसी क्षमता है जिसे हम प्रकृतिक रूप से, स्वभावत: पाते हैं, मगर जिसे ऊँचे स्तर तक विकसित करके, अपनी पूर्ण जाग्रत, दिन की दुनिया में भी काम में ला सकते हैं.

मानों हम एक मीटिंग में शामिल हैं और विश्राम के समय आठ-दस लोगों के साथ प्रकोष्ठ में खड़े हैं और अपने नोट्स का, अपने साथी की टिप्पणियों के साथ मिलान कर रहे हैं.

आप आसपास हो रहे वार्तालाप पर ध्यान नहीं दे रहे हैं, तभी ''कॉम्पोज़िट'' - मिश्रित

शब्द सुनते हैं. आप अपने सहकर्मी के साथ बातें करना रोक देते हैं और वार्तालाप को अधिक दिलचस्पी से सुनने लगते हैं. वह व्यक्ति अपने व्यापार के बारे में बता रही हैं कि उनका व्यवसाय हल्के उड़ाकू हवाई जहाज बनाना है. उससे आप कल ही मिले थे. अत: बातों के बीच में आप उससे पुन: मुलाकात करते हैं, अपना परिचय देते हैं, कहते हैं : ''डोना, आपने जो कहा था वह मुझे याद आ रहा है कि आप एक नया हवाई जहाज निकालने जा रही हैं. मेरे पास पिछले पाँच वर्षों से मेरा हवाई जहाज उड़ाने का लाइसेंस है, मगर मैंने सिवाय एक इंजिनवाले सेस्नास के और कुछ नहीं उड़ाया. क्या आप मुझे अपने दो-इंजन वाले के बारे में और जानकारी देंगी ?''

आपने पृष्ठभूमि के वार्तालाप को इसलिए सुना क्योंकि आपने स्वयं को सावधान रखकर अपने आस-पास की गति-विधियों की ध्वनियों को सुनना सीखा है. आपका मस्तिष्क सूचनाओं के अंशों को, जो आपने सुने हैं, जोड़कर पूरा कर लेता है. तात्पर्य यह है कि वह एक-सी आकृतियों को पहचानकर जोड़ी बना लेता है. शब्द ''मिश्र'' ने आपका ध्यान इसलिए आकर्षित किया क्योंकि आपका एक मित्र है जो ''मिश्र खाद'' बनाता है.

स्वयं को प्रशिक्षित करें कि अक्सर जिन ध्वनियों को आप अलक्षित कर देते हैं उन्हें सुनें और हर सुनी हुई समस्या का मूल्यांकन इस दृष्टि से करें कि उसे आपको नेटवर्क के ज्ञान-सागर में, जिसमें आपका कौशल और साधन लगे हुए हैं क्या सम्मिलित किया जा सकता है.

अब आप अपने ध्यान को डोना के वार्तालाप पर केन्द्रित करें. इसमें आप सुनने की कुशलता के दूसरे स्तर को काम में ला रहे हैं - पार्श्व की सभी ध्वनियों को अवरुद्ध करके अपने ध्यान को एक तात्कालिक मामले में लगाना, इस समय एक ऐसी दिलचस्प वार्तालाप में जो आपकी राय में एक नेटवर्किंग सम्पर्क बन सकता है. यही है ''चयनात्मक श्रवण,'' एक दीर्घ-जाग्रत सुप्त मस्तिष्क का सहगामी है जो सोते समय की अप्रमुख ध्वनियों को अनदेखा कर देता है.

बताने के लिए बातें करें

यहीं आपकी कुशलता का दूसरा स्तर काम करना आरम्भ कर देता है. अपने नए नेटवर्किंग के सहकर्मी से कहें कि आपके पास उसके लिए एक महत्वपूर्ण सूचना है, एक अवसर जो शायद उसकी समस्या का समाधान हो.

''डोना, यह दिलचस्प बात है कि तुम अपनी नई संयोजना पद्धति में मुश्किलें अनुभव कर रही हो. मेरा खयाल है, मैं किसी को जानता हूँ जो तुम्हारी मदद कर सकता है. उसका नाम फ्रेंक जोहान्सन है. उसने एमआईटी से रसायन-शास्त्र में पी-एच.डी की है, मोनसान्टो में दस वर्ष काम किया है और तीन वर्ष पहले उसने स्वयं का उच्चस्तरीय बन्धक-रसायनों का काम आरम्भ किया है. उनमें के ढाई वर्ष, उसके पास नासा का एक विशाल विकास कार्यक्रम

था और अब वह नए औद्योगिक क्षेत्रों में बढ़ने का अवसर खोज रहा है. शायद उसके पास वह चीज हो जिसे तुम ढूँढ़ रही हो ताकि तुम्हारी जोड़ने की समस्या हल हो जाए. यह है उसका कार्ड. क्या मैं उन्हें फोन करके बताऊँ कि तुम उनसे बात करने में दिलचस्पी रखती हो ?''

सूचना केन्द्र बनें

एक श्रेष्ठ नेटवर्कर बनने के लिए, सब-कुछ सुनना सीखें. उन संवादों को सुनने का प्रयत्न करें जिन्हें आप अक्सर अनसुना कर देते थे, और सुनने में आ रहे सभी विषयों का नवीन मूल्यांकन करें और देखें कि वे आपके नेटवर्क के ज्ञान-सागर में कुशलता, बुद्धिमत्ता और साधनों के अनुसार कहाँ अनुकूल होंगे. इस प्रवीणता को बढ़ाने का एक तरीका है अपने नेटवर्किंग के सन्दर्भों और उनके उत्पादनों, सेवाओं और विशेष क्षमताओं की सूची बनाना. उस सूची को प्रतिदिन पढ़ें, अद्यतन बनावें और सूची से सम्बन्धित कोई भी बात यदि सामने आती है तो उस पर तत्काल कार्यवाही करें.

अपने सम्पर्क के व्यापार से सम्बन्धित सारी शब्दावली को सीख लें. जब आप किसी की समस्या को, किसी और को सुलझाने के हिसाब से बता रहे हों और सम्भव समाधान की प्रतीक्षा कर रहे हों, ऐसे में दोनों पक्ष की शब्दावली का प्रयोग करने से आपकी असरकारकता बढ़ जाएगी. वह आपको सम्बन्धों को समझने में भी मदद देगा. मगर यथासम्भव सरल भाषा में साफ-साफ बोलें. सन्देश को संक्षिप्त और सार्थक रखें. अपनी बात को सहायता देने की शब्दावली से समाप्त करें.

सम्पर्क बनाएँ

यहाँ चार सर्वमान्य सिद्धान्त दिए जा रहे हैं जिनसे आपका नेटवर्किंग का सन्देश असरकारक ढंग से सामनेवाले तक पहुँचेगा और सार्थक प्रतिक्रिया होगी.

1. **व्यक्ति का ध्यान आकर्षित करें.** प्रश्नों को पूछकर उसमें अपनी दिलचस्पी दिखाएँ: ''आप कैसे हैं,'' ''कहाँ से आए हैं ?'' ''आप क्या करते हैं ?'' ''क्या आपने.... के बारे में सुना है ?'' ''क्या आप... को जानते हैं ?''

2. **दिलचस्पी जोड़ें** – उत्तरों की प्रतिक्रिया बतावें, मगर वार्तालाप को अपनी ओर न मोड़ें; सामनेवाले की अधिक जानकारी बाहर निकालें.

3. **उसमें डूब जाएँ –** ''छुआ, अनुभव किया और पा लिया'' का सूत्र व्यवहार में लाएँ. ''मैं जानता हूँ कि आपको कैसा लग रहा है, मुझे भी ऐसा ही लगा था, और मुझे यह पता चला था'' कहकर सामनेवाले के संकेत को खोजें, बाद में अपना इशारा बताएँ.

4. **नेटवर्क.** सब कुछ समेट लें. एक व्यक्ति की आवश्यकताओं या लक्ष्यों को अन्य व्यक्ति के साधनों, आवश्यकताओं अथवा लक्ष्यों से संयुक्त करके. जैसे : ''मुझे भी वैसा ही लग

रहा था, जब तक मैं जॉहन जोन्स से नहीं मिला था. यथार्थ में उसने मुझे मेरे लक्ष्यों को पाने में सहायता दी. फिर, वह आपको फोन क्यों न करे ? क्या कल शाम सुविधाजनक रहेगी?''

यह नेटवर्किंग का सर्वश्रेष्ठ नमूना है. आपका नया साथी अपनी समस्या का समाधान पाता है, आपके सम्पर्क को नया व्यवसाय मिलता है और आपको मित्रतापूर्ण, विश्वसनीय, ज्ञानी पुरुष का स्थान मिलता है जो सब-कुछ जानता है. आपका नाम और यश धीरे-धीरे अधिक-से-अधिक लोगों में परिचित होता जाएगा और व्यवसाय भी धीरे-धीरे स्वयमेव बढ़ने लगेगा.

नेटवर्कर का सर्वश्रेष्ठ गोला-बारूद

बॉब बर्ग

नेटवर्किंग के अवसर प्राय: प्रतिदिन आते हैं, असल में हर स्थान पर और हर समय. हर व्यावसायिक सम्मेलनों में, चॅम्बर ऑफ कॉमर्स की बैठकों में, गोल्फ के मैदान में, आपसी मुलाकातों में अथवा सुनियोजित नेटवर्किंग या अग्रणी आदान-प्रदान समूहों में.

मगर यह तो आरम्भ है. नए नेटवर्किंग सम्पर्कों और सम्भावित व्यक्तियों से मिलने की सम्भावना ऐसे स्थानों और समयों पर भी होती है जिसका हमने अनुमान भी नहीं लगाया था, अथवा हमने सोचा होगा कि नेटवर्किंग के लिए वह अनुकूल अवसर नहीं था.

ये नमूने कैसे हैं ? पीटीए की मीटिंग, रॅकेट बॉल का कोर्ट, नाइट स्कूल की कक्षा, शॉपिंग मॉल, हवाई जहाज, किसी तृतीय व्यक्ति द्वारा कराया गया आकस्मिक परिचय - सूची बढ़ती ही जाएगी. कितनी बार आपने स्वयं को ऐसे किसी स्थान में पाया है और आपको पूरा भरोसा था कि वहाँ कोई प्रच्छन्न व्यावसायिक सम्पर्क खोजे जाने के लिए आपकी राह देख रहा था. पर आपको यह भी तो अनुभव हुआ था कि नेटवर्किंग के लिए निश्चय ही भौंहें सिकोड़ी जाएँगी. उसे कुछ लोग... शायद आप भी, फूहड़ समझेंगे. अत: सोचकर रखें :

यदि आप ठीक से नेटवर्किंग कर रहे हैं, तो सामनेवाला वार्तालाप में आपसे भी ज्यादह आनन्द उठाएगा.

सबसे पहला काम आप जिससे मिलना चाहते हैं उससे अपना परिचय कराने का करें. निश्चय ही आप आक्रामक, त्रस्त अथवा बुझे दिल से यह काम नहीं करेंगे. न आप अपनी बाँहें पसारे, हाथ में अपना बिजनेस कार्ड लिए उस ओर बढ़ेंगे. जब पहली बार इस व्यक्ति से मिलें तो ये सब बातें सोचें रखें.

उसे आप अपना नाम बताएँ और दृढ़ – आक्रामक नहीं, हस्त दोलन दें. वह प्रतिक्रिया में अपना नाम बताएगा. फिर पूछें कि वह गुजारे के लिए क्या करता है. वह बताएगा और बदले में आपसे भी ऐसा ही प्रश्न पूछेगा. आप संक्षेप में बताएँ मगर लौटकर उसके व्यवसाय में अपनी रुचि दिखाएँ.

अब उससे उसका बिजनेस कार्ड माँगें. वह आपको दे देगा. यदि वह आपसे आपका बिजनेस कार्ड माँगे, तो उसे वह दें. ध्यान में रखें कि सबसे पहला मौका पाते ही वह उसे फेंक देगा. समझें कि या तो वह सीधे-सीधे फेंक दिया जाएगा, अथवा समय और सीमाओं के अनन्त पथ पर चलकर वह रोलोडेक्स क्षेत्र में समा जाएगा और फिर उस बारे में आप कभी भी न जान पाएँगे और न सुनेंगे. पर जैसा हमें पहले ज्ञात हुआ है, आपके व्यावसायिक कार्ड का उद्देश्य ही दूसरों को न देना, बल्कि *औरों के कार्ड पाना है.*

अगली कार्यवाही बहुत महत्वपूर्ण है.

परिचय के बाद, वार्तालाप के 99.99 प्रतिशत अंश को अन्य व्यक्ति और उसके व्यवसाय के बारे में पता लगाने में खर्च करें. अपने और अपने व्यवसाय के बारे में तनिक-सी भी चर्चा न करें.

क्यों ? क्योंकि इस अवसर पर सम्पर्क आपके अथवा आपके व्यवसाय के बारे में कोई फिक्र नहीं करते. तथ्यों का सामना करें : इस दुनिया में आपका व्यवयाय और मेरा व्यवसाय ही ऐसी चीजों हैं जिनके बारे में लोग रत्ती भर भी चिन्ता नहीं करते. सब ऐसा ही है. वे स्वयं के और अपने व्यवसाय के बारे में बातें करना चाहते हैं. उन्हें करने दें. इसी को कहते हैं तुम-केन्द्रित. अधिकांश व्यक्ति अक्सर मैं-केन्द्रित होते हैं.

क्या यह आपको अपने नेटवर्किंग सम्भावित ग्राहक के साथ अच्छा आरम्भ करने में सहायक होगा ? मुझे इस प्रश्न का उत्तर एक और प्रश्न पूछकर देने दें : क्या आप कभी किसी ऐसे व्यक्ति से वार्तालाप में मिले हैं जिसने आप ही को सारी बातें करने दी हों ? यदि हाँ, तो क्या बाद में आपने स्वयं से कहा है, ''वाऊ !'' कितना दिलचस्प संवादपटु व्यक्ति है. वास्तव में हम सभी ऐसा कर चुके हैं. क्या यह सच नहीं है कि हमें जो बहुत दिलचस्प व्यक्ति लगते हैं, वे वही होते हैं जो हममें बहुत दिलचस्पी लेते हैं ? शर्तिया, हाँ !

नेटवर्किंग से सम्बन्धित दस प्रश्न जो सदा काम करते हैं

मेरे व्यक्तिगत तरकश में दस तीर हैं, जो सदा अचूक वार करते हैं. वे तनिक भी खोजपूर्ण अथवा व्यावसायिक दृष्टिकोण के नहीं हैं. आपको पता चलेगा कि वे सभी मैत्रीपूर्ण और उत्तर देने में मनोरंजक हैं तथा वे लोगों के सोचने के तरीकों पर प्रकाश डालेंगे. आपको किसी वार्तालाप के बीच सभी दस को पूछने की न आवश्यकता होगी और न समय मिलेगा. फिर भी आप उन्हें आत्मसात कर लें. उन्हें भली प्रकार से जान लें ताकि उनमें के योग्य प्रश्नों को उस वार्तालाप और समय के अनुसार ढाल सकें.

ये हैं वे दस प्रश्न :

1. आप इस विजेट के व्यवसाय में कैसे आए ?

लोगों को दूसरों के मस्तिष्क में सप्ताह का विशेष चलचित्र बनना अच्छा लगता है. ''मैंने अपनी कॉलेज की पढ़ाई पूरी की, फिर डाक विभाग में काम लिया, फिर बा-बा-बा-बा और अन्त में विजेट बेचने के दिलचस्प काम में लग गया.'' उन्हें अपनी कहानी आपके साथ बाँटने दें और आप तन्मयता से उसे सुनें.

2. अपने व्यवसाय की कौन-सी बात आपको बहुत अच्छी लगती है?

फिर से, यह भी एक ऐसा प्रश्न है जो एक अच्छी, सार्थक भावना को प्रदर्शित करेगा और इससे आपको मनचाही सकारात्मक प्रतिक्रिया मिल जानी चाहिए जिसे आप ढूँढ़ रहे थे. अब तक तो आप उसे चैतन्य और अपने पक्ष का बना चुके हैं.

3. आपको और आपकी कम्पनी को कौन-सी वस्तु प्रतियोगिता से अलग करती है?

मैं इसे *ढींग मारने की अनुज्ञा माँगनेवाला प्रश्न* कहूँगा. ज़िन्दगी भर हमें अपने और अपनी उपलब्धियों के बारे में ढींगें न मारने की शिक्षा दी जाती है, फिर भी आपने इस व्यक्ति को पूर्ण स्वतन्त्रता दे दी कि वह आगे बढ़े और बोले.

4. आप विजेट का व्यापार आरम्भ करनेवाले को क्या सलाह देंगे ?

यह मेरा *आदर्श प्रश्न* है. क्या हम सभी शिक्षा-गुरु जैसा अनुभव नहीं करते हैं - क्या नहीं सोचते हैं कि हमारा उत्तर कितना निर्णायक है ? अपने नए नेटवर्क सहयोगी से यह प्रश्न पूछकर उसे आदर्श पुरुष की अनुभूति होने दें.

5. आप अपने व्यवसाय के साथ कौन-सा एक कार्य करना चाहेंगे, यदि जानते हैं कि असफल नहीं हो सकते हैं ?

यह वाक्यांश सुप्रसिद्ध ब्रह्मविज्ञानी तथा लेखक डॉ. रॉबर्ट शुलर का है जो पूछते हैं, ''आप अपने जीवन का क्या करेंगे, यदि आप जान गए हैं कि आप असफल नहीं हो सकते?'' हम सबों का एक सपना होता है, होता है न ? इस व्यक्ति का सपना क्या है ? प्रश्न उन्हें काल्पनिक बनने का अवसर देता है. उसे यह बात भी अच्छी लगेगी कि आपने उससे यह प्रश्न पूछकर उसका ध्यान रखा. आपको पता चलेगा कि इस प्रश्न का उत्तर देने से लोग सचमुच गम्भीर हो जाते हैं.

6. आपने अपने व्यवसाय के इतने वर्षों में कौन-से महत्वपूर्ण बदलाव देखे ?

कुछ अधिक उम्र के लोगों से ऐसे सवाल पूछना उचित रहता था क्योंकि उन्हें इस प्रकार के सवालों का उत्तर देना अच्छा लगता है. वे कॉम्प्यूटर-युग से गुजर चुके हैं जिसने फॅक्स

की मशीनों पर आधिपत्य किया था, उस परिवर्तन के काल से, जब सेवा का यथार्थ में कोई मतलब होता था.

7. आप विजेट के व्यापार में परिवर्तन की कौन-सी दिशाएँ देखते हैं ?

मैं इसे *अटकलबाजी का प्रश्न* कहूँगा. क्या लोग, जिन्हें टीवी पर अन्दाज लगाने को कहा जाता है, स्वयं को बहुत महत्वपूर्ण नहीं समझने लगते हैं ? आप उन्हें अवसर दे रहे हैं कि उन्हें अन्दाज लगाने और अपना ज्ञान आपके साथ बाँटने का मौका मिले. उन्हें आप स्वयं के बारे में अच्छा अनुभव करने का अवसर देते हैं.

8. आपने अपने व्यवसाय में जो भी अद्‌भुत अथवा हास्यास्पद अनुभव किया हो वह, कृपया हमें बताएँ.

लोगों को अपनी संघर्ष-कथाएँ कहने का मौका दें. प्रत्येक व्यक्ति ऐसा करना पसन्द करता है, है न ? क्या हम सबों के पास वैसे अनुभव नहीं होते जिन्हें हमने अपने व्यवसाय के आरम्भ में अनुभव किए थे और हम चाहते हैं कि लोग उन्हें जानें ? कुछ ऐसी अटपटी बात हुई थी जो बहुत अधिक व्याकुल और उलझानेवाली थी, पर आज, समझदार होने पर वही हास्यास्पद लगती है ? समस्या यही है कि अधिकांश लोगों को अपने इन अनुभवों को औरों के साथ बाँटने का अवसर नहीं मिल पाता. यथार्थ में, आप उस व्यक्ति का श्रोता बनने का उसे आमंत्रण दे रहे हैं.

9. आपने अपने व्यवसाय को फैलाने का सबसे सफल और असरकारक तरीका कौन-सा पाया था ?

आप फिर से एक बार सामनेवाले के दिमाग में सकारात्मक भावनाओं को जगा रहे हैं और उसके सोचने की प्रक्रिया को जानना चाह रहे हैं. फिर भी, यदि आप विज्ञापन के क्षेत्र में हैं, तो यह प्रश्न नहीं पूछें. मगर क्यों ? इसलिए, क्योंकि इस समय वह खोजी प्रश्न बनकर सामने आएगा और आपके सम्भावित नेटवर्कर साथी को भी वैसा ही प्रतीत होगा. यह प्रश्न आपको पूछना तो है ही, मगर बाद में.

10. आप अपने व्यापार करने के तरीके को, औरों के द्वारा, एक वाक्य में, किस प्रकार से कहा जाना पसन्द करेंगे ?

अक्सर, निश्चित रूप से, लोग रुककर, गहरा विचार करने के बाद ही इस प्रश्न का उत्तर देना पसन्द करते हैं. आपने उसका कितना बड़ा अभिनन्दन कर दिया है. आपने उससे एक ऐसा प्रश्न पूछा है जो उसके घनिष्ट मित्र भी उससे पूछने की नहीं सोच पाते.

आप कैसे पूछते हैं, इस पर निर्भर करता है

शायद आप यह भी सोचें कि सामनेवाला कहीं यह तो नहीं सोच रहा है कि आप उसके जीवन में कितना अधिक दखल दे रहे हैं और वह भी पहली भेंट में ही. उत्तर है नहीं, वह नहीं सोचेगा.

याद रखें, वैसे भी आपको अपने आरम्भिक वार्तालाप में कुछ से अधिक प्रश्न पूछने का अवसर नहीं मिलनेवाला है. मगर अधिक महत्वपूर्ण बात यह है कि लोगों को इस प्रकार के प्रश्नों का उत्तर देने में आनन्द आता है. यदि आप उनसे उन्हें उसी शब्दावली में पूछें, जिसमें मैंने गढ़ा है तो आप माइक वॅलेस बनकर नहीं उभरेंगे जो 60 मिनिटों तक साक्षात्कार लेता रहा. हम ऐसा परिणाम पसन्द नहीं करेंगे. ये प्रश्न आरम्भिक परिचय और सद्‌भाव की नींव रखने के लिए बनाए गए हैं.

इनके अलावा, दायरा बढ़ानेवाले प्रश्न हैं जो प्रभावपूर्ण ढंग से, दिए उत्तरों के क्षेत्र को बढ़ाते हैं. जैसे ये, "क्या सचमुच ? कुछ विस्तार से बताओ न ?" और वह आपको स्वयं से जोड़ लेगा.

इसके अलावा एक प्रतिध्वनि पद्धति भी है जिसे मेरे मित्र और सह-व्याख्याता जॅफ स्लुट्रसकी, जो हाउ टू गेट क्लायंट्स के लेखक भी हैं - ने मुझे सिखाया था. अपने नेटवर्कर साथी या सहयोगिनी को आगे भी बोलते रहने की प्रेरणा देने के लिए, उसके बोले अन्तिम कुछ शब्दों को दोहराना भर काफी होता है. जैसे,

एनपी (नेटवर्किंग प्रोस्पेक्ट): ".... और हमने उसे विस्तृत करने का विचार किया."

मैं : "आपने विस्तार का विचार किया ?"

एनपी : "हाँ, हमने सोचा कि आमदनी की बढ़ोतरी से हमारे बढ़े खर्च निकल आएँगे और हमारा प्रयत्न उचित रहेगा."

मैं : प्रयत्न उचित रहेगा ?"

एनपी : "हाँ, देखो न, यदि खर्च की रकम...."

जैसा कि जॅफ हमें सावधान करते हैं, हमें अपनी प्रतिध्वनियों की शब्दावली को हर बार सँवारना चाहिए, अन्यथा वह हमारी ओर देखकर कहेगा, "आप क्या हैं ? -नकलची ?"

एक प्रमुख प्रश्न जो नौसिखियों को कुशल खिलाड़ियों से अलग करता है

अगला प्रश्न इतना महत्वपूर्ण है कि वह सामनेवाले में परिचय के पुल स्थापित कर देगा, मानों आप उसके अपने हैं, और वह आप पर विश्वास करने लगेगा. इसे आराम से, गम्भीर होकर तभी पूछना चाहिए जब कुछ सौहार्द्र स्थापित हो चुका हो. प्रश्न यह है :

''मुझे कैसे ज्ञात होगा कि मैं जिससे बात कर रहा हूँ वह मेरे लिए अच्छा भावी ग्राहक साबित होगा ?''

आइए अब हम विचार करें कि यह प्रश्न सशक्त क्यों है. सर्वप्रथम, सिर्फ इस प्रश्न को पूछकर ही, आपने स्वयं को ढेर से अलग कर लिया है. यह इस बात का सर्वप्रथम इशारा है कि आप सुविशेष हैं. सम्भावना है कि आप ऐसे एकमात्र व्यक्ति हैं जिसने उससे इस प्रकार का प्रश्न पहले साक्षात्कार में किया है.

अपने जीवन्त सम्मेलनों में, जहाँ मैं हजारों की संख्या में उपस्थित लोगों को व्याख्यान देता हूँ, मैं उन लोगों को आमंत्रित करता हूँ कि वे आकर अपना उत्तर सबों को समझाएँ, जो उन्होंने कभी भी, कहीं भी, किसी से भी सुना हो. अक्सर कुछ ही हाथ प्रत्युत्तर में उठते हैं. कई बार तो एक भी नहीं !

आपने अभी-अभी उसे यह भी सूचित किया है कि आप उसके कुशल-क्षेम के बारे में चिन्तित हैं और उसकी सफलता में सहयोग देना चाहते हैं. अधिकांश व्यक्ति तब तक तो अपने सामान अथवा सेवा को बेचने का प्रयत्न आरम्भ कर चुके होते हैं, मगर आप ऐसा नहीं करते. आप सयत्न प्रयत्न करते और सोचते हैं कि उसकी सहायता कैसे की जाए.

आप समझ लीजिए कि आपके भावी ग्राहक के पास इसका उत्तर है. हाल ही में मैं एक गॅरी नामक व्यक्ति से बातें कर रहा था जो कॉपीइंग मशीनें बेचता है. मैंने उससे भी यही प्रश्न किया और उसने मुझे उत्तर दिया, ''जब भी मैं भविष्य में किसी ऑफिस की कॉपीइंग मशीन के पास से गुजरूँ, मैं उसके कचरे के डिब्बे को ध्यान से देखूँ और यदि वह बिगड़े पन्नों के कूड़े से लबालब भरा हो, तो समझ लें कि मशीन ठीक से काम नहीं कर रही है और इससे आपको यह इशारा मिल जाएगा कि आगे क्या करना चाहिए.''

क्या हम सबों के पास यह जानने के तरीके नहीं होते हैं कि कोई व्यक्ति अच्छा भावी ग्राहक है या नहीं, और इसे और लोग नहीं समझ पाते हैं. आज के बाद आप जिनसे भी मिलेंगे, वे आप के साथ अपने क्षेत्र की बातों को बाँटने को उत्सुक रहेंगे. और क्या आप नहीं जानते कि वे आपकी हार्दिक उत्सुकता का स्वागत करेंगे ? शर्तिया वे आपसे भी यही गम्भीर दिलचस्पी चाहेंगे.

पुन: वही प्रश्न पहला संकेत बनेगा कि आप खास, और औरों से अलग ऐसे व्यक्ति हैं जिसके साथ व्यवसाय करना बहुमूल्य रहेगा, फिर चाहे सीधे अथवा सम्पर्कों के माध्यम से. मेरी सलाह है कि आप उस प्रश्न के हर शब्द को शब्दश: जान लें जब तक कि वह आपके व्यक्तित्व का अंग नहीं बन जाता और आप उस प्रश्न को ''नींद में भी पूछ सकें.''

वह प्रश्न आजीवन आपको सम्पन्न बनाएगा.

एंडलॅस रॅफरॅल्स से लिए उपरोक्त अंश की अनुज्ञा ली गई है.

सन्दर्भ पाने के लिए कौन-सी सूक्ति काम में लावें

मार्क शीर

"मैं अपना व्यवसाय बढ़ा रहा हूँ और मुझे आपकी सहायता चाहिए. आप किसे जानते हैं जो..... ?"

आप भूलकर भी इस वाक्यांश के शब्दों को न बदलें. इन्हें अनेकों बार व्यवहार में लाया जा चुका है और वे सफल हुए हैं. अन्य अनेकों अभिव्यक्तियों को प्रयोग में लाया जा चुका है और वे यथेष्ट कारगर नहीं हुईं. अत: उनका उपयोग करके अपना समय नष्ट न करें. एक बार आप इस नई वाक्यावली के अभ्यस्त हो जावेंगे तो अपने परिचित से सन्दर्भ के बारे में पूछने में सरलता रहेगी. मात्र पूछें :

"आप किसे जानते हैं जो.... ?" क्या यह आपको कुछ विचित्र लगता है ? इसे बोलना क्या आपको अस्वस्थ बना देता है ? वह सब चलेगा. मैं समझ सकता हूँ कि आपको कैसा लग रहा होगा. मेरे अनेकों विद्यार्थियों को भी वैसा ही लगा था और वे उसे बदलना चाहते थे, मगर उन्हें शीघ्र ही पता चल गया कि यह वाक्यांश जादू की तरह से काम करता है और उन्होंने निश्चय किया कि तब तक कुछ असुविधाजनक अनुभव करना चलेगा जब तक कि वह उनका दूसरा स्वभाव नहीं बन जाता और उन्हें विचित्र लगना बन्द नहीं हो जाता.

"आप किसे जानते हैं जो...." यह एक तलिए बिना का प्रश्न है. यदि आप सन्दर्भों के लिए पूछ रहे हैं और सार्थक सन्दर्भ नहीं मिल रहे हैं तो आप सम्भव है बन्द-रास्तों के प्रश्न कर रहे हैं. उसे रोक दें और क्षणभर के लिए सोचें कि आप इस समय सन्दर्भों के लिए किस प्रकार से प्रश्न पूछते हैं, जैसे "क्या आप किसी को जानते हैं जिसे अपने घर के ऋण को पुन: प्रबन्धित - री-फिनेंस कराना है ?"

इस प्रकार के निश्चित-अन्त और सीमित पहुँच के प्रश्न सम्पर्क को लुभाते हैं कि वह, सोचे बिना तत्काल नकारात्मक उत्तर दे दे.

"वैसे, मुझे तो अब तक किसी ने कहा नहीं है कि उन्हें पुन: ऋण चाहिए है, अत: मैं तो कहूँगा - नहीं."

आप प्रत्युत्तर देंगे,

"ओह ! ठीक है, फिर भी धन्यवाद."

और वार्तालाप समाप्त हो गया.

इस सहजप्रेरित "न" के प्रत्युत्तर से बचने के लिए आपको खुले-मार्ग का रास्ता चुनना

होगा. विक्रय कर्मियों को सदा बिना-अन्त के प्रश्नों को पूछने की आदत डाल लेनी चाहिए ताकि मानव-कम्प्यूटर सदा उनके पक्ष में कार्य करे. अन्तबिना के प्रश्न वे होते हैं जो कौन, क्या, कहाँ, क्यों, कौन-सा, तथा कैसे से आरम्भ होते हैं. इन प्रश्नों का एक साधारण ''ना'' द्वारा उत्तर देना कठिन होता है. प्रत्युत्तर में एक लम्बे जवाब की आवश्यकता पड़ती है, और हम उसी की राह देख रहे होते हैं. मस्तिष्क स्वयमेव उत्तर खोजने लगता है.

''मैं अपना व्यवसाय बढ़ा रहा हूँ और मुझे आपकी मदद चाहिए. आप किसे जानते हैं जो ....?. ''

यह अन्त बिना का वाक्यांश अनेकों सम्भावनाओं की ओर इंगित करता है. सर्वप्रथम, आप जिससे बात कर रहे हैं, उसे स्वयं के बारे में विचार करने को प्रेरित करेगा, बिना उनसे सीधे-सीधे पूछे कि क्या उन्हें आपकी सेवाओं की आवश्यकता है ? फिर, यदि वे आपकी श्रेणी में नहीं समाते हैं तो वह प्रश्न उन्हें सोचने को प्रेरित करेगा कि क्या वे किसी ऐसे व्यक्ति को जानते हैं जो इसके योग्य है. इसके अलावा, एक नए वाक्यांश को काम में लाने से आनन्द आता है. लोग विस्मित होते हैं, वे ध्यान देते हैं और यथार्थ में सोचने का यत्न करते हैं कि क्या वे किसी ऐसे व्यक्ति को जानते हैं जिसे.... *आपकी सेवाओं की जरूरत है.*

आह ! पर रुकें, आप उन्हें कुछ और आगे तक सहायता करेंगे. अत: शायद वार्तालाप इस प्रकार से आगे बढ़े :

''सॅली, सुनो तो.... ''

''*क्या तुम किसी ऐसी महिला को जानती हो* जिसे हाल ही में बच्चा हुआ हो ?

''*क्या आपको किसी की याद आ रही है* जिसने कहा हो कि उसके बीमे की दरें बहुत ऊँचीं हैं ?''

''*क्या आप किसी को जानते हैं* जो निकट भविष्य में निवृत्त होनेवाला हो ?''

''*क्या आपको किसी का स्मरण है जिसने* कहा हो कि उनका रिटायरमेंट प्लान उनके लिए यथेष्ट नहीं रहेगा और इसकी उन्हें चिन्ता हो रही है ?''

''*क्या आप किसी को जानते हैं* जो अपने टेक्स के दंश से पीड़ित है और उसकी शिकायत कर रहे हैं ?''

इस समय उनकी अधिक-से-अधिक सहायता करें. केन्द्रित रहें. जिन्हें जानते हैं उनका सुझाव दें और *निश्चित* शब्दों और वाक्यों का प्रयोग करें. सम्भव है कुछ को आपके उत्पाद या सेवाओं की जरूरत पड़े.

''सम्भव है जिनके साथ आप व्यवहार करते हैं, उनमें से कोई अथवा मित्र या रिश्तेदार, कोई और जिसने उल्लेख किया हो कि वे जल्द ही स्थान-परिवर्तन कर रहे है; शायद आपका कोई पड़ौसी या चर्च का परिचित ?''

आपको करना यही है कि आप अपने प्रश्नों के साथ अधिक ''व्यापक'' बनें. अधिक

कठोर प्रश्न न पूछें जो सीमाओं से बँधे हों. ऐसे प्रश्न करें जो सम्पर्क को *सोचने* को प्रेरित करें और जो आपकी सेवाओं को अपने में समाए हुए हों, साथ-ही-साथ आपके नेटवर्किंग साथी की सेवाओं को भी अपने में समाविष्ट किए हों ताकि आप आपस में सम्पर्कों का आदान-प्रदान कर सकें. अपने ग्राहकों की विगत देकर उनकी मदद करें और *सदैव* हर प्रश्न को ''आप किसे जानते हैं जो...?'' से आरम्भ करें. अपने समूचे ग्राहकों की सूची को बारबार देखें, जब तक कि आपको प्रेरणा न मिले.

''*क्या आप किसी को जानते हैं जो* शीघ्र ही सेवा-निवृत्त होनेवाला हो ?'' अत: उसे छोटे घर, आर्थिक सलाह या पुन: वित्त की आवश्यकता हो.

''*क्या आप किसी का जानते हैं,* जिसका हाल ही में एक्सीडेंट हुआ हो ?'' इसलिए, सम्भव है उसे पाद-चिकित्सक, विधि-ज्ञाता या कार-रिपेयरर की जरूरत हो.

''*क्या आप किसी को जानते हैं* जिसने कहा हो, उनका घर बहुत खण्डहर जैसा है ? अत: उन्हें रंग-रोगन, गलीचे, नई रूप सज्जा या पर्दों की जरूरत पड़े.

''*क्या आप किसी को जानते हैं जिसने* कहा हो कि उनका कर-निर्धारण बिल्कुल अस्तव्यस्त है. शायद उन्हें अच्छे बही-खाते लिखनेवाले और कर-निर्धारक की जरूरत हो.

''*क्या आप किसी को जानते हैं जिसने* अपने घर के पिछवाड़े की दुर्दशा के बारे में चर्चा की हो ? सम्भव है उन्हें उसके रख-रखाव करनेवाले की, निजी झरने और तरण-ताल बनानेवाले की आवश्यकता हो.

''*क्या आप किसी को जानते हैं जो* अपने बहुत सारे बिलों की शिकायत कर रहा हो ? सम्भव है उसे वित्त-व्यवस्थापक, ऋण-नियामक और कर-निर्धारक चाहिए हों.

क्या आप किसी को जानते हैं जो अभी-अभी आपके क्षेत्र में रहने आया हो ? सम्भव है वे अच्छे हेयर ड्रेसर, नाई, डेंटिस्ट, कपड़े बेचनेवाले, गलीचे की सफाई करनेवाले को ढूँढ़ रहे हों. शायद आपका कोई उत्पादन भी उन्हें काम आए ?

यदि आपके सम्पर्क से किसी ने उपरोक्त में से कोई भी बात की हो – वाह-वाह ! क्या बात है ! आपको सन्दर्भ मिल गया ! अधिकांश विक्रय-कर्मियों की बातचीत बहुत सामान्य होती है और उनसे सार्थक परिणाम नहीं निकलते हैं. आप अपने केन्द्रित प्रश्नों के माध्यम से लोगों को सोचने को प्रेरित करके उनकी सहायता करना चाहते हैं. मुँदे-द्वार के प्रश्नों को न पूछकर आप उड़ान-योग्य प्रश्न पूछते हैं और सामनेवाले की 'न' बोलने की सहज प्रवृत्ति को रोक देते हैं, उसे कुछ और सोचने की प्रेरणा देते हैं.

उपरोक्त, रॅफेरल्स से लिए अंश की अनुज्ञा ली हुई है.

12

सम्बन्धों की स्थापना और प्रबन्धन

सम्बन्ध नेटवर्किंग में प्रयुक्त होनेवाली मुद्रा है. आप सम्बन्ध प्राप्त करते हैं ताकि अपने लक्ष्यों को पा सकें; आप सम्पर्कों की जानकारी अपने सहकर्मी नेटवर्कर को देते हैं ताकि वह भी अपने लक्ष्य पा सके और आपको सदैव याद करे और अवसर पर आपकी मदद करे तथा आपकी सहायता का ऋण उतार सके. सम्बन्ध प्राप्त करने और उन्हें बनाए रखने की कला तथा शिल्प अगले चार लेखों का विषय है. रॉबिन हेंडरसन आपको सम्पर्कों और नेटवर्क की गति-विधियों को व्यवस्थित रखने की रूपरेखा बताते हैं; डॉन मॉर्गन नए आधुनिक यंत्रों की जानकारी देते हैं जिनके द्वारा आप अपने सम्पर्कों और उनकी गति-विधियों पर नज़र रख सकते हैं; इयान पेंडलबरी तीन प्रकार की प्रमुख विशेषताओं के बारे में बताते हैं जो सम्पर्कों की सूचनाओं के बीच होती हैं; और रॉबिन हेंडरसन लौटकर आते, बताते हैं कि बिजनेस के लिए हम अपने संकलित कार्डों का सर्वोत्तम उपयोग कैसे कर सकते हैं, जिन्हें हमने समारम्भों-सभाओं में संकलित किया था.

नेटवर्किंग की दैनिक योजना

रॉबिन हेंडरसन

सफल नेटवर्कर सुनियोजित होते हैं. प्रतिदिन नेटवर्किंग में तीस मिनिटों का निवेश एक मूल्यवान समय-सम्पादन है. क्या आप प्रतिदिन तीस मिनिट इस काम के लिए नहीं निकाल सकते ? स्वयं से पूछें :

मैं ऐसा क्या कर रहा हूँ जिसे करना अयोग्य है ?
मैं क्या कर रहा हूँ जिसे कोई और कर सकता था ?
मैं आज किस काम का नेतृत्व करूँ ?
मैं क्या कर रहा हूँ जिसे और कुशलता से किया जा सकता था ?
मैं क्या रहा हूँ जिससे औरों का समय नष्ट होता है ?
उस समय के विनाश को कम करने के लिए मुझे क्या करना चाहिए ?

जब आप अपने समय का आकलन करते हैं और उसकी असरकारकता पर ध्यान देते हैं तो ताज्जुब करते हैं कि आप वे अतिरिक्त तीस से साठ मिनिट कहाँ से निकाल पाएँगे, जिससे नेटवर्किंग कार्य कर सकें, अत: ऊपर दी सूची पर फिर से दृष्टि डालें. सम्भव है आपके सहकर्मी उन प्रश्नों पर अपना मन्तव्य और उत्तर देना चाहें. अक्सर वे वस्तुओं को नए दृष्टिकोण से देखते हैं....

अपने नेटवर्किंग के समय पर नजर रखें; समय का 50 प्रतिशत नए ग्राहकों पर और 50 प्रतिशत पुराने सम्पर्कों पर खर्च करें. हमें दोनों ओर ध्यान देना पड़ेगा तभी हम उसे पूर्णता से प्राप्त कर सकेंगे. आज अनेकों अग्रणी कम्पनियाँ इसी सिद्धान्त पर काम कर रही हैं और अपनी विज्ञापन की राशि का 50 प्रतिशत वर्तमान ग्राहकों को बताने में व्यय करती हैं कि वे उन्हें कितने प्रिय हैं और शेष 50 प्रतिशत धन नए ग्राहकों को आकर्षित करने में. दुर्भाग्यवश जो संस्थाएँ और व्यवसाय अपना सारा ध्यान नए व्यवसाय की ओर लगाते हैं उनके पुराने ग्राहक क्रमश: छूटते जाते हैं और वे व्यापारहीन हो जाते हैं...

आपके 15 से 60 मिनिटों के समय संसाधन का नेटवर्किंग कार्यक्रम इस प्रकार से होना चाहिए :

1. आप अबाध समय देवें मानों उस समय किसी विशिष्ट व्यक्ति के साथ हैं. नेटवर्किंग सबसे मूल्यवान वस्तु है क्योंकि आप अपने जीवन के सबसे महत्वपूर्ण व्यक्ति हैं. यदि नहीं हैं, तो क्यों नहीं हैं ?

2. अपने ''बचे समय'' का सदुपयोग करें, साक्षात्कारों पर समय से पहले पहुँचे, कार

तारीख : ______________________ दिन : ______________

दैनिक समय-नियोजन फलक

आज के अग्रणी कार्य : आबंटित समय :

1. ______________________ ______________
2. ______________________ ______________
3. ______________________ ______________
4. ______________________ ______________
5. ______________________ ______________

आज के फोन-कॉल्स :

____

____

____

कल के कॉल्स और करणीय कार्य :

____

____

____

में कुछ अतिरिक्त समय बिताएँ ताकि अवश्यक लघु-पत्र तैयार कर सकें. यहाँ-वहाँ से बचाए समय का योग घंटों हो सकता है. आप अपने ग्राहकों को जितना अधिक महत्व देंगे, आपका व्यवसाय उतना अधिक फैलेगा.

3. जन्म-दिन के कार्डों को लिखने के लिए एक विशेष दिवस प्रति माह नियत करें. लिफाफों पर पेंसिल से अंकित कर दें ताकि उसे समय पर पोस्ट करके, नियत अवसर पर पहुँचाया जा सके.

4. अपने क्रिसमस कार्डों को पहले ही छपवा लें. उन पर व्यक्तिगत सन्देश लिखना आरम्भ कर दें बजाय सिर्फ अपनी कम्पनी के नाम-पते के. यही छोटी-छोटी बातें असर डालती हैं. निज व्यक्तित्व का स्पर्श लेकर लिखे कार्ड, जिनमें गोल्फ, अपंग का उल्लेख, क्रिसमस की छुट्टियों का कार्यक्रम अथवा घर के नवीनीकरण की सूचनाएँ, टेबल पर रखे अन्य कार्डों के ढेर में आत्मीयता के कारण अपना अलग ही स्थान बनावेगा.

5. अपनी डायरी अथवा ब्रीफकेस में ''धन्यवाद'' के लघु-पत्र सदैव रखें. ग्राहक का ऑफिस छोड़ते समय, कुछ समय बाद, ''आपने जो अपना बहुमूल्य समय मुझे दिया, उसके लिए धन्यवाद !'' का लघु-पत्र लिखकर ऑफिस लौटते समय पोस्ट करना न भूलें.

6. अपने कार्य को सुचारु बनाने के लिए प्रवीण नेटवर्करों को काम पर रखें. महान् खिलाड़ी जानते हैं कि किसी संस्था के विकास के लिए नेटवर्किंग की योग्यता कितनी अधिक महत्वपूर्ण है. दुनिया में सिर्फ दो ही प्रकार के व्यक्ति होते हैं - एक वे जिन्हें आप जानते हैं और दूसरे वे जिन्हें आपने अब तक नहीं जाना है. आपके स्टाफ के कुछ लोग, सम्भव है, कुछ उन लोगों को भी जानते हों जिनसे आप मिलना चाहते हैं. उनसे पता करें.

7. उन वस्तुओं को सूचीबद्ध करना आरम्भ करें जिन्होंने अपनी ग्राहक-सेवा के द्वारा आप पर प्रभाव डाला है. जब भी आपको उत्तम ग्राहक-सेवा का अनुभव हो, उस कम्पनी को धन्यवाद का पत्र लिखें और उसमें अपना बिजनेस कार्ड रखना न भूलें.

8. पोस्ट द्वारा भेजे हर सामान के साथ अपना बिजनेस कार्ड अवश्य रखें - अपने क्रेडिट कार्डों का भुगतान, बिजली के बिलों का भुगतान, माँग-पत्र, धन्यवाद कार्ड्स आदि. याद रखें, आपके विजिटिंग कार्ड्स आपके मौन विज्ञापन हैं; विक्रयकर्मी हैं. सुनिश्चित करें कि वे आपके लिए काम में लगे रहें.

9. स्टेशनरी थोक में खरीदें. हाथ में कार्डों का बने रहना बहुत आवश्यक है. यदि हर बार आपको बाहर जाकर ''धन्यवाद'' का कार्ड खरीदना पड़े तो सम्भव है आप उसे करना बन्द ही कर दें. अनेकों छपाई वालों को लोगों की व्यक्तिगत आवश्यकता की वस्तुएँ छापने में आनन्द आता है, जो आपकी नेटवर्किंग की जरूरतें पूरी करेगा.

10. प्रतिदिन समाचार पत्रों को पढ़ें और जिन वस्तुओं को आप पसन्द करते हैं उनके उपलब्धकर्ताओं को बधाई-कार्ड भेजें, फिर भले ही आप उन्हें जानते हों या नहीं. व्यवसाय

सदा नए स्थान अथवा स्थिति में होता है, वह खेल-कूद हो या राजनैतिक स्थानान्तरण, और आप उसके लिए समय निकालकर उन्हें याद कर रहे हैं.

11. आपको जब व्यवसाय न मिले, तब भी धन्यवाद का कार्ड अवश्य भेजें. मैं अपनी बात दोहराऊँगा, जब व्यापार न मिले, तब भी उन्हें आभार प्रदर्शित करें, आप अपने प्रतियोगियों से अलग ही खड़े नजर आएँगे. ठीक है, आप इस बार व्यवसाय नहीं पा सके, पर हो सकता है इस बार का सफल व्यवसायी उस माँग को पूरा न कर पाए. फिर कौन होगा जिसे ऑर्डर मिलने की सबसे अधिक सम्भावना होगी ? वही जो अपने विशेष कार्यों को करने के कारण भीड़ से अलग उभरकर सामने आया है.

हाउ टू मास्टर नेटवर्किंग *से उपरोक्त अंश की अनुमति ली हुई है.*

स्वर्ण-युग में सम्पर्कों को कैसे साधें ?

डॉन मॉर्गन

अधिक दिन नहीं हुए जब नेटवर्किंग की शक्ति पर व्याख्यान देने के बाद, मुझे एक मालिश-चिकित्सक मिलीं जो अपने नेटवर्क तंत्र द्वारा बहुत सफल व्यवसाय कर रही थीं और नए-नए सम्पर्क पा रहीं थीं. मगर अब वे चाह रही थीं कि एक राष्ट्रीय स्तर की संस्था बनाई जाए जिसके द्वारा प्रवेश को प्रोत्साहन मिल सके. अपने इस नए काम से वे प्रोत्साहित भी थीं और पुरस्कृत भी. उन्होंने जानना चाहा कि इस प्रकार के नए संस्थान को आरम्भ करने के लिए क्या करना चाहिए ?

मैंने उन्हें सुझाव दिया के वे अपने व्यावसायिक नेटवर्क के माध्यम से देशभर के उन लोगों का पता लगाएँ जो उन-जैसी ही रुचि रखते हैं. यह आश्चर्यजनक रूप से सरल रहेगा. अपने व्यावसायिक नेटवर्क के कारण, वे अथाह सम्पर्कों से मात्र एक ही कदम दूर थीं. और कोई भी व्यक्ति उस तंत्र-ज्ञान का उपयोग करना चाहेगा जो क्रिया को सरल, शीघ्र और मनोरंजक भी बनाता है.

सम्पर्कों को पाना सरल था, मैंने उनसे कहा. नामों को पाने के बाद ही असली काम आरम्भ होता था. हर नेटवर्कर के लिए सब कुछ इसी प्रकार से होता है. चुनौती होती है उन नामों को उस प्रोग्राम में बदलना जो आपकी माँग पूरी कर सके.

यह मूल रूप से चार खण्डों में विभाजित रहता है :

1. सम्पर्कों को तर्क-संगत श्रेणियों में विभाजित करना ताकि उन्हें सरलता से पुन: प्राप्त किया जा सके.

2. पीछे पड़े रहकर उसे हमेशा अद्यतन बनाते रहें.
3. पद्धति को निरन्तर सुधारते रहें और अपने सम्पर्कों को, आवश्यकतानुसार सहयोगी सम्बन्ध बनाते रहें.
4. इन समस्त नए नेटवर्क सहयोगियों को एक आरम्भिक नेटवर्क में शामिल करें जिसका निर्माण किसी तात्कालिक कार्यवाही या योजना के नियत कार्यों के लिए किया गया हो.

इसके लिए आप उस पद्धति को काम में ला सकते हैं जिसे मैं ''एबीसी'' तरीका कहता हूँ. इसके सम्पर्कों के अन्तर्गत आप ''ए'' श्रेणी के उन सम्पर्कों को रखें जो तत्काल क्रियाशील बन सकते हैं और तीव्र होते हैं. ''ब'' श्रेणी में वे व्यक्ति आते हैं जिनके साथ आप लम्बे समय तक महत्वपूर्ण सम्बन्ध बनाए रखने की इच्छा रखते हैं. और ''सी'' श्रेणी के लोगों को आप औरों के साथ *सम्बन्धित* करना चाहते हैं ताकि नेटवर्किंग में दोनों पक्षों का लाभ हो.

शुभ समाचार यह है कि पिछले दस वर्षों में, सम्बन्ध-स्थापन और व्यवस्थापन कला बढ़कर विज्ञान बन गई है. अब पद्धतियाँ विकसित हो चुकीं हैं जिससे आप सम्बन्धों को विकसित करके उन्हें नियमित कर सकते हैं ताकि वह आपको प्रतियोगितात्मक धार देकर नेटवर्क की अन्तर्निहित शक्तियों को कार्यरत कर सके – चाहे जिस इच्छित फल को पाने के लिए. इस क्षेत्र में आपकी सहायता के लिए अब राष्ट्रीय और अन्तर्राष्ट्रीय केन्द्र खुल गए हैं.

अब अनेकों नई सम्बन्ध-नियंत्रण प्रक्रियाएँ इस पद्धति को कुशल, सुलभ और आनन्दप्रद बना रही हैं. जो भी कोई प्रवीण नेटवर्कर बनना चाहता है उसमें इन गुणों का होना आवश्यक है :

1. फेक्स. यह एक अकेला यंत्र भी हो सकता है अथवा आपके काम्प्यूटर में सन्निहित भी. दोनों प्रकार का होना अधिक अच्छा रहेगा. अकेले यंत्र से फेक्स सन्देशों को पाना अथवा अड़चन के समय काम में लाना ठीक रहेगा और कॉम्प्यूटर फेक्स से प्रसारण करना. इसके लिए एक समर्पित, अलग लाइन रखने से लोग आपसे आसानी से सम्पर्क कर सकेंगे.

2. ई-मेल. सन् 1997 के बाद से, ई-मेल के बिना मास्टर नेटवर्कर बनना शाब्दिक रूप से असम्भव हो गया है. भू-मण्डल सिमट गया है और नेटवर्क्स फैल गया है. ई-मेल तथा ब्रॉडकास्ट ई-मेल, आधुनिक नेटवर्कर्स का सबसे सक्षम संवादिता का साधन बनकर उभरा है.

3. पीडीएज़. पर्सनल डिजिटल असिस्टेंट्स – ये हाथ में लेकर काम में आनेवाले इलेक्ट्रोनिक कोन्टेक्ट मॅनेजर्स होते हैं जो कॉम्प्यूटरों से इंटेग्रेट और सिंक्रोनाइज्ड रहते हैं और सैकड़ो सन्दभों से तत्काल सम्पर्क कराते हैं. नवीनतम पीडीए आपके लिखे नोट्स को भी पढ़ लेते हैं, मुलाकातों के बारे में जान जाते हैं, सूचनाओं के अनुसार कार्य करते हैं और आपके कॉम्प्यूटर में उन्हें अपलोड कर देते हैं ताकि आप भविष्य में भी उन्हें काम में ला सकें. पीडीए

बहुत शीघ्रता से अपने निम्नश्रेणी के पूर्वजों का स्थान लेते जा रहे हैं जैसे, कार्ड इंडेक्स और एपोंइन्मेंट कॅलेंडर्स और उनमें इतनी अधिक बहुविध क्षमताएँ हैं कि कुछ वर्ष पूर्व उसे विज्ञान-कथा समझ लिया जाता - विशाल डाटा-शक्ति, ग्राफिक्स, हस्तलेखन परिचय, फोन तथा फॅक्स की क्षमताएँ और वायरलेस की इंटरनेट की क्षमता भी.

4. वाइस मेल. अब लोग त्वरित प्रत्युत्तर की आशा करते हैं, भले ही आप अपने फोन से दूर हों. सम्मुख वार्तालाप हमेशा अच्छा रहता है और उसके बाद नम्बर आता है आवाज का, मगर जब आप और सामनेवाला एक-दूसरे से फोन पर बातें नहीं कर सकते हैं तो अपने सन्देश को भेजने और उसका उत्तर पाने - दोनों कार्यों के लिए वाइस-मेल का प्रयोग होता है. संक्षिप्त और सारगर्भित सन्देश प्रसारण की कला सीख लें.

5. मोबाइल फोन अथवा इलेक्ट्रॉनिक पेजर. आपकी जिम्मेदारियों और कर्तव्यों पर आश्रित रहता है कि लोग आप से तत्काल अथवा कुछ ही घंटों में सम्पर्क करें. अत: आपको भी शीघ्र संवादिता के गुणों को समझना चाहिए.

6. इंटरनेट की साइट. आपकी स्वयं की वेबसाइट होना विज्ञापन का श्रेष्ठ उपाय है. आप अपने लक्ष्यों, उपलब्धियों, रुचियों, नेटवर्क्स और कुशलताओं के बारे में इंटरनेट में जानकारी दे सकते हैं. सम्भावित ग्राहक जो मौखिक शब्दों के द्वारा आपके बारे में जानकारी पाते रहे हैं, अब वे आपकी साइट के द्वारा आपके बारे में जान सकते हैं और अपने बारे में विवरण भेज सकते हैं. ऑन लाइन चॅट रूम्स एक नए प्रकार की वैश्विक वार्तालाप की सुविधा दे रहे हैं.

नए वैज्ञानिक साधन नए तरीकों से अधिक, कुशल और प्रभावशाली नेटवर्क करने में हमें सक्षम बना रहे हैं. अब मेहमानों की सूची अथवा पश्च-पत्रों को लिखने में समय नष्ट करना जरूरी नहीं है. अब आपका सम्पर्क-व्यवस्थापक शीघ्रता से, अधिक कुशलता से संचित नामों को श्रेणी बद्ध करके, पुन: प्रयोग में ला सकता है और पत्र को, फॅक्स, ई-मेल में परिवर्तित करके तुरन्त भेजकर आपको और कुछ करने के लिए घंटों का अतिरिक्त समय दे सकता है ताकि आप अपनी मुकाबले की धार को अन्यत्र काम में ला सकें.

सुझाव, पथ-प्रदर्शन और सम्पर्क-सूत्र

आयन पेंडलबरी

अच्छे नेटवर्किंग का मध्य-बिन्दु है कि यदि हम औरों को अच्छा व्यवसाय दिला सकेंगे तो बदले में हमें भी अच्छे व्यावसायिक सम्पर्क

मिलेंगे. अनेकों को व्यापार का यह निश्चित तरीका कुण्ठित करनेवाला लगता है, क्योंकि वे अवसरों को ठीक से काम में नहीं ला पाते हैं और उन सम्भावनाओं को वे यथार्थ व्यापार में नहीं बदल पाते हैं.

आप अपने परिणामों को अच्छा बना सकते हैं यदि आप उसे अपने सम्पर्क को देने से पहले इन दो प्रमुख बातों पर ध्यान दें :

- यह जो अवसर है क्या वह सुझाव है, पथ-प्रदर्शन है अथवा सम्पर्क-सूत्र है ?
- इसका प्राप्तकर्ता उसे ठीक से सँभालकर क्या उस अवसर पर प्रभावशाली कार्यवाही कर सकेगा ?

अलग लोगों के लिए अलग प्रहार

एक नेटवर्कर दूसरे नेटवर्कर को तीन प्रकार की सूचनाएँ देता है - सुझाव, मार्गदर्शन तथा सम्पर्क-सूत्र. सभी महत्वपूर्ण हैं और नेटवर्कर के शस्त्रागार में सभी प्रमुख होते हैं. मगर प्रत्येक को अलग प्रकार से काम में लाना चाहिए और कोई भी ठीक से नहीं जानता कि तीनों का प्रयोग असरकारक तरीके से कैसे करना चाहिए. अत: यदि आप कोई व्यावसायिक सम्भावना को किसी को सौंपना चाहते हैं तो आपको ज्ञात होना चाहिए कि वह किस प्रकार का अवसर है और उसे सर्वोत्कृष्ट तरीके से कौन काम में ला सकेगा.

सुझाव सबसे साधारण, कम-से-कम जानकारी देनेवाले संकेत होते हैं जो किसी अवसर के बारे में बताते हैं. इस बारे में आप अफवाहों अथवा सुनी बातों या सीमित लोगों या गुप्त सूत्रों से जान पाते हैं. जाननेवाले को बात की सच्चाई का पता लगाने के बाद उसे यथार्थ व्यावसायिक अवसर में बदलने का प्रयत्न करना चाहिए. अक्सर सुझाव से संलग्न व्यक्ति आपके सक्रिय होने की बात को नहीं जानता है अत: हमें स्वयं ही आगे बढ़कर सम्पर्क करना चाहिए. अत: उन्हीं लोगों को सुझाव दें जो आगे खोज करने के लिए तत्पर हों.

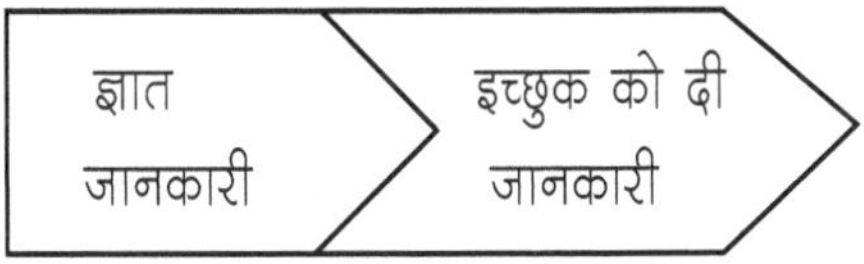

पथ-प्रदर्शन सुझाव ही की तरह के होते हैं, पर कुछ विस्तृत होते हैं. उन्हें ज्ञात अवसर भी कहा जाता है. आपके पास देने के लिए उच्च कोटि की सूचनाएँ होती हैं यथा, विशेष उत्पादन, मूल्य-निर्धारण और उनके व्यवसाय क्षेत्र में प्रवेश का समय और उनसे सम्बद्ध व्यक्तियों के नाम आदि. अग्रिम जानकारी से जुड़ा व्यक्ति सम्भव है जाने अथवा न भी जानता

हो कि आपने उसके बारे में और किसी को सूचनाएँ दी हैं और वे एक से अधिक सम्भावित प्रबन्धक लोगों में आगे फैल सकती हैं.अत: इसके लिए शान्त आगामी खोज की आवश्यकता होती है. आपने जिस व्यक्ति को सूचना दी है उसे सम्बन्धित विषय के बारे में अधिक-से-अधिक जानना चाहिए ताकि प्रतियोगिता कर सके.

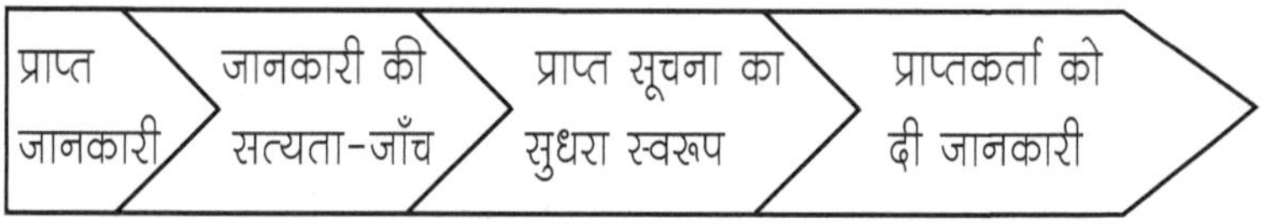

सम्पर्क–सूत्र आज के व्यावसायिक युग में अवसर सबसे मूल्यवान हैं; इन्हीं के कारण मौखिक शाब्दिक व्यवसाय सफल बनकर उभरा है. सम्पर्क का उल्लेख एक परिचित व्यक्ति की व्यक्तिगत प्रशंसा होती है जो किसी को सन्दर्भित व्यक्ति के किसी कार्य के योग्य बनाती है. वह पूरी तरह से निजी होती है. आप किसी काम के लिए एक से अधिक व्यक्ति को अनुशंसित नहीं करते हैं. इसमें अनुत्तरित फोन–कॉल्स नहीं होते हैं क्योंकि जो सन्दर्भित व्यक्ति है वही सम्पर्क करता है. बिक्री का काम भी कम–से–कम होता है. सन्दर्भित व्यक्ति प्राणवान, विश्वसनीय होता है और तीनों - सन्दर्भ देनेवाला, स्वयं व्यक्ति और प्राप्तकर्ता - पूरी तरह से अवसर के बारे में जानते हैं कि कैसे और कौन–सा व्यापार करना है. इन सबों के कारण सन्दर्भित व्यक्ति नए व्यवसाय में बदल जाते हैं.

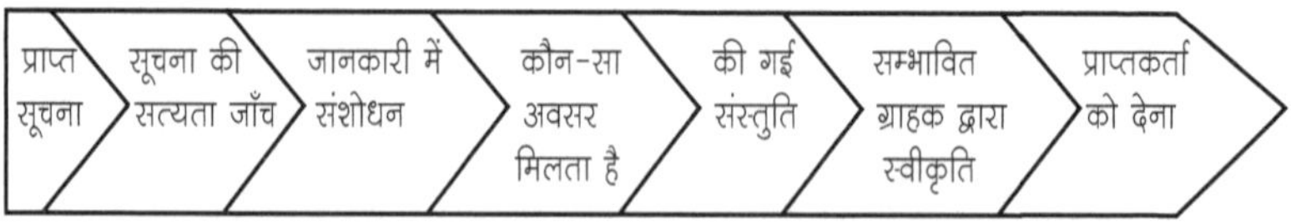

सारगर्भित सुझावों से जन्म लिए अवसरों ने बढ़कर सम्पर्क का स्वरूप ले लिया. इसलिए सन्दर्भ सुझावों और मार्गदर्शकों से अधिक महत्वपूर्ण होते हैं; जिनमें आप स्वयं सारी आरम्भिक खोज करते हैं और उसे सम्पर्क का हिस्सा बनाकर आगे बढ़ा देते हैं. आपका कौशल और वस्तु के प्रति समर्पण ही हैं जो आपके स्थापित सम्बन्धों के मूल्यों को प्रभावित करते हैं. और नेटवर्किंग की पूँजी सम्बन्ध ही होते हैं. वह ऐसा तंत्र होता है जो सबों के लिए हितकर और लाभप्रद कार्य फैलाता है.

उपयुक्त सज्जा की खोज

अच्छे अवसर को किसी ऐसे व्यक्ति को सौंपना, जो उसे नष्ट कर देता है सर्वनाश के

समान कुण्ठित कर देता है. अक्सर ऐसा तब होता है जब हम उसके सामर्थ्य का सही मूल्यांकन नहीं कर पाते हैं. जैसे, क्या उस व्यक्ति के पास समय और झुकाव है कि उस संकेत या मार्गदर्शक के बारे में गहरी खोज करके उस व्यवसाय को निबटा सके अथवा उसका ज्ञान और प्रशिक्षण और साधन उस अच्छे सम्पर्क का लाभ उठा सके अनेक बार प्रशिक्षित व्यवसायी अपने उत्पाद या सेवाओं को बेचने में अटपटापन अनुभव करते हैं; और दूसरा जो विक्रय में निष्णात है उसके पास नए सिरे से सीखने और जानकारी खोजने का समय नहीं होता. दोनों ही परिस्थितियों में आया सुझाव व्यर्थ चला जाता है.

जब हम किसी को सुझाव देते हैं, जिसके तथ्य अज्ञात् अधिक और कम परिचित होते हैं तो उसी समय हमें जान लेना चाहिए कि क्या उस व्यक्ति में योग्यता और इच्छा है कि उस ठोस मौके को व्यावसायिक प्रस्ताव बनाकर और उसके पीछे पड़कर उसे व्यवसाय में बदल सके सुझावों के मामलों में हमें प्राप्तकर्ता की उत्सुकता पर ध्यान देना चाहिए कि क्या वह काम करने को तत्पर है ? तभी उसे सुझाव देने का निर्णय लें.

जब आप कोई सन्दर्भ किसी को देते हैं तो अधिकांश खोज-बीन का कार्य पहले ही निबटा चुके होते हैं. आप जानते हैं वह एक अच्छा अवसर है और उसके व्यापार में कौन-सी बातें रहेंगी. आप व्यक्ति की आवश्यकताओं को भी विस्तार से जानते हैं और यही सूचना सन्दर्भ का एक अंग होती है. मगर अपने सन्दर्भित व्यक्ति को पूरी तरह जानना जरूरी होता है कि क्या वह इच्छित परिणामों को प्राप्त करा पाएगा ? क्या उसमें तदनुरूप योग्यता, सामर्थ्य अथवा उत्पादनशीलता हैं ? क्या उन्हें पूरा और प्राप्त करने की इच्छा-शक्ति और ऊर्जा उसमें हैं ? क्या वह सही कीमत में ईमानदारी से कार्य को करेगा ? क्या वह विश्वसनीय है ?

जब आप कोई सन्दर्भ किसी को देते हैं तो अधिकांश खोज-बीन का कार्य पहले ही निबटा चुके होते हैं. आप जानते हैं वह एक अच्छा अवसर है और उसके व्यापार में कौन-सी बातें रहेंगी.

सम्पर्क की सफलता इन सभी बातों पर निर्भर करती है, जिस प्रकार से लाभ जो आप अन्त में उससे पानेवाले हैं. यदि आप ऐसे व्यक्ति को सन्दर्भित करते हैं जिससे या तो सन्दर्भित व्यक्ति अथवा मुख्य व्यक्ति परिणाम से असन्तुष्ट होता है तो नेटवर्कर के रूप में आपका मूल्य कम हो जाएगा. फिर, आपको सन्दर्भ भेजने के स्थान पर लोग आपसे दूर भागेंगे. और अन्त में, जब आप एक व्यक्ति का दूसरे से उल्लेख करेंगे तो उस समय आपकी प्रतिष्ठा दाँव पर लगी होगी और आपकी भविष्य की उत्कृष्ट नेटवर्कर की छबि भी. कार्य करें, उसे ठीक से करें, अच्छा बनाएँ, औरों के विश्वास को बनाए रखें; विश्वस्त बनें.

अपने व्यावसायिक कार्डों को पालतू बनाएँ

रॉबिन हेंडरसन

उन सारे संकलित व्यावसायिक कार्डों को फेंकें नहीं और न उन्हें मेज की दराज़ में रखकर भूल जाएँ. आज रात्रि को आपने उन पर न सिर्फ कुछ कीमती समय खर्च किया है बल्कि पच्चीस एकदम नए सम्पर्क भी स्थापित किए हैं.

समारोह के समाप्त होते ही उन व्यावसायिक कार्डों के साथ अविलम्ब कुछ करें. सर्वप्रथम, प्रत्येक कार्ड के पीछे उस समारोह का नाम तथा दिनांक अंकित करें. इससे आपकी स्मृति, जब कार्ड अधिक हो जाएँगे, सही दिशा की ओर दौड़ेगी. सावधानी से कार्डों के ढेर को दो हिस्सों में बाँटें, एक उन लोगों के जिन्हें आपके उत्पाद अथवा सेवाओं में रुचि हो सकती हो और दूसरे वे लोग जिन्हें उस समय आप और आपकी वस्तुओं और सेवाओं में दिलचस्पी नहीं है.

फिर, ''आभारपूर्वक'' की स्लिप पर स्वयं की लिखावट में निम्न व्यक्तिगत नोट लिखें :

> हाय मारिया,
>
> ऑस्ट्रेलियन एक्ज़ीक्यूटिव वीमन्स नेटवर्क फंक्शन में आपसे मिलना मुझे अच्छा लगा. आशा है आपको याद होगा जब मैंने कहा था कि मैं ऑफिस इक्विपमेंट के व्यापार में हूँ और मैंने यहाँ अपना नवीनतम सूचीपत्र संलग्न किया है. शायद उसकी वस्तुओं में आपको अभी या निकट भविष्य में दिलचस्पी हो.
>
> मुझे याद है, आप किसी अच्छे बिल्डर का नाम जानना चाहती थीं. आपने इस बारे में उस व्यक्ति से भी बात की थी और उसके कार्ड के पीछे, उससे की बात को संक्षेप में लिख भी लिया था. जॉहन जोंस मेरे एक मित्र हैं. आप उनसे 555-1212 पर सम्पर्क कर सकती हैं. आप प्रसन्नतापूर्वक उनसे मेरा नामोल्लेख करें.
>
> अगले फंक्शन में आपसे मिलने की प्रतीक्षा रहेगी.
>
> सद्भावनाओं सहित,
>
> रॉबिन

इस पत्र-व्यवहार से आपने ये पाया :

- आपने मिले व्यक्ति से अब सीधे सम्पर्क किया है.
- आपने उन्हें अपनी सेवाओं और कार्यों के बारे में बताया.

- उनकी इच्छित जानकारी आपने उन्हें दी.
- आपने सूचित किया कि अब बाद में उनसे कब मिलेंगे.
- आपने उन्हें सुझाया कि आप उनकी कद्र करते हैं.

अपने व्यावसायिक कार्डों पर त्वरित, सात दिनों में कार्यवाही करना आवश्यक है. ताकि नया सम्पर्क ताजा बना रहे. यदि आप एक ऐसे व्यक्ति हैं जो अनेकों उत्सवों में सम्मिलित होते रहते हैं, तो नेटवर्किंग आपका बहुत समय ले लेगी. मैं विश्वास दिलाता हूँ कि प्रयत्नों के परिणाम आपको सन्तोष देंगे.

अब व्यावसायिक कार्डों की दूसरी ढेरी की ओर देखें - वे जिन्हें इस समय आपके उत्पादों अथवा सेवाओं की आवश्यकता नहीं है.

''शुभ-कामनाओं सहित'' के लघु-पत्र पर ये पत्र अपनी स्वयं की लिखावट में लिखें :

> हाय जॉहन,
>
> आशा है आपने भी ऑस्ट्रेलियन एक्जीक्यूटिव वीमेन्स नेटवर्क फंक्शन को उतना ही पसन्द किया होगा जितना मैंने किया. आपको याद होगा, मैंने कहा था कि मैं एक चाइल्ड केयर सेंटर चलाती हूँ. मुझे प्रतीत हुआ कि शायद आपको मेरी सेवाओं की जरूरत न पड़े, जॉहन, मगर आप अपने किसी भी मित्र अथवा परिचित से मेरा उल्लेख बिना संकोच कर सकते हैं जिसे इस क्षेत्र में सहायता चाहिए हो, चाहे अभी अथवा भविष्य में.
>
> मैं एक अन्य संस्था का कार्ड संलग्न भेज रही हूँ जिसकी मैं सदस्य हूँ - द नेशनल स्पीकर्स एसोसिएशन ऑफ ऑस्ट्रेलिया - आशा है आपको हमारी किसी मीटिंग में शामिल होना अच्छा लगे. यदि हाँ, तो मुझे अवश्य फोन करें.
>
> रॉबिन

इसे बिना ब्रॉशर के भेजें मगर अपना बिजनेस कार्ड संलग्न करें. इस संवादिता के साथ आपने निम्नलिखित उपलब्धियाँ पाईं हैं :

- आपने हाल ही में मिले व्यक्ति से पुनः सम्पर्क किया है.
- आपने उसे याद दिलाया है कि आप कौन-सा व्यापार करते हैं और कौन-सी सेवाएँ दे सकती हैं.
- आपने उसे एक और संगठन का निमंत्रण भेजा है जो उसे या उसके किसी मित्र को पसन्द आवे.
- आपने दर्शाया है कि आप उसे मूल्यवान समझती हैं.

जब भी कभी आप किसी भी प्रकार का पत्र–व्यवहार करें, अपना बिजनेस कार्ड अवश्य संलग्न करें. लोग सम्भव है पत्र को फाड़कर फेंक दें मगर वे व्यावसायिक कार्ड को कभी नहीं फेंकेंगे. और यदि आप इस व्यक्ति के साथ निरन्तर सम्पर्क में हैं - महीने में दो बार, फोन अथवा पत्र द्वारा, तो तनिक भी चिन्ता न करें, उसके पास आपके व्यावसायिक कार्डों का ढेर जमा हो गया होगा.

याद रखें, इस विश्व में दो ही प्रकार के लोग होते हैं, एक वे जिनसे हम मिल चुके हैं और दूसरे वे जिनसे हम अब तक नहीं मिले हैं.

जिन्हें आप जानते हैं, उन लोगों का उपयोग जिन्हें आप नहीं जानते हैं उनसे परिचय करने के लिए करें.

उपरोक्त अंश नेटवर्किंग फॉर सक्सेस से अनुमति लेकर प्रकाशित किया गया है.

13

सम्बन्धों का पोषण

यदि यह सच है, जैसा डॉ. मिसनर ने कहा है, नेटवर्किंग अधिकांश में सँवारना-सजाना है, बजाय शिकार करने के, तब तो हमारी फसल के प्रमुख पौधों के रूप में वे सारे सम्पर्क आवेंगे जिन्हें हमने पाला है. इस अध्याय के सभी लेखकों के मन में सबसे ऊपर यही भावना है कि सम्पर्कों की ठीक से सँभाल करना और उन्हें पालना बहुत आवश्यक है ताकि वे स्वस्थ रूप में बढ़कर दोनों पक्षों को लाभ पहुँचा सकें. डॉ. मिसनर तथा रॉबर्ट डेविस हमें बता रहे हैं कि सम्बन्ध तीन अवस्थाओं में से गुजरकर पनपते हैं और गाढ़े बनकर आपसी लाभ पहुँचाते हैं, मार्जोरी कॉवान बताती हैं कि डेल कार्नेगी के सिद्धान्तों को अपने नेटवर्किंग के सम्बन्धों में कैसे व्यवहार में लावें और नोर्मडोमिंग्वेज़ डॉ. मिसनर के सुर में सुर मिलाकर एक दन्तकथा सुनाते हैं जो विश्वास की अथाह शक्ति के बारे में बताती है.

परिचय की तीन अवस्थाएँ

ईवान आर. मिसनर तथा रॉबर्ट डेविस

सम्पर्कों के द्वारा व्यापार करने का मूल तत्व सम्बन्ध होते हैं. सूचना, सँभाल और सन्दर्भ जिन्हें आप जमा करते हैं, सभी आपके रिश्तों पर आश्रित होते हैं जो औरों के, और उनके व्यापार के साथ आपके होते हैं. सन्दर्भित मार्केटिंग इसलिए सफल होती है क्योंकि ये सम्पर्क दोनों दिशाओं में काम करते हैं : दोनों पक्षों को लाभ पहुँचाते हैं.

सम्पर्क व्यवसाय की योजना अपने में अनेकों प्रकार के सम्बन्धों को सँजोए रखती है. इनमें प्रमुख वे होते हैं जो आपके सम्पर्कों के माध्यम से आते हैं और अपने साथ सम्भावित व्यवसाय और ग्राहकों को लाते हैं जिनमें से आप नए आशान्वित ग्राहकों को चुनते हैं. ये सम्बन्ध आरम्भ में पूर्ण विकसित नहीं होते हैं और उनका पोषण करना पड़ता है. ज्यों-ज्यों वे

आपसी विश्वास और संयुक्त लाभ से बढ़ते हैं, वे तीन अवस्थाओं में से गुजरते हैं :

दृष्टिगोचरता, विश्वसनीयता और लाभदायकता. इस विकास को हम वीसीपी मॉडल - विजिब्लिटी, क्रेडिब्लिटी तथा प्रोफिटॅब्लिटी - कहते हैं. इसके अन्तर्गत सर्जन, विकास और व्यापार को सुदृढ़ बनाना, व्यावसायिक और व्यक्तिगत सम्बन्ध और वे यदि योग्य हों तो सन्दर्भों को पाना आता है. इसका उपयोग किसी सम्भावित ग्राहक, मित्र, सहकर्मी, दुकानदार, साथी, या परिवार के सदस्य के साथ प्रभावशाली और लाभप्रद सम्बन्धों को प्रगाढ़ बनाने के लिए भी किया जा सकता है. जब हम उसे पूर्णता से पा लेते हैं तो वह सम्बन्ध आपस में लाभप्रद और स्वयं-चिरस्थायी बन जाते हैं.

दर्शनीयता

सम्बन्ध को बढ़ाने का प्रथम चरण है दर्शनीयता : आप और अन्य व्यक्ति एक दूसरे से अवगत होते हैं. व्यावसायिक शब्दावली में कहेंगे कि एक सम्भावित जानकारी का स्रोत या ग्राहक आपके व्यवसाय के बारे में सचेत होता है - सम्भव है आपके जन-सम्पर्क और विज्ञप्ति के कारण अथवा किसी ऐसे व्यक्ति के कारण जिसे आप दोनों जानते हैं. वह आपको व्यापार करने की प्रक्रिया के बीच देखे अथवा आपको अपने आसपास के लोगों के साथ व्यवहार करता देखे. आप दोनों आपस में सम्पर्क करते हैं और सम्बन्ध स्थापित कर लेते हैं - फोन पर किसी वस्तु की उपलब्धता के बारे में एक या दो प्रश्न करके. आप सम्भव है एक-दूसरे को नाम से जानने लगें, मगर व्यक्तिगत रूप से कुछ भी न जानें. इस प्रकार के अनेकों सम्बन्धों की कतार से औपचारिक-सम्बन्धों का नेटवर्क बनता है, एक वास्तविक सम्बन्ध जिसमें समान रुचियाँ समाई होती हैं.

यह दर्शनीयता का चरण आवश्यक है क्योंकि इससे पहचान और बोध उत्पन्न होता है. आपकी दर्शनीयता जितनी अधिक होगी उतने अधिक आप विख्यात होंगे. दूसरों के बारे में आप जितनी अधिक जानकारी प्राप्त करेंगे, आप उतनी अधिक सम्भावनाओं को पा सकेंगे और दूसरों के द्वारा अपनाए जाने के आपके अवसर भी उतने अधिक बढ़ेंगे. वे व्यक्ति भी हो सकते हैं और समूह भी, जो आपको व्यापार देंगे. इस दर्शनीयता को सक्रियता से बनाए रखना और विकसित करते रहना चाहिए; इसके बिना आप दूसरे स्तर तक नहीं पहुँच सकेंगे जो है विश्वसनीयता.

विश्वसनीयता

विश्वसनीयता भरोसेमन्द होने का गुण है जो आत्म-विश्वासी और विश्वस्त बनाता है. एक बार आप और आपका नया साथी एक दूसरे से आशाएँ करना आरम्भ कर देते हैं और यदि अपेक्षाएँ पूरी होने लगती हैं तो आपका सम्बन्ध विश्वसनीयता की सीमा में प्रवेश कर लेता है. यदि दोनों

को एक दूसरे के सम्बन्धों से सन्तोष पाने का विश्वास होगा तो उसकी दृढ़ता बढ़ती जाएगी.

विश्वसनीयता तब बढ़ती है जब भेंटें समय पर होती हैं, वादों पर कार्य होता है, तथ्य सही निकलते हैं और सेवाएँ उपलब्ध होती हैं. पुरानी कहावत, ''कार्य शब्दों से अधिक मुखरता से बोलते हैं'' सच ही है और यह बहुत महत्वपूर्ण भी है. आशाओं के अनुरूप साबित न होना, वादों को विचारों में और बर्ताव में पूरा न करना मानों सम्बन्धों को अंकुरित होने से पहले ही ऐसा स्वरूप देना है, जिसे देखना आप पसन्द नहीं करेंगे.

आप कितने विश्वसनीय हैं, इसे जानने के लिए लोग अक्सर औरों से पूछते हैं. वे अपने किसी परिचित से आपके बारे में पूछते हैं जो आपको अधिक समय से जानता है और जिसने आपके साथ सम्भव है व्यापार भी किया हो. क्या वह शपथ लेकर आपके बारे में सच बताएगी ? क्या आप ईमानदार हैं ? क्या आपके पदार्थ और सेवाएँ प्रभावशाली हैं ? क्या मुश्किल के समय में आप पर भरोसा किया जा सकता है ?

लाभदायकता

परिपक्व सम्बन्ध, फिर चाहे वे व्यक्तिगत हों अथवा व्यावसायिक, उन्हें उनकी ''लाभप्रदता, की परिभाषा में व्याख्यित किया जा सकता है. क्या वे एक-दूसरे के लिए लाभदायक हैं ? दोनों पक्षों को क्या उससे सन्तोष मिलता है ? क्या वह दोनों को लाभ देने के लिए बना है? यदि वह बने रहकर दोनों को लाभ नहीं पहुँचाएगा तो फिर उसका टिके रहना भी सम्भव नहीं होगा.

बढ़ते सम्बन्धों की विभिन्न स्थितियों से गुजरने में वह बहुत असमान समय लेता है. कब लाभप्रद स्थिति आएगी - एक सप्ताह में, महीने में या साल भर में, इसका निर्णय करना सदैव सम्भव नहीं होता. आवश्यक परिस्थितियों में आप और आपका ग्राहक तत्काल, रातभर में, दर्शनीयता से विश्वसनीयता की स्थिति में पहुँच सकते हैं. यही बात लाभप्रदता के बारे में भी सच है. वह भी तत्काल हो सकती है - अथवा उसे सालों लग जाएँ - अधिकांश स्थितियों में दोनों के बीच का समय यथेष्ट होता है. सम्बन्धों की निरन्तरता और सम्पर्क की श्रेष्ठता पर यह निर्भर करता है, विशेष करके सम्बन्धों को आगे बढ़ाने की दोनों पक्षों की इच्छा पर.

अदूरदर्शिता भी सम्बन्धों के पूर्ण विकास में बाधा डाल सकती है. सम्भव है आप एक ऐसे ग्राहक हों जिसने किसी खास व्यापारी के साथ अनेकों महीनों जब-तब व्यवसाय किया हो, मगर पैसे बचाने के चक्कर में आप यहाँ-वहाँ तलाश करते फिर रहे हों और यह विक्रेता आपको अच्छी सेवा, समय पर आपूर्ति, विश्वसनीयता और भरोसेमन्दी के रूप में जो भी कीमती वस्तुएँ प्रदान कर रहा है उसे आप अनदेखा कर रहे हों. यथार्थ में आप सम्बन्धों से लाभ कमा रहे हैं मगर प्रगति को अवरुद्ध कर रहे हैं. सम्भव है, यदि आप अपना सारा व्यवसाय इसी व्यापारी को दे दें, तो दोनों को अधिक लाभ पहुँचानेवाले किसी अच्छे निर्णय

पर पहुँचा जा सकता है. मुनाफा भाव-ताव या / अथवा ढूँढ़ने से नहीं मिलता है. उसे तो विकसित किया जाता है और खेती के ही समान, उसमें भी धीरज की जरूरत होती है.

व्यवसाय के सन्दर्भों को स्थापित करने की आरम्भिक अवस्था में दर्शनीयता और विश्वसनीयता बहुत आवश्यक होते हैं. मगर जब आप प्रभावशाली सन्दर्भ पैदा करनेवाला तंत्र स्थापित कर चुकते हैं तो आप अनेकों व्यक्तियों के साथ लाभप्रद परिस्थितियों में प्रवेश कर चुके होते हैं - उनके साथ जिन्होंने आपके पास सम्पर्कों और ग्राहकों को भेजा और जिन्हें आपने अपने यहाँ प्रशिक्षार्थी के रूप में भरती कर लिया.

उपरोक्त अंश बिजनेस बाय रेफेरल्स *से अनुमति पूर्वक लिया गया है.*

अपने नेटवर्क के लिए लोगों को वश में करना

मार्जोरी कोवान

एक प्रभावशाली नेटवर्क योजना का सबसे प्रमुख अंग है औरों के साथ उन गाढ़े सम्बन्धों को स्थापित करना, जो आपके लक्ष्यों को पाने में आपके लिए प्रमुख हैं. आप लोगों के साथ किस प्रकार से संवाद करते हैं उसी से आपके संवेदनशील सम्बन्धों का निर्णय होगा. एक व्यक्ति जिसने सम्बन्धों के सामर्थ्य को उसके सर्वोच्च पूजनीय स्तर तक पहुँचाया था और जिसने बाद में उस कला को विकसित करके सार्थक वातावरण बनाना बताया ताकि सम्बन्ध पनप सकें, वह थे डेल कार्नेगी (सन् 1888 से 1955).

सन् 1937 में, जब उन्होंने देखा कि मनुष्यों को पसन्द किया जाए, चाहा जाए और उनका मूल्यांकन किया जाए - इन बातों की बहुत अधिक आवश्यकता है, तो उन्होंने अपनी प्रथम, स्मरणीय आधुनिक पुस्तक लिखी जो मानव-सम्बन्धों पर आधारित थी. वे पहले व्यक्ति थे जिन्होंने कहा कि व्यवसाय में सबसे बड़ी बाधा है लोगों के साथ व्यवहार करना. सभी व्यवसायियों को, फिर वे चाहे विक्रय-क्षेत्र के हों अथवा मॅनेजमेंट के, उसके लिए शैक्षणिक या यांत्रिक ज्ञान ही काफी नहीं होता, उनमें लोगों का नेतृत्व करने की शक्ति और उन्हें समझकर उनका साथ निभाने की कला भी होनी चाहिए.

सम्बन्ध, फिर वे चाहे व्यक्तिगत हों अथवा व्यावसायिक, उनमें एक रहस्यात्मकता भी होती है; उन्हें समझना, उनका विश्लेषण करना अथवा उनकी कल्पना करना दूभर होता है. स्वयं को नापसन्द करने के लिए किसी को प्रेरित करना सरल होता है, मगर हम किसी को

बाध्य नहीं कर सकते कि वह हमें पसन्द करे अथवा हमारा मित्र बने. हम ऐसे विशेष गुणों को विकसित कर सकते हैं ताकि लोग हमें अधिक जानना चाहें अथवा पसन्द भी करें और हम पर विश्वास भी करें. कार्नेगी ने इस सम्बन्ध के तीस नियम और तरीके बतलाए हैं जिनके माध्यम से हम लोगों के साथ सार्थक व्यवहार कर सकते हैं और वे सारे के सारे नेटवर्किंग के लिए महत्वपूर्ण हैं, जहाँ लोग औरों के साथ आपसी व्यवहार करते हैं. व्यवहार हार्दिक होते हैं, ऊपरी नहीं.

> स्वयं को नापसन्द करने के लिए किसी को प्रेरित करना सरल होता है, मगर हम किसी को बाध्य नहीं कर सकते कि वह हमें पसन्द करे अथवा हमारा मित्र बने.

जब मैं अटलांटा की एक जीविका-विकास केन्द्र की डायरेक्टर थी, तो मैंने अपनी संस्था के प्रत्येक नए प्रतिनिधि को हाउ टू विन फ्रेंड्स एंड इन्फ्लुएंस पीपल पुस्तक की एक प्रति दी थी. मैंने कार्नेगी की बहुमूल्य सलाह के सबूत देखे. वे प्रतिनिधि जिन्होंने उस पुस्तक को पढ़ा और उसे व्यवहार में लाए वे अधिक सफल रहे, बजाय उनके जिन्होंने ऐसा नहीं किया था.

हाल ही में मुझे एक प्रिंटर मिली जिसने मुझे उत्साहपूर्वक बतलाया कि डेल कार्नेगी ने किस प्रकार से उसके ढेर सारे पैसे बचा दिए. पर यह बात यहाँ कहाँ से आ गई ? उसने एक एकाउंटेंट को एक दिलचस्प प्रस्तुति करते हुए सुना और उससे मिलने का अगले सप्ताह का समय नियत कर लिया. छोटी-सी मुलाकात एक लम्बी भेंट बन गई. दोनों औरतें वार्तालाप करती रहीं और अन्त में उन्होंने व्यावसायिक सम्बन्ध स्थापित कर लिए. कुछ ही दिनों बाद प्रिंटर के नए लेखापाल ने एक पुरानी, अदृश्य, लेनदारी खोज निकाली; किसी आईआरएस से उसे 2000 डॉलर लेने थे.

पर इसमें डेल कार्नेगी ने क्या किया? उसका सिद्धन्त ही था जिसने सारा अन्तर ला दिया था. प्रिंटर ने एकाउंटेंट में सच्ची दिलचस्पी दिखाई और उसे स्वयं की रुचियों के बारे में बातें करने को उकसाया; फिर उन बातों को ध्यान से सुना और उसमें महत्वपूर्ण होने का भाव जगाया.

इसके प्रत्युत्तर में एकाउंटेंट ने भी प्रश्न किए. प्रिंटर के वर्तमान एकाउंटेंट की आलोचना किए बिना अथवा प्रिंटर को यह अनुभव कराए बिना कि वह मूर्ख है जो उसने एकाउंटेंट को काम पर रखा. उसने प्रिंटर के मन में परिवर्तन की आशा जगाई और उसने अपने बही-खातों का ऑडिट कराया.

यदि आप समर्थ नेटवर्कर बनना चाहते हैं तो आपको भी अनेकों प्रकार की मानव-सम्बन्धों की कलाओं को सीखना होगा. उनमें निपुणता पाकर आप अन्य सभी निवेशों से अधिक धन कमावेंगे. पढ़कर डेल कार्नेनी के सिद्धान्तों को व्यवहार में लाने से आपके दोनों क्षेत्र - व्यवसाय का और अपने व्यक्तिगत जीवन का - सम्पन्न बनेंगे.

विश्वास की संचित पूँजी

नॉर्म डॅमिंगेज़ तथा ईवान आर. मिस्नेर

एलन के मन में तीव्र इच्छा थी कि उसका निजी व्यवसाय हो. वह उसे आरम्भ करके अपने भविष्य का नियन्ता बनना चाहता था; अपने जीवन के सभी निर्णयों को स्वयं लेना चाहता था. एक छोटे-से उद्यम में जीवन के छह वर्ष बिताने के बाद उसकी यह इच्छा और बलवान हो गई थी.

एलन जॅरी से प्रभावित हुआ था जो एक ए-वन कम्पनी में विगत तीस वर्षों से था और उसे उँचाइयों तक पहुँचाने के बाद आज उसका सीईओ था. वह हर क्षेत्र में अग्रणी था और उस का विक्रय-क्षेत्र का अनुभव, संयोजना की शैली और ''अपने जादू को'' औरों के साथ बाँटने की सहयोगशीलता ने उसे अनुभवी व्यवसायियों और नौसिखियों को समान रूप से अपनी ओर आकर्षित किया था और वे सलाह लेने उसकी ओर दौड़े चले आते. एलन ने निर्णय कर लिया कि उसे जॅरी से अवश्य मिलना चाहिए. पर कैसे ?

उसे ''वियोग की छह श्रेणियाँ'' याद आईं – एक ऐसा विचार जिसके अनुसार आप इस ग्रह के किसी भी व्यक्ति से, अधिक-से-अधिक पाँच अन्य व्यक्तियों के माध्यम से सम्पर्क कर सकते हैं. मैं किसे जानता हूँ जो मुझे जॅरी से मिला दे, उसने सोचा ?

कुछ हफ्ते और अनेकों प्रश्नावलियों के बाद उसे ज्ञात हुआ कि उसकी पहचान का घेरा ''छह श्रेणियों'' से छोटा है. ऍलन अपने हाइस्कूल की सारे प्रान्त की बास्केट बॉल टीम का अग्रणी खिलाड़ी रह चुका था. उसका प्रशिक्षक, ज्ञात हुआ कि वह अब जॅरी की कम्पनी का स्वास्थ अधिकारी था. उसने अपने प्रशिक्षक से सम्पर्क किया और उन्होंने मिलने का दिन तय कर लिया.

जॅरी ने उससे सबसे पहले पूछा, ''मैंने आपको नौ साल पहले प्रान्तीय चॅम्पियनशिप प्रतियोगिता में खेलते हुए देखा था. क्या आप अब भी खेलते हैं ?

''मैं हर हफ्ते कुछ बार खेल लेता हूँ,'' एलन ने उत्तर दिया, ''इससे मैं चुस्त और सहज अनुभव करता हूँ.''

खेल के बारे में कुछ देर बात करने के बाद वे एलन की प्रमुख आकांक्षाओं के बारे में बातें करने लगे. एलन के प्रश्नों का जॅरी एक के बाद एक उत्तर दे रहा था. उसने अपने व्यवसाय के आरम्भिक दिनों के बारे में बहुत भोलेपन से बतलाया और उस एक विशेष व्यक्ति के बारे में भी जिसे उसकी सफलता का श्रेय जाता था.

''मेरे आदर्श-पुरुषने मुझे अन्य बातों के साथ-साथ यह भी सिखाया था कि अच्छे सम्बन्धों को बनाना और उन्हें निभाना जीवन में कितना अधिक महत्वपूर्ण है. नेटवर्क के रहने से ही सब कुछ बदल जाता है. मगर नेटवर्क उतना ही अच्छा होता है, जितना सम्बन्ध, और सम्बन्ध विश्वास का सहारा लेकर बढ़ता है.

''इन सब में सबसे प्रमुख बात थी कि उसने मुझे अपनी व्यावसायिक सफलता के छह रहस्य बतलाए. मैं आज भी उन्हें व्यवहार में ला रहा हूँ, प्रति दिन, पच्चीस वर्षों के बाद भी. मैंने जो भी कुछ पाया, उसका श्रेय अपने आदर्श-गुरु के सफलता के छह रहस्यों को जाता है.

''अब आपके और मेरे बीच की बात बता रहा हूँ, वे वास्तव में रहस्य नहीं हैं. वे अच्छे, व्यवहार-बुद्धि के व्यावसायिक सिद्धान्त हैं जिन्हें लोग अक्सर भूल जाते हैं और उन्हें समय-समय पर, बार-बार याद दिलाना पड़ता है. मैं उन्हें हर स्थान पर स्थापित करता रहता हूँ, हर किसी से कहता हूँ, मीटिंगों में बाँटता हूँ, सम्भव है मैं स्वयं का तमाशा बनाता होऊँ, मगर अधिकांश लोगों को, जब मैं उन्हें इतनी बार कहता हूँ, तो सुनना अच्छा लगता है. उनका कहना है कि उससे वे अपने व्यवसाय की सबसे मुख्य बात से केन्द्रित रहते हैं.

''मगर मैं यह सब अगली मेंट के लिए बचाकर रखूँगा, जब हमारे पास उस पर चर्चा करने का समय होगा. अभी तत्काल तो मैं आपको अगले सप्ताह होनेवाले अपने व्यावसायिक सम्मेलन में शामिल होने के लिए आमंत्रित कर रहा हूँ. मुझे विश्वास है वह आपके काम का होगा. आपको कुछ बहुत नामी लोगों से मिलने का मौका भी मिलेगा. मैं आपको कुछ लोगों से मिलाऊँगा जो आपकी अनेक प्रकार से मदद कर सकेंगे. यदि आपकी आने के लिए सहमति है तो मैं पहला रहस्य अभी बता दूँगा.''

''मैं वहाँ आऊँगा,'' एलन बोला.

''तो ठीक है. और यह है पहला रहस्य :

''हमेशा सार्थक और सहयोगपूर्ण दृष्टिकोण दिखाएँ.

''दूसरे शब्दों में, नकारात्मक को त्यागें. दोषदर्शी और कटु-स्वभावी तथा निराश न हों. इससे लोग आपसे दूर भागेंगे. जब आपकी जीवन-दृष्टि सही होती है तो अन्य सभी वस्तुएँ यथा स्थान संयोजित हो जाती हैं.

''अगले हफ्ते मिलेंगे.''

दूसरे दिन एलन ने अपने प्रशिक्षक से सम्पर्क किया और उन्हें परिचय कराने के लिए धन्यवाद दिया.

''क्या जॅरी ने तुम्हें अपनी सफलता के छह रहस्य बतलाए ?'' प्रशिक्षक ने पूछा.

''उसने मुझे पहला रहस्य बतलाया है.''

''जब मैं जॅरी से पन्द्रह वर्ष पहले मिला था, मैं निर्णय न ले सकने की दुबिधा में पड़ा

था और समझ नहीं पा रहा था कि मैं जिन लोगों के साथ कार्य कर रहा हूँ उन्हें कितनी बात बताऊँ. जॅरी ने मुझे अपने छह रहस्य बतलाए और उनमें का दूसरा सचोट बैठा. उसने कहा था,

''अपने सहकर्मियों और उनके दिए सम्पर्कों के साथ ईमानदार बने रहो.''

उसने कहा था कि एक सुस्पष्ट, बन्धनहीन और ईमानदारीपूर्ण संवादिता - वार्तालाप ही एकमात्र मार्ग है, जिस पर चलकर गहरे व्यावसायिक सम्बन्ध स्थापित किए जा सकते हैं. मैं उसे कभी भी नहीं भूला और मेरी सफलता का वह एक प्रमुख अंग बना.

''शेष बातें, मुझे विश्वास है वह समय आने पर उन्हें भी बता देगा. सौभाग्यशाली बनो.''

छह दिनों के बाद एलन सम्मिलन में आया जहाँ जॅरी पहले से ही उपस्थित था और लोगों से मिलने-जुलने में व्यस्त था. जॅरी ने उसका परिचय अपने अनेक सहयोगियों से कराया जिनमें एक कॉन्ट्रेक्टर भी थे जिन्होंने जॅरी के लिए दो कारखाने बनाए थे. वार्तालाप करने से जॅरी के तीसरे ''रहस्य'' का पता चला :

''जिस मूल्य में वस्तुओं और सेवाओं को देने का वादा किया हो, उन्हें उसी मूल्य में उपलब्ध कराओ.''

''इस नियम से जुड़कर जीने से,'' ठेकेदार कह रहा था, ''मुझे इतने वर्षों में अनेकों ठोस, चिरस्थायी सम्बन्ध बनाने में मदद मिली.''

''मैं भी यह बात शपथपूर्वक कह सकता हूँ,'' जॅरी बोला, ''इनके ग्राहक इनके पास लौट लौटकर आते हैं. वह हमेशा वचनबद्धता पूर्वक वस्तुएँ देता है. यदि कोई संकट आता है, तो वह उसे दूर कर देता है.''

एक व्यावसायिक निवेशक के साथ गर्म जोशी से बातें करने के बाद जॅरी ने एलन को अपना चौथा रहस्य बतलाया :

''अपने नेटवर्क के सदस्यों और उनके दिए सम्पर्कों के साथ सद्भाव और विश्वास बनाए रखें.''

''मेरा खयाल है कि आपने इस विचार को अब तक क्रियाशील होते देख लिया होगा. मगर मैं उसे पुन: यहाँ इसलिए कह रहा हूँ क्योंकि वह स्थायी-सम्पत्ति निवेशक आरम्भ में बहुत चिकना ग्राहक था. मेरा एक बही-खाता लेखक मित्र था जिसे मैं पिछले बीस वर्षों से जानती हूँ. मेरे बही-खाते पूरी तरह से अस्त-व्यस्त हो चुके थे और इस आँकड़ों के खिलाड़ी ने उन्हें सँभालकर मुझे पार लगाया. उसे मैंने दलाल को सन्दर्भित किया, वह आरम्भ में कुछ दुबिधा में था, मगर मेरे कहने से उसे रख लिया. मेरे मित्र ने अगले तीन वर्षों में उसके हजारों डॉलर्स बचाए. इसके बाद से वह दलाल मेरे लिए कीमती सन्दर्भों का स्रोत बन गया.''

जॅरी ने एलन का परिचय अपने दल के प्रमुख विपणन अधिकारी से कराया, फिर फोन

पर बात करने चला गया. उस स्त्री ने तत्काल एलन को जॅरी का पाँचवाँ रहस्य बताया, ''क्योंकि मैं इस सिद्धान्त के साथ दिन-रात जी रही हूँ, मैं उसे जानती हूँ. मैंने बीस वर्ष पहले यहाँ ग्राहक-सेवा प्रतिनिधि के रूप में कार्यारम्भ किया था. तत्काल ही मैंने समझ लिया कि सब-कुछ ग्राहकों पर ही निर्भर करता है. यदि वे सुखी हैं तो हम भी प्रसन्न रहेंगे. यदि नहीं, तो हमें तुरन्त सुधार करना होगा. भले ही वह अच्छा हो या बुरा, मगर ग्राहक की प्रतिक्रिया ही हमारे लिए भेंट होती है और यह जरूरी है कि हम उस पर काम करें. दूसरे ग्राहकों से मिले अन्य सम्पर्क तो हमें मिलीं विशेष सौगातें हैं. हमें उन विशेष ग्राहकों का विशेष भेंट देकर स्वागत करना चाहिए.''

जॅरी लौट आया था. उसने एलन से पूछा, ''और मेरा पाँचवाँ सूत्र क्या है, एलन ?''

''उसे यह होना चाहिए,''

''अपने सभी ग्राहकों और सन्दर्भों पर आगे भी ध्यान देते रहो.''

''है न ?''

''हाँ, यही है,'' जॅरी बोला.

''अच्छा, क्या तुम कल सुबह मेरे ऑफिस में दस बजे आ सकोगे ? हम इन बातों पर फिर ध्यान देंगे और मैं तुम्हें पहेली का अन्तिम अंश बताऊँगा.''

दफ्तर को लौटते समय मार्ग में एलन ने स्वयं को सोचते हुए पाया कि जॅरी जैसे व्यक्ति को अपने आदर्श-पुरुष के रूप में पाना कितनी महान् बात होगी. मगर वह बुद्धिमान व्यक्ति अब जा चुका था और अब उसे वापिस बुलाने का कोई मार्ग नहीं था. उसे फिर सहसा ध्यान आया : आदर्श-पुरुष का ज्ञान तो अब भी जीवित है - और जॅरी उसका आदर्श-पुरुष बन गया ! सम्भव है, यदि वह कल्पित सफलताएँ पा लेता है तो वह भी किसी का ज्ञान-पुरुष बन जाएगा और अर्जित ज्ञान को औरों तक, आगे बढ़ा सकेगा.

अगले दिन, एक चौखट-मँढ़ी तख्ती पर - जैसी उसके प्रत्येक कॉर्पोरेट ऑफिसों में आज पाई जाती हैं - जॅरी ने अपना छठा सूत्र लिखकर प्रकट किया :

''सदैव अपने व्यवसाय की नैतिकता के अनुरूप जिएँ.''

''मुझे प्रसन्नता होगी यदि तुम मुझे अपना आदर्श-पुरुष मानोगी,'' उसने एलन से कहा. ''व्यावसायिक सफलता और बात है और मेरा खयाल है कि अधिकांश आदर्श-गुरुओं को औरों को अपने मार्ग पर चलाकर सफल बनते देखकर अधिक प्रसन्नता होती है. मुझे एक नया मित्र और नया नेटवर्क साथी पाकर प्रसन्नता हो रही है.''

एलन को एक वाक्य बारम्बार याद आ रहा था जो व्यावसायिक मिश्रण में पुनः पुनः प्रयोग में आया था : ''दाता ही पाते हैं.'' यह कुतूहल पैदा कर रहा था, मानों वह सुनहले नियमों के शब्दों को पुनः ढालकर बनाया गया हो और इसे जॅरी ने अपने आदर्श-पुरुष के छह नियमों में शामिल नहीं किया था. मगर उस सिद्धान्त को जॅरी अपनी क्रियाओं के द्वारा प्रदर्शित

कर रहा था : वह विचार कि यदि आप अपना समय, ज्ञान और अनुभव किसी को देते हैं तो बदले में बहुत अधिक पाएँगे. जॅरी के साथ उसकी अगली भेंट का विषय भी यही था.

विशेष : कहानी काल्पनिक है; छह नैतिक नियम बीएनआई के व्यावसायिक नैतिक नियमों से लिए गए हैं.

14

यह वह नहीं है, जो आप जानते हैं...

ज्ञान और जानकारी का आकलन तथा मूल्यांकन अक्सर लोगों के प्रति उसकी उपयोगिता के रूप में किया जाता है. इसीलिए नेटवर्किंग मूल रूप से सम्बन्धों का विज्ञान और रिश्तों का कौशल है; सिर्फ सूचनाओं और विशेषज्ञताओं के आदान-प्रदान का माध्यम नहीं. आगे दिए छह लेख व्यक्ति की प्रमुखता को प्रकाशित कर रहे हैं. जॅक केन्फील्ड तथा मार्क विक्टर हेन्सन बता रहे हैं कि कैसे, जिससे चाहें उससे आप मिलें; हर्ब के बताते हैं कि किस प्रकार से ऐसे सम्पर्क ढूँढ़ें और स्थापित करें जो आपके आरम्भिक कार्यों में आपकी आर्थिक सहायता करें; वेस होल्सेप्पल बता रहे हैं कि कैसे एक प्रमुख व्यक्ति की मुलाकात से उनके लिए पंक्तिबद्ध दरवाजे खुलते चले गए, आर्ट राडट्के किसी समस्या को सुलझाने के लिए योग्य व्यक्तियों को इकट्ठा करने की कला के बारे में बताते हैं; बिल बॅक्स उन बातों को याद करते हैं जब संस्था के अन्दर के और बाहर के - सभी लोगों ने, जिन्हें वे जानते थे, मिलकर उनके व्यावसायिक पेशे को आगे बढ़ाया था; तथा जॅरी श्वार्टज़्ट् बता रहे हैं कि किस प्रकार से सावधानी और अकस्मात् की भेंट ने नए अवसरों को जन्म देकर उन्हें व्यावसायिक सफलता दिलाई.

जिससे आप मिलते हैं, वह महत्वपूर्ण है

जॅक केन्फील्ड तथा मार्क विक्टर हेन्सेन

जिनसे आप मिलते हैं, उनसे आपमें उत्तेजना, प्रेरणा और विकास आने चाहिए. इसीलिए आपको हर प्रकार के लोगों से मिलते रहना चाहिए. हर व्यक्ति आपके मस्तिष्क के नए कोण को चमकाएगा और उसे इस प्रकार से उत्प्रेरित करेगा जिसकी आपने कल्पना भी नहीं की होगी.

एक व्यक्ति जिससे मैं हमेशा मिलना चाहता था, वे थे रेड स्कॅलेटन. एक दिन मैं एक लाउंज में एक वायुयान की प्रतीक्षा कर रहा था और मैंने रेड को वहाँ बैठे पाया. यह जानते

हुए कि वे एक सुपर स्टार हैं, सम्भव है मैं कुण्ठित हो जाता और उनसे मिलने और बात करने का साहस नहीं कर पाता.... मगर मैंने बहुत दिनों पहले ही निश्चय कर लिया था कि मैं एक दिन उनसे अवश्य मिलूँगा. मैंने सूची में उनका नाम लिख रखा था. अत: मैं अपने मस्तिष्क में जानता था कि एक दिन मैं उनसे अवश्य मिलूँगा और उन्हें जानूँगा. फलस्वरूप, मुझे उन तक चलकर जाने और स्वयं का परिचय देने में कोई कठिनाई नहीं हुई.

''मि. स्कॅलेटन, आप मुझे नहीं जानते हैं, मगर मैं आपका एक चाहक हूँ,'' मैं बोला.

''आज, बहुत गर्मी है,'' वह बोले, ''मुझे पंखा चाहिए.''

पहले तो मैं उनके विनोद से भौंचक्का रह गया, फिर मैंने भी सुर में सुर मिलाया. मैं बोला, ''मि. स्कॅलेटन, क्या यह सच है कि आपकी स्मृति फोटोग्राफिक है?''

''हाँ, वह ठीक से डेवलप नहीं हुई है.''

कुछ ही मिनिटों में हम दोनों पुराने मित्रों की तरह बातें कर रहे थे और हँस रहे थे. मैंने उसके साथ करीब डेढ़ घंटे का समय बिताया. अनेक विषयों पर बातें कीं जिनमें की एक रेडियो प्रसारण से सम्बन्धित थी. मैंने उन्हें बताया कि मुझे जन-प्रसारण के लिए कुछ रूप-रेखाएँ प्रस्तुत करने को कहा गया है.

रेड ने कहा कि वह उत्तम बात है, मगर जब उसका अनुबन्ध करने की बात आए तो उसके प्रसारण के अधिकार अपने पास सुरक्षित रखना. तत्काल, सम्भव है वे कीमती न हों, मगर भविष्य में वे बहुमूल्य बन सकते हैं.

बाद में मैंने जन-प्रसारण के लिए कुछ प्रदर्शन किए और सुनिश्चित किया कि उनके प्रदर्शन के समस्त अधिकार मेरे पास रहें. शीघ्र ही पीबीएस को ज्ञात हुआ कि उसने वह सारा धन गँवा दिया है, जो वह सोचती थी कि उसके पास है, क्योंकि रॉनाल्ड रीगन ने 160 मिलियन डॉलर के फंड में कटौती कर दी थी. मगर क्योंकि मैंने प्रसारण के सारे अधिकार सुरक्षित रखे थे, करीब एक चौथाई मिलियन डॉलर के लगभग की चित्रण की लागत मुझे मिली.... वह भी बिना मूल्य !

आजकल मैं उस फिल्म को प्रसारण के अनमोल साधन के रूप में काम में ला रहा हूँ.

ऐसा नहीं है कि मैं कोई विशेष प्रकार का अतिविशिष्ट चतुर व्यक्ति था. वह तो मेरा रेड स्कॅलेटन से मिलना था जिसने मुझे उसके अनुभव पर आधारित अन्तर्दृष्टि दी थी. उसी से भविष्य में मेरा विकास हुआ और मैं पनपा तथा मैंने लाभ कमाया.

उसे लिख लें

किसी से मिलने की कल्पना करना और बात है, और उसे लिखित रूप देना अलग बात. जैसा कि हमने अभी देखा, लिखित रूप देने से वह वादा बन जाता है. वह हमारे सचेत मस्तिष्क को बार-बार बताता है कि हम वह काम करना चाहते हैं और हमारे अचेतन मस्तिष्क को आदेश

देता है कि वह उसे करने का रास्ता खोजे. इसे और अधिक सक्रिय बनाने के लिए हम उन दस प्रश्नों को लिख सकते हैं जो हम अपने इच्छित मुलाकातियों से पूछना चाहेंगे....

एक कोरे कागज पर 1 से 200 तक के अंक क्रमशः लिखें. आपके दिमाग में फिर जो भी नाम आयें, उससे आरम्भ करें. सम्भव है आप फिल्मी, टीवी या संगीत क्षेत्र के नामों को लिखने से आरम्भ करें. उनमें कुछ स्थानीय अथवा राष्ट्रीय राजनीति के लोगों के नामों को शामिल करें... बाद में और नाम उभरना आरम्भ होंगे - वे व्यक्ति जिनसे आप अपने स्वयं के विशेष क्षेत्र के अथवा रुचियों के कारण मिलना चाहते हों....

याद रखें, यहाँ आपका उद्देश्य सूची के लोगों से मिलकर, स्वयं को सम्पन्न बनाना और जीवन जीना है. आपको उनके ध्येयों, जीवन-मूल्यों, आस्थाओं, शंकाओं और भयों के बारे में ज्ञात करना होगा और वह आपको जाग्रत करेगा, स्वयं की नई, अभूतपूर्व सम्भावनाओं को दिखाएगा तथा नया ज्ञान देगा ताकि आपकी नई उत्तेजना आपके पुराने विचारों में व्याप्त हो सके. आप स्वयं को यह कहते पाएँगे, ''यदि वे कर सके थे, तो मैं भी कर लूँगा!''

अपनी सूची के लोगों से मिलना

आकर्षण का नियम बताता है कि आप जिस बात पर दीर्घ समय तक, गहराई से विचार करते हैं उसे अन्त में अनुभव कर लेते हैं. यदि आपका लक्ष्य किसी से मिलना है तो वह व्यक्ति आपसे मिलने के लिए उपस्थित हो जायेगा. यह सिद्धान्त आप लोगों को मिला देगा; फिर उस अवसर का आप क्या करते हैं, यह आप पर निर्भर करता है.

उपरोक्त अंश जॅक केन्फील्ड तथा मार्क विक्टर द्वारा लिखे डेयर टू विन से लिया गया है और उसकी अनुमति, पेंग्विन पुटमॅन इन्क. के विभाग पुटमॅन बर्कले से ली हुई है.

धनवानों से कैसे मिलें

हर्ब के

अब, जब मैंने बता दिया है कि आरम्भिक धन-प्राप्ति के लिए किस ओर नहीं देखें, तो अब मुझे बताने दें कि किस ओर देखें. आपको इसे धनवानों से ही प्राप्त करना होगा जो आरम्भ में पूर्णतया अपरिचित होंगे. मगर दिमाग से दुरुस्त कोई भी व्यक्ति एक पूर्णतया अनजान को धन का ढेर नहीं दे देगा. आपको सम्बन्ध बनाने होंगे.

लक्ष्य की ओर...

मगर कैसे, सम्भव है आप पूछें कि मैं उन लोगों से सम्पर्क कैसे बढ़ाऊँ जो मेरे लिए पूर्णतया अपरिचित हैं ? सीधी से बात है. आप भी उन स्थानों पर चक्कर लगावें जहाँ धनवान जाते हैं.

यहाँ कुछ सुझाव हैं जिन पर विचार किया जा सकता है :

1. आपका चर्च, मन्दिर अथवा मस्जिद.
2. आपके बच्चे की खेल-कूद की टीम. किसी छोटे बच्चों के दल को प्रशिक्षित करने का प्रस्ताव रखें. अमीर अपने बच्चों को जी-जान से चाहते हैं.
3. स्थानीय राजनीति. यह उन्हीं बड़े शहरों में कारगर होगा जहाँ आप रहते हैं, जैसे लॉस एंजेलस या न्यूयार्क में.
4. धर्मादाय कार्यों और उन संस्थाओं के लिए धन संग्रह करके. इन स्थानों पर धनवानों की पत्नियों से मिलने का अच्छा मौका मिलता है.
5. ''सही'' हॅल्थ क्लब. इसे शहर के सर्वश्रेष्ठ हिस्से में होना चाहिए और आपको भी पूरी तरह से तन्दुरुस्त रहना चाहिए.

ऐसा कोई एक स्थान नहीं है जो आपके लिए कारगर हो. आप खोज करते रहें. इस टस्कन शहर में आरम्भ करने का सर्वश्रेष्ठ स्थान पुराना, स्थानीय कंट्री क्लब है. मगर बुरा समाचार यह है कि उसमें प्रवेश पाने के लिए आपको कुछ दिनों का खाना और बिजली त्यागनी पड़ेगी. पर अच्छा समाचार है कि अधिकांश कन्ट्री क्लब जूनियर या एसोसिएट सदस्यता देते हैं. टस्कन में सर्वोत्कृष्ट कंट्री क्लब में आरम्भिक भुगतान 30,000 डॉलर करना पड़ता है, मगर इसे तब तक के लिए निरस्त कर देते हैं जब तक कि आप पैंतीस वर्ष के नहीं हो जाते. आप उससे जूनियर सदस्य बनकर जुड़ सकते हैं, मासिक फीस दे सकते हैं और बाद में उछलकर स्थायी सदस्य बन सकते हैं. यदि आप किसी प्रकार से कंट्री क्लब के वातावरण में घुल-मिलकर स्वयं को स्वरूप दे सकते हों, गढ़ सकते हों तो मैं कहूँगा कि वह अवश्य करें.

यह ऐसे करें. क्लब में दिखना आरम्भ करें और गोल्फ के पाठों को सीखकर कुशल बनें. आप नहीं जानते कि आप किसके साथ गोल्फ खेल बैठें. मगर इससे कोई फर्क नहीं पड़ेगा क्योंकि गोल्फ के अन्य तीनों खिलाड़ी आपसे अधिक धनवान होंगे.

असल में आपको कंट्री क्लब जोइन करने की आवश्यकता नहीं है. आप ऐसे स्थान पर चक्कर लगायें जहाँ निष्क्रिय वातावरण रहता है और धनवान जाते हैं. हर व्यक्ति के शौक होते हैं, विशेषकर धनवानों के. आप टेनिस से जुड़ें, फ्लाय फिशिंग करें, नौका नयन करें तथा फ्लाइंग करें. इन्हीं स्थानों पर आप समृद्धों से मिलेंगे. वास्तविक रहें : यदि आप धन में

उतराते हुए, बदबू मारते अमीर होते तो आप किन स्थानों पर शौक पूरा करने जाते ? लड़कों के साथ बॉलिंग ऍले में या 19वें होल के पास कॉकटेल लेने ?

तैयार हो जाएँ....

एक बार आप स्वयं को कंट्री क्लब में पा लेते हैं अथवा टेनिस कोर्ट या घुटनों पानी में खड़े होकर ट्राउट मछलियों के समूह का आनन्द लेते हैं तो भूलकर भी पैसों के बारे में बात न करें. आप नए लड़के या लड़की हैं जो समूह में शामिल हुए हैं. स्थापित सदस्य स्वाभाविक है कि आरम्भ में आप पर सन्देह करें. उनके साथ आर्थिक बातें करना व्यावसायिक आत्महत्या के समान होगा. ठीक है, आप स्वयं से चुपचाप, अपना पेंट गीला करते हुए जो कह रहे हैं, ''हे भगवान् ! मैं धनवानों के साथ गोल्फ खेल रहा हूँ !'' पर आपको उस बारे में मौन रहना है.

यदि पैसे का विषय आ उठे, तो हँसते हुए उसे टाल दें. जब मैं पहली बार सामाजिक क्षेत्रों में बाहर निकला था और लोग मुझसे पूछते कि मैं आजीविका के लिए क्या करता हूँ तो मैं कभी भी गम्भीरता से उत्तर नहीं देता था; यदि मैं कहता कि मैं पैसों का संयोजन करता हूँ तो वे तत्काल सावधान हो जाते. मैं कहता, ''मैं संयोजित अपराध से जुड़ा हूँ.'' और वे हँसकर उत्तर देते, ''क्या सच ? आप करते क्या हैं ?'' ''मैं एक व्यावसायिक गोल्फर हूँ.'' यदि आप कभी मेरे साथ गोल्फ के मैदान में रहे हैं तो समझ जाएँगे कि वह कितनी हास्यास्पद बात है. मगर इससे वे निश्चिन्त हो जाते. यदि वे यथार्थ में आपके व्यवसाय के बारे में जानना चाहते हैं, तो उन्हें गिड़गिड़ाने दो !

आपको धीरज रखना पड़ेगा. अपना समय लें; सम्बन्धों को साधें. मेरा तात्पर्य दिनों से नहीं है; मेरा मतलब महीनों से है. कई बार एक साल. क्या आप किसी ऐसे व्यक्ति को अधिक धन देंगे जिसके साथ सिर्फ दो या तीन बार गोल्फ खेले हैं ? कभी भी नहीं! एक बार विश्वास अर्जित करें, फिर इसे करने में उतना ही समय लगेगा जितना लगना चाहिए, और एक बार व्यवसाय की सूझ दिमाग में आई तो उस पर तत्काल क्रियाशील होना चाहिए.

एक बार विश्वास अर्जित करें, फिर इसे करने में उतना ही समय लगेगा जितना लगना चाहिए, और एक बार व्यवसाय की सूझ दिमाग में आई तो उस पर तत्काल क्रियाशील होना चाहिए.

एक बार आपको करने योग्य विचार सूझे, फिर आप सम्भावित निवेशकों के बारे में विचार करें. जिन दिनों आप उनकी मित्रता और विश्वास को जीतने में समय बिता रहे हों, उसी बीच आपको एक सुदृढ़, यथार्थवादी व्यापार की रूप-रेखा भी बनानी चाहिए जिसे उन्हें सही समय पर बताया जा सके.

मगर समय अब भी सही नहीं हुआ है. सबसे पहले आपको उस समुदाय से जुड़ना है. कैसे ? सर्वोत्तम तरीका है अनेकों नि:स्वार्थ कामों को करना और हर बार किए वादों को निभाना. किसी व्यक्ति को लज्जित करके ठुकराने का सरल तरीका है उससे ऐसे वादे करना

जिन्हें आप कभी पूरा नहीं करनेवाले हैं. अत: यदि जॉहन रिच गाय बातों-बातों में कह बैठता है कि उसे अमुक वस्तु चाहिए और आप किसी ऐसे व्यक्ति को जानते हैं जिसके पास वह वस्तु है, अथवा किसी ऐसे व्यक्ति को जानते हैं जो उस वस्तुवाले को जानता है, तो हर परिस्थिति में आप उसे वह प्राप्त करावें. उस धनवान का दिल जीतने के लिए हर सम्भव प्रयत्न करें और उसका लाभ उठाएँ.

ध्यान में हमेशा रखें कि आप उस जॉहन रिच गाय के लिए जो भी कर रहे हैं वह उपहार है और सर्वथा मुफ्त है. जब भी वह आपको कुछ देकर धन्यवाद कहना चाहे, उसे अस्वीकार कर दें. चाहे वह कुछ भी हो. पैसा कतई न लें, न भेंट लें और न कृतज्ञता स्वीकार करें. कुछ भी स्वीकार न करें. यदि वह जोर दे तो इस प्रकार से कुछ कहें - ''उसकी फिक्र न करें, मित्र ही मित्र की सहायता करते हैं,'' आप अपनी विश्वसनीयता को स्थापित करने का प्रयत्न कर रहे हैं. आपको अविश्वसनीय रूप से सज्जन; ईमानदार और सरल-सीधा बनना होगा; जो उपकार के बदले में कभी भी, कैसे भी धन नहीं लेता है.

यदि आप कार बेचते हैं और उसके बच्चों को कोई कार खरीदनी है तो उसे लिखित मूल्य पर अवश्य दिला दें. उस रकम के अलावा अतिरिक्त एक भी पैसा उनसे न लें. यदि वह भाव-विह्वल होता है और आपको कुछ सौ डॉलर्स उस उपकार के बदले देना चाहता है तो आप उससे कहें, ''बिल्कुल नहीं, हम मित्र हैं. मुझे प्रतीत होगा कि मैं मूर्ख हूँ और आपसे पैसे ले रहा हूँ.''

यदि सम्भावित निवेशक आपसे कहे कि वह और उसकी पत्नी सप्ताहान्त में शहर से बाहर जाकर समय बिताना चाहते हैं, और आप जानते हैं कि उनके कुछ बच्चे हैं, तो तत्काल उसे आश्वासन दें कि आप उन बच्चों को सँभाल लेंगे और वे निश्चिन्त होकर प्रवास पर जाएँ. आप उनके लिए जो भी कर सकते हों, अवश्य करें. मगर इन लोगों से सम्बन्धों के आरम्भ में कोई भी लाभ, कभी भी न उठाएँ.

आप अपने निजी पूर्ववृत्त के बारे में भी ईमानदार रहें. क्या आपके जीवन के पिछवाड़े में कोई लज्जाजनक बात है ? शर्मिन्दा न हों. हम सभी ऐसी परिस्थिति से गुजरते हैं. अपने मित्रता के दौरान उसे बता दें. अधिक अच्छा होगा कि वह आपके मुख से निकले बजाय राह में चलते हुए, किसी चट्टान के नीचे से निकलकर फिसलती हुई कभी सामने आए. क्या इक्कीस वर्ष की आयु में, पालतू जानवरों की दुकान में, आपने अपना दिवाला निकाला था? स्वीकार कर लें. कॉलेज से जी चुराकर भाग जाते थे ? बातें मत बनाएँ. क्या आप कभी नशे में धुत, बुद्ध जैसे निर्वाण की राह देखते पड़े रहते थे ? उन्हें बताएँ कि आपने उससे कैसे छुटकारा पाया और उसके लिए अब आप वीरता का बिल्ला बाँहों पर धारण कर सकते हैं. वे आपको सम्मान देंगे यदि आप निष्कपट हैं और अपनी भूलों को स्वीकार करने को तैयार हैं, क्योंकि उन्होंने भी कभी-न-कभी वैसी या उससे मिलती-जुलती गल्तियाँ की होंगी. आप

चाहते हैं कि वे आपके सामने पूरी तरह से सहज और सुरक्षित अनुभव करें.

अब, पाने के लिए बढ़ें !

बहुत अच्छा है, आप इतने दिनों धीरज रखे रहे. बहुत देर तक आपने सुसंस्कृत व्यवहार किया. अब आप परिणामों की फसल काट सकते हैं. एक बार आप उनके मित्र बन गए और उन्होंने आपको विश्वसनीय समझ लिया, संक्रमण इतना सहज हो जाएगा कि अनुभव भी नहीं होगा. बातों के दौरान, अपने धनवान नए मित्र से कहें, ''बॉब, मैंने इस नए व्यापार के प्लान को बनाया है. मैं तुम्हें परेशान नहीं करना चाहता, मगर मुझे इसके लिए धन चाहिए, और मैं सोच रहा था कि क्या तुम मुझे कुछ सही व्यक्ति बता सकोगे जिनसे इसके लिए मैं बात कर सकूँ ? क्या इसे पढ़कर मुझे कुछ अनमोल सुझाव भी दोगे ? आपके सुझावों को सचमुच पसन्द करूँगा क्योंकि आप एक सफल व्यक्ति हैं और मैं सिर्फ किसी सफल व्यक्ति की सलाह लेना चाहूँगा.''

रिच फ्रेंड बॉब आपकी मदद करके अधिक से ज्यादह प्रसन्न होगा क्योंकि आप उसके अच्छे मित्र हैं और जब भी आवश्यकता आई आपने उसकी सहायता की है. याद रखें, रिच फ्रेंड बॉब एक कारण से अमीर है : वह एक अच्छा व्यवसायी है. यदि आपके पास यथार्थ में कोई अच्छा व्यावसायिक प्रस्ताव है जिसमें सम्भावनाएँ हैं तो बॉब निश्चय से उसे पाने और निवेश के लिए उछल पड़ेगा. फिर भले ही बॉब के लिए वह उचित अवसर न भी हुआ तब भी वह शर्तिया बता देगा कि इसके लिए किससे मिलना ठीक रहेगा.

यह सुनने में बहुत साधारण लगता है. हाँ, वह है. गन्धाते अमीर होना सरल है. उसके लिए कुछ प्रेरणाओं और कुछ साधारण ज्ञान की जरूरत पड़ती है. आपकी सफलता को और कोई नहीं ला सकता सिवाय आपके. अत: खोल से बाहर आवें और चल पड़ें !

हाउ टू गेट फिल्दी स्टिंकिंग रिच एंड स्टिल हॅव टाइम फॉर ग्रेट सेक्स से लिए अंश *का उपयोग अनुमति से किया गया है.*

बन्धनहीन बिक्री

वेस हॉल सॅप्पल

व्यावसायिक क्षेत्र में नए होते हुए भी यदि आप नए ग्राहक चाहते हैं तो अनेकों कठिनाइयों को पार करना पड़ता है. प्रमुख व्यवसायियों के साथ सार्थक सम्बन्ध कैसे स्थापित करना इसे सीखकर मैंने नए व्यवसाय कर्मियों के साथ

नेटवर्किंग आरम्भ की जिन्हें मैं नहीं जानती थी और वे भी मुझसे अपरिचित थे. नए होने के कारण मेरी नए ग्राहकों की खोज ने मेरे कार्य को और भी कठिन बना दिया. मिसिसिपी एक छोटा-सा कस्बा था और मैं वहाँ नई थी.

सन् 1985 के जनवरी महीने में मैं डेल कार्नेगी ट्रेनिंग ऑर्गनाइजेशन से मिसिसिपी के जॅक्सन शहर में सम्बद्ध हुई. एक बिक्री प्रतिनिधि और प्रशिक्षक के रूप में मुझे आसपास के गाँवों में जाने का काम सौंपा गया जहाँ मुझे डेल कार्नेगी के विक्रय कार्यक्रमों को बेचना था.

एक अवसर पर, मेरा एक व्यक्ति से कोलम्बस में साक्षात्कार था जिसमें मुझे उससे पूछना था कि हमारे पाठ्यक्रम का उसके व्यवसाय पर क्या प्रभाव पड़ा. मैं समय पर पहुँच गई और उनसे बात करने की इच्छा व्यक्त की. रिसेप्शनिष्ट ने बतलाया कि वे अब तक ऑफिस लौटकर नहीं आए हैं. उस दफ्तर के स्वामी, उसके पिता श्री अर्ल ने मुझे अन्दर आकर उनके साथ बैठने को कहा. हम अन्दर बैठे उसके पुत्र की राह देखते हुए अगले पन्द्रह मिनिटों तक वार्तालाप करते रहे. वे पन्द्रह मिनिट इतने अधिक सार्थक रहे जितने मेरे पिछले तीन महीने नहीं थे जो मैंने उस क्षेत्र में बिताए थे. वहाँ सीखा हुआ जीवन-सन्देश आज भी मेरे साथ बना हुआ है.

हमारा वार्तालाप इस बात से आरम्भ हुआ जब मैंने उनसे पूछा कि उन्होंने अपने कार्यकाल के अट्ठाईस वर्षों में कौन-से सम्बन्ध स्थापित किए थे. जिस समय अर्ल अपने स्थानीय व्यवसाय के मालिकों और निर्णायकों के बारे में बता रहे थे, वे बीच-बीच में सोचते-सोचते रुक जाते और कहते, ''आप जानती हैं, वे आपके स्कूल के लिए अच्छे सम्पर्क साबित होंगे.'' जब तक उनका लड़का मेरे साक्षात्कार के लिए लौटकर आता मेरे पास कोलम्बस के सात अग्रणी व्यवसायियों की सूची हो गई थी जिनसे मुझे सम्पर्क करना था.

सबसे आश्चर्यजनक बात तो यह थी कि उन्होंने इसके बाद, जिस समय मेरी उनके पुत्र के साथ संक्षिप्त मुलाकात हो रही थी और जिसके परिणामस्वरूप उन्होंने मेरे पाठ्यक्रम में सम्मिलित होना स्वीकार कर लिया था, मैं लौट रही थी, तभी अर्ल मुझे हॉल में मिले. उन्होंने मुझे बताया कि सभी सातों सम्भावित लोगों से उन्होंने व्यक्तिगत रूप से बात कर ली है अथवा उनके लिए सन्देश रख दिया है कि मैं उन्हें फोन करनेवाली हूँ ताकि साक्षात्कार निश्चित कर सकूँ. उन्होंने सातों व्यक्तियों से मेरी संस्तुति भी कर दी थी.

> एक प्रभावशाली आदरणीय व्यवसायी का मेरी छबि और सफलता पर अपने व्यावसायिक क्षेत्र में दूर तक गहरा प्रभाव पड़ा.

उस दिन से बिक्री करना मेरे लिए बहुत सरल हो गया. विक्रय के प्रति मेरा दृष्टिकोण सर्वांग रूप से सुधर गया. जब मैंने अपने संदर्भित व्यक्तियों की सूची के लोगों को निश्चित साक्षात्कारों के लिए फोन किया तो उन निर्णायक लोगों के मन में सकारात्मक आशाओं की अपेक्षा के भाव थे. वे मेरे प्रस्ताव में गहरी दिलचस्पी रखे हुए थे और उन्होंने मेरी बात एकाग्र

चित्त से सुनी. मैंने पाया कि मेरे परिणामों का अनुपात 70 प्रतिशत हो गया था जो पहले 24 प्रतिशत था. यह समाज के किसी प्रभावशाली व्यक्ति के सन्दर्भों से हुआ था. वे जिन्हें तत्काल मेरी सेवाओं की आवश्यकता नहीं थी उन्होंने भी मेरा औरों से परिचय करा दिया जो मेरे अच्छे ग्राहक बन सकते थे. एक प्रभावशाली आदरणीय व्यवसायी का मेरी छबि और सफलता पर अपने व्यावसायिक क्षेत्र में दूर तक गहरा प्रभाव पड़ा.

मेरे लिए सबसे आश्चर्यजनक बात उन लोगों का मेरे प्रति सकारात्मक भाव था जिनसे मेरा परिचय कराया गया था. अध्ययन के बहुत कम पाठों में वे अनुपस्थित रहे, अधिकांश नियत-कार्यों को पूरा किया और अधिक उत्साहपूर्ण रहे बजाय उनके जिन्हें बिना उत्साह के कार्यक्रम बेचे गए थे.

जब मैं अगले वर्ष नई कक्षा प्रारम्भ करने के लिए लौटी तो मैंने पिछले वर्ष के स्नातकों और उनके निरीक्षकों से मिलने का विचार किया. इन मुलाकातों से उनका उत्साह फिर से जाग उठा और सन्दर्भों का कार्यक्रम फिर से चल पड़ा.

कोलम्बस में मैंने जो पाठ्यक्रम को बेचकर अनुभव प्राप्त किया उसने मुझे इस व्यवसाय के तेरह वर्षों तक लगातार लाभ दिया है. सबक बहुत सरल है. यदि आपके पास कोई प्रभावशाली विक्रय-केन्द्र अपने कार्य-क्षेत्र में नहीं है तो किसी और से उसे माँग लें और उनके प्रभाव-क्षेत्र में कार्य करें.

कुछ और भी पाठ हैं जो मैंने नेटवर्क विक्रय के बारे में सीखे हैं :

1. आपको प्रयत्न करना पड़ेगा कि लोग आपको जानें. इससे पहले कि आप अपने जीवन-ध्येय के प्रति समर्पित हों और उस पर चलना आरम्भ करें, व्यवहार कुशल व्यवसायियों को आप में कोई ऐसी विलक्षण बात दिखनी चाहिए जिसे वे पसन्द करें और स्वयं में वह बात देखना चाहें.
2. अपनी सार्वजनिक भाषण-कला की प्रवीणता को प्रखर बनाना, औरों पर प्रभाव डालने का एक अच्छा उपाय है. इस प्रकार से लोगों पर अनुकूल असर डालें और उनका ध्यान आकर्षित करें. सम्भव है भविष्य में वे ही आपकी मदद करें.
3. हम सब लोगों के व्यवसायों से जुड़े हैं. लोगों से प्रभावशाली तरीकों से व्यवहार करना अधिक महत्वपूर्ण है बजाय शास्त्रीय ज्ञान के जिसे लेकर आप टेबल पर बैठते हैं.
4. हम सभी अपने व्यक्तिगत जीवन में कार्यकाल के विभिन्न पहलुओं से गुजरते हैं. उनमें के कुछ हैं :
    - नई सम्भावना के आगमन का उल्लास
    - अपने निर्णयों के सही होने की चिन्ता, जिसे कई बार खरीददार का पश्चाताप भी कहते हैं.

- जब काम बिगड़ जाते हैं तब स्वयं को छोड़कर हर किसी को दोष देना.
- कोई नया कार्य आरम्भ करने की उत्तेजना और आशावादिता - नई नौकरी, नई कार या किसी नए सम्बन्धों का आरम्भ. मगर हमें अपनी पुरानी समस्याओं को साथ लिए चलने से बचना चाहिए और उन्हीं भूलों को फिर से नहीं दोहराना चाहिए.

जीवन के इस पुनरावर्तन चक्र से बचने का उपाय इन तीन सरल रण-नीतियों को अपनाना है :

1. यथार्थवादी और सम्भव लक्ष्य निर्धारित करें. उपलब्ध लक्ष्यों का उत्सव मनाएँ फिर नए लक्ष्यों की स्थापना करें.
2. उच्च कोटि के व्यक्तिगत और व्यावसायिक सम्बन्ध स्थापित करना सीखें, क्योंकि इन्हीं पर आपका जीवन-स्तर आश्रित रहेगा.
3. ज्ञान-प्राप्ति की आदत डालें और अपनी विचारशीलता को नई सोच और ज्ञान की ओर मोड़ें.

विशेष : हमारी कक्षाएँ मौखिक सन्दर्भों के कारण सदा भरी रहती थीं.

व्यावसायिक सफलता का चक्रव्यूह

आर्ट रडात्के

हिलेरी शेंक ने जब से सन्दर्भों के माध्यम से नेटवर्किंग में विपणन-कला की खोज की है, उन्हें अब उबाऊ हवाई यात्राएँ नहीं करनी पड़ती हैं. अब वे अपने विमान के सह यात्रियों के साथ आरम्भिक वार्तालाप करते हैं और आशा करते हैं कि वे उन्हें नए ग्राहकों या सम्पर्क ग्रुप के नए सदस्यों से मिला देंगे.

"यह मेरे लिए रुबिक के खेल-जैसा होता है." बत्तीस वर्षीय निवेश व्यवस्थापक कहते हैं. मैं यही सोचता रहता हूँ कि मैं लोगों से कैसे सम्पर्क कर सकता हूँ. जब पहेली सुलझ जाती है तो मैं प्रसन्न होता हूँ. अब तक मैं नहीं जानता था कि मार्केटिंग इतनी लुभावनी हो सकती है !"

असल में शेंक के लिए नेटवर्किंग इतनी अधिक लाभप्रद हुई है कि अब वे अपना सारा

समय विपणन के प्रयत्नों में लगाकर नई ''रणनीतिपूर्ण हिस्सेदारियाँ'' बनाने में लगे रहते हैं और अन्य पेशेवरों से सम्पर्क करते हैं जो उन्हें व्यवसाय दे सकें, और जिन्हें वे, उपकार के बदले व्यवसाय देना चाहते हैं. अब कुण्ठित करनेवाले कष्टप्रद कोल्ड कॉल्स और फुटपाथ पर घूम-घूमकर अच्छे सन्दर्भ पाने की निष्फल खोज का समय बीत गया है.

अब, फोन-बुक उठाने के स्थान पर शेंक अपने विस्तृत विजिटिंग कार्डों के खजाने को उँगलियों से टटोलकर परिचितों को फोन करते हैं. उन्हें उन लोगों से भी सन्दर्भ मिलते हैं जो उसकी व्यवसाय-पद्धति और ग्राहकों को विशेष रूप से सँभालने की उसकी अनूठी कला के बारे में जानते हैं. वे एक सुनियोजित व्यावसायिक नेटवर्क के अंग हैं और उसे वे अपने कार्य का बोर्ड ऑफ डायरेक्टर मानते हैं जहाँ वे अपनी नई कुशलताओं और रण-नीति को काम में ला कर ग्राहकों को मनमाफिक लुभा सकते हैं.

''अब अनुत्तरित फोन-कॉल्स प्रभावहीन हो गए हैं.'' शेंक बताते हैं,'' वे आपका समय व्यर्थ करके शक्ति को चूस लेते हैं. कोल्ड-कॉलिंग के अनुपात को देखते हुए, मैं सौ फोन-कॉल्स के बाद ही दस नए ग्राहकों को अनुबन्धित कर पाऊँगा.

''नेटवर्किंग मुझे तत्काल आन्तरिक क्षेत्र तक पहुँचा देती है, जहाँ लोग मुझसे वस्तुएँ खरीदना चाहते हैं और मेरी सेवाओं का उपयोग करना चाहते हैं, क्योंकि उनके किसी विश्वसनीय व्यक्ति ने मेरा उनसे परिचय कराया है. इसका तात्पर्य होता है कम समय और परिश्रम में अधिक विक्रय, नेटवर्किंग मार्केटिंग का नया विस्फोटक औजार है !''

मार्केटिंग का यह नया तरीका जिसमें ग्राहक की आवश्यकताओं पर अधिक ध्यान दिया जाता है बजाय बिक्री बढ़ाने के - इससे बिक्री का सारा प्रतिमान ही बदल जाता है और वह पूरी तरह से जीत दिलाने की स्थिति में आ जाता है और बिक्री होती है उससे ग्राहक अधिक समय तक जुड़ा रहता है और बिक्री को रेखागणित की भाँति अनेक गुना बढ़ा देता है. उपकृत ग्राहक भविष्य के सन्दर्भित सहकार्मियों में बदल जाते हैं और नए विक्रय को जन्म देते हैं.

> ''नेटवर्किंग मुझे तत्काल आन्तरिक क्षेत्र तक पहुँचा देती है, जहाँ लोग मुझसे वस्तुएँ खरीदना चाहते हैं और मेरी सेवाओं का उपयोग करना चाहते हैं, क्योंकि उनके किसी विश्वसनीय व्यक्ति ने मेरा उनसे परिचय कराया है.''

जिस व्यावसायिक नेटवर्किंग समुदाय से शेंक जुड़े हैं वह औसत दो नए सम्पर्क प्रति सप्ताह, प्रति व्यक्ति देता है जो अविलम्ब बिक्री में बदल जाता है. जैसे, हाल ही में एक सदस्य ऍडी ड्रेशर ने ग्राहकों को अपनी ''आकांक्षा-सूची'' वितरित की थी जो सुविशेष सम्पर्कों और संस्थाओं के नामों का उल्लेख करती है जिनसे वे सम्पर्क करना चाहते थे. सम्पर्क जो ऐसे अवसरों पर अक्सर गायब हो जाते हैं, जैसे एक फॉर्च्यून 500 कम्पनी के सीईओ और विशाल स्थानीय ठेके देनेवाली संस्था के प्रमुख, से कुछ ही मिनिटों में मिलना हो गया, अन्य सदस्यों के फलस्वरूप जिन्होंने पहले से ही सम्पर्क-सूत्र फैला रखे थे.

''व्यवसाय में आपको स्वयं की ओर देखने का और औरों को भूल जाने का अभ्यास कराया जाता है,'' ड्रेश्चर कहते हैं, ''मगर यहाँ एकदम भिन्न प्रकार का विक्रय-दृष्टिकोण होता है. मेरा काम अन्य सदस्यों के लिए सन्दर्भ जमा करना है, ताकि ''देनेवाले ही पाते हैं'' का सिद्धान्त लौटकर मेरे पास आ सके.

अधिकांश व्यक्ति, जिनके साथ मैं व्यापार करता हूँ, वे मेरा उल्लेख किसी और व्यक्ति से करेंगे, फिर भले ही वह मेरे समुदाय में हो अथवा नहीं. अपने सन्दर्भित व्यावसायिक नेटवर्क में तीस से अधिक व्यक्ति है जो मेरे लिए निरन्तर व्यवसाय की खोज में रहते हैं. मेरा एक सक्रिय, जोशीला, समर्पित विक्रय-दल है जो मेरे लिए हमेशा काम करता रहता है. उन्हें कौन पराजित कर सकता है ?''

शेंक ने आगे कहा, ''मुझे बहुत आनन्द आता है जब मैं जॅकपॉट भेदता हूँ.'' हाल ही में, एक उड़ान-प्रवास पर, उसने अपनी नेटवर्किंग की प्रतिभा का प्रयोग किया और विमान के सहयात्रियों के साथ इस आशा में वार्तालाप आरम्भ किया कि सम्भव है वे उसके किसी वर्तमान ग्राहक या सन्दर्भित सहकर्मी से सम्बन्ध रखते हों. कुछ ही मिनिटों में उसने प्लेन में दो यात्रियों को पा लिया और समझ में आया कि उसके दो वर्तमान ग्राहकों को हवाई-यात्रा के दो नए प्रवासी मित्रों की सेवाओं की जरूरत है.

मेरे लिए यह सब उसी पुरानी पहेली को सुलझाने जैसा है जिसमें लोगों को योग्य स्थानों पर बिठाना होता है. इसका यही आनन्द है. परिचय का घेरा प्रति पल बढ़ता जाता है. यदि मैं आपके लिए सम्पर्कों को खोजता हूँ और आपको भरोसेमन्द अच्छे व्यक्ति देता हूँ जिनके साथ व्यवसाय किया जा सकता है तो मैं भी अपने लिए अपनी रॉयल्टी अर्जित कर लेता हूँ. हम सभी जानते हैं कि इसी से ग्राहकों को पाया और निभाया जाता है.

आन्तरिक और बाह्य नेटवर्किंग

बिल बॅक्स

नेटवर्किंग जीवन का इतना स्वाभाविक हिस्सा है कि अनेकों बार हम अनुभव नहीं कर पाते हैं कि उसने हमारे पेशे के कितने अंश का निर्माण किया है. लौटकर जब पीछे देखता हूँ, तो ज्ञात होता है कि मेरे अधिकांश कार्य मुझे नेटवर्किंग के माध्यम से मिले थे, अनेकों बार तो मुझे उस समय ज्ञात भी नहीं हो पाया था.

- मेरा पहला काम, कागजों से होकर गुजरता मेरा प्रयाण-कार्य, उस समय आया

था जब मुझे मेरे मित्र ने बताया था कि वह मार्ग उपस्थित हुआ है.

- मेरी हाइस्कूल के दिनों की नौकरी, जो मेरे एक मित्र के संकेत देने से मुझे सर्विस-स्टेशन में मिली थी.
- मेरे कॉलेज दिनों के गर्मियों की छुट्टियों के समस्त काम मुझे नेटवर्किंग के सम्बन्धों के माध्यम से मिले थे.
- स्नातक होने के बाद, अपने एक मित्र के माध्यम से मैं समाज-कल्याण के काम में पड़ा था जो किसी मनो-चिकित्सा अस्पताल में काम करता था और बाद में उसी के साथ मैं स्नातक स्कूल जाने लगा था.
- मैं नवजीवन प्रदायक मनोचिकित्सक अस्पताल के नशा-विमुक्ति कार्यों की ओर आकर्षित हुआ. उसके डायरेक्टरों ने बाद में मुझे उसी क्षेत्र में काम पाने में मेरी सहायता की.

बाहरी सम्पर्कों ने मुझे एक कार्य से दूसरे कार्य की ओर बढ़ने में मेरी मदद की और इस प्रकार से, मार्ग पर चलते हुए मैंने बहुमूल्य कौशल और अनुभव अर्जित किया. नेटवर्किंग की मेरी उभरती प्रतिभा ने मुझे स्वास्थ्य के क्षेत्र में और अधिक अवसर प्रदान किए और उसी क्षेत्र में रहकर मैंने नेटवर्किंग सीखी.

आन्तरिक नेटवर्क

अपने प्रथम स्नातकोत्तर कार्य में मैंने एक सलाहकार समिति की मार्फत, तीन विभिन्न संस्थाओं के नियन्ताओं से सम्पर्क किया. एक अन्य काम में, मुझे दूसरे संस्थान के कामों को सँभालने की तनख्वाह कोई अन्य संस्थान देती थी. इन सभी नौकरियों में मुझे अनेकों मालिकों को प्रसन्न रखना पड़ता था. वह मेरी संस्था के लिए असल चुनौती था जिसमें इलाज के विभिन्न दर्शन मौजूद थे. अलग-अलग प्रकार के हॅट पहनकर, जिम्मेदारियाँ ओढ़कर, एक साथ अनेक स्थानों पर उपस्थित होकर विभिन्न मालिकों को उनकी अनेकों प्रकार की अपेक्षाओं को पूरा करना, स्वयं में एक बहुमूल्य प्रशिक्षण था जिसने मुझे प्रत्येक संस्था में प्रभावपूर्वक नेटवर्किंग करना सिखाया. उसने मुझे ओंटेरियो कॅनाडा की एक सरताज संस्था में सीनियर डिविजन डायरेक्टर, रिसर्च और डॅवेलपमेंट के महत्वपूर्ण पद पर आसीन करा दिया.

कैसे कुछ व्यक्ति एक संस्थान में पनपते और बढ़ जाते हैं और अन्य लोग रुकावट, पश्चगमन अथवा उसे छोड़कर परावर्तन कर लेते हैं! जो प्रगति करते हैं वे संस्था के शक्ति-स्तम्भों को जानते हैं और उन प्रमुख खिलाड़ियों के साथ रणनीति के अनुकूल सम्बन्ध स्थापित कर लेते हैं. कुछ अतिरिक्त उत्तरदायित्व ले लेते हैं और दूसरों को उनकी नेटवर्किंग में मदद करते हैं. अक्सर, एक अतिरिक्त मील का प्रवास पुरस्कार लाता है - और विश्वसनीयता भी.

आस्था

आपकी कीर्ति और सफलता इस बात पर निर्भर करती है कि क्या आप विश्वसनीय हैं ? संस्थान के अन्दर भी वह बात उतनी ही सच है जितनी संस्था के बाहर. पदोन्नति अथवा नए सम्बन्ध और सम्पर्क नहीं मिलते हैं यदि उसके उच्च अधिकारी अथवा नेटवर्कर सहकर्मी समझते हैं कि वह विश्वसनीय नहीं हैं.

बढ़ोतरी न होने का अर्थ होता है विकास का रुकना और काम से शीघ्र बिदा होना. क्या आप अपना कार्य करने लायक माने जाते हैं ? क्या आप अपनी संस्था के मौलिक मूल्यों का अनुमोदन करते हैं ? सम्भव है आप संस्था के किए हर कार्य से सहमत न हों, मगर आप सकारात्मक आलोचना और सुधार के सुझाव तो दे सकते हैं.

एक संस्थान, सम्प्रदाय या समुदाय के अन्तर्गत सभी नेटवर्किंग प्रक्रियाएँ विश्वास के आधार पर कार्य करती हैं. आप उस विश्वास को कैसे प्राप्त करेंगे ? एक तरीका है अतिरिक्त जिम्मेदारियों को स्वीकार करने का अथवा स्व-विकास के नए पाठ्य-क्रमों को करने का; निरीक्षक उन लोगों की कद्र करते हैं जो नए कार्यों के प्रति रुचि दिखाते हैं और उनके साथ पर्याप्त संवादिता रखते हैं. दूसरा मार्ग है अपने साथियों में से ही किसी आदर्श पुरुष या ज्ञान-गुरु को चुनना जो आपके लिए एक सफल मार्गदर्शक योजना बना सके.

एक संस्थान, सम्प्रदाय या समुदाय के अन्तर्गत सभी नेटवर्किंग प्रक्रियाएँ विश्वास के आधार पर कार्य करती हैं.

अपने दल का सक्रिय सदस्य बनकर उभरने और दल के अन्य सदस्यों को सहयोग देने से आपको अतिरिक्त उपहार प्राप्त होंगे. विकसित और संजीवित बने रहने के विशेष गुण होते हैं लचीलापन तथा परिस्थितियों के अनुसार रूपान्तरण. याद रखें, नियंत्रकों को अपनी परिस्थिति को ज्यों-का-त्यों बनाए रखने का विशेष शौक होता है. यदि आप कोई परिवर्तन चाहते हैं तो उसे सार्थक रूप में, अपने बॉस के पक्ष में रहते हुए, धीरजपूर्वक पेश करें. जब आप अपने स्वामी को अच्छे रूप में प्रस्तुत करते हैं तो आपका स्वरूप भी अच्छा हो जाता है, और इस बात को मौका आने पर, प्रोन्नति के समय, आपका बॉस याद रखता है.

मुझे बताते हुए हर्ष हो रहा है कि नेटवर्किंग मुझे अब भी काम दिला रही है. अब मैं एक तीव्रता से विकसमान फ्रेंचाईज़ - एकाधिकार - व्यापार का मालिक हूँ जो मेरी विशेषता के अनुरूप है, एक व्यवसाय जो मुझे अपने साथी की नशा-मुक्ति चिकित्सा के समय अवसर के रूप में मिला था क्योंकि मैं निवृत्त होने के सम्बन्ध में विचार कर रहा था. मैं व्यस्त रहना चाहता हूँ, इसलिए मैंने नई जिम्मेदारियों को सँभालने की स्वेच्छापूर्वक इच्छा जताई है. मैंने नई परामर्श पद्धति विकसित की है और किसी के साथ मिलकर उस बारे में एक पुस्तक लिख रहा हूँ. नेटवर्किंग ने मेरे पेशे के आरम्भ से आजतक मेरा अच्छा साथ दिया है.

दरवाज़े पर दस्तक

जॅरी श्वार्ट्ज़

सारी जिन्दगी मैंने लोगों के साथ ठीक से काम किया है, मगर हाल ही में मुझे ज्ञात हुआ कि सोद्देश्य नेटवर्किंग में कितनी अधिक सम्भावनाएँ छिपी हुई हैं. मैं सीधा विक्रय परामर्शदाता बन गया क्योंकि मैं अतिरिक्त कमाई चाहता था और सोचता था कि वह आनन्दप्रद रहेगा. मगर मैंने कल्पना भी नहीं की थी कि वह मेरे जीवन में महत्वपूर्ण परिवर्तन भी लाएगा.

जब अवसर द्वार खटखटाते हुए आता है, तो कई बार वह अधिक जोर से दस्तक नहीं देता. एक दिन मैंने कुछ लोगों को लाने की सहमति दी जो किसी विक्रय-सेमीनार में शामिल होने के लिए उड़नेवाले थे. मैंने सोचा कि यदि मैं उन्हें धीरे-धीरे ले जाऊँगा तो सम्भव है उनकी बातों से मुझे कोई संकेत मिले कि प्रत्यक्ष विक्रय में अधिक धन कैसे कमाना.

उसके स्थान पर मुझे जो मिला वह था एक नया व्यवसाय, जो तेजी से बढ़ रहा था और जिसके लिए मैं पूर्णतया योग्य था.

जिस दम्पति को मैंने एयरपोर्ट से लिया वे मेरे अच्छे मित्र बन गए. अन्त में उन्होंने मुझे अपने नए व्यवसाय में सहकर्मी बनने को कहा. आरम्भ में मैं सन्देहपूर्ण रहा; मैंने यही सोचा कि उन्हें मेरे शहर में अपने व्यवसाय को फैलाने के लिए सहायता की जरूरत है. मगर दो वर्ष बाद ही वह व्यापार एक बड़े अध्यवसाय में बदल गया, ऐसा जो प्रमुख व्यवसायों के अग्रणी 10 प्रतिशत में आता है और उसने अनेकों प्रमुख पारितोषिक जीते. मैं व्यावसायिक नेटवर्किंग क्षेत्र का प्रमुख व्यक्ति बन गया और स्थानीय रेडियो तथा टीवी कार्यक्रमों में भी अतिथि के रूप में उपस्थित हुआ.

नेटवर्किंग में, हर मिलनेवाले व्यक्ति के बारे में अधिक-से-अधिक जानकारी रखना आवश्यक होता है. एक बार आप उनकी प्रवीणता, ज्ञान और सन्दर्भों की सीमा को जान जाते हैं तो फिर परस्पर लाभ के उपायों को पाने के बारे में सोच सकते हैं.

कम्पनी की पहली बैठक जिसमें मैं शामिल हुआ था उसमें मैंने उन लोगों को चुना था जो मुझे अपने व्यवसाय को बढ़ाने में मददगार प्रतीत हुए थे. मैं अपने पड़ौसी क्षेत्र के सहकर्मी आर्ट से भी मिला. कांफ्रेंस से घर लौटने के बाद मैंने उसे फोन करके कहा कि हमें फिर से मिलना चाहिए ताकि हम एक-दूसरे को अधिक अच्छी तरह से समझ सकें. पहली निर्धारित मुलाकात में मैं और आर्ट बहुत सफल हुए. अपने व्यवसाय के बारे में नए प्रकार से सोचकर

हमने आनन्द उठाया इस सम्बन्ध के फलस्वरूप मैंने अपने ग्राहक-सेवा कार्यक्रम में सुधार किया और अपना व्यवसाय दुगना कर लिया.

हम दूसरों के बारे में कैसे जान सकते हैं ? आप सुनें. सुनें कि वे अपने व्यापार के बारे में क्या कह रहे हैं, उनकी प्रक्रियाओं, अभिरुचियों, लक्ष्यों और विशेष करके आवश्यकताओं के बारे में जानें. उन बातों को ध्यान से सुनें जो आपमें और उनमें एक-सी हैं - मुख्य समस्याएँ, विशेष बातें, मार्ग-दर्शक बातें, लक्ष्य. गहराई तक उतरें; पता लगाएँ कि किस प्रकार से मिलकर काम करके, एक दूसरे की मदद की जा सकती है.

मुझे पता चला कि आर्ट अपने परिवार के साथ दक्षिण के एक अन्तरंग प्रदेश में जाकर बसना चाहता है. मैंने उसकी मदद करने के लिए स्वीकृति दी और उस लक्ष्य को पाने के उपायों पर विचार करने लगा. क्योंकि उसका विक्रय-स्थल मेरे बिक्री के क्षेत्र को घेरे हुए था, इसलिए हमने एक तरीका ढूँढ़ा जिसके अन्तर्गत मैं उसके क्षेत्र को खरीद सकता था और वह, अपने मनपसन्द सुदूर दक्षिण के प्रदेश को ले लेता. हमने एक ऐसा प्रस्ताव बनाया जिसे कम्पनी का मुख्य ऑफिस नकार नहीं सकता था. हम दोनों को वे वस्तुएँ मिल गईं जो हम चाहते थे. मैंने आर्ट का क्षेत्र खरीद लिया और उसने अपना सपनों का संसार - अपना क्षेत्र. हम दोनों के लिए परिणाम इतने सफल हुए कि हम दोनों को अपने नेटवर्किंग के लिए बाद में, वार्षिक सम्मेलन में - अभिनन्दित किया गया. जिससे मुझे अन्य प्रमुख व्यक्तियों के साथ संबंध स्थापित करने में मदद मिली.

नेटवर्किंग में, हर मिलनेवाले व्यक्ति के बारे में अधिक-से-अधिक जानकारी रखना आवश्यक होता है. एक बार आप उनकी प्रवीणता, ज्ञान और सन्दर्भों की सीमा को जान जाते हैं फिर परस्पर लाभ के उपायों को पाने के बारे में सोच सकते हैं.

मैंने प्रमुख व्यक्तियों के साथ सम्बन्धों को बनाए रखना जारी रखा - मेरे व्यवसाय के अन्य डायरेक्टरों के साथ, स्थानीय व्यावसायिक सहकर्मियों के साथ, अन्य नए सहयोगियों के साथ जो मुझे मेरा व्यवसाय बढ़ाने में सहायता करते हैं. इन अनुभवों ने मुझे बहुत कीमती पाठ सिखाए. उनमें के दो अलग ही चमक रहे हैं.

- औरों के बारे में जानने के लिए ध्यानपूर्वक सुनें.
- आपसी लक्ष्यों को पाने के लिए हर अवसर का लाभ उठाएँ.

यदि आप इन सिद्धान्तों को अपने दिमाग में दृढ़ता से बनाए रखेंगे तो आप अपने दरवाजे की धीमी-से-धीमी दस्तक भी अवश्य सुन लेंगे.

15

किंवदन्तियाँ, गल्तियाँ और गलत धारणाएँ

नेटवर्किंग में, अन्य उद्यमों के ही समान प्रवीणता अनेकों मिलन-स्थलों से होकर गुजरती है, उनमें का कोई भी सन्धि-स्थल आपको गलत दिशा की ओर ले जा सकता है. आगे दीं कथाओं और निबन्धों में ऍन बाबर तथा लिन वेमॅन, आरम्भ होने से पहले ही, किसी अच्छे कीमती व्यावसायिक सम्बन्ध को नष्ट करने के दस कारगर उपाय बता रहे हैं; रॉन सुकेनिक नेटवर्किंग से सम्बन्धित दस प्रचलित कथाओं के बारे में बात करते हैं और आगाह करते हैं कि उनका शिकार होने से कैसे बचा जाए; स्टीव लॉसन हमें दिखाते हैं कि कई बार लोग समझते हैं कि वे नेटवर्किंग कर रहे हैं, पर वे नहीं कर रहे होते हैं; तथा पॅट्टी साल्वुसी और टॉम फ्लेमिंग हमें एक कहानी कहते हैं जिसके द्वारा एक व्यवसाय के मालिक को सही रूप में समझ में आया कि मौखिक विज्ञापन के द्वारा व्यापार का यथार्थ स्वरूप क्या होता है.

हतोत्साहित होने से बचें

ऍन बाबर तथा लिन वेमॅन

किसी बोर व्यक्ति की सबसे श्रेष्ठ परिभाषा किसी ने दी है वह है, जब आप उससे पूछते हैं कि वह कैसा है, तो वह बताने लगता है. उबाऊ और नीरस होने के साथ-साथ वह वार्तालाप के और भी छोटे-छोटे ''पापों'' को अपने में समेटे रहता है. उन दस प्रमुख बातों को हम यहाँ बता रहे हैं. क्या इनके अलावा भी आप कुछ और के बारे में सोच सकते हैं? औरों के दोषों को जानना आपके लिए सरल हो जाएगा. सवाल यह उठता है कि क्या आप भी इनमें से किसी भी अपराध के दोषी हैं, और यदि हैं, तो अपनी राह को बदलकर कैसे अधिक आकर्षक वार्तालाप के साथी बन सकते हैं?

1. अधिक विस्तार से बताना

जो व्यक्ति समूचे विवरण को बताने की जिद करता है वह शीघ्र ही अपना श्रोता खो देता है.

हम सभी उन व्यक्तियों से चिढ़ जाते हैं जो जोरों से बोल-बोलकर सोचते हैं. ''देखते हैं, वह अक्तूबर में हुआ था या नवम्बर में ?'' हर वस्तु को विस्तार से अपने विवरण में शामिल न करें. इस प्रकार का ''दोष'' आपकी टिप्पणियों या वार्ताओं को इस सीमा तक बोझिल बना देगा कि वे एकल संवाद बन जाएँगे.

2. डींगें हाँकना

कथाकार विल रॉजर्स ने एक बार कहा था, ''वह 'डींग' नहीं है, यदि आपने उसे कहा है.'' ध्यान रहे, यहाँ रॉजर्स उपलब्धियों के बारे में बात कर रहे हैं, प्राप्तियों -पजेशंस-के बारे में नहीं. वे यह नहीं कहते कि ''यदि आप उसके स्वामी हैं तो वह शेखी मारना नहीं है.'' उन ''वस्तुओं'' - ''प्रिय बातों'' के बारे में डींग हाँकना निश्चय ही अधिक अरुचिकर होता है बजाय लोगों को यह बताने कि आपने यथार्थ में कौन-सी उपलब्धियाँ पाई हैं.

स्वयं पर अत्यधिक ध्यान केन्द्रित करने से भी लोग विमुख हो ज़ाते हैं. ज़ा-ज़ा गॅबर, पुरानी कथा के अनुसार, अपने विषय पर बोले जा रही थी, बोले जा रही थी - और विषय था - स्वयं. अन्त में वह कुछ देर के लिए रुकी और अपने साथी से बोली, ''मगर डेहलिंग, हमें बदलाव के लिए आपके बारे में भी कुछ बात करनी चाहिए'', फिर वह लाड़ से बोली, ''आपको मेरी नई ड्रेस कैसी लगी ?''

3. प्रश्न पूछना

दृढ़ता को अक्सर गुण समझा जाता है. फिर भी, समझदार लघु वक्ता जानते हैं कि कब रुक जाना चाहिए. मगर प्रश्नकर्ता इस बात को नहीं जानते. वह कहती है, ''आपको ...'' यह उनका एक मनपसन्द वाक्यांश होता है. ''आप क्यों नहीं....'' कुछ सेकेंड बाद कहेंगी, ''आप तो निश्चय ही जानती होंगी...'' भी उसी उच्च कोटि का प्रश्न होता है. विषय की समाप्ति के बहुत देर बाद भी प्रश्नकर्ता अपने सवालों से साथी को आघात पहुँचाता रहता है. प्रश्नकर्ता के मन में, अक्सर, विषय के बारे में दृढ़ धारणाएँ होती हैं और वह अपने साथी को उन्हें मानने को मजबूर कर देता है.

प्रश्न की शब्दावली के साथ-साथ उस पूछने का स्वर भी उतना ही महत्वपूर्ण होता है. प्रश्नकर्ता कड़ी, रूखी आवाज में प्रश्न पूछता है बजाय मधुर और प्रश्न पूछने की ध्वनि में. उसके प्रश्न आरोपों की शैली में, सामनेवाले को अक्सर नीचा दिखाते हुए और क्षुद्र बनाते हुए पूछे जाते हैं.

यदि आप प्रश्नकर्ता के द्वारा, प्रश्नों को पूछकर घेर ली जाती हैं तो कहें, ''आप इस बारे में, ऐसा विचित्र प्रश्न क्यों पूछ रही हैं ? मैंने तो इस बारे में ऐसा कभी नहीं कहा...'' या कहें, ''क्या आप इस बारे में प्रश्न पूछकर सहज महसूस कर रहे हैं ? मैं तो नहीं करती.''

उस व्यक्तिगत प्रश्न को सर्व सामान्य बना दें. उस अशान्त बनानेवाले प्रश्न से हटकर उचित और उत्साहवर्धक प्रश्न की ओर मुड़ जाएँ.

4. बढ़-चढ़कर रहने की प्रवृत्ति

कहने के लिए सदा आपसे अच्छी कहानी जिसके पास है अथवा आपसे अच्छा प्रस्ताव जो दे सकता है, उसकी आदत होती है बढ़-चढ़कर रहने की. वह कभी भी कोई आलोचना या कहानी को ज्यों-का-त्यों स्वीकार नहीं कर पाता है; उससे बढ़कर बात कहे बिना उसे चैन नहीं आता. ऐसे लोग कई बार दूसरों को क्षति पहुँचाकर भी अपनी ओछी बातों को कहकर स्वयं को अद्भुत बताने का प्रयत्न करते हैं. वे हमेशा सिद्ध करने का यत्न करते हैं कि वे सामनेवाले से श्रेष्ठ हैं. यदि आपने 1 मिलियन का सौदा किया है तो उनके पास 5 मिलियन के सौदे की बात कहने के लिए है. यदि आप स्काईंग के लिए कीस्टोन गए थे तो वे आल्पस जाकर आए हैं.

5. मुफ्त सलाह पाना

ऐसे उबाऊ आदमी हमेशा न कुछ के बदले में सब-कुछ पाना चाहते हैं. वह डॉक्टरों को घेरकर अपने शारीरिक स्वास्थ्य के बारे में पूछना चाहेगी, वकीलों से अपनी सम्पत्ति के व्यवस्थापन की बात करेगी और कॉम्प्यूटर सिस्टम के परामर्शदाताओं से स्वयं का कॉम्प्यूटर सिस्टम स्थापित करने के बारे में विस्तार से सलाह चाहेगी. वह अपने कम परिचित साथियों से ऐसे प्रश्न पूछेगी जो उसे व्यावसायिकों से पूछना चाहिए. उसे हर बार मुफ्त सलाह चाहिए, जब कि उनके लिए उसे रकम देनी चाहिए.

6. व्यवधान

इस प्रकार के उबाऊ व्यक्ति आपको कभी भी बात के अन्त तक नहीं पहुँचने देंगे. वे आपकी टिप्पणियों को अपनी अविरल बकवास से कुचल देंगे. वे अपनी ही बात को आरम्भ, मध्य और अन्त में देखना चाहते हैं. वे विशेषकर स्त्रियों और अपने अधीन लोगों की बात को काटते हैं ताकि साबित कर सकें कि कौन अधिक समर्थ है. वे सवालों को अनसुना करके वार्तालाप को अपनी ओर मोड़ देते हैं.

7. साथ देने से मना करना

कुछ लोगों को बचपन में बहुत अधिक बार कहा जाता है, ''स्वयं के बारे में बातें करना विनम्रता नहीं है.'' वे कहीं आत्म-केन्द्रित न बन जाएँ, इस डर से वे अपने बारे में बताना बन्द कर देते हैं. वे गेंद को उछालकर वापिस आपकी सीमा में डाल देते हैं. यह भी विनम्रता

नहीं होती - इसे खेलने से मना करना - साथ न देना - कहते हैं.

दूसरे छिपा जाते हैं, जो उन्होंने किया है. और आप स्वयं को मूर्ख अनुभव करने लगते हैं जब आपको सच्चाई पता चलती है. एक व्यवस्थापक अपने सीईओ के साथ हुए वार्तालाप को बतला रहा था - ''मैंने पूछा, आपका सप्ताहान्त कैसा रहा ?'' वे बोले, ''इतना बुरा नहीं... कुछ गोल्फ खेला था. आपका कैसा बीता ?'' बाद में ज्ञात हुआ कि वे अपने अन्य छह सीईओ साथियों के साथ, सप्ताहान्त में गोल्फ खेलने वर्जीनिया आयलेंड गए थे. मैं उस जानकारी में से निकाल दिया गया था. कितना अच्छा होता यदि वे मुझे पूरी कहानी बताते.''

8. रूपान्तरित करने का प्रयत्न करना

ऐसे लोगों के पास सारे जवाब होते हैं और वे लोगों को सिर्फ अपनी विचार-शैली का बनाना चाहते हैं. उन्होंने जो पहले से सोच लिया है उसका सिर्फ अनुमोदन चाहते हैं. जब आप उनकी बातें सुनें तो अपना मस्तिष्क खुला रखें ताकि उन्हें समझ सकें और कई बार, औरों से बात करने के फलस्वरूप, अपने जीवन का दृष्टिकोण भी बदल दें. लोग अक्सर आशा करते हैं कि छोटी-छोटी बातें करते समय वे आनन्द अनुभव करें. वह किसी के दिमाग को बदलने अथवा किसी के गले से जबर्दस्ती अपना मत उतारने के लिए नहीं होता.

9. सलाह देना

यदि आप स्वयं अपने जीवन का मूल्यांकन करें - तो आप स्वयं को उघाड़ देंगे-छोटी बातें करते समय ऐसा करना बुरा नहीं होता. मगर यदि आप औरों के जीवन का आकलन करें तो सम्भव है आप उन्हें चोट पहुँचाएँ. बात का फर्क समझें. कभी भी यह न कहें, ''आप ऐसा क्यों नहीं करते...'' या उससे भी बुरी बात, ''आपको ऐसा करना...,'' या ''आपको ऐसा करना चाहिए था.'' यदि आपको लगता है कि आपका अनुभव किसी और के काम आ सकता है तो उससे अनुज्ञा माँगें. कहें ''क्या आप जानना चाहेंगे कि मैंने वैसी परिस्थिति में क्या किया था?''

10. कट्टर बनकर सामने न आएँ

किसी जाति, धर्म, लिंग, उम्र या राष्ट्रीयता को लेकर कहे गए जोक्स या टिप्पणियों का आज के विविधमुखी व्यावसायिक विश्व में कोई स्थान नहीं है.

सम्भव है आप स्वयं से कहें, ''मैं ऐसे अपराध का दोषी नहीं हूँ !'' मगर ध्यान रखें, दूसरों के प्रति संज्ञाहीनता मृदु रूप में बाहर आती है. बॅन अपने नए सम्भावित नौकरों से बातें कर रहा था, ''वह कहने को तो स्त्री है, मगर उसके सम्पर्क के लोगों का कहना है, वह बहुत समर्पित और दृढ़ हैं.'' आश्चर्य नहीं, उसकी उस टिप्पणी से अनेकों स्त्री-सहयोगियों

की भौंहें चढ़ गईं थीं.

जब आप जिसके साथ हैं कई बार वह कोई स्थिति से परे का इशारा अथवा वक्तव्य कहता है, तो आप अपनी आकलन क्षमता का उपयोग करें और इतना ही कहें, ''यह उचित नहीं है.'' जब आर्ट के मालिक ने पुराने कर्मचारियों के प्रति अवज्ञापूर्ण बात कही तो आर्ट ने सुदृढ़ मगर मैत्रीपूर्ण आवाज में कहा, ''हमें इस बात के प्रति संवेदनशील रहना चाहिए कि आपकी बात किसी ऐसे व्यक्ति को कैसी लगेगी जो नहीं जानता कि आप हर किसी के निवेश का कितना आदर करते हैं.'' व्यवहारकुशलता ही बिना किसी को शत्रु बनाए, अपनी बात को भारपूर्वक कहने की कला है.

ग्रेट कनेक्शंस *से लिया उपरोक्त अंश अनुमति द्वारा उद्धृत किया गया है.*

नेटवर्किंग सम्बन्धित दस मनगढ़ंत बातें

रॉन सुकेनिक

नेटवर्किंग की प्रक्रिया के बारे में कुछ मिथ्या भ्रम हैं और इसी कारण अनेकों व्यक्ति या तो इसे सफलतापूर्वक कर नहीं पाते अथवा नेटवर्किंग की प्रक्रिया को गम्भीरता से नहीं लेते. मैंने विचार किया कि मैं कुछ समय लगाकर उन बातों की सूची बना दूं जो मेरी समझ में नेटवर्किंग के बारे में दस सबसे साधारण मनगढ़ंत बातें हैं जो उस प्रक्रिया के बारे में फैलीं हैं, और आपको उनके बारे में क्या करना चाहिए.

कल्पित कथा # 1 : यदि आप लोगों के लिए कोई अच्छा काम करेंगे तो वे लौटकर आपके पास आएँगे.

ऐसा आवश्यक नहीं है. मेरा कहना है कि वे आएँगे अवश्य, यदि उन्होंने किसी और के साथ सम्बन्ध बनाना आरम्भ नहीं किया होगा. मानों आप अनुभव करते हैं कि आपका लम्बी दूरी तक बात करने का साधन टेलीफोन, आपके लिए उचित है और आप उसका बिल प्रति माह बेझिझक चुका देते हैं, बहुत बड़ी बात नहीं है क्योंकि आपको और भी अन्य बातों के बारे में विचार करना पड़ता है और आप उन सभी करणीय कामों को सुचारु रूप से करते हैं. फिर सहसा आप चेम्बर ऑफ कॉमर्स के बिजनेस-आफ्टर-अवर्स में किसी से मिलते हैं. वे सभी आपको बहुत मित्रवत् प्रतीत होते हैं और कुछ ही सप्ताह में आप एक-दूसरे से पूछते हैं कि

आजीविका के लिए वे क्या कर रहे हैं, साथ में एक बार लंच लेते हैं, एक दूसरे को दो-एक व्यावसायिक सम्पर्क बताते हैं और सम्पर्क बढ़ाने की प्रक्रिया तेजी से काम करने लगती है. अरे हाँ, आपका जो नया नेटवर्किंग मित्र है वह एक लम्बी दूरी के प्रतिस्पर्धी कॅरीयर के लिए काम करता है. यद्यपि आपका वर्तमान लम्बी दूरी का कॅरीयर सन्तोषपूर्ण सेवाएँ दे रहा है, यदि आप तुलना करें तो पाएँगे कि दोनों एक समान हैं, तो क्या पूछने पर आप नई कम्पनी को अपनाएँगे ? निश्चय ही हाँ, यदि आप यथार्थ में इस सिद्धान्त में विश्वास करते हैं कि ''देनेवाले ही पाते है.''

कल्पित कथा # 2 : यदि आप लोगों के लिए अच्छा काम करेंगे, तो वे औरों को उसके बारे में बताएँगे.

यदि यह सच होता तो आपको इतने अधिक सम्पर्क और सन्दर्भ मिलते कि वे कल्पनातीत होते. सच तो यही है कि आप यथार्थ में तभी – जी हाँ तभी – मौखिक बिक्री को आरम्भ कर पाएँगे जब आप उनकी अपेक्षाओं से अधिक अच्छा काम करेंगे. इसे कहते हैं अपने कार्य-क्षेत्र में आदर्श-पुरुष बनना. एक महान् कहानी जो बहुत दिनों से इस परिधि में प्रचलित है और जो मेरी बात को विस्तार से समझाएगी वह है सुप्रसिद्ध नॉर्डस्ट्रोम डिपार्टमेंटल स्टोर की जहाँ एक महिला कार के टायरों के सेट को दुकान में लाती है और पूरी रकम के रिफंड का निवेदन करती है. कुछ ही मिनिटों में उसे कॅशियर रकम लौटा देता है, आगमन के लिए धन्यवाद कहता है और ग्राहक सन्तुष्ट होकर लौट जाता है. अब आप पूछेंगे, इसमें महान् बात कौन-सी है और उत्तर है नॉर्डस्ट्रोम अपनी दुकान में टायर नहीं बेचते. जिस बात पर मैं जोर देना चाहता हूँ, क्या आपने उस पर ध्यान दिया ? मेरा कहना है कि यदि आप चाहते हैं कि लोग आपकी चर्चा करें, तो आपको उनकी अपेक्षाओं से कहीं अधिक करना होगा. मेरा खयाल है, नॉर्डस्ट्रोम ने ठीक वही किया था.

कल्पित कथा # 3 : यदि मैं औरों को दूँगा, तो मेरा सोचना उचित है कि कुछ ही समय में वह मुझ तक लौट आएगा.

यह तभी सम्भव होगा जब वह व्यक्ति, जिसके के साथ इस समय आप परस्पर व्यवहार कर रहे हैं, यदि उस समय वह आपकी माँग को पूरी करने की स्थिति में है. यह नियम नहीं है मगर अपवाद है. उस समय जो यथार्थ में हम निर्माण करते हैं, उसे मैं ''मूल कमाई'' – नेट प्रॉफिट्स कहता हूँ : अपनी नेटवर्किंग व्यवस्था में समतौल स्थापित करना. जो जाता है, वही लौटकर वापिस मिलता है. सम्भव है वह तत्काल लौटकर न आवे, मगर जब हम अधूरी आकांक्षाओं को अपने जीवन से मिटा देते हैं तो अच्छी बातें होना आरम्भ हो जाता है और

लेने-देने की प्रक्रिया एक सुदृढ़ नींव प्रदान करती है, जिस पर औरों के साथ गाढ़ सम्बन्ध स्थापित होते हैं. एक उद्धरण जिसे बार-बार दोहराना मुझे बहुत अच्छा लगता है वह अंग्रेज कवि विलियम ब्लेक का है जो कहता है, ''हमेशा बिना याद किए दें, और सदा लेने के बाद याद रखें.'' यह एक महान् नियम है, मेरी राय में जिसका आधार लेकर हम जी सकते हैं.

कल्पित कथा # 4 : नेटवर्किंग में बहुत समय और शक्ति लगती है.

यदि आप उसे अपनी विक्रय-रणनीति के अंग के रूप में सम्मिलित करेंगे, तो ऐसा नहीं है. नेटवर्किंग कोई स्थान नहीं है जहाँ से निकलकर आप आ रहे हैं. अलाव के पास तक चलकर जाने और ऊष्मा प्राप्त करने के स्थान पर आप स्वयं को अग्नि बनकर बाहर निकला मानें. ऐसा करने से आप स्वयं को सम्पूर्ण रूप से प्रस्तुत कर सकेंगे और मीटिंग तथा सभी व्यक्ति आपकी उपस्थिति से प्रभावित होंगे. इसे उस बात में न उलझाएँ जहाँ आपको किसी तैयारी को करने में समय लगाना होता है. इसे भी अपनी रोज की प्रक्रिया का अंग क्यों नहीं बना लेते ? याद रखें, यह सम्बन्धों के सृजन और सँभाल की प्रक्रिया है और यह एक उत्तेजना है जिसे व्यक्ति किए कामों से पाता है. अत: नेटवर्किंग को ऐसा कार्य न समझें जिसे आप कभी-कभी, कहीं कहीं करते हैं, मगर उसे ऐसा समझें जिसे आप कहीं भी, सभी समय, सुगमता से कर सकते हैं.

कल्पित कथा # 5 : आप अपना केक पा भी लें और खा भी लें, यह सम्भव नहीं है.

आप ऐसा कर सकते हैं, यदि यथार्थ में चाहें. लोग विश्वभर में अपने विचारों और स्रोतों को आपस में बाँट रहे हैं. उन्हें ज्ञात होता है कि औरों की सहायता करने से बात बनती है. चूँकि लोग आपस में वस्तुओं को बाँटते हैं, उनमें आत्म-विश्वास रहता है; वे अधिक उत्पादन करते हैं और उनमें अपनापन भी रहता है. वे औरों के साथ बड़े और गाढ़े सम्बन्ध बनाते हैं. नेटवर्किंग के द्वारा आप स्वयं को सुरक्षित और गौरवान्वित अनुभव करते हैं कि आप ऐसे लोगों को जानते हैं जो कामों को करने में समर्थ हैं.

कल्पित कथा # 6 : मैं इस सन्दर्भ पर काम करने की चिन्ता नहीं करूँगा - वह कभी नहीं झुकेगा.

हम अक्सर आए अवसरों की गहराई को ठीक से नहीं समझ पाते हैं और योग्य कदम उठाने से चूक जाते हैं तथा जीवन की महानतम सौगातों को पाने से रह जाते हैं. बातों को निबटाते रहना एक निरन्तर प्रक्रिया है और हमें उसे करते रहना चाहिए. अवसर के महत्व को कभी

भी कम न समझें जो आपके नेटवर्किंग के किसी साथी या सहकर्मी से आपको मिला है. कई बार किसी व्यावसायिक सन्दर्भ को अनुकूल होने में महीनों या सालों लग जाते हैं. अनेक बार जिस व्यक्ति से आप मिलने जाते हैं, वह उस समय आपकी सहायता करने की स्थिति में नहीं होता है, मगर आगे चलकर वह समर्थ हो जाता है और उसकी स्मृति उसे याद दिलाती है कि कैसे आपने बात में दिलचस्पी बनाए रखी थी और उन्हें याद भी रखा था. ये सभी बातें प्रस्ताव की समाप्ति के बाद भी उन्हें याद आती रहेंगी. अत: आप जो भी करें उसे पूर्णता से करें मानों आपके प्राण उसी पर टिके हों.

कल्पित कथा # 7 : पर मैं तो किसी को नहीं जानता.

किसने कहा कि आपको अपनी नेटवर्किंग प्रक्रिया आरम्भ करने के लिए किसी को जानना चाहिए? मैंने तो निश्चय से नहीं कहा. आप अपने प्रतिदिन के साधारण दिन में क्या करते हैं? क्या औरों के साथ काम करते हैं? अपने सामान्य कार्य के दौरान फोन पर किससे बात करते हैं? आप कौन-सी सामान्य सामाजिक गति-विधियाँ करना पसन्द करते हैं और अब कब उनमें सम्मिलित होंगे? क्या आपकी कोई धार्मिक मान्यताएँ हैं? खरीदी कहाँ से करते हैं? लोगों के सम्पर्क में आने के ऐसे अनेकों अवसर हैं और अच्छा समाचार यह है कि वे भी आपसे मिलने को उतने ही उत्सुक हैं.

कल्पित कथा # 8 : आप जो नहीं जानते हैं वह आपको दुख भी नहीं दे सकेगा.

आज के उच्च स्पर्धा और अवैयक्तिक विश्व में, जहाँ हम रहते हैं, वास्तविकताओं, सूचनाओं और ज्ञान का कोई विकल्प नहीं है. सच तो यह है कि आज के व्यावसायिकों के जीवन की सबसे बड़ी चुनौती है सूचनाएँ पाने के मार्ग तक तब पहुँचना जब उन्हें उसकी आवश्यकता हो. हम ज्ञान के युग में जी रहे हैं और यदि औरों का कहना भी सही है तो अगले बारह वर्षों में ज्ञान का सागर दुगने से अधिक हो जाएगा. फिर आप समय के साथ चलने के अपने प्रयत्नों को अकेले रहकर कैसे निभा पाएँगे? हम आज एक सुविशेष समाज में रह रहे हैं जहाँ अनेकों लोग उन विषयों के विद्वान् बन रहे हैं जिनके बारे में आप कुछ भी नहीं जानते. उनके ज्ञान और स्रोतों को अपने साथ लेने का प्रयत्न क्यों नहीं करते? लोग आपको ज्ञान देते रहने में सहायता करेंगे. याद रखें, लोग बहुत ज्यादह उत्सुक हैं कि उनका ज्ञान और अनुभव आपके हित में काम करे.

कल्पित कथा # 9 : आप सिर्फ एक ही परिक्रमा करें.

आपकी उँगलियों के इशारों पर सम्भावनाओं का सारा संसार बिखरा हुआ है. आप उनके मनचाहे

चक्कर लगाएँ. मगर हर एक नेटवर्कर इस प्रकार से नेटवर्किंग नहीं करता है. कुछ आक्रामक और उत्साही होते हैं जो नेटवर्किंग की सुनी हुई हर सम्भावना के पीछे भागते हैं. कुछ, अधिक लक्ष्यगामी और एकाग्र होकर प्रयत्न करते हैं. आप चॅम्बर की मासिक बैठकों में शामिल होकर, साप्ताहिक बैठकें करनेवाली संस्थाओं से जुड़ सकते हैं. सम्भावनाओं के बारे में सुनकर तथा आप और दूसरे लोग क्या उपलब्ध करना चाहते हैं इस बारे में स्पष्ट रूप से जानें. इस प्रकार से सम्भावनाएँ अनन्त हैं और आपका नेटवर्किंग का अनुभव भी विस्तृत होता जाएगा.

कल्पित कथा #10 : अवसर मिलते ही लोग आपका लाभ उठाते हैं.

निश्चय ही, कुछ लोग ऐसे होते हैं जो समय-समय पर ऐसा करेंगे, मगर लम्बे समय के बाद, यदि आप विश्वसनीयता और लक्ष्य को बनाए रखेंगे तो आप अच्छे निर्णय अधिक लेंगे और बुरे कम. अपने महत्वपूर्ण व्यावसायिक रहस्यों को आप अनजाने में, औरों को न बताएँ और न अपनी मूल्यवान उपलब्धियों के बारे में कहें. आपको ध्यान से औरों से सम्पर्क बनाने होंगे और सन्दर्भों की जाँच करनी होगी कि वे योग्य हैं या नहीं.

नेटवर्किंग योर वे टु सक्सेस *से लिया उपरोक्त अंश अनुज्ञा लेकर उद्धृत किया गया है.*

मौखिक सहायता यथेष्ट नहीं होती

स्टीव लॉसन

क्यों होता है ऐसा कि एक ही व्यवसाय के दो व्यक्ति, जो एक ही ढाँचे के अन्तर्गत दो विभिन्न सन्दर्भ-नेटवर्किंग समूहों में कार्य करते हैं, एक ही प्रोग्राम का अनुगमन करते हैं, फिर भी बिल्कुल विभिन्न प्रकार का सन्दर्भित व्यापार पाते हैं? जब मैंने दोनों व्यक्तियों से पूछा कि क्या वे एक ही जैसी पद्धति अपनाते हैं जिसे मैं, एक प्रशिक्षक के रूप में उन्हें सिखाता हूँ - तो मुझे अक्सर एक ही जैसा जवाब मिलता है : हाँ, मैं समूह में सम्मिलित हुई, मैं प्रति सप्ताह जाती हूँ और उसी कार्यक्रम को अपनाती हूँ !

यहाँ पहुँचकर मैं उस व्यक्ति के साथ बैठने का प्रयत्न करता हूँ जिसे समस्याएँ आ रही हैं और सन्दर्भ नहीं मिल रहे हैं. फिर मैं उसकी बात, ''कार्यक्रम को अपनाती हूँ'' के अर्थ में गहराई तक जाने का प्रयत्न करता हूँ. और निश्चय से, यहीं पर समस्या छिपी है. उसकी बात ''कार्यक्रम को अपनाती हूँ'' के अर्थ में गहराई तक जाने का प्रयत्न करता हूँ. और निश्चय से, यहीं पर समस्या छिपी है. उसकी बात ''कार्यक्रम को अपनाने'' का दृष्टिकोण औरों से

सर्वथा अलग है जो सफल हुए हैं. मैंने अक्सर पाया कि असफल नेटवर्कर सिर्फ मौखिक सेवाएँ देकर रुक जाते थे और सक्रिय सेवाएँ बिल्कुल नहीं देते थे. अक्सर वे काम के प्रति निष्ठा और गहराई से पूरी तरह से अनजान रहते. वे यह भी नहीं जानते थे कि अच्छे सन्दर्भों को पाने के लिए कितना श्रम करना पड़ता है.

फिर मैं पता लगाने का प्रयत्न करता कि वह व्यक्ति आवश्यक कार्य क्यों नहीं कर रहा है. वह ''नहीं कर सकी'' श्रेणी की है अथवा ''नहीं करूँगी'' श्रेणी की नेटवर्कर है ? यदि वह ''नहीं करूँगी'' श्रेणी की है तो मैं समझ जाता हूँ कि उसे मैं चाहे जो बात कहूँ, वह सफल नेटवर्कर नहीं बन पाएगी. अक्सर ऐसे व्यक्ति तात्कालिक लाभ के लिए काम करते हैं और नेटवर्किंग पद्धति को जारी रखने के लिए जिन प्रयत्नों और शक्ति की आवश्यकता होती है उसे वे देनेवाले नहीं हैं.

दूसरी ओर, यदि वह ''कर नहीं सकी'' श्रेणी की है तो सम्भावना बनी रहती है कि वह सफल हो जाएगी. अक्सर ''कर नहीं सकी'' का अर्थ होता है वे नहीं जानतीं कि सफल परिणामों को पाने के लिए क्या करना चाहिए.

फिर उन्हें मैं सिखाने का प्रयत्न करता हूँ जो मौखिक सेवा से कुछ अधिक करना चाहती हैं : ताकि वे नेटवर्किंग में सफल होकर अपने सन्दर्भित व्यवसाय को बढ़ा सकें, इसके लिए आगे दीं चार बातें करनी होंगी :

1. सहकर्मी बनें

यह सबसे मुश्किल बात है, क्योंकि यहीं से कार्य आरम्भ होता है. महान् नेटवर्कर्स नेटवर्किंग की मीटिंगों में जाने से नहीं हिचकते, फिर भले ही उसके लिए उन्हें बहुत सुबह उठना पड़े. वे साप्ताहिक उपस्थिति को भी एक उबाऊ कार्य न मानकर अपने सन्दर्भों को बढ़ाने का स्वर्णिम अवसर मानते हैं ताकि सम्पर्कों को बढ़ाकर अपने व्यवसाय को प्रोत्साहित किया जा सके.

अपने नेटवर्किंग ग्रुप के साथ पूरी तरह से हिस्सा बँटाएँ. सभी मीटिंगों में समय पर शामिल हों और सार्थक मनोवृत्ति रखें; अन्य सभी साथियों को सहयोग दें; नए आगन्तुकों और सम्पर्कों के साथ सभी सदस्यों का परिचय कराएँ. यदि आपका समुदाय किसी अनुभूत सफल मार्ग का परावर्तन कर रहा है जिसमें सफल परिणाम मिलते हैं, तो उस कार्यक्रम को स्वयं के अनुकूल बनाने के लिए न बदलें, बल्कि स्वयं को उसके अनुकूल बनावें.

2. संवादिता स्थापित करें

नेटवर्किंग प्रमुखतया सम्बन्धों के निर्माण की कला है. आप मात्र साप्ताहिक बैठकों में जाकर प्रभावशाली नेटवर्किंग नहीं कर सकते हैं; सबल स्थायी सम्बन्धों को बनाने के लिए

आप को अपने मातहतों से, औपचारिक बैठकों के वातावरण से हटकर, परस्पर व्यवहार करना चाहिए.

हाल ही में मैं एक व्यक्ति से मिला था जो उसी ब्रेकफास्ट समुदाय का पिछले आठ वर्षों से सदस्य था उसने मुझे बताकर आश्चर्यचकित कर दिया कि ऐसा एक भी सप्ताह नहीं बीता था, जब उसने अपने समुदाय के एक नए व्यक्ति से भेंट न की हो. जब पूछा कि ऐसा क्यों, तो उसके उत्तर ने सब-कुछ उजागर कर दिया : ''ऐसा न करने में मैं समर्थ नहीं हूँ. मैं उन्हें प्रेरित करता रहता हूँ ताकि वे मेरे लिए व्यवसाय ढूँढ़ते रहें !''

3. शिक्षित बनाएँ

हमें न सिर्फ नियमित संवादिता को बनाए रखना चाहिए बल्कि हमारा सन्देश भी स्पष्ट और सुविचारित होना चाहिए. इसी स्थान पर आकर अधिकांश लोगों का नेटवर्किंग प्रयास अक्सर असफल हो जाता है: उनकी कड़ी मेहनत और प्रयत्न व्यर्थ हो जाते हैं, क्योंकि वे नेटवर्किंग के साथ-साथ शिक्षा प्रदान नहीं करते हैं. हज़ारों प्रस्तुतियों में मैंने पाया कि अधिकांश लोगों ने उसमें कुछ भी प्रभावपूर्ण प्रेषित नहीं किया था.

मैंने एक ट्रेवल एजेंट को पच्चीस व्यावसायिकों की भीड़ के सामने खड़े देखा जो कह रहा था, ''आशा है, आप सभी जानते होंगे कि ट्रेवल एजेंट क्या करता है, अत: यदि आप सैर पर जा रहे हों तो मुझे कॉल करें.'' मैंने मानों उसके श्रोताओं के मन की आवाज़ सुनी ''नहीं, इस सप्ताह तो हम अवकाश नहीं लेंगे.'' कितना अधिक सशक्त और प्रभावकारी यह होता यदि ट्रेवल एजेंट ने कहा होता, ''पिछले सप्ताह हमारी एजेंसी ने कॅरीबियन समुद्री यात्रा की ढेर सारी टिकटें बेतुकी रियायती दर में ली थीं. यदि आप अपने मित्रों, ग्राहकों या व्यावसायिक साथियों से बात करें और वे अधिक काम करके थकावट अनुभव कर रहे हों, तो आप उनसे कहें कि आप एक ऐसी ट्रेवल एजेंसी को जानते हैं जो तीन-चार या पाँच दिनों की जहाजी यात्रा आश्चर्यजनक कम मूल्य में करते हैं ! इस सप्ताह के उसके दो मुख्य वाक्यांशों को सुनें : ''मैं थका हुआ हूँ'' तथा ''मैं लदे काम से ऊब गया हूँ.'' जब भी आप इन वाक्यों को सुनें, मुझे याद करें.'' यह कहकर वे अपने मातहतों को भी शिक्षित कर देतीं और उनके लिए एक विशेष सन्दर्भ भी बना देतीं.

यदि आप किसी सम्पर्क समूह के सदस्य हैं तो अन्य सदस्यों को अपनी विक्रय टीम समझें और स्वयं को उसका मॅनेजर. प्रति सप्ताह उन्हें स्पष्ट आदेश देवें कि उन्हें इस हफ्ते किस प्रकार व्यापार ढूँढ़ना है. इससे आपको परिणाम मिलने लगेंगे.

4. प्रतिदान करें

नेटवर्किंग संस्थाएँ तभी चलती हैं जब उसके सभी सदस्य इस दर्शन को स्वीकार कर

लेते है कि ''दाता ही पाते हैं.'' ''यदि मैं आपकी मदद करूँगा तो आप भी मेरी सहायता करेंगे और हम सभी लाभान्वित होंगे.'' सभी सफल नेटवर्किंग का यही आभार-स्तम्भ है. इसके बिना व्यवस्था भंग हो जाती है. ''कोई क्यों आपका लाभ ढूँढ़ने के लिए, अपना मार्ग छोड़कर चले, यदि उसे अनुभव होता है कि आप उसकी मदद नहीं कर रहे हैं ?''

अपने नेटवर्क समूह में शामिल होकर आपको गम्भीरता से अन्य सदस्यों की मदद करनी चाहिए ताकि वे सफल हो सकें. सदैव सहयोग की भावना से नेटवर्किंग करें और ईमानदारी से एक-दूसरे की सहायता करें. सिर्फ इतना न कहें के आप उनकी परवाह करते हैं - उन्हें आप करके बताएँ कि आप फिक्र करते हैं. मौखिक आश्वासन कभी यथेष्ट नहीं होते.

एक हजार महालोज़

पत्ती साल्वूसी, टॉम फ्लेमिंग के सह-लेखन के साथ

एक सहकर्मी ने शिकायत की : उस बीच बाजार की प्रिंट-शॉप जो मुफ्त होम-डिलीवरी करती थी, अब सबर्ब से बाहर जा रही है क्योंकि उन्हें यथेष्ट ग्राहक नहीं मिलते थे और वे जगह का भाड़ा नहीं दे पा रहे थे. एक पड़ौसी आपको बताती है कि उसकी मनपसन्द सेंडविच की दुकान, जो प्रतिदिन सुबह छह बजे खुल जाती थी अब बन्द हो गई है और अब उसे स्वयं अपना लंच तैयार करना पड़ता है. आप सोचते हैं : कितना अच्छा होता यदि आप इन स्थानों के बारे में जानते होते.

ऐसा क्यों होता है कि इस प्रकार के, बहुत अच्छी सेवाएँ देनेवाले और पंच-सितारा पदार्थ बेचनेवाले व्यवसाय भी अक्सर बन्द हो जाते हैं ? हम उनके बारे में सुनते हैं, उनकी विशेषताओं के बारे में भी जानते हैं, मगर अनेकों महीनों या वर्षों के बाद अथवा उनके मजबूर होकर जाने या बन्द होने के बाद. मेरा विश्वास है, ऐसा इसलिए होता है क्योंकि उनके अधिकांश मालिक उसके अन्दर काम करते हैं बजाय उसके साथ काम करने के, जैसा कि मायकल गर्बर अपनी पुस्तक द ई-मिथ रिविज़िटेड में बताते हैं. अनेकों छोटे व्यवसायी अपने व्यापार के शास्त्रीय पक्ष में इतने अधिक डूबे रहते हैं कि वे उसका सम्पूर्ण चित्र देख ही नहीं पाते - एक सफल व्यवसाय को स्थापित करने में, मालिक की रचनात्मक कारीगरी के अलावा भी और बहुतसी बातें जुड़ी रहती हैं. अन्य बातों में, व्यवसाय का मालिक, जो एक विशेष और बहुमूल्य सेवा या पदार्थ लोगों को प्रदान करता है, उसे इस बात को अपने सम्भावित ग्राहकों तक अवश्य फैलाना भी चाहिए. एक नेटवर्किंग परामर्शदाता के रूप में मेरा कार्य यहीं से आरम्भ

होता है. मैं भविष्य के व्यवसायियों को प्रशिक्षित करता हूँ कि एक सुदृढ़, सन्दर्भों पर आधारित मार्केटिंग-पद्धति को विकसित करना ही उनके व्यवसाय के लिए अच्छा उपाय है.

मैं अक्सर व्यापारों को देखता हूँ जो अपने व्यवसाय को अपेक्षित से आधी मात्रा में भी नहीं कर पाते हैं. मालिक उसके चलाने की सभी प्रक्रियाओं में स्वयं को निपुण बनाते हैं मगर उनके पास न तो पैसा होता है और न जानकारी कि उसको विज्ञापित कैसे करें और अपने पदार्थ या सेवाओं को जनता तक कैसे पहुँचावें. एक परामर्शदाता के रूप में, जिसे सन्दर्भित मार्केटिंग का गहरा अनुभव है, मैं इस प्रकार के मामलों को दोनों दृष्टिकोणों से - व्यावसायिक के तथा ग्राहक के देख रहा हूँ.

हाल ही में अपने एक मित्र से होनोलूलू में मिलने पर मैं वहाँ के चटपटे भोजन का स्वाद लेना चाहता था, अत: अपने मित्र के पड़ौसी से पूछा कि वे हमें किसी अच्छे उच्च श्रेणी के रेस्त्राँ का सुझाव दें. पड़ौसी ने हमें एक छोटे-से ताइपान स्थान का नाम बताया और कहा कि हम वहाँ जाकर ''एर्नेस्टो को पूछें'' जो उसके स्वामी हैं. हमने फोन करके रिजर्वेशन करा लिया.

वहाँ पहुँचने पर हमें सिर्फ दो और ग्राहकों को देख बहुत आश्चर्य हुआ. हम अचम्भित हुए. वातावरण तनावरहित और शान्त था; सजावट सादी मगर लुभावनी. अधिक ग्राहक क्यों नहीं थे ? ऐसा तो नहीं था कि आखिर खाना असन्तोषजक हो ?

एर्नेस्टो हमारी व्यंजन-सूची के साथ आए और बिना तड़क-भड़क के उस शाम के विशेष व्यंजनों के बारे में विस्तार से बताया. वर्णन बहुत प्रभावशाली लगा. पसन्द करना दूभर हो गया.

शीघ्र ही हमारे क्षुधावर्धक पेय आ गए और हमें पता चलने लगा कि पड़ौसी ने उस रेस्त्राँ की अनुशंसा क्यों की थी. व्यंजन पूर्ण रूप से श्रेष्ठ थे - कलात्मक ढंग से सँजोए हुए, जिसका हर कण भोजन चाहक का सपना होता है. भोजन के मुख्य व्यंजनों ने हमारी कल्पना को धारणा में बदल दिया कि वह एक सुविशेष स्थान है.

अत: मैंने पुन: आश्चर्य किया कि रात्रि-भोज के उस आरम्भ के समय में हम सिर्फ दो ही भोजन करनेवाले क्यों बचे थे ? इतना श्रेष्ठ भोजनालय और कोई ग्राहक नहीं ! शायद बहुत नया है और यश को फैलने का समय नहीं मिल पाया. मैंने अपने विचार अर्नेस्टो को बताए.

''सच है, हम सिर्फ तीन वर्ष के युवा ही हैं !'' अर्नेस्टो ने कहा.

अब मैं दुबिधा में पड़ा. वे अपना प्रचार किस प्रकार से करते हैं ? कौन-सी रणनीति द्वारा विज्ञापन करते हैं ?

''मौखिक शब्दों के द्वारा,'' उन्होंने कहा. ''हम विज्ञापन नहीं करते.'' उन्होंने समझाया कि यदि हम उच्च कोटि का रेस्त्राँ चलाते रहेंगे तो बात स्वयमेव फैल जाएगी.

क्या वे स्थानीय चेम्बर ऑफ कॉमर्स के सदस्य हैं ? नहीं, उन्होंने कहा, उनके पास इसके लिए समय नहीं है.

अपने घर बॉस्टन उड़-लौटने के बाद, मैं आश्चर्य करता रहा कि इस व्यक्ति की मदद किस प्रकार से की जाए. समूचे होनोलूलू का सर्वश्रेष्ठ रेस्त्राँ, और समाज में शायद ही कोई उसे जानता था कि वह वहाँ है. मैंने उसे एक पत्र यह बताते हुए लिखा कि मैंने उस भोज को कितना आनन्दित होकर खाया था और वह रेस्त्राँ कितना अधिक अच्छा है, यह सोचा था.

मैंने उसे इस बात से भी आगाह किया था कि वे यह न समझें कि उनके हॉटेल की महानता की बात स्वयमेव फैलेगी - क्योंकि समाज में दर्शनीयता और सम्बन्धों के विस्तार का बहुत अधिक महत्व होता है, तभी आर्थिक सफलता और चिर जीवन मिलना सम्भव होता है. अपने पड़ौसियों को जानो, मैंने लिखा था. एक गहन कार्यक्रम आरम्भ करें जिससे आपके नियमित ग्राहक आपकी प्रशंसा के बारे में अपने ग्राहकों, आश्रितों और अनुयायियों तथा मित्रों को बतावें. मैंने उन्हें डॉ. ईवान मिस्नर की पुस्तक द वर्ल्डस बेस्ट नोन मार्केटिंग सीक्रेट्स : बिल्डिंग योर बिजनेस विथ वर्ड-ऑफ-माउथ मार्केटिंग की एक प्रति भी भेजी.

अनेकों हफ्ते बीत गए. फिर मुझे एक बहुत बड़ा पॅकेट पोस्ट द्वारा मिला. अन्दर चॉकलेट में लिपटे मॅकेडामिया नट्स थे जो बहुत स्वादिष्ट थे और जो कुछ ही घंटों में अदृश्य हो गए, साथ में एक लघु-पत्र था जिसमें मुझे धन्यवाद दिया गया था कि मैंने उन्हें किताब भेजी और उनके व्यवसाय में रुचि दिखाई. ''हजारों महालोज!'' उन्होंने समझाया कि ''महालोज़'' अर्थ हवाइयन भाषा में ''धन्यवाद'' होता है.

क्या अर्नेस्टो के व्यापार पर मेरा प्रभाव पड़ा? मुझे आशा है, पड़ा होगा. अधिक नहीं, कुछ तो पड़ा ही होगा. मैं चाहता हूँ कि अर्नेस्टो और उस जैसे अनेकों छोटे व्यवसायी इस बात को समझें कि आप जो कर रहे हैं. उसमें सिर्फ अच्छा होना ही यथेष्ट नहीं होता, व्यवसाय को सफल बनाने के लिए आपको कुछ तंत्र-ज्ञान और व्यवस्थापन-कला भी जानना चाहिए साथ ही साथ, उसे बाजार में भी उतारना चाहिए; और मौखिक शब्दों के द्वारा मार्केटिंग का अर्थ होता है, सम्बन्धों को औरों के साथ स्थापित करने में समय लगाना और किसी व्यावसायिक नेटवर्किंग समूह से जुड़ना.

उसमें सिर्फ अच्छा होना ही यथेष्ट नहीं होता, व्यवसाय को सफल बनाने के लिए आपको कुछ तंत्र-ज्ञान और व्यवस्थापन-कला भी जानना चाहिए साथ ही साथ, उसे बाजार में भी उतारना चाहिए.

आपके व्यवसाय की क्या विशेषता है? आप अपने प्रतिद्वन्द्वी से किस रूप में श्रेष्ठ हैं? आपके लाक्षणिक ग्राहक कौन-से हैं? इन्हीं सब बातों को आपको दुनिया को बताना है. और इसे आरम्भ करने का सर्वश्रेष्ठ तरीका है प्रत्यक्ष रूप से स्थायी, लम्बे समय के, एक-दूसरे के लिए लाभदायी सम्बन्धों के माध्यम से शुरू करना. इसी का नाम है, सम्पर्कों के सम्बन्ध की विक्रय-कला - मार्केटिंग.

16

औरों की सहायता करने की नैसर्गिक प्रवृत्ति

हम सबों के हृदयों में गहराई से एक आकांक्षा छिपी रहती है कि कठिनाई आने पर औरों की सहायता करना. यह एक सामाजिक प्रवृत्ति है और इसी का एक अंश हमें मनुष्य बनाता है. अगले तीन लेखों में लेखक उदाहरण द्वारा समझाते हैं कि वह प्रवृत्ति कैसे स्वयं को प्रकट करती है और हम उसे अच्छे परिणाम पाने के लिए कैसे काम में लगा सकते हैं. विक्टर ब्लूमेंथल बता रहे हैं कि उनकी लड़की ने उनमें छिपी व्यावसायिक नेटवर्किंग की प्रतिभा को कैसे पहचाना और उन्हें धीरे से सरकाकर एक सन्दर्भित नेटवर्क स्थापित करने को प्रेरित किया. बिल कॅट्स हमें प्रबोधित करते हैं कि विभिन्न तरीकों से सन्दर्भों को देकर औरों की मदद कैसे करना; तथा डॉन मॉर्गन नेटवर्किंग के देने के विभिन्न पहलुओं का विश्लेषण करते हैं और उसके तीन प्रमुख घटकों के बारे में चर्चा करते हैं.

नेटवर्किंग की खातिर नेटवर्किंग

विक्टर ब्लूमेंथल

मेरी लड़की थी जिसने मुझसे कहा, ''आप अर्थात् नेटवर्किंग !''

आरम्भ में मुझे समझ में नहीं आया कि वह क्या कह रही है.

''अपने रॉलोडेक्स को देखें.'' वह बोली. अनेकों प्रमुख संस्थानों के साथ, एकाधिक महत्वपूर्ण पदों पर पैंतीस वर्षों तक रहने के बाद मैंने अनेकों अति महत्वपूर्ण सन्दर्भों की सूची तैयार कर ली थी.

''और जिस प्रकार से आप हमेशा लोगों की सहायता, उनकी समस्याओं को सुलझाकर करते आए हैं अथवा उनकी आवश्यकताओं की पूर्ति करते आ रहे हैं - उन्हें फोन नंबर देकर और कहकर कि वे आपका नाम लेवें, आपको विश्वास है, वे उनकी मदद अवश्य करेंगे.

मैं स्वीकार करता हूँ कि मुझे लोगों की समस्याओं को सुलझाने में आनन्द आता है, इसके लिए मैं एक को दूसरे से मिलाता भर हूँ.

इस प्रक्रिया ने मुझे लुभा लिया था. यह विचार कि चाहे-जैसी समस्या हो, कहीं कोई है, यदि आप उससे सम्पर्क करेंगे, तो वह आपको अवश्य समाधान बतावेगा.

आवश्यकताओं को साधनों से जोड़ने की क्रिया को मैंने अपने कार्य-व्यवस्थापक के काल में सीखा था. इसके लिए दो अर्जित प्रवीणताओं की आवश्यकता होती थी :

1. लोगों की बातों को सुनकर उनकी आवश्यकता को जानने का कौशल. और,

2. साधन-सम्पन्न लोगों के साथ विश्वसनीय सम्बन्ध बनाने की कला.

मैंने बहुत दिनों से यह भी अनुभव किया था कि औरों की सहायता करना जो सफल नेटवर्किंग का एक आवश्यक अंग है, वह स्वयं एक अत्यन्त फलदायक व्यक्तिगत लक्ष्य है जिसे हम पा सकते हैं. यह जानकर कि हमें कुशल नेटवर्कर बनाने में सन्तोष हमारी प्रवीणताओं को बार-बार बल प्रदान करता है, एक और उपहार जो हमें मिलता है वह है, उन व्यक्तियों के द्वारा, जो हमें पसन्द करते हैं और हम पर आस्था रखते हैं, ऐसे में दिए गए व्यवसाय गौण हो जाते हैं.

समय बीतने पर, औरों की मदद के लिए नेटवर्किंग करना एक स्वचालित और आस-पास के जीवन के कारण, एक प्रकार से स्वयंस्फूर्त प्रक्रिया बन जाती है. आजीवन, आदतन एक नेटवर्कर रहने के कारण आप जब भी कोई सम्पर्क करते हैं, दो नए मित्र बना लेते हैं : एक वह व्यक्ति जिसकी समस्या किसी और से उसका सम्पर्क कराके आपने सुलझाई है और वह व्यक्ति जिसे समस्या सुलझाने के लिए आपने अवसर दिया है. दोनों ही मित्र आपको आपकी सेवाओं के लिए सम्मानित करेंगे – मगर मित्र बनाना इस सबका सबसे बड़ा उपहार है.

अक्सर अनेकों लोग नेटवर्किंग करने से इस बात से हिचकते हैं क्योंकि वे अपनी क्षमता के बारे में निश्चिन्त नहीं हैं कि वे औरों को उपयोगी सन्दर्भ दे पाएँगे और इस सम्भावना से भी डरते हैं कि सन्दर्भ पाने के बाद वे शायद उस अनुकम्पा को लौटा न पाएँ.

अक्सर अनेकों लोग नेटवर्किंग करने से इस बात से हिचकते हैं क्योंकि वे अपनी क्षमता के बारे में निश्चिन्त नहीं हैं कि वे औरों को उपयोगी सन्दर्भ दे पाएँगे और इस सम्भावना से भी डरते हैं कि सन्दर्भ पाने के बाद वे शायद उस अनुकम्पा को लौटा न पाएँ. इस प्रकार से अनुभव करना स्वाभाविक है. किसी भी प्रवीण कला का पण्डित बनने में समय, साधना और एकाग्रता की आवश्यकता होती है. मगर यदि आप नेटवर्किंग के मूल सिद्धान्त को ध्यान में रखें जिसके सहारे वह चल रही है – "जो जाता है वही लौटकर वापिस आता है" – तो आप उसके भाव को तत्काल समझ जाएँगे और अपने नेटवर्किंग के माध्यम से औरों की सहायता स्वयमेव करने लगेंगे. और आप अनुभव करेंगे कि एक साधारण-सा सन्दर्भ एक मित्र का कितना अधिक अच्छा कर सकता है, और आप बहुत सुखद अनुभव करेंगे जब आपको भी

उस सन्दर्भ के प्रत्युत्तर में लाभ मिलने आरम्भ होंगे.

''फिर आप इस नेटवर्किंग समुदाय से क्यों नहीं जुड़ जाते ?'' मेरी लड़की ने पूछा. वह बीएनआइ के बारे में बात कर रही थी. इस प्रकार मैंने पहली बार समुदाय के नेटवर्किंग कार्यक्रम में सम्मिलित होने की प्रेरणा पाई.

मैं करीब सौ सदस्यों से बने उस स्थानीय अध्याय में शामिल हो गया. सभी विभिन्न कार्य-क्षेत्रों के थे और मैं उनमें से किसी को भी नहीं जानता था. अपनी पहली सभा में व्याख्याता ने हमें अपने उत्पाद के हार्डवेयर तथा सॉफ्टवेयर के बारे में समझाया जो पर्सनल कॉम्प्यूटर्स से जुड़कर ऊपर के एलसीडी प्रॉजेक्टर्स से संयुक्त हो जाता है. बैठक के बाद मैंने उसे अपना परिचय दिया और अपने एक अच्छे मित्र का उल्लेख किया जो विश्वविद्यालय में प्रोफेसर था और ऐसी ही किसी सॉफ्ट वेर वस्तु को खोज रहा था. मैंने अपना कार्ड और अपने उस मित्र का फोन नम्बर दिया और सुझाया कि वह उसे फोन करे. शीघ्र ही उसे अपने उत्पाद का प्रदर्शन कॉलेज के अन्य प्रोफेसरों के बीच करने का आमंत्रण मिला और अन्त में 40,000 मूल्य के उसके उपकरण बिक गए.

एक अनुभवी नेटवर्कर के लिए इस प्रकार के सन्दर्भ सहज और बिना शर्त होते हैं. इन कार्यों से मैं किसी भी सीधे लाभ की आशा नहीं करता, पर मुझे पता है कि जब मैं औरों की मदद करता हूँ तो अन्त में स्वयं की सहायता कर रहा होता हूँ - और जिसके अन्त में छिपा रहता है, ''दाता ही पाते हैं.''

सन्दर्भों के दाता बनें

बिल कॅट्रस

सन्दर्भों का व्यवसाय स्थापित करना कोई कारीगरी नहीं है, वह एक मानसिक स्थिति है, उसके लिए आपको एक निपुण सन्दर्भदाता बनना पड़ेगा.

अपने सन्दर्भित साथियों की सेवा करें, अपने ग्राहकों और मित्रों को भी अधिक-से-अधिक बार सन्दर्भ देकर सहायता दें - न सिर्फ उनके लिए ग्राहक ढूँढ़कर बल्कि उनसे उन्हें मिलाकर और व्यवसाय दिलाकर करें ताकि यथार्थ में उनकी सेवा हो सके, उनकी कोई भी आवश्यकता हो वह पूरी हो सके. उन तक सन्देश पहुँचाने का अथवा कहें कि बीज बोने का और कोई अधिक अच्छा मार्ग नहीं है कि आप सन्दर्भों में से कार्य करते हैं बजाय उसके देने

के पक्ष को व्यवहार में लाने के.

जैसे आप किसी व्यावसायिक सम्मेलन में किसी से मिलते हैं जो आपका अच्छा सम्पर्कित साथी बन जाता है. अगली बार जब आप उससे मिलें तो उसे यथा सम्भव सहायता देने का प्रयत्न करें. उसे किसी को आगे सन्दर्भित करने का यत्न करें अथवा जो सम्भावित ग्राहक हो उसका कोई उत्पाद या सेवा हो जिससे इसकी मदद हो सके और कोई समस्या सुलझ सके.

अपनी सूची से सन्दर्भ निकालकर दें

हम पहले ही आपकी ''व्यक्तिगत सूची'' के बारे में बहुत-कुछ बोल चुके हैं जिसमें उत्पादनों तथा सेवाओं की जानकारी जमा की गई है. आवश्यक है कि आप दो प्रकार की सूचियाँ बनावें. एक आपके कार्यों से जुड़ी नेटवर्किंग कम्पनियों की जो आपके उत्पादनों और सेवाओं की हो. जब आपको ज्ञात हो कि सम्भावित ग्राहक या ग्राहक की कोई ऐसी आवश्यकता है जिसे आप पूरा नहीं कर सकते हैं अथवा उसकी समस्या को नहीं सुलझा सकते हैं तो आप उसे किसी और को सन्दर्भित करे दें जो समर्थ हो.

दूसरी सूची अधिक विस्तृत रहेगी : उसमें अधिक बड़े क्षेत्र के संस्थान तथा व्यक्ति होंगे जिन्हें आप अवसर आने पर औरों को बता सकेंगे जैसे, कार के मॅकेनिक, चित्रकार, धोबी या विशेष विज्ञापन-निर्माता कम्पनियाँ.

सन्दर्भ देने के सुनहले नियम को व्यवहार में लावें

जब आप अन्य विक्रयकर्मियों अथवा उद्योगों को सन्दर्भ दें तो ऐसे दें जैसे आप उन्हें पाना चाहेंगे. मानों आप किसी ऐसे व्यक्ति से मिलते हैं जो आपके किसी संदर्भ के लिए बहुत उपयोगी सम्भावित सहयोगी अथवा ग्राहक बन सकता है, तो हम आगे कुछ स्मृति-संकेत दे रहे हैं जिनको अपनाने से आप नए सन्दर्भ को आप अपने पुराने मित्र तक ठीक-से सन्दर्भित कर सकेंगे :

1. नए सन्दर्भ से आप अनुमति लें कि क्या आप उनके नाम का उल्लेख किसी और से कर सकते हैं ? इस प्रकार से आपका नया सन्दर्भ आपके पुराने मित्र के फोन के लिए तैयार हो जाएगा और उसे आपके पुराने मित्र के फोन के आने तक इंतजार नहीं करना पड़ेगा.

2. नए मित्र को उत्साहपूर्वक बताएँ कि कौन उससे सम्पर्क करनेवाला है और उसने अन्य किन ग्राहकों को अपनी सेवाओं से सन्तुष्ट किया है.

3. पुराने सम्पर्क को यथा सम्भव ऊँचा उठाएँ. अपने नए सहकर्मी साथी को देने

के लिए अधिकतम जानकारियाँ जमा करें.

4. ताजे, लुभावने सन्दर्भों को दबाकर न रखें. उन्हें तत्काल आगे बढ़ा दें.
5. एक ही सन्दर्भ को एक या दो से अधिक सम्पर्क-साथियों को नहीं बतावें. यदि बताते हैं निश्चित करें कि तब, सभी उसके बारे में जान लें.

जब लोग मुझसे सन्दर्भ माँगते हैं, तो मैं उन्हें यथाशक्ति सहायता देता हूँ. उन्हें नाम और नम्बर देने के बाद मैं सूची को उन्नत बना लेता हूँ. फिर भी सम्भावितों को ताजा बनाता हूँ और उन्हें फोन करके बताता हूँ कि कौन उनसे सम्पर्क करनेवाला है और उसकी अच्छाइयाँ बताता हूँ. एक बार जो मेरा विश्वास और आदर अर्जित कर लेता है और मुझे अच्छी सेवाएँ देता है, फिर मैं उसके लिए कुछ भी करने को तथा ऊँचे-से-ऊँची परिस्थिति का सम्पर्क देने को तैयार रहता हूँ.

उपरोक्त अंश को अनलिमिटेड रॅफेरेल्स *से लेकर अनुमतिपूर्वक मुद्रित किया गया है.*

नेटवर्क प्रभावोत्पादकता की त्रयी

डॉन मॉर्गन

आपकी नेटवर्क की शक्ति को बढ़ाने और उसकी कार्यक्षमता को सुधारने के तीन तरीके हैं ताकि आप अपने लक्ष्यों को पाने में समर्थ हो सकें. सौभाग्यवश, कोई भी इस बलोत्पादकता को, मानव-स्वभाव की तीन मूल बातों को समझकर पैदा कर सकता है. फिर भी, जो महान् नेटवर्कर बनने के लिए समर्पित हैं, वही इस काम में प्रवीणता पा सकेंगे जो हैं (1) मैत्री-कला, (2) दिल की उदारता, और (3) चरित्र. कोई व्यक्ति, जो इस उत्कर्ष की त्रयी को उत्पन्न कर लेता है, वह अपने नेटवर्क्स के मार्ग के सभी तालों को खोलकर अपने कार्य को पूरी शक्ति से आगे दौड़ा सकता है.

मैत्री

मित्रों को अपने मित्रों की सहायता करना अच्छा लगता है. आपके जीवन में भी एक स्थिति ऐसी आई होगी जब आपने अपने किसी मित्र को ऐसा काम करने में सहायता दी होगी, जिसे करना आपको पसन्द नहीं था - बेडरूम को रँगना, आगे कार्यशील बनाना - सिर्फ इसलिए

क्योंकि वह आपका मित्र था. आप सचमुच उससे बच नहीं सकते थे. यदि आप अपने नेटवर्क साथियों के अच्छे मित्र बन जाते हैं तो आपको भी वैसा ही उत्कर्ष प्राप्त होगा.

अपने नेटवर्क सहकर्मियों को अच्छे मित्रों में कैसे बदलना ? इसमें कोई भी रहस्य अथवा दुबिधापूर्ण बात नहीं है. पुरानी बातों को याद करें कि आप और आपका सर्वश्रेष्ठ मित्र, कैसे मित्र बने थे. आप दोनों साथ-साथ अनेकों स्थानों पर गए, अनेकों कार्य साथ-साथ किए और एक दिन सहसा ज्ञात हुआ कि आप कुछ समय से एक-दूसरे के श्रेष्ठ मित्र बन चुके हैं और इस बात का पता भी नहीं चला है.

यही आपको नेटवर्किंग सहकर्मियों के साथ करना चाहिए. उनके साथ विभिन्न स्थानों पर जावें, उनके साथ तरह-तरह के काम करें, जरूरत होने पर उनकी सहायता करें. और आपको शीघ्र ही पता चलेगा कि वे आपके अच्छे मित्र बन चुके हैं. ठीक है, सभी ऐसे नहीं होते, मगर आप इसमें जितना अधिक श्रम करेंगे, आप उतने अधिक मित्र बना सकेंगे. और आपका नेटवर्क भी उतना ही अधिक शक्ति-सम्पन्न बनकर अपने लक्ष्यों को पा सकेगा.

उदारता

आप एक पार्टी में हैं. आपको अनेकों उपहार दिए जा रहे हैं. आपके पास प्रत्यर्पण में देने के लिए कुछ भी नहीं है. कैसा लगेगा आपको ? बहुत अच्छे से कुछ कम, ठीक है न ? यह मानव-स्वभाव है कि वह भेंट में से कुछ लौटाना चाहता है.

नेटवर्किंग के क्षेत्रों में भी ऐसा ही है. जब आप किसी नेटवर्क सहयोगी को कुछ देते हैं - व्यवसाय का सन्दर्भ, कर के फार्मों को भरने में मदद, भावुक सहारा - वह भी आपको प्रत्यावर्तन, बदले में, कुछ लौटाना चाहेगा/गी. सम्भव है आप उसे तत्काल न पा सकें. फिर भी, जितना अधिक आप अपने नेटवर्किंग सहयोगियों को देंगे, उनका उतना ही अधिक झुकाव उसे लौटाने की ओर होगा.

एक यथार्थ भेंट शर्तबिना की होती है, बदले में कुछ नहीं चाहती. फिर भी, हमें लौटकर किसी-न-किसी रूप में कोई-न-कोई भेंट मिलती है. अकल्पनीय अवसर पर हम ऐसी भेंट पाते हैं जिसका मोल हमारे लगाए समय और श्रम से कई गुना अधिक होता है.

व्यक्तित्व

औरों पर आपका चिर-स्थायी प्रभाव तब पड़ता है जब पहली बार वे आपसे मिले थे. यदि वह प्रभाव गलत था, तो उसे धूमिल करने में अधिक समय लगेगा और आपसे जुड़ने में लोग हिचकेंगे. महान् नेटवर्कर इस बात को समझता है और स्वरूप को सँवारकर प्रथम प्रतिछबि बनाने में पूरी कारीगरी लगा देता है और सदैव उसके अनरूप पोशाक पहनकर उसके समतौल व्यवहार करता है.

फिर भी, आपकी प्रथम छाप से आपकी लम्बे समय तक बनी रहनेवाली छबि बन जाती है. उतने ही महत्वपूर्ण होते हैं आपके चरित्र के निर्माता तीन तत्व : जिम्मेदारी, विश्वसनीयता और तत्परता. जब समुदाय को किसी कार्य को निबटाने या समस्या को सुलझाने की जरूरत होती है, तो क्या आप उसकी जिम्मेदारी लेने को तत्पर होते हैं ? क्या आप पर विश्वास किया जा सकता है कि जरूरत पर आप काम आएँगे ? क्या आप अपनी सेवाएँ अर्पित करने में शीघ्रता करते हैं ?

आपकी प्रथम छबि के अलावा और परे, आपकी कार्य के प्रति जिम्मेदारी, उसमें आपकी विश्वसनीयता और उसे निबटाने की आपकी ग्रुप में तत्परता, बाद में जाकर आपकी छबि को सँवारने के प्रमुख तत्व बन जाते हैं. यदि आपका समूह आपके चरित्र के गुणों के कारण आपको अपना संचित धन मानता है तो समूह के फुटकर साथी भी आपमें आस्था रखेंगे, आपका भरोसा करेंगे और आपसे सम्पर्क बढ़ाकर आनन्द का अनुभव करेंगे. वे आपका और आपके व्यापार का उल्लेख अपने मित्रों तथा सहकर्मियों से करके तनावरहित अनुभव करेंगे.

और अन्त में, नेटवर्किंग के उत्थान की यह त्रयी एक पुराने सूत्र पर आकर टिक जाती है, जिसे विश्व के अनेकों हिस्सों में सुनहला नियम कहते हैं और जिसका उल्लेख नेटवर्कर अपनी भाषा में कुछ अलग शब्दों में करते हैं : ''प्रदाता ही पाते हैं.''

17

परस्पर लाभ का नियम

लोग खण्डों में नेटवर्किंग करते हैं क्योंकि वे औरों की मदद करना चाहते हैं. मगर निश्चय से यही सारी कथा नहीं है. वे इसलिए भी नेटवर्किंग करते हैं क्योंकि वे उसकी फसल काटकर लाभ उठाने की आशा रखते हैं. और यही कारण है कि अच्छी नेटवर्किंग इतनी अधिक सफल हुई है : आप दूसरों पर जो अच्छे कार्य करते हैं वे कई गुना होकर आप तक लौटते हैं. ज्यॉर्ज फ्रेज़र हमें यहाँ बता रहे हैं कि उनके सहायता भरे सम्बल ने एक आशाभरे युवा व्यावसायिक को इतना समर्थ बना दिया कि उसने एक मूल्यवान व्यापार-अवसर के रूप में उन्हें अनेकों वर्षों तक, अनेक गुना लाभ पहुँचाया; तथा लेस्ली टेलर आपसी लाभ के नेटवर्किंग के निकट सम्बन्धों की तुलना तैराकों द्वारा काम में लाए जा रहे बडी पद्धति से करती हैं.

आप के काम में नेटवर्किंग को लगा दें

ज्यॉर्ज फ्रेज़र

श्याम एक्स्पो के लिए हाल ही में, क्लीवलेंड में कार्य करते समय मेरी भेंट लिन फीस्टर से हो गई जो एक युवा स्त्री हैं और अन्य अनेकों उत्सुक युवा आफ्रो-अमेरिकन व्यावसायिकों की ही भाँति, अपने निजी व्यवसाय को आरम्भ करने के बारे में मेरी सलाह चाहती थीं. लिन अपना स्वयं का पर्यटन का व्यवसाय आरम्भ करना चाहती थीं. मैंने उनके व्यवसाय में उनकी सहायता करने का प्रयत्न किया था और उन्होंने बदले में मेरे सक्सेससोर्स उद्यम को मदद दी थी. इसके बाद के वर्षों में हम दोनों आपसी सम्बन्धों को बनाए रहे.

हाल ही में हम दोनों जब अकस्मात् पुनः मिले तो उसने मुझे स्मरण दिलाया कि किस प्रकार से मैंने उसे उसके आरम्भिक व्यावसायिक दिनों में प्रोत्साहन दिया था. मेरा बूथ चूँकि ब्लेक एक्सो में था, उसने बेची जा रहीं कुछ वस्तुओं को मुझसे खरीदा और पूछा कि क्या

हम लोग शीघ्र ही फिर से मिल सकते हैं ताकि वह मुझे उस नए अवसर के बारे में बता सके जिसे वह इस समय कर रही है और सम्भव है मेरी भी उसमें रुचि हो. मैंने उस बढ़-बढ़कर उपलब्धियाँ पाने में कुशल, जन्मजात नेटवर्कर से मिलने की प्रसन्नतापूर्वक अनुमति दे दी.

उस आकस्मिक मिलन के कुछ दिनों बाद ही उसने मुझे सम्मिलन के लिए फोन किया. फोन पर उसने आकर्षक ढंग से तुरन्त बात पर आते हुए पूछा, ''ज्यॉर्ज, आपसे पुनः मिलन बहुत ही सुखद था - आप प्रति वर्ष और अधिक सफल होते गए हैं,'' फिर मेरा ध्यान आकर्षित करते हुए कहा, ''मैं एक महत्वपूर्ण अवसर के निकट आई हूँ जो तुम्हारे लिए, मेरे लिए और अपने इस क्लीवलेंड को यदि मिलियन्स नहीं, तो कम-से-कम हजारों डॉलर कमाकर दे सकता है.'' उसने मेरे ध्यान को बाँधे रखा, ''मगर इसके लिए मुझे कुछ सहायता और सलाह चाहिए. क्या आपके लिए मुझसे शीघ्र मिलना सम्भव होगा, ताकि हम इस बारे में बात कर सकें ?''

इस प्रकार की पहुँच के सामने क्या कोई सन्देह रह जाता है कि मैं उससे नहीं मिलूँगा? ''हाँ-हाँ, अवश्य.'' मैं बोला और मेरा तात्पर्य भी वही था. हम मिले और मुझे पता चला कि उसने अपनी बात को बढ़ा-चढ़ाकर नहीं कहा था. मौका मेरे लिए भी उतना ही जरूरी था जितना उसके लिए. वह अपने निकट के साथियों अपने अनुकूल नेटवर्क को मुझसे मिलाने लाई थी और उसने अपनी तात्कालिक आवश्यकताओं को मेरे सामने रखा. एक समय का टेलीविजन-विज्ञापन लेखक होने के नाते उसे करोड़ों डॉलर के इनाम-जैसा अनुबन्ध मिला था कि वह तत्काल ब्लेक लोगों के घरों की खरीदी को ध्यान में रखकर उस नेटवर्क के लिए एक पायलट प्रोग्राम बनावे. उसे दो दिनों के भीतर ऑफिस के लिए स्थान चाहिए था ताकि वह कुछ आवश्यक समय-बद्ध काम कर सके. उसके प्रस्ताव को मैंने ध्यान से सुना और उसकी सहायता के लिए तैयार हो गया.

लिन की ओर से मैं, साद खयात के पास गया जो एक प्रमुख कानूनविज्ञ हैं और अनेकों छोटे ऑफिसों और निवास वाले मकानों के स्वामी हैं. मैं साद को अधिक दिनों से नहीं जानता था. मैंने उनकी सहायता एक और आफ्रिकन-अमेरिकन व्यावसायिक पराक्रम को आरम्भ करते समय की थी. हमारा एक सुदृढ़ नेटवर्क कार्यक्रम के द्वारा सम्बन्ध था जिसे बढ़ाकर मैं लिन को भी उसमें सम्मिलित करना चाहता था. फोन करने पर साद को मैंने निष्कपट और मनभावन पाया. मैंने संक्षेप में हालत समझाई और पूछा कि क्या वह लिन से तत्काल मिलकर उसका प्रस्ताव समझेगा और उसकी कठिनाई दूर कर सकेगा ? उसने मुझे धन्यवाद दिया और बतलाया कि वह अपने एक छोटेसे ऑफिस के लिए किसी किराएदार की तलाश में है. साद ने कहा कि यदि मैं लिन को किराएदार के रूप में प्रस्तावित करूँ तो उतना ही उसके लिए काफी है. वह और लिन आपस में मिले और कुछ दिनों के बाद लिन ने अपना नया ऑफिस नए मकान में स्थानान्तरित कर लिया.

व्यवस्थित होते ही लिन ने मुझे आभार कहने के लिए फोन किया. मेरे कारण उसका नया व्यवसाय आरम्भ हो गया था. फिर मैंने साद को फोन किया और लिन की सहायता के लिए उसे धन्यवाद दिया और उसने भी मुझे एक लिन जैसा विश्वसनीय ग्राहक दिलाने के लिए धन्यवाद कहा. उसे वैसा ही व्यक्ति चाहिए था. बातों के दौरान मैंने साद को बताया था कि उस प्रस्ताव से मुझे भी उतना ही लाभ होनेवाला है जितना लिन को होगा क्योंकि उसने मुझे प्रसारण में से पच्चीस मिनिटों का मुफ्त समय मेरे अपने उत्पादनों के विज्ञापन के लिए दिया था.

इससे ज्ञात होता है कि नेटवर्किंग कार्य कितने प्रभावशाली पद्धति से काम करता है. इस प्रक्रिया में सभी को आनन्द आया. किसी को भी अपनी क्षमता से अधिक करने को नहीं कहा गया. सभी को कुछ-न-कुछ प्राप्त हुआ. इस कार्य में सब ओर प्राप्ति, प्राप्ति और प्राप्ति ही थी !

नेटवर्किंग तभी काम करती है जब हम पूरी तरह से समझ जाते हैं कि प्रत्येक मनुष्य का एक अपना *अन्तर्निहित मूल्य* होता है और हर मानव-सम्बन्ध पदवी या पद से ऊपर होता है. जब हम परिपक्व हो जाते हैं और हमारे मन में औरों के प्रति पूर्वग्रह नहीं रह जाते कि वे नगण्य हैं और हमारे अनुग्रह के लायक नहीं हैं, तभी हम उन्हें बिना किसी अपेक्षा के कुछ दे सकते हैं. जब हम पहले देते हैं और अपेक्षा नहीं करते तो औरों के लाभ के लिए नेटवर्किंग करते हैं और तब वर्धित प्राप्तियों का नियम कार्यरत हो जाता है और हम दस गुना अधिक प्राप्त करते हैं. इस नियम का कोई अपवाद नहीं होता. यदि मेरे जीवन में आए लोग मेरे बारे में पूर्वग्रहित हो जाएँ क्योंकि मैं सार्वजनिक आर्थिक सहायताप्राप्त घर में रहता हूँ अथवा ला गार्डिया एयरपोर्ट के फर्श साफ करता हूँ, तो मुझे वह सहयोग कभी नहीं मिला होता जिसने मुझे पूर्ण रूप से विकसित होने में मदद की और मैं अपने सम्पूर्ण मानव-विकास का विस्तार कर पाया. किसी बिन्दु पर आकर हर आफ्रिकन-अमेरिकन कहीं-न-कहीं रुक जाता है. सार्थक नेटवर्किंग यहीं आकर आध्यात्मिक बनकर दार्शनिकता के चिह्न दिखाने लगता है.

नेटवर्किंग तभी काम करती है जब हम पूरी तरह से समझ जाते हैं कि प्रत्येक मनुष्य का एक अपना अन्तर्निहित मूल्य होता है और हर मानव-सम्बन्ध पदवी या पद से ऊपर होता है.

नेटवर्किंग तभी काम करती है जब हम समझ जाते हैं कि औरों के साथ काम किए बिना हम जीवन में अधिक प्राप्त नहीं कर सके हैं या कर सकते हैं. अतः हम परिश्रमपूर्वक मानव-सम्बन्धों और स्रोतों के निर्माण तथा विकास में लग जाते हैं.

नेटवर्किंग तभी काम करती है जब हम समझ जाते हैं कि किसी वस्तु के विभिन्न अंगों की अपेक्षा उसका सम्पूर्ण स्वरूप अधिक महत्वपूर्ण होता है. नेटवर्कस को पहले सम्बन्धों की सुदृढ़ नींव पर स्थापित करना चाहिए, फिर हम उसे आगे विस्तारित कर सकते हैं. उसके लिए

आवश्यक उस नींव का निर्माण करने में मगर समय लगता है. हमारा अपने अन्तरंग नेटवर्किंग सम्पर्कों के साथ घनिष्टता और सौहार्द होना चाहिए.

नेटवर्किंग तभी काम करती है जब हम आराम से, सफलतापूर्वक आवश्यकताओं और स्रोतों का मेल बिठा सकते हैं. उसका सर्वोच्च स्तर होता है विजय-ही-विजय की स्थिति का निर्माण और अक्सर वह उतना सुगम लेन-देन नहीं हो पाता है, मगर दीर्घ समय में वह उचित बन जाता है.

सक्सेस रन्स इन अवर रेस *से अनुमतिपूर्वक लिए उपरोक्त अंश का उपयोग किया गया है.*

साथ-साथ विकास की प्रणाली

लेस्ली टेलर

अपने हाइस्कूल एवं कॉलेज के दिनों में जब मैं तरण-प्रशिक्षण एवं लाइफ गार्ड का पेशा अपनाए हुए था तो तैराकी का आधारभूत नियम सिखाया करता था : कभी भी अकेले मत तैरो. अकेले तैराक खतरे के प्रति अधिक संवेदनशील होते हैं. इसके बदले ''बड़ी सिस्टम'' - साथी के साथ तैरने की पद्धति अपनावें और एक-दूसरे का ध्यान रखें.

व्यापार में भी यही पद्धति कारगर होती है. अनेकों व्यापारी व्यवसाय की दुनिया में अकेले तैरते हैं और चुटीला होने की सम्भावना रखते हैं - घायल हो भी जाते हैं.

डींग हाँकते साथी

वैसे तो हर किसी को अभिनन्दन अच्छा लगता है मगर कई बार उसकी प्रतिक्रिया करना बेढंगा लगता है. कोई आपकी प्रशंसा करता है और आप कहते हैं, ''ओह ! वह तो कुछ भी नहीं था.'' अथवा, ''वह तो जो का अच्छा काम था जिससे सारा फर्क पड़ा.'' मगर ऐसा कहकर आप स्वयं का गला काट रहे होते हैं. क्योंकि अगली बार लोग आपका विश्वास न करके सीधे जो के पास जाएँगे. अत: उचित यही होगा कि आप अभिनन्दन स्वीकार करें और उन्हें 'धन्यवाद' कहें.

हम अक्सर स्वयं के बारे में डींगें मारना भी पसन्द नहीं करते - मगर व्यवसाय में सफल बनने के लिए हमें वह करना चाहिए. अधिकांश व्यवसायी विज्ञापन खरीदकर डींगें

हाँकते हैं मगर फिर उस बारे में कुछ नहीं सोचते; वह उनके लिए मात्र व्यापार होता है. मगर अभिनन्दनों को पाने और उनके बारे में डींग हाँकने का सर्वश्रेष्ठ तरीका है एक बड़बोले साथी को रखना; एक ऐसा आदमी जो नाजुक मौकों पर आपकी तारीफ के पुल बाँधे और जिसकी प्रशंसा आप भी औरों से करें. नेटवर्क के दौरान चतुर व्यवसायी शेखी बघारनेवाले मित्रों को विकसित करते हैं.

किसी सन्दर्भ समारोह या व्यावसायिक उत्सव में भाग लेते समय किसी को अपने साथ लेवें जो आपके व्यापार और आपके बारे में जानकारी रखता हो और उसके व्यवसाय और पूर्व-पीठिका के बारे में आप जानते हों. ऐसा व्यवहार करें मानों आपका मित्र कोई महान् व्यक्ति है जिससे लोगों को मिलना और सम्पर्क बनाना चाहिए. लोगों के पास जाकर पहले स्वयं का परिचय दें, फिर लोगों से पूछें कि क्या वे आपके साथ के व्यक्ति को जानते हैं? फिर उस मित्र के बारे में प्रमाण और उदाहरणों के साथ बतावें. इसी प्रकार से अन्य लोगों से, बारी-बारी से, एक-दूसरे का परिचय दें. और उत्सव के अन्त से पहले, आप दोनों व्यक्ति, औरों की अपेक्षा कहीं अधिक आनन्द उठा चुके होंगे, और कम-से-कम एक नया सम्पर्क भी बना चुके होंगे जिसके सहारे आप भविष्य में अपना व्यवसाय कर सकेंगें. या अन्य लाभ उठा सकेंगें.

तटस्थ - भावशून्य मित्र

एक सीपीए को मैं जानता हूँ जिसे व्यवसायियों को कॉल करने का कोई अनुभव नहीं है और जो फोन करते समय उदासीन हो गया जब पे-रोल क्रियान्वयन व्यापारी से वह बात कर रहा था. जब भी वे आपस में मैत्री बढ़ाते और निर्मोही बनकर फोन करते तो नए ग्राहक पा जाते. वे स्वयं का परिचय देते, अपने व्यवसाय के प्रश्नों का उत्तर देते और अपने व्यापार का विकास करते. वे आनन्द भी ले रहे थे !

सन्दर्भित मित्र

लघु व्यवसाय प्रशासक, चॅम्बर ऑफ कॉमर्स, और अधिकांश स्वयंसेवी संस्थान इनाम घोषित करते हैं. क्या आपने कभी सोचा है कि उसे प्राप्त करनेवालों का नाम कौन सुझाता है ? अक्सर कोई ग्राहक या व्यावसायिक मित्र. क्या आप नहीं चाहेंगे कि आपका नाम भी सुझाया जाए ? अपने स्थानीय पुरस्कारों के बारे में पता लगाएँ; उसके लिए योग्यताओं की खोज करें; किसी ऐसे व्यक्ति का नाम सुझावें जो आपकी समझ में उसके योग्य है. अपने किसी ग्राहक या व्यावसायिक सहकर्मी से - किसी मित्र से कहें कि अब वे आपका नाम सुझावें. इस प्रकार के पुरस्कार को पाना अच्छा विज्ञापन होता है.

प्रमाणित करनेवाले मित्र

क्या आपने कभी किसी को नेतागिरी करते, मार्ग सुझाते, अपना समय या शक्ति किसी और व्यवसाय या स्वयंसेवी संस्था को देते देखा है ? क्या आपकी किसी ने कभी, कोई समस्या को सुलझाने में मदद की है? उसे एक ''धन्यवाद'' का लघु-पत्र-नोट भेजें अथवा प्रमाण - पत्र जैसा पत्र भेजें और उसकी सहायत को सुनिर्दिष्ट करें कि आपके जीवन में उससे कितना बहुमूल्य परिवर्तन आया है. उस पत्र की प्रतिलिपि उसके बॉस को भेजें. अपनी भविष्य की सेवाएँ उन्हें समर्पित करें ताकि समय आने पर वे उसका लाभ उठा सकें.

और स्वयं का क्या ? क्या कोई सन्तुष्ट ग्राहक, उपकृत दुकानदार ने आपकी कभी प्रशंसा की है - कोई प्रमाण-पत्र दिया है ? उससे कहें कि वह आपको ऐसा लिखे अथवा स्वयं इस प्रकार से लिखकर उससे अनुमति माँगे कि आप विज्ञापनों, टीवी स्पॉट्स या झंडों या सूचीपत्रों में उसे व्यवहार में ला सकते हैं, ताकि आपका व्यवसाय बढ़ सके. अथवा उसे किसी व्यावसायिक सम्मिलन में आमंत्रित करें जहाँ आप भी हों तब वह आपको किसी पुरस्कार के लिए प्रस्ताविक करे.

शैक्षणिक मित्र

यहाँ एक ऐसा उपाय दे रहे हैं जिससे आपके नए सम्पर्क बनेंगे और आप अपने ग्राहकों पर विजय प्राप्त करेंगे : अपने किसी साथी मित्र से कहें कि वह आपके साथ जोड़ी बनावे और कोई सूचनादाता मार्केटिंग सेमिनार आयोजित करे. इस प्रकार की प्रक्रियाओं को सीपीएज़, कानूनज्ञ, निवृत्ति-व्यवस्थापना व्यवसायी, चर्मरोग परामर्शदाता तथा अन्य अनेकों, सफलतापूर्वक व्यवहार में लाते हैं. सेमिनार के खर्च को अपने मित्र के साथ बाँटे और आपके पास सूचनाएँ और आनन्द दोनों आ जाएँगे और ग्राहक भी मिलेंगे.

जैसा कि आपने पाया, मैत्री-पद्धति स्वयं को समुदाय के बाजार में उतारने में और अपने लक्षित मार्केट तक पहुँचने में बहुत सहायक सिद्ध होगी. उसकी सीमा भी आपकी कल्पना और निश्चय के द्वारा ही निर्धारित होगी. मगर प्रयत्न अकेले न करें !

18

थोड़ी-सी नेटवर्किंग क्या-क्या कर सकती है?

अब तक आपको इसके मूल में निहित सर्व साधारण नियम ठीक से समझ में आ गया होगा की अच्छी नेटवर्किंग के लिए सबल नेटवर्क को विकसित और पोषित करना कितना जरूरी होता है. पर सम्भव है, उसके बारे में विस्तार से बात करने का समय अब आ चुका है. कौन-से सुनिर्दिष्ट लक्ष्य हैं जिन्हें नेटवर्किंग आपको उपलब्ध करा सकती है ? अगले दो निबन्धों में, हार्वे मॅके आपको बताते हैं कि कौन-से दस विशेष मार्गों पर आपको अच्छी नेटवर्किंग ले जा सकती है तथा पॉल और साराह एडवर्ईस, रिक बेंजॅल के साथ, व्यवसाय के तीन प्रकारों के लक्ष्यों को पाने के बारे में बताते हैं जिन्हें नेटवर्किंग के द्वारा प्राप्त किया जा सकता है.

हार्वे की दस अग्रणी बातों की सूची

हार्वे मॅके

मेरा आपको यह आश्वासन देना ही यथेष्ट नहीं है कि आपको एक नेटवर्क की आवश्यकता है. आपको यह भी जानना चाहिए कि क्यों. उसके ये दस कारण हैं :

1. नेटवर्क के द्वारा सबसे दुर्बल व्यक्ति भी समूह की शक्ति के द्वारा बलवान बन जाता है.

... यदि मैंने यह पुस्तक पाँच वर्ष पहले लिखी होती तो मैंने सुझाव दिया होता कि जो व्यक्ति किसी विशेष प्रकार के समूह से संयुक्त होना चाहते हैं तो वे उसे सिर्फ एक ही स्थान पर पा सकते हैं, और वह स्थान है - पुस्तकालय.

मगर अब आपके पास इसका विकल्प है : पुस्तकालय अथवा इंटरनेट.

आप तत्काल लाइन पर जा सकते हैं, लोगों से वार्तालाप आरम्भ कर सकते हैं - अपने

मन माफिक नेटवर्क पर.

इस प्रकार के नेटवर्किंग के लाभ के बारे में इतना अधिक कहा जा चुका है कि अब तो सिर्फ एक चेतावनी देना ही शेष रह जाता है.

समूह, अब चाहे वे पुराने ढंग के हों प्रति-सप्ताह - बुधवार-लंच के लिए मिलनेवाले अथवा इंटरनेट पद्धति के, जो समूहों के लिए बने-बनाए होते हैं, आपके लिए पारम्परिक रूप से बने नहीं.

तैयार सूट ही की तरह, वे आपको व्यक्तिगत रूप से पूरी तरह से फिट आने के लिए नहीं बने होते मगर वे कुछ मूल समूहों के आदर्श स्वरूप के अनुकूल बने होते हैं. यदि आप उन्नीसवीं शताब्दी के गुआटेमालन चिह्नों को खोजकर उनका विश्लेषण करना चाहते हैं या किराए-पर-कार-लें की छूट को जानना चाहते हैं तो आपके लिए पूर्व-निर्धारित समूह उपलब्ध है. यदि आप शहर के सर्वोत्तम मूत्राशय चिकित्सक को खोज रहे हैं अथवा जानना चाहते हैं कि क्या आपका विभाग अगली अधोगामी कटौती में समाप्त कर दिया जाएगा, तो आपको अपना व्यक्तिगत पारम्परिक समूह चाहिए...

2. दर्पण, दर्पण अब तुम कहो

नेटवर्क जादुई दर्पण होता है जो हमें साफ-साफ बता देता है कि यथार्थ में पोशाक आप पर कैसी लग रही है, तब उसे पहनकर आप पार्टी में जाएँ.

वह महत्वपूर्ण रिपोर्ट जिसके लिए पिछले दो माह से आप पसीना बहा रहे थे, क्या सार्थक है ?

वे लोग जो आजीविका के लिए कुछ लिखते, या बेचते हैं, फिर चाहे उसे ''व्यावसायिक रूपरेखा'' कहें या ''कॉपी राइटिंग'' अथवा ''सीधा-सादा मक्खी मारना'' उसमें भी यह जानना जरूरी होता है कि उनका माल क्या बिक सकेगा ? इससे पहले कि आप बाजार में जाकर स्वयं को मूर्ख साबित करें, आपको यह बात कौन बताएगा ?

आपका नेटवर्क

नेटवर्क को अपनी पांडुलिपि को पढ़ने में लगा दें अथवा आपकी प्रस्तुति को सुनने में व्यस्त कर दें इसके प्रत्युत्तर में आप भी उनके लिए ऐसा ही करें.

आपका नेटवर्क चिह्नित कर देगा कि क्या अस्पष्ट है या भ्रम में डालनेवाला है या सीधे सीधे गलत है.

वे आपकी टाइपिंग और व्याकरण की भूलों को पकड़ेंगे जिनके बारे में आपने सोचा भी नहीं होगा कि वे आपने की हैं. वे बताएँगे कि क्या हास्यास्पद है और क्या नहीं - क्या अनुबोधक है और क्या अरुचिकर...

बढ़ोतरी माँगना. किसी कार्य के लिए साक्षात्कार देना. किसी विवरण को प्रस्तुत करना.

चाहे जो भी कुछ हो; आपका नेटवर्क आपका ज्ञान-सागर बन जाएगा जो बताएगा कि क्या कार्य करेगा और क्या काम नहीं करता. आप गल्तियाँ करने से बचेंगे. उनकी सहायता करेंगे जिनकी जरूरतें भी आप ही के समान होंगी...

3. आपने नेटवर्क के द्वारा अपने शत्रुओं को पहचानें...

.... [जै] सा व्यवसाय का हर व्यक्ति जानता है कि आपको जानना चाहिए कि प्रतिस्पर्धा कहाँ तक है.

कौन आपको संकेत देगा कि आपका कौन-सा कर्मचारी सीमा उलाँघकर आपके प्रतिस्पर्धी के पास चला जाएगा ?

किस पर आप विश्वास करेंगे कि वह आपके अथवा आपकी संस्था के बारे में नकारात्मक व्यर्थ का प्रलाप कर रहा है और उसका प्रतिवाद अवश्य करना चाहिए ?

आपको कौन बताएगा जब लोग आपके बारे में सूचनाएँ संकलित करने लगेंगे ?...

एक ज्ञान-सूत्र को बनाए रखना समझदारी होती है, फिर भले ही वह अनौपचारिक हो, मगर शत्रु के घर में हो. आपूर्तिकर्ता, बेंकर्स, वकील, ग्राहक, पुराने ग्राहक, कर्मचारी विगत कर्मचारी, विक्रयकर्मी, ट्रक ड्राइवर, जीवन-साथी, महिला मित्र, कार के विक्रेता, बारटेंडर्स जो क्रॉस-टाउन फेक्टरी के परिचित और मनपसन्द पीने के स्थल पर काम करते हैं - इन सबों से जानकारी पा सकते हैं.

लोगों को बातें करना अच्छा लगता है !...

4. मेरा नेटवर्क आपके नेटवर्क को बढ़ाने में मदद कर सकता है.

... अपने पेशे को आरम्भ करते समय आप सबसे बड़ी भूल यह कर सकते हैं कि अपने नेटवर्क के द्वारा सहायता माँगने से आप डरें.

कहाँ से आरम्भ करें ?

वहीं पिता हैं, माँ भी वहीं हैं, मगर उन सबों की, भला चाहनेवाली पेशे से सम्बन्धित सलाहों की गुत्थी बन जाती है - वे अन्य उपेदशों में घुल-मिल जाती हैं, ठीक से मंजन करो, अपने हिस्से की फूलगोभी खाओ. इसके लिए आपको नया दृष्टिकोण चाहिए.

किसका ?

सर्वोत्तम होगा, किसी परिवार के कल्याणकर्ता का, जो सम्भव है वकील अथवा बेंकर हो अथवा कोई सम्पन्न रिश्तेदार, या आपके माता-पिता का मालिक - अथवा व्यवसाय का कोई भी बूढ़ा या अनुभवी व्यक्ति जिसके सम्पर्कों का जाल विस्तृत हो और उसका आपके परिवार से कोई निजी अथवा व्यावसायिक सम्बन्ध हो.

क्यों ? क्योंकि अधिकांश तथाकथित गुरु या मेरे जैसे बूढ़े मतवाले कोई सलाह माँगते

ही - किसी भी विषय पर - फूलकर कुप्पा हो जाते हैं.

हमारे पास धार करने के लिए बहुत कम कुल्हाड़ियाँ बची हैं. अब प्रतीत नहीं होता कि दरवाजे से अन्दर आनेवाला हर व्यक्ति आपका काम हड़पना चाहता है या समय बिगाड़ेगा.

अब भले ही हमने उसे स्पष्ट शब्दों में अंकित किया हो अथवा नहीं, हमारा एक नेटवर्क है और अनिवारणीय रूप से, वह हमारे साथ-साथ ही वाष्पीकृत होनेवाला है, इसे हम जानते हैं. फिर भी, हमें खिलाड़ी बनना अच्छा लगता है और उसे करने का एक तरीका है अपनी विगत, समय-प्रसिद्ध युद्ध-कथाओं के साथ-साथ चलना और जो भी ध्यान दे उसे ईश्वर की भाँति उपदेश देना...

5. एक नेटवर्क विश्व में कहीं भी आपका जीवन सम्पन्न कर सकता है.

आपके नेटवर्क में नॉन-अमेरिकन्स कितने हैं ?

आज के युग में जब फोन-कॉल्स के भाव, ई-मेल तथा फॅक्स को कौड़ियों में मापा जाता है, एक वैश्विक नेटवर्क स्थापित करना, स्थानीय नेटवर्क स्थापित करने से अधिक मँहगा नहीं है.

विश्व की परम्पराओं और रीति-रिवाजों का अध्ययन करना और उनकी छुट्टियों का विवरण जानना मुश्किल नहीं रह गया है. अधिकांश स्थानों पर, जहाँ आप ग्रीटिंग कार्ड पा सकते हैं, वहीं एक वैश्विक कॅलेंडर भी मिलता है जिससे पता चल जाता है कि उन कार्डों को कब भेजना. मैं कुछ सर्वसुलभ बातों से आरम्भ करूँगा : हॉलेंड में सन्त निकोलस का दिन दिसम्बर 6 को होता है, होंगकोंग में चायनीज़ नया वर्ष सदा जनवरी 21 से फरवरी 19 के बीच मनाया जाता है.

एक सबसे सशक्त वैश्विक नेटवर्क है गुआन्क्षी अथवा समुद्रपारीय चीन. इस नेटवर्क में करीब 50 मिलियन लोग हैं और वे विशाल सम्पत्ति का नियंत्रण करते हैं क्योंकि चीन में संयुक्त परिवार बहुत महत्वपूर्ण हैं.

फ्रांस में कॉर्पोरेट दुनिया के अधिकांश व्यक्ति ईकोल नॅशनॅल ड'एडमिनिस्ट्रेशन या पॉलीटेक्निक से पढ़कर निकले स्नातक हैं...

और फिर वह रशिया का अद्भुत ओल्ड-बॉय नेटवर्क आता है - कम्युनिस्टों का. वे अतीत की कुलबुलानेवाली बातों को भुलाकर पुन: एक-दूसरे को ऊँची तनख्वाहवाली नौकरियों के बारे में जानकारी दे रहे हैं...

6. आपको एक नेटवर्क नए अनुभव और ज्ञान दे सकता है.

मैं एक व्यक्ति को जानता हूँ जो बहुत पतली इस्त्रियाँ बनाता था. उसने अपनी कम्पनी आशा

से अधिक पैसों में बेच दी और पचास वर्ष की उम्र में ही निवृत्त हो गया. पचास वर्ष और तीन महीनों की उम्र में वह ऊँचे शिखर पर पहुँच गया था. वह घुड़दौड़ का शौकीन था अत: उसने घोड़ों के व्यवसाय में जाने के बारे में सोचा.

पहला घोड़ा जो उसने खरीदा वह रेस के मैदान तक भी नहीं जा पाया. दूसरे और तीसरे कुछ अच्छे थे. टूटने से पहले वे उसे थोड़ा-सा धन कमाकर दे गए.

चौथा घोड़ा मनोमुग्धकारी था. वैसे तो उसने यथार्थ में कोई पैसा कमाकर नहीं दिया, पर उसने उस अनेकों अच्छे रेस के मैदानों में उतारा जहाँ उसने कुछ दौड़ें जीतीं और अनेकों सीज़न जीवित रहा...

घोड़ों के मालिकों की एक अलग ही संस्कृति होती है. वैसे तो अनेकों को यह भी पता नहीं होता कि यह किसी और जानवर की पूँछ है या घोड़े की. अक्सर (और) वे बकरों के लिए प्रतिस्पर्धा करते हैं जो उनके लिए प्रमुख रूप से अनुपयोगी होते हैं. नब्बे प्रतिशत उसमें धन गँवाते हैं और जो कमाते हैं, उन्हें उसकी आवश्यकता नहीं होती.

फिर भी, आपको उन विजेताओं के आसपास के लोगों के चित्रों को देखने की जरूरत होती है ताकि जान सकें कि घोड़े का स्वामी होने का आर्थिक पक्ष से कोई सम्बन्ध नहीं होता, वे सन्तुष्ट और प्रसन्न होते हैं. वह थोड़े-से भड़कीले, तनिक-से शरारती और पतली इस्त्री बनाने की दुनिया से बहुत दूर बसे होते हैं.

''आपको एक अच्छा घोड़ा उन स्थानों की सैर कराएगा जिसकी आपने कल्पना भी नहीं की होगी,'' श्री वॅफल आयर्न ने मुझसे कहा.

बात बहुत सच है

यह हममें से उन लोगों के लिए भी जो वॅफल आयर्न को परे सरका देते हैं और दुनिया के सर्वश्रेष्ठ विली शूमेकर्स के साथ कोहनियाँ रगड़ने की कल्पना करते हैं. हमारे पास, अपने सपनों की बराबरी करने के लिए हमारा नेटवर्क होता है.

7. नेटवर्किंग के द्वारा आप दूसरों की सहायता कर सकते हैं.

नेटवर्किंग उनके लिए बहुत लाभदायी होती है जो उस प्रणाली को स्वयं के लिए काम में लाते हैं. उनके लिए भी वह लाभदायक होती है जो औरों के लिए कार्य करते हैं....

धर्मादाय और नागरिक संस्थान खुद के लिए स्वयंसेवक पाने को लालायित रहते हैं, विशेषकर जो उनके लिए धन संग्रह कर सकें. श्रेष्ठ धन-संग्राहक वे होते हैं जो अपने मित्रों और सहकर्मियों से सम्पर्क करके कहते हैं कि उन्हें कोष जमा करना है -विशेष करके तब, जब उनके मित्र और सहकर्मी धनवान और सम्पर्क करनेवाले से किसी प्रकार से उपकृत हों...

अपने प्रयत्नों को, कोष-संग्राहक प्रयासों में बदलने के अनेकों कलात्मक तरीके होते हैं जिन्हें औरों के लिए उपयोग में लाया जा सकता है.

जब मुझसे कोई कृपा करने के लिए कहता है तो मैं अक्सर कह देता हूँ, ''मुझे तुम्हारे लिए ''सर्वश्रेष्ठ प्रयत्न'' करके प्रसन्नता होगी - मगर - एक शर्त पर.''

''ओह, ओह ! कौन-सी शर्त ?''

''यदि मैं सफल होता हूँ तो मैं चाहूँगा कि आप - डॉलर का दान - संस्था को करेंगे.'' मैं उपरोक्त रिक्त स्थानों को हाथ में लिए कार्य को करने की मुश्किलों और चुनीं संस्थाओं - युनाइटेड वे, द अमेरिकन कैंसर सोसायटी, द अमेरिकन हार्ट एसोसिएशन, इनके अलावा कुछ और .... को बारी-बारी से घुमा फिराकर आगे ला देता हूँ...

8. नौकरी की सुरक्षा ? संस्थान पर निर्भर न रहें. अपने नेटवर्क पर आश्रित रहें.

... आपका नेटवर्क औपचारिक हो सकता है अथवा अनौपचारिक. मतलब यह कि आप (1) कम्पनी द्वारा स्वीकृत ग्रुप-प्रोजेक्ट चुन सकते हैं जो संस्था के नियमित कार्यक्रम के अनुसार गतिशील होगा और आपको अन्य विभागों के लोगों के साथ निकट सम्पर्क स्थापित करके कार्य में लगाएगा (2) एक गुइयाँ - पद्धति - ''प्रगाढ़ मित्र समुदाय'' बनाएँ - लोगों का एक पश्च-विभाग नेटवर्क बनाएँ जो अपने क्षेत्र के सम्भावित रिक्त स्थानों को ध्यान में रखेंगे और जिनके लिए आप स्वयं को प्रशिक्षित या उपयोगी बनावेंगे और इसके बदले में आप भी उनके लिए ऐसा ही करेंगे; अथवा (3) दोनों बातें करेंगे....

9. कोई नेटवर्क आपको सलोना बना सकता है.

ऐसा कोई भी सेल्समॅन जो अपने ग्राहकों के बच्चों के नाम जानता था, कभी भूखा नहीं मरा.

उसके जीवन-संगी या संगिनी का नाम जानना, दुर्भाग्यवश इतना आश्वासनप्रद नहीं है.

आप अपने पुराने लँगोटिया यार से, यार, बहुत सालों से नहीं मिले हैं. उसे लंच के लिए बुलावें.

''इतने दिन कैसे थे, बडी ?''

''अद्भुत !''

बडेट कैसी है ?''

''बडेट अपने मनोचिकित्सक के साथ भाग गई. वे आजकल एंकरेज में रहते हैं.''

''ओह ! अच्छा, आपका वह भयंकर कुत्ता स्क्वेट कैसा है ?''

''स्क्वेट मर गया. अब मेरे पास नया कुत्ता है ग्रंट.''

''ओह !''

बहुत दर्शनीय वार्तालाप नहीं है. मैं जानता हूँ, मेरे साथ भी ऐसा ही हुआ था. एक

नाम और 3" x 5" के कार्ड पर उभरे हुए कुछ अक्षरों से नेटवर्क नहीं बन जाता. आपको उसे एकाग्रतापूर्वक ध्याननिष्ठ होकर रखना पड़ता है अन्यथा अनेकों बड़ी-टाइप के लोगों से टकराएँगे. एकाग्र बनने के लिए दो वर्ष का समय यथेष्ठ से अधिक होता है...

अपने नेटवर्क को जीवन्त और कार्यरत बनाए रखने के लिए प्रत्येक प्रविष्टि को कम-से-कम छह महीने में एक बार ताजी कर लें...

10. नेटवर्क आपकी आर्थिक सीमा को अनन्त तक विस्तारित कर देता है

अब तक हमने व्यक्तिगत नेटवर्किंग के बारे में चर्चा की.

लेन-देन, आज के युग का परिष्कृत वस्तु-विनिमय ही संस्थानों में नेटवर्किंग के रूप में व्यवहृत हो रहा है. यह व्यक्तिगत नेटवर्किंग से इसी स्वरूप में भिन्न है कि दान-प्रतिदान में नेटवर्किंग को परम आवश्यक वस्तुओं तक ले जाया जाता है और कठोरता से जैसे-को-तैसा के तरीके से व्यवहार में लाते हैं....

मानों आप युनाइटेड स्टेट आधारित एक कॅमिलन उत्पादक संस्था है जिसका व्यवसाय आफ्रिका में है. हम उसे केम्को कम्पनी के नाम से बुलाते हैं. आप स्थानीय बनावट के चद्दर और तकिए के गिलाफों को एक वीविंग मिल से लेने का अनुबन्ध करते हैं और उसकी एक समय-सीमा भी निश्चित करते हैं. आपके पास उन 1,00,000 चादरों और तकिए के गिलाफों का कोई उपयोग नहीं है और न उनके उत्पादन समय का कोई अर्थ है और न आपके पास कोई संकेत हैं कि आप उन्हें कैसे बेचेंगे.

लेन-देन व्यवसाय की कम्पनी में प्रवेश करें. वे अनेकों होटलों की श्रृंखला को जानते हैं जिनके ग्राहकों को वस्तु-विनियम में रुचि है.

हॉटेल कम्पनी अ केम्पो के चादरों और तकिए के गिलाफों के सौदे की समाप्ति करती है. हॉटेल कम्पनी ब को तैलिए चाहिए हैं जिन पर उनका मोनोग्राम अंकित हो. हॉटेल कम्पनी ब मिल के उत्पादन समय का अनुबन्ध करती है जहाँ ब की आवश्यकता के अनुसार टॉवेल बनाए जा रहे हैं. कॅमको रूम, भोजन और पेय पर अपने विक्रय कर्मियों को सुविधाएँ देने के लिए हॉटेल से अनुबन्ध करती है.

सर्वश्रेष्ठ बेस्ट सेलर डिग योर वेल बिफोर यूआर थर्स्टी *से लिया गया अंश इस, और दो अन्य न्यूयार्क टाइम्स बेस्ट सेलर, जिसे हार्वे मॅके ने लिखा है,* स्विम विथ द शार्क्स विथाउट बीइंग ईटन अलाइव तथा बिवेयर द नॅकेड मॅन हू ऑफर्स यू हिज़ शर्ट, *से अनुमति पूर्वक लिए गए हैं.*

त्रि-पक्षीय नेटवर्किंग

पॉल तथा साराह एडवर्ड्स और रिक् बेंजॅल

सम्भवत: नेटवर्किंग को सार-स्वरूप में, सर्वश्रेष्ठ तरीके से इस प्रकार से कहा जा सकता है, "आप मेरी मदद करें और मैं आपकी सहायता करूँगा..."

समूह बनाकर की जानेवाली गति-विधि के रूप में, फिर भी, नेटवर्किंग सम्पर्क बनाने और सरल तरीकों से व्यावसायिक सूत्रों को पाने से भी आगे बढ़ जाती है. नेटवर्क एक स्वतंत्र, साथ-साथ सक्रिय काम करनेवालों के दल के रूप में उभरकर, सफलता में एक-दूसरे के सहायक बनकर आगे दिए तीन प्रकारों के किसी भी संयोग के रूप में उपस्थित हो सकते हैं.

1. मार्केटिंग दल के रूप में नेटवर्किंग. अनेकों नेटवर्क, वास्तव में या सम्भव है, बहुत प्रभावशाली मार्केटिंग दल के रूप में उभरकर सामने आते हैं, जिसका प्रत्येक सदस्य अन्य सदस्यों के व्यापार की पूरी जानकारी को सीखते हैं ताकि वे उन सदस्यों की गति-विधियों को, सक्रिय रूप से कार्य करके बेच या सम्पन्न करके कर सकें. कुछ नेटवर्किंग समुदायों में... सदस्यों को नए सन्दर्भों की जानकारी लाना पड़ता है और वे एक-दूसरे के व्यावसायिक कार्डों को लेकर घूमते हैं. इस प्रकार के समुदाय मूल रूप से आधारभूत सन्दर्भ-केन्द्र - नेटवर्क होते हैं और वे एक-दूसरे को अपने स्वयं के व्यवसाय का विस्तार मानते हैं....

> मार्केटिंग नेटवर्किंग को मार्केटिंग दल का प्रयास बनाने की कुंजी विभिन्न नेटवर्किंग को एक साथ जोड़ने या उस नेटवर्क से और व्यक्तियों को शामिल करने में छिपी हुई है जो नेटवर्किंग के नए व्यावसायिक अवसरों को तत्काल पाने के मौके से अधिक समझने को तैयार हैं.

मार्केटिंग नेटवर्किंग को मार्केटिंग दल का प्रयास बनाने की कुंजी विभिन्न नेटवर्किंग को एक साथ जोड़ने या उस नेटवर्क से और व्यक्तियों को शामिल करने में छिपी हुई है जो नेटवर्किंग के नए व्यावसायिक अवसरों को तत्काल पाने के मौके से अधिक समझने को तैयार हैं. जब कोई दल काम करने के दीर्घकालीन दृष्टिकोण को अपनाता है और एक-दूसरे के व्यवसाय को विकसित करता है तो दोनों के अनेकों, एक-दूसरे को लाभ पहुँचानेवाली लाभप्रद मार्केटिंग गतिविधियाँ सम्मुख आती हैं, जिनका लाभ वे उठा सकते हैं. उदाहरण के लिए, सीटल चॅम्बर ऑफ कॉमर्स अपने सदस्यों को सेवा-स्वरूप, एक वार्षिक व्यावसायिक सम्मेलन का निमंत्रण भेजती है. इस प्रकार के वार्षिक

सम्मेलन उनके सदस्यों को संयुक्त रूप से अपने व्यापारों को बढ़ाने का अवसर देते हैं. और जैसा हमने ऊपर कहा है, सॅन-डियागो स्थित सेक्रेटेरियल एसोसिएशन सर्विसेज के अनेकों सदस्यों ने अपनी व्यावसायिक गतिविधियों को संयुक्त रूप से प्रकाशित यलो पेजेज़ में संस्था के नाम से विज्ञापन देकर जोड़ा हुआ है.

2. सहायक दल के रूप में नेटवर्किंग. नेटवर्किंग एक सशक्त सहायक दल के रूप में भी उभरकर आ सकती है, जिसका प्रत्येक सदस्य एक-दूसरे को ''परिवार'' जैसा ही समझता है और हर प्रकार से एक-दूसरे की आवश्यक सहायता करता है. नेटवर्किंग संस्थाएँ आपस में एक-दूसरे के उत्साह का केन्द्र बन जाती हैं और नए विचार सुझाती हैं. समस्याओं को सुलझाने का वह कार्यक्षेत्र बन जाता है जहाँ व्यावसायिक दुरूह प्रश्नों के उत्तर और सलाहों का उद्‌गम-स्थल होता है तथा जहाँ अनुभवी व्यक्ति राह दिखाते हैं और हमें समुदाय से मनचाहा सहारा मिलता है और दूसरों की मदद करने का अवसर भी.

जब पॅगी ग्लेन ने अपनी स्वयं की व्यवस्थापन सेवा आरम्भ की तो उन्हें बहुत अकेलापन और अपने साथियों और सहकर्मियों का बिछोह अनुभव हुआ, अत: उसने एक स्वयं का नेटवर्क आरम्भ किया. उन्होंने हमें बताया, ''मैंने कुछ और लोगों से सम्पर्क किया जो व्यवस्थापन व्यवसाय करते हैं और उन्हें लंच के लिए बुलाया - डच पद्धति से. छह या सात लोग आए और वहीं और तत्काल एक ऐसे नेटवर्क का जन्म हुआ जो आगे चलकर एक महान् नेटवर्क बना. हम एक-दूसरे को सहारा देते हैं. हम आपस के अतिरिक्त काम के बोझ को बाँट लेते हैं. और सबसे श्रेष्ठ बात तो यह है कि हमारे पास बुरे दिनों में, अथवा अच्छे दिन, कोई होता है जिसे हम अपना सुख-दुख बता सकते हैं, जिससे हम कुछ सीख सकते हैं, यदि आपको कोई काम मिलता है जिसके बारे में आप कुछ भी नहीं जानते हैं, और न इससे पहले आपने उसे कभी किया है, कोई ऐसा व्यक्ति जिसे आप अपना कार्य सौंप सकते हैं, यदि आप उसे नहीं करना चाहते हैं.''

जब ऑकलेंड की जंगल की आग ने सुए रगी का घर और घर-स्थित जानकारी रिसर्च कम्पनी जला दी, तो व्यावसायिक संस्थानों के वे कार्यकर्ता जिनके साथ वह सक्रिय थी उन्होंने उन्हें उपहार भेजे और अपना कार्य फिर से आरम्भ करने के लिए सहयोग दिया. जब एक प्रमुख कम्पनी ने अपना एकाउंट-लेखन का मुख्य कार्य वापिस खींच लिया तो चॅली कॅम्पबेल की हिसाब-लेखन कम्पनी एक प्रकार से बैठ गई. मगर नेशनल एसोसिएशन ऑफ वीमेन बिजनेस ओनर्स (NAWBO) तथा स्मॉल बिजनेस एडमिनिस्ट्रेशन के एक संयुक्त आदर्श कार्यक्रम के हिस्सा लेकर कॅम्पबेल ने अपना व्यवसाय फिर से स्थापित कर लिया.

सहायक-दल के रूप में नेटवर्किंग एक दो-मुँहा आदान-प्रदान का मार्ग है. इससे न सिर्फ आप लाभान्वित होते हैं बल्कि सलाह, उत्साह, सन्दर्भ, संकेत तथा परिचय अपने नेटवर्क के सभी व्यक्तियों को देने में भी समर्थ बनते हैं.

3. अन्य उत्पादक सम्बन्धों का उछाल-केन्द्र, नेटवर्किंग : सम्भवत: नेटवर्किंग सबसे समर्थ तरीका है जिसके द्वारा हम प्रभावशाली तरीके से अन्य प्रशान्त लोगों की सम्भावनाओं के खजाने को सर्जित, उपलब्ध या आकस्मिक रूप से पा सकते हैं. नेटवर्किंग हमें दिलचस्प लोगों से संयुक्त कराती और मिलने का मार्ग दिखाती है. वही हमें कम खतरे के समर्थ नए सम्बन्धों को खोजने और परखने का मार्ग भी दिखाती है जिनसे हमें नए कार्यक्रमों और गति-विधियों का ज्ञान होता है जिनमें हम शामिल हो सकते हैं. दूसरे शब्दों में, नेटवर्किंग उन सम्बन्धों को खोजने का मार्ग है जिनसे हम और नए सम्बन्ध ढूँढ़ सकते हैं और उन कामों में लिप्त हो सकते हैं जो और नई गति-विधियों को जन्म देती हैं जिन्हें आपने अन्यथा जाना ही नहीं होता या आपके कार्य-क्षेत्र में सम्मिलित नहीं हुई होतीं.

उदाहरणार्थ, शिकागो के व्यवसाय परामर्शदाता जॉर्डन अयान... अपने दल के संयोजक डीनून बर्ग से बोस्टन में चल रही व्यावसायिक परामर्शदाताओं की बैठक में मिले. उनका मिलन यथार्थ में एक आकस्मिक, दैविक घटना थी क्योंकि जॉर्डन ने तभी एक बहुत महत्वपूर्ण बोली को गँवाया था. उसी शाम नेटवर्किंग करते समय, उस कॉन्फ्रेंस में जॉर्डन डीनन से मिले और उससे अपने कष्ट के बारे में कहने लगे. उनके आश्चर्य का ठिकाना न रहा जब उन्हें ज्ञात हुआ कि डीनन ही वह व्यक्ति हैं जिन्होंने उस अनुबन्ध को जीता है. अनुबन्ध पाने के बाद डीनन ने सोचा कि उन्हें कॉन्ट्रेक्ट के लिए किसी सहायक की आवश्यकता है, अत: उन्होंने जॉर्डन को साथ मिलकर अनुबन्ध पूरा करने के लिए आमंत्रित किया और उस अनुबन्ध के पारिश्रमिक का विभाजन कर लिया. इसके बाद भी जॉर्डन और डीनन ने साथ रहकर अनेकों कार्यशालाएँ और परामर्श के कार्य किए जिसमें अपनी शक्तियों और ज्ञान को लगाया. औपचारिक रूप से पार्टनर न रहते हुए भी उन्होंने बार साथ-साथ काम किए.

टीमिंग अप *से लिए उपरोक्त अंश की अनुमति ली हुई है.*

19

सैध्दान्तिक नेटवर्किंग

नेटवर्किंग बहुत निजी हो सकती है अथवा वैश्विक भी; वह सरल हो सकती है अथवा बहुत परिष्कृत; वह सीधी नट-बोल्टों पर आधारित हो सकती है अथवा जटिल तंत्र-ज्ञान पर आश्रित; हर हाल में वही मूल सिद्धान्त उन पर लागू होंगे. आगे दिए चार लेखों में ब्रूस इलिएट समझा रहे हैं कि वैसे तो नेटवर्किंग अपने मूल सामुदायिक स्वरूप से पनपकर आज विश्व-स्तर को छूने की सीमा तक पहुँची है, मगर उसकी मूल बातें अब भी वही हैं; सिंथिया ग्रीनेवाल्ट उसकी जटिलता और व्यावहारिकता के बीच के सम्बन्धों को खोजकर दिखा रही हैं; जेम्स ए. फोंटेनेला हमें बताते हैं कि किस प्रकार से एक उच्च श्रेणी की नेटवर्किंग संस्था बड़े निगमों की आवश्यकताओं और साधनों से ताल-मेल बैठाती है; तथा डेविड बुलक इंटरनेशनल नेटवर्किंग के माध्यम से समर्थ, प्रतिभाशाली कार्यकारी व्यवस्थापकों को खोजने की कथा बताते हैं.

सहस्राब्दि नेटवर्क के माध्यम से मार्केटिंग

ब्रूस इलिएट

इलेक्ट्रॉनिक सूचनाओं के संचयन और पुनर्प्राप्ति का तांत्रिक ज्ञान इतना विकसित हो गया है कि उसने विपणन - मार्केटिंग - के तरीकों में बहुत बड़ा परिवर्तन ला दिया है, मगर अधिकांश व्यापारियों ने उस बारे में अब तक सोचना भी आरम्भ नहीं किया है, उसे समझने की तो बात ही और है. हमारा व्यावसायिक समुदाय अथवा लक्ष्य मार्केट, पहले पड़ौस में ही रहता था अथवा कुछ ही मील दूर तक फैला रहता था. उन बीते दिनों में हम अपने समुदाय के साथ सर्विस क्लबों, धार्मिक संस्थाओं अथवा खेल-कूद के कार्यक्रमों के माध्यम से सम्पर्क में बने रहते थे और अपने व्यवसाय में शीर्ष पर बने रहने के लिए इतना काफी होता था. हमें पता था कि तात्कालिक गतिविधियों की जानकारी रखना आवश्यक था, मगर हमारा परिप्रेक्ष्य समुदाय की भौगोलिक सीमाओं तक सीमित रहता.

अब समान विचारोंवाले व्यक्ति निरन्तर, क्षेत्र भर में फैले अपने वास्तविक समुदाय के साथ नियमित संवादिता को बनाए रखते हैं. वे राष्ट्रीय और वैश्विक स्तर पर भी इसे जारी रखते हैं. अपने समुदाय के विस्तार की यह भावना, अधिक सक्षम सूचना-प्रौद्योगिकी के कारण विकसित हो सकी. इसका सबूत वैश्विक संस्थानों में देखने को मिलता है और प्रतिबिम्ब के दूसरी ओर वह चॅट रूम्स - मैत्रीपूर्ण वार्तालाप के कमरों में नेटवर्किंग के सम्बन्धों को बातों के द्वारा निभाकर देखा जा सकता है. जो लोग इसे पसन्द करते और समझते हैं, वे जानते हैं कि इनका प्रयोग नए युग - मिलेनियम - के नेटवर्किंग तंत्रज्ञान में करके वे इस कौशल तथा अपने जीवन के नियन्ता बन जाएँगे.

समाजशास्त्रियों ने गणना की थी कि हममें का प्रत्येक व्यक्ति 250 व्यक्तियों को जानता है. यही हमारा मूल नेटवर्क होता था. आज हममें से अनेकों की पहुँच, अपनी ग्राहक-सूचियों, मित्रों तथा सहकर्मियों के माध्यम से हजारों सम्पर्कों तक पहुँच गई है, जिनसे वे ट्रांस-नेशनल और ट्रांसग्लोबल यात्राओं के दौरान मिलते हैं. हम अपने दैनिक जीवन के अलावा, हजारों लोगों से व्यावसायिक प्रदर्शनियों, मेल-मुलाकातों, सम्मेलनों, सभाओं तथा वीडियो वार्तालापों के बीच मिलते हैं और अधिकांश के चेहरे भी याद रह जाते हैं.

एक अनुभवी व्यवसायी अथवा सुव्यवस्थित यात्री के लिए यह साधारण-सी बात है कि अपनी यात्रा के दौरान वह वर्षों से सैकड़ों व्यावसायिक कार्डों का संकलन, पारम्परिक सम्पर्कों से लेकर करता रहा हो. अब नए युग के तंत्र-ज्ञान के द्वारा हम अपने सन्दर्भों के स्रोत को विशाल रूप से विस्तारित कर दें.

अधिक सम्पर्कों को पाना कभी भी असली समस्या नहीं रही है. इसके लिए सिर्फ यही करना पड़ता है कि हम सघन नेटवर्किंग कार्यक्षेत्रों में जाएँ, जैसे व्यवसाय-से-व्यवसाय के कार्यक्रम या सुविशेष व्यवसाय प्रदर्शनियाँ अथवा समुदाय के किसी नेटवर्किंग ग्रुप से जुड़ जाएँ. एक अनुभवी व्यवसायी अथवा सुव्यवस्थित यात्री के लिए यह साधारण-सी बात है कि अपनी यात्रा के दौरान वह वर्षों से सैकड़ों व्यावसायिक कार्डों का संकलन, पारम्परिक सम्पर्कों से लेकर करता रहा हो. अब नए युग के तंत्र-ज्ञान के द्वारा हम अपने सन्दर्भों के स्रोत को विशाल रूप से विस्तारित कर सकते हैं.

नेटवर्किंग के सार्थक परिणाम पाने के लिए अब भी वैसे ही प्रयत्न करने पड़ेंगे. नामों का होना सिर्फ कार्य का आरम्भ है. इसके बाद जो भी कुछ आता है वह : नेटवर्किंग का सार है. नामों को व्यवस्थित रूप से, सुदीर्घ सम्बन्धों में परिवर्तित करना - व्यावसायिक, साथ ही निजी मूल्यों के - आपके साथ-साथ सामनेवाले के लिए भी.

प्रक्रिया बहुत सरल है. पहले, नाम के साथ सम्पर्क की जानकारी लिखें : पत्र-व्यवहार का पता, फोन नम्बर, ई-मेल का पता. इस जानकारी का उपयोग भविष्य में उससे सम्पर्क करने के लिए करें ताकि आपस में उसके साथ नाम से और चेहरे से, परिचय हो जाए. इसके बाद की परिचय प्रक्रिया में फोन-कॉल्स की विगत, ई-मेल के पत्र-व्यवहार का विवरण,

चॅट-रूम में हिस्सेदारी, साक्षात् मुलाकातों का लेखा-जोखा, धन्यवाद के कार्डों या आभार स्वरूप प्राप्त उपहारों का विवरण अथवा उपयोगी सन्दर्भों के प्रस्ताव आते हैं.

अब, उस सम्पर्क से खेल-कूद, व्यवसाय या नागरिक सामुदायिक गति-विधियों, संयुक्त कामों में साथ-साथ कार्य करते हुए अथवा सामान्य लक्ष्यों का पीछा करते समय मिलें और उसे अपना नेटवर्किंग हिस्सेदार बना लें. ऐसा करके आप उसके साथ व्यक्तिगत परिचय के धागे बाँध लेंगे. जब कभी आपके नेटवर्किंग पार्टनर को आपके किसी उत्पाद या सेवाओं की जरूरत होगी. चाहे स्वयं की हो अथवा किसी और परिचित की - आपका नाम और चेहरा, स्वाभाविक है, उसके ध्यान में आएगा.

ज्यों-ज्यों आप अधिक नेटवर्क पार्टनरों को पाते जाएँगे, आपको पता चलेगा कि उनमें से कुछ के साथ आपके बहुमूल्य आपसी सम्बन्ध बँध चुके हैं. अपनी शक्ति और ऊर्जा को इन पर केन्द्रित करें; उन्हें सशक्त, विश्वसनीय, परस्पर सहायक तंत्र में विकसित करें. यहीं आकर आपकी नेटवर्क सहभागिता पूर्ण रूप से फल देगी और दोनों ओर से सम्पर्कों का आदान-प्रदान, ग्राहकों की सूची, तथा व्यक्तिगत परिचय और संस्तुतियाँ की जावेंगी. देखा जाए तो इसे यथार्थ में भागीदारी कहा जा सकता है, मगर असली व्यावसायिक पार्टनरशिप अन्तिम परिणाम होगा.

आपके समान हित, सम्पर्क, सूचनाएँ, सहयोग, सहायता, सन्दर्भ और संस्तुतियाँ-इन सब को समान रूप से, वर्ल्ड वाइड वेब पर बाँटा जा सकता है जैसे किसी मीटिंग हॉल में.

नए युग की नेटवर्किंग में यही अन्तर है कि आपके सम्पर्कों का विस्तार इतना विशाल हो जाता है जितना विगत में कभी नहीं हुआ और वह विश्व के दूसरी छोर के लोगों को भी अपने में समेट लेता है. आपके समान हित, सम्पर्क, सूचनाएँ, सहयोग, सहायता, सन्दर्भ और संस्तुतियाँ - इन सबको समान रूप से, वर्ल्ड वाइड वेब पर बाँटा जा सकता है जैसे किसी मीटिंग हॉल में. फिर भी, सम्बन्धों को स्थायी मूल्य देने के लिए, आपको प्राचीन पद्धति से, साक्षात् मिलना और मौखिक सन्दर्भों का सहारा लेना होगा. वीडियोकॅम्स और टॅलीकांफरेंसिंग के बावजूद आपका वास्तविक, साक्षात् मिलना होना चाहिए. फिर भी, आप आरम्भ में उनसे सरलता से हाथ नहीं मिला पाएँगे - कम-से-कम फिलहाल तो नहीं. परन्तु हवाई यात्रा दिन-पर-दिन तेज़ और प्रतिवर्ष सस्ती होती जा रही है.

आप औपचारिक नेटवर्किंग समूहों या सीधे ऑन लाइन सम्पर्कों के द्वारा अपने नेटवर्किंग पार्टनर्स बना सकते हैं. फिर सम्पर्क व्यवसाय के दौरान हो अथवा सामाजिक वातावरण में, औपचारिक हो अथवा साधारण रूप से मिला, सामनेवाले आपका और आपकी क्षमता का मूल्यांकन इस बात से करेंगे कि क्या आप अपने ग्राहकों को सेवाएँ देने में समर्थ हैं? सुनिश्चित करें कि आप अपना सर्वश्रेष्ठ प्रयत्न हर बार प्रत्येक के साथ, अवश्य करेंगे.

जटिलता की शक्ति

सिंथिया ग्रीनवाल्ट

प्रवीण नेटवर्करों की प्रशंसा प्राय: उनके दृश्य सहज प्रयत्नों से उपलब्ध असाधारण परिणामों के लिए की जाती है. उनकी सफलता का रहस्य है उनके नेटवर्कस की जटिलता. आदर्श नेटवर्कर्स नेटवर्किंग को, एक-के-बदले एक, एक बार में एक वस्तु की प्रक्रिया नहीं मानते. वे उसे सम्पूर्ण आवश्यकताओं से जुड़े सभी सम्भव स्रोतों के सनातन समाधान के रूप में स्वीकारते हैं. वे निरन्तर अपने नेटवर्क के लोगों को, नेटवर्क के अन्य व्यक्तियों से और अन्य नेटवर्क के लोगों से भी मिलाने की राह ढूँढ़ते रहते हैं ताकि सर्वश्रेष्ठ लाभों को पाया जा सके. वे जटिल सामूहिक कार्यों की शक्ति में गहराई तक डूब रहते हैं.

कैसे पा लेते हैं वे ऐसी प्रवीणता ? यहाँ नेटवर्किंग की दुरूह सतहों का अध्ययन करना लाभदायी होगा. वे तीनों स्तर तीन पायदान हैं जिनके सहारे वह सुविशेष नेटवर्कर सम्भवत: आगे बढ़ेगी और क्रमश: अपनी जीवन-दृष्टि, कुशलता और अपने नेटवर्क के आकार और विस्तार को विशालता देगी. प्रत्येक स्तर, नेटवर्किंग की मूल बात, समस्या की पहचान से आरम्भ होकर उसके समाधान - किसी उत्पाद या सेवा को प्रदान करना, को पूरा करेगी.

प्रथम स्तर 1

जटिलता के इस स्तर पर नेटवर्किंग करने का अर्थ होता है एक व्यक्ति, किसी दूसरे व्यक्ति या व्यक्तियों को कोई एकमात्र वस्तु, सेवा या स्रोत देता है - जैसे कोई विक्रयकर्मी और ग्राहक के बीच का व्यवहार अथवा वही सौदा अन्य अनेकों असम्बद्ध ग्राहकों के साथ. इस प्रकार की नेटवर्किंग की गतिविधि अक्सर तुलनात्मक रूप से उथली और संक्रमणीय होती है. खरीददार अन्य लोगों को, अपनी वैसी ही जरूरतों के लिए उसी विक्रेता का उल्लेख कर सकता है, मगर दोनों, खरीददार और विक्रेता, अपने स्वभाव के अनुसार अपनी आवश्यकताओं की पूर्ति के लिए कहीं अन्यत्र नजरें दौड़ाएँगे. स्तर 1 की नेटवर्किंग में सम्भावित उत्पादों अथवा सेवाओं से जुड़ने की कोई सम्भावना नहीं होती.

प्रथम स्तर 2

कल्पना करें कि एक कॅटरर, एक शादी के उत्सव में जल-पान का बन्दोबस्त करते समय

अपने ग्राहक से, जो फूलों को पाने में कठिनाई का अनुभव कर रहे थे, किसी पुष्प-विक्रेता का जिक्र करता है जो उनकी पुष्प-सजावट की समस्या का समाधान कर सकता है. ऐसा करके खान-पान प्रबन्धक दोनों की कठिनाइयाँ दूर कर देता है, अपने ग्राहक की भी और अपने भविष्य के नेटवर्क हिस्सेदार की भी, मगर उसे कोई तत्काल लाभ नहीं मिलता. मगर उसका ग्राहक खान-पान प्रबन्धक की सेवाओं और योग्यता के बारे में अच्छी धारणा बनाता है और सम्भावना होती है कि वह उसे अन्य अवसरों के लिए भी सन्दर्भित करेगा. और वह पुष्प सजावट करनेवाला, जो सन्दर्भ के कारण उपकृत हुआ है, वह भी भविष्य में अनेकों सम्भावित ग्राहकों को कॅटरर का नाम बताएगा.

इस प्रकार से एक इकलौता आदान-प्रदान - एक शादी में खान-पान की व्यवस्था करना अनेकों सार्थक सन्दर्भों को जन्म देता है, क्योंकि वह समयानुकूल था. फूलों के विक्रेता की स्थिति बहुत अच्छी है और वह अपनी फूल प्रदान करने की स्थिति के कारण अनेकों ऐसे अवसर पाएगा जहाँ फूलों की आवश्यकता होगी : जैसे विवाहोत्सव, जन्मोत्सव, मनोरंजन कार्यक्रम, यशस्वी लोगों का सम्मान. एक इकलौते कार्य-सम्पादन के द्वारा अनेकों सन्दर्भों का विकसित होना इस स्तर 2 की नेटवर्किंग जटिलता की विशेषता है. अधिकांश सन्दर्भ केन्द्रों का मुख्य स्रोत यही है और अनेक बार वह इतना अधिक व्यवसाय दे देता है जितना ग्राहक मुश्किल से सँभाल पाता है.

स्तर 3

विश्वस्तर के ब्लेक बेल्ट मास्टर नेटवर्कर्स इस प्रकार का नेटवर्क स्थापित करते हैं जो अपनी चारों दिशाओं के नेटवर्क्स से जुड़कर स्वयं को बहुगुणित बना लेता है. इस प्रकार के स्तर 3 के जटिल नेटवर्क में सभी प्रकार की बहुविध आवश्यकताओं को अनेकों स्रोतों से एक साथ सन्तुष्ट करने की शक्ति रहती है. यह सामर्थ्य अनेक रूपों में प्रकट होता है.

एक विशेष प्रकार की जटिलता में परावर्तित सन्दर्भ आते हैं, जिन्हें कई बार ''राउंड रॉबिन'' सन्दर्भ कहते हैं. मानों, सम्पर्क अ, कॉम्प्यूटर नेटवर्क के बारे में ऑफिसों से पत्र-व्यवहार करता है, सम्पर्क ब गलीचों को बेचता और बिछाता है और सम्पर्क स वेब पेजेज़ की डिजाइनिंग करता है. मास्टर नेटवर्कर जो अपने सम्पर्कों का विश्लेषण उत्पादनों, सेवाओं और विचारों के खजाने-बेंक के रूप में करती हैं और स्वयं को उसका मध्यस्थ ब्रोकर मानती हैं जो आवश्यकताओं को उनके स्रोतों से मिला देता है, सम्पर्क अ को सम्पर्क ब से मिला दे ताकि अ के ग्राहकों की गलीचे बिछाने की माँग की पूर्ति हो सके; सम्पर्क ब सम्पर्क स से कहता है कि वह सम्पर्क ब के व्यवसाय के वेब पेजों की डिजाइनिंग कर दे; और सन्दर्भ

विश्वस्तर के ब्लेक बेल्ट मास्टर नेटवर्कर्स इस प्रकार का नेटवर्क स्थापित करते हैं जो अपनी चारों दिशाओं के नेटवर्क्स से जुड़कर स्वयं को बहुगुणित बना लेता है.

स सन्दर्भ अ से अपने नए आयोजित और विस्तारित ऑफिस के कॉम्प्यूटरों की नई वायरिंग करने को कहता है. मास्टर नेटवर्कर के पास जितने अधिक सम्पर्क होंगे, उसका लोगों की आवश्यकताओं को खोजने और उनकी पूर्ति करने का काम उतना ही अधिक सरल बनेगा. उसे क्या मिलेगा ? वह एक ऐसे व्यक्ति के रूप में प्रसिद्ध हो जाएँगी जो जानती हैं कि कार्यों को कैसे पूरा करना और उसके कामों से लाभान्वित व्यक्ति उसे आगे अनेकों सन्दर्भ देंगे फिर उसका पेशा चाहे जो हो.

एक अन्य प्रकार की मिश्रितता हम श्रेणीबद्ध समानान्तर नेटवर्किंग में पाते हैं. सम्भवत: प्रवीण नेटवर्कर जानते हैं कि ऑफिसों का वह समूह कौन-सा है जिसे विस्तृत नवीनीकरण और विस्तार की आवश्यकता है. वे उन अनेकों व्यवसायों के बारे में भी जानते हैं जो साथ में कार्य कर सकते हैं, अपने पूर्ति कार्यक्रमों और पूर्तिकर्ताओं के साथ तालमेल बिठा सकते हैं ताकि बड़े नव-निर्माण कार्यों को अलग-अलग काम कर रहे या प्रतियोगिता में काम कर रहे ठेकेदारों, जिनके कार्यक्रम आपस में टकरा जाते हैं कि अपेक्षा अधिक कुशलता से निबटाया जा सके. नेटवर्कर ठेकेदारों को साथ मिलकर काम करने और नवनिर्माण कार्य की डिजाइन बनाने के लिए कहता है जिससे समय और धन बचे और फिर सम्भावित ग्राहक को यथार्थ सहायता-समूह से मिलाता है. परिणाम ? एक सन्तुष्ट ग्राहक और उपकृत विक्रेता जो अपना अगला कार्य उसी ''सम्यक् समर्थ'' नेटवर्कर को ही देनेवाले हैं.

जॉहन नेसबिट की ''छह स्तरीय विभेद'' के विचार को विशेषज्ञ नेटवर्कर अच्छी तरह से जानते और व्यवहार में लाते हैं: यह विचार कि पृथ्वी का हर व्यक्ति, अधिक-से-अधिक छह अन्य व्यक्तियों के माध्यम से, हर दूसरे व्यक्ति से जुड़ा हुआ है.

जॉहन नेसबिट की ''छह स्तरीय विभेद'' के विचार को विशेषज्ञ नेटवर्कर अच्छी तरह से जानते और व्यवहार में लाते हैं : यह विचार कि पृथ्वी का हर व्यक्ति, अधिक-से-अधिक छह अन्य व्यक्तियों के माध्यम से, हर दूसरे व्यक्ति से जुड़ा हुआ है. विशेषता सम्बन्धों को खोजने में है, जितने अधिक लोगों को हम जानेंगे उतना ही अधिक सरल होगा एक व्यक्ति की आवश्यकता से दूसरे व्यक्ति के स्रोतों तक पहुँचने का मार्ग.

प्रभुत्वपूर्ण नेटवर्कर एक लक्ष्य के लिए साथ-साथ कार्य करनेवाले व्यक्तियों की निहित शक्ति को परख लेते हैं. मार्टिन लूथर किंग जूनियर ने इस प्रक्रिया को ''जीवन की आपस में जुड़ी पारस्परिकता, प्रगाढ़ता'' कहा है. कहते हैं, ''जब तक आप वह नहीं हैं, जो आपको होना चाहिए, तब तक मैं भी वह नहीं हूँ, जो मुझे होना चाहिए और आप वह तब तक नहीं हो सकते जो आपको होना चाहिए, जब तक मैं वह नहीं बन जाता जो मुझे होना चाहिए.'' सार यही है कि प्रवीण नेटवर्कर अपने समस्त नेटवर्क की इच्छाओं और आवश्यकताओं की पूर्ति करके ही स्वयं की सारी कामनाओं की संतुष्टि करती है.

मस्तिष्क झकझोरनेवाली आन्तर-नैगमिक नेटवर्किंग

जेम्स ए. फोंटानेला

रैनेसांस एक्ज़ेक्युटिव फॉरम्स एक संस्था है जो विश्व के समान श्रेणी के, मगर आपस में प्रतिस्पर्धा न कर रहे संस्थानों के सर्वोच्च प्रबन्धकों को सलाहकार समिति के वातावरण में आपस में मिलाती है. यह प्रक्रिया उन्हें अपनी सम्भावनाओं और कठिनाइयों के बारे में बोलने का अवसर देती है, जिनका वे निजी रूप से और संस्था के प्रमुख होने के कारण मुकाबला करते हैं. यहाँ हम कुछ उदाहरण बता रहे हैं कि किस प्रकार से नेटवर्किंग के द्वारा उन सदस्यों ने लाभ उठाया.

हमारी मासिक बैठकों में से एक के विराम के समय, एक अन्तर्राष्ट्रीय संस्थान जिसका मुख्यालय तथा स्टाफ युनायटेड स्टेट्स तथा कारखाने मेक्सिको में थे, उसने हमारे चेयरपर्सन को बताया कि उनकी संस्था अपने समस्त कॉम्प्यूटर सिस्टम का नवीनीकरण कर रही है. उन्होंने अपनी सारी सुविधाओं को बिना बाधा के, हर स्थान से जोड़ने का निश्चय किया है, मगर योजनाकर्मी अपने लक्ष्यों को समय पर पूरा नहीं कर पा रहे हैं और बजट भी सीमा से बाहर जा रहा है. हमारे चेयरपर्सन ने इस विषय को मीटिंग में बाद में उठाने को कहा. जब सीईओ ने ऐसा ही किया तो उसे अन्य सदस्यों से बहुत अच्छे सुझाव मिले जिन्होंने ऐसी ही परिस्थिति का मुकाबला किया था. चेयरपर्सन ने दूसरे समूह के एक अन्य नए व्यक्ति से परिचय कराया जिसे इसी क्षेत्र का अनुभव था; और इस विषय का व्यावसायिक समझौता हो गया. योजना पुन: पटरी पर आ गई. अब सीईओ को विश्वास हो गया है मानो उनकी कम्पनी सूचना व्यवस्थापन की गति-विधियों का लक्ष्य पा लेगी.

एक अन्य सदस्य ने व्यवस्थापन सत्र को बताया कि वह एक आपूर्तिकर्ता से बहुत अधिक परेशान हैं जिसने उनकी माँग के अनुरूप अपनी उत्पादन क्षमता को बढ़ाने से इन्कार कर दिया है. वह सदस्य अपने आपूर्तिकर्ता से सम्बन्ध भी नहीं तोड़ सकती थी क्योंकि वे उसके साथ लम्बे समय से व्यवसाय कर रही थीं और दूसरे स्रोत विश्वसनीय नहीं थे. सभा के अन्य सदस्यों ने सलाह दी कि किस प्रकार से आपूर्तिकर्ता को उनकी उत्पादनशीलता की आवश्यकता पूरी करने के लिए बाध्य किया जा सकता है. बैठक की समाप्ति पर, अन्य सदस्यों ने भी सार्थक सहायता दी. उनकी फॅक्ट्री, वैसे तो अन्य वस्तुओं का उत्पादन करती थी, मगर उनके पास उत्पादन-क्षमता शेष थी जिसकी मदद से वे मूल ग्राहक की उत्पादन-क्षमता में सहयोग दे सकते थे - और दोनों कम्पनियों को लाभ होता.

इस प्रकार से, अन्तर नैगमिक नेटवर्किंग के माध्यम से, दो संस्थानों ने दो बड़ी चुनौतियों को हल कर लिया. इसके लिए उन्हें मात्र उस वातावरण की जरूरत हुई जिसने दो बड़े व्यक्ति-समूहों के बीच नेटवर्किंग को सम्भव बनाया.

आपका आस्थापूर्ण निजी नेटवर्क

डेविड बुलक

यदि आप अपने निजी नेटवर्क को आस्थापूर्ण नेटवर्क के रूप में विकसित करें तो वह वर्षों बाद आपको बहुत लाभ देगा.

इसका एक अच्छा उदाहरण मेरा वह योग्य व्यक्ति को खोजने का प्रयास है जो मैंने अपने युनायटेड किंग्डम स्थित घर से आरम्भ किया था जिसमें मुझे एक विशाल मल्टिनेशनल पेय-उत्पादक कम्पनी के लिए मार्केटिंग डायरेक्टर खोजना था. मुझे एक ऐसा व्यक्ति चाहिए था जिसे अन्तर्राष्ट्रीय व्यवसाय का अनुभव हो और सुदूर पूर्व का ज्ञान भी हो और जो विश्व में कहीं भी रहता और काम करता हो; कोई ऐसा जिसने हाल ही में सुदूर पूर्व के प्रमुख व्यावसायिकों को प्रभावित किया हो, विशेष करके बोर्ड स्तर के प्रवासियों को.

मेरी नजर में दो प्रत्याशी थे जिन्हें मैं पहले से भलीभाँति जानता था. एक था इंडोनेशिया के गिन्नीज का पूर्व प्रमुख और दूसरा था कार्ल्सबर्ग ईस्ट एशियाटिक का निवृत्त अध्यक्ष. दोनों अपनी-अपनी संस्थाओं के हाँगकोंग में प्रबन्ध निदेशक थे. मैंने उन लोगों को भी सूची में शामिल किया था जिन्होंने सुदूर पूर्व में अन्य अच्छे सक्रिय मार्केटिंग क्षेत्र के लोगों को देखा था. इनमें से अधिकांश प्रवासी थे. जब मैं जकार्ता में एक अन्तर्राष्ट्रीय कम्पनी का प्रमुख था, तब से मैं उन्हें जानता और उन पर विश्वास करता था. अब इनमें के अधिकांश सम्पर्क सुदूर पूर्व, यू.के. और एसिया में बिखरे हुए हैं. मैंने इन सबों को एक पृष्ठ में कार्य का ब्यौरा देते हुए फेक्स किया जिसमें निवेदन किया था कि वे मुझे किसी ऐसे व्यक्ति के बारे में सूचित करें जो उनके अनुमान से इस कार्य के लिए एक सबल उम्मीदवार हो अथवा ऐसे व्यक्तियों को जानता हो जो पद के योग्य हों.

स्वाभाविक है कि कुछ लोगों ने इसमें अपनी स्वयं की दिलचस्पी दिखाई और अनेकों ने जवाबी फेक्स के द्वारा सुझाव भेजे. अगले चार दिनों तक मुझे ऐसे लोगों के फॅक्स तथा फोन मिलते रहे जिन्हें मैं नहीं जानता था. अथवा जिनसे मेरा सम्पर्क टूट चुका था, उन्हें कार्य की रूपरेखा की प्रति भेज दी गई. इसीलिए मैंने उन्हें एक पेज का ही फेक्स भेजा था ताकि

वे उसे औरों को भी दे सकें. उन्होंने मेरी मदद की क्योंकि बदले में वे भी अपने किसी मित्र या साथी की सहायता मेरे सन्दर्भ को उन्हें भेजकर कर रहे थे.

सप्ताह भर में मेरे पास हाँगकाँग, सिंगापोर तथा बेंकाक में होनेवाले साक्षात्कारकर्ताओं की सूची बन गई. जैसे, एक सुझाव मुझे उस व्यक्ति का मिला था जिसने कोरिया में के एंड जे के भूतपूर्व मॅनेजिंग डायरेक्टर के लिए काम किया था. इस प्रकार से मेरे पास उच्च विश्वसनीयता प्राप्त लोगों के सन्दर्भ आए थे जिनसे मैं अनजान था और जो मेरे लिए उस अपरिचित देश के थे जहाँ मैं कभी नहीं गया था.

इन सब गतिविधियों का अर्थ होता था कि मैं अपने ग्राहक को वे सारी सूचनाएँ दे सकता था और फिर सुदूर पूर्व साक्षात्कार लेने जा सकता था. अन्त में भाग्य ने मेरा साथ दिया, जैसा अक्सर उन लोगों के लिए होता है जो कर्मठ होते हैं : मेरी अकस्मात् मुलाकात हॅथ्रो के हवाई अड्डे पर ब्रिटिश एयरवेज़ के लाउंज में गिन्नेस व्यक्ति से हुई. फिर कॉर्ल्सबर्ग के ईस्ट एशियाटिक मॅनेजिंग डायरेक्टर से हाँगकाँग के काइटॅको एयरपोर्ट पर हो गई.

क्योंकि मैं अपने उत्कृष्ट नेटवर्क के द्वारा विश्वसनीय माना जाता था, उन्होंने सम्भावित अभ्यार्थियों को आश्वासन दिया कि उन्हें मुझसे मिलने का समय अवश्य निकालना चाहिए फिर इसके लिए जो भी देश उन्हें सुविधाजनक लगे.

वे अधिकांश व्यक्ति जिनका मैंने साक्षात्कार लिया था उन्हें मैं न पहले से जानता था और न कभी इससे पहले मिला था. फिर भी, मैं उन्हें तत्काल पहचान गया तथा उनसे जुड़ गया क्योंकि मेरे पास विभिन्न प्रकार के लोगों का एक अच्छा नेटवर्क था और मैंने फॅक्स मशीन का सहारा लिया था जिसने मुझे उन सम्भावित प्रत्याशियों तक पहुँचा दिया था अथवा उन व्यक्तियों तक, जो जानते थे कि योग्य अभ्यार्थी कहाँ मिलेंगे. क्योंकि मैं अपने उत्कृष्ट नेटवर्क के द्वारा विश्वसनीय माना जाता था, उन्होंने सम्भावित अभ्यार्थियों को आश्वासन दिया कि उन्हें मुझसे मिलने का समय अवश्य निकालना चाहिए फिर इसके लिए जो भी देश उन्हें सुविधाजनक लगे. विश्वास के इस नेटवर्क का मैं ऋणी हूँ जिसके कारण मेरे ग्राहक को चुने हुए उच्च श्रेणी के विशेष प्रत्याशियों की सूची मिल गई, पूरी तरह से जाँचे-परखे, वह भी अपेक्षा से कम समय सीमा में.

अनेक बार अपने विश्वस्त नेटवर्क की परिधि को अन्य विश्वसनीय नेटवर्कों के द्वारा बढ़ाना आवश्यक हो जाता है. एक खोज के दौरान एक अन्तर्राष्ट्रीय संस्था के लिए नए निजी उत्पादनों के व्यापार के लिए एक सम्भावित सह-व्यापार का पार्टनर ढूँढ़ने का अवसर मिला. वह सुदूर पूर्व एशिया में थी और मैं युनायटेड किंग्डम में. तलाश के दौरान अनेकों देशों का प्रवास करना मेरे लिए मँहगा भी पड़ता और मूल्यवान समय भी ले लेता. इसके बदले मैंने अपने निजी नेटवर्क के लोगों से सम्पर्क स्थापित किया और उन्हें रूपरेखा बताई कि उस विशेष व्यवसाय के लिए मुझे वहाँ का किस प्रकार का स्थानीय व्यावसायिक चाहिए. मेरा चतुराईपूर्ण दाँव तब सफल हुआ जब मैंने एक अनुभवी सिंगापुर निवासी को, जो एक प्रमुख

ब्रिटिश, अन्तर्राष्ट्रीय कम्पनी के उस देश के चेयरपर्सन थे उन्हें उस देश में अपने व्यवसाय के स्थानीय पार्टनर के रूप में नियुक्त किया. उनका स्वयं का उस सुदूर पूर्व क्षेत्र में फैला एक विश्वसनीय नेटवर्क था और वयोवृद्ध होने के कारण वे चीनवासियों के द्वारा योग्य व्यक्तियों को दिए जानेवाले आदर के भी पात्र थे. वे मलेशिया, सिंगापुर और इंडोनेशिया के अनेकों प्रमुख स्थानीय व्यापारियों और व्यवसायियों से सम्पर्क बनाने में सफल हुए. उन्होंने इंडोनेशिया के एक विशाल, पुराने सफल व्यवसाय के प्रमुख होने के नाते मेरी बहुत प्रशंसा की और इस प्रकार से लोगों का विश्वास उनसे हटकर मुझ पर केन्द्रित हो गया.

बाद में, जब मैं पहली बार उनके सन्दर्भों और सम्पर्कों से मलेशिया में जाकर मिला, तो मुझे एक सुखद और विश्वसनीय सम्बन्धों के दर्शन हुए. उन्होंने मेरे इंडोनेशिया पहुँचने से पहले ही अपने स्वयं के पारिवारिक एवं व्यावसायिक सम्पर्कों के माध्यम से पता लगाया था कि मेरा पिछला जीवन और ख्याति कैसी है.

मैं अपना निजी नेटवर्क काम में ला रहा था और मेरी विश्वसनीयता मेरे महत्वपूर्ण सम्पर्कों में, अन्य व्यक्तियों के नेटवर्क के माध्यम से, एक विस्तारित आस्था के नेटवर्क के रूप में यथार्थ में फैल चुकी थी.

इन सबसे पाण्डित्यपूर्ण नेटवर्किंग के कुछ श्रेष्ठ नेटवर्किंग पाठों का मुझे ज्ञान हुआ है :

1. आप चाहे पसन्द करें अथवा नहीं आप नेटवर्क का हिस्सा बन जाते हैं, अत: प्रयत्न करना चाहिए कि आप एक अच्छा प्रभाव छोड़ें.
2. अपने नेटवर्क को विकसित करें और उसका ध्यान रखें – भले ही, प्रति वर्ष अवकाश के दिनों का कार्ड ही भेजें. लोगों को प्रोत्साहित करें कि जब भी वे आपके क्षेत्र या देश में आवें, आपके साथ ही रहें.
3. जब भी अपने नेटवर्क का उपयोग सूचनाओं या सलाह पाने के लिए करें, अपने नेटवर्क के लोगों को इतना समर्थ बनावें कि उन्हें प्रतीत हो कि आपकी सहायता करके वे किसी और की मदद कर रहे हैं.
4. और लोगों को आपके बारे में उनके सम्पर्कों ने जो सकारात्मक आशापूर्ण बातें बताईं हैं, उन्हें शीघ्रता से पुन: स्थापित करके उस घनिष्ठता और सौहार्द्र को पैदा करें.
5. अन्य संस्कृतियों के बारे में सचेत रहें.

आस्था के अपने निजी नेटवर्क के होने का लाभ, जहाँ-जहाँ आप काम करेंगे, सर्वत्र काम में आएगा. वह विशेष रूप में सुदूर पूर्व जैसे प्रदेशों में विशेष काम देगा जहाँ के समाज

की संस्कृति चाहती है कि आप सम्बन्ध आरम्भ करने से पहले आपस में आस्थापूर्ण आदरभरे सम्पर्क पैदा करने में समय बिताएँ. पश्चिमी सभ्यता में भी विश्वास उतना ही महत्वपूर्ण है, भले ही वह वहाँ पूर्वीय देशों की अपेक्षा अधिक शीघ्रता से जीता और गँवाया जाता हो.

कुछ समाजों में, व्यक्ति को, जैसा वह होता है, उस रूप में स्वीकार किया जाता है न कि उसके व्यावसायिक कार्ड पर लिखे संस्था के प्रतिनिधि के रूप में. एक बार एक अग्रणी चायनीज़ व्यावसायिक ने मुझसे उस समय यथार्थ में घबड़ाकर पूछा था जब उसे एक विशाल ब्रिटिश फर्म जीईसी आकर्षित करने का प्रयत्न कर रही थी, "डेविड, मैं उन पर कैसे विश्वास कर लूँ ? उनका यह प्रमुख कार्यकारी सर आर्नोल्ड वीन्स्टॉक कौन है ? मैं उसे नहीं जानता. आप जीईसी में किसी को जानते हैं जिस पर मैं विश्वास कर सकूँ ?"

दूसरे शब्दों में, वे पहले किसी व्यक्ति से मिलकर विश्वास पाना चाहते थे और उसके बाद वे उस विशाल मल्टीनेशनल संस्था पर विश्वास करनेवाले थे. आस्था अन्तरणीय-ट्रांस्फरेबल है; और चूँकि वह मुझ पर विश्वास करने और उसे स्वीकार करने को तैयार था जिसका मैं परिचय कराता और जिसके लिए मैं स्वीकृति देता.

आपका सम्पर्कों का नेटवर्क कहीं अधिक मूल्यवान हो सकता है, यदि आप उसे आस्था का नेटवर्क बनाने का प्रयत्न करें.

20

विशेषज्ञों की प्रवीणता

भले ही हम नेटवर्किंग में कितने ही निपुण क्यों न हों, हम सदा, और अच्छे बन सकते हैं और हम यथार्थ नेटवर्क पण्डितों को देखकर चाहे आश्चर्यचकित हो जाएँ, मगर नेटवर्किंग में प्रभुत्व प्राप्त करना हममें से अधिकांश के वश की बात है. मगर हम यहाँ से वहाँ तक कैसे पहुँचेंगे ? आरम्भ करने का सर्वश्रेष्ठ तरीका है आचार्यों का अनुकरण करना - उनका अवलोकन करना फिर जो वे कर रहे हैं उसका अनुकरण करना. नीचे दिए जा रहे लेखद्धय में, लेखक उन गुणों को गिना रहे हैं जो नेटवर्किंग के आधिपत्य के साथ जुड़े हुए हैं. पहले, फ्रेंक द' रफेल तथा एडवर्ड हेन्ड्रिक्स उन दस प्रवीणताओं की गणना करते हैं जो उनकी राय में नेटवर्किंग के लिए सर्वाधिक जरूरी हैं; बाद में माइक स्मिथ, स्कॉट सायमन की सहायता से सात मूल सिद्धान्त बताते हैं जो मास्टर नेटवर्कर बनने की नींव में होते हैं.

नेटवर्किंग के सर्वोच्च कौशल

फ्रेंक जे. द' रफॅल जूनि. तथा एडवर्ड डी. हेंड्रिक्स

एक अच्छे नेटवर्कर में कौन-सी कुशलताओं का होना जरूरी है ? नेटवर्किंग के महापण्डित स्वयं इन गुणों के बारे में वर्षों से विचार -विनिमय करते आ रहे हैं. उनका यही निष्कर्ष है कि कुछ सामान्य गुण हैं जो नेटवर्किंग की सफलता के साथ स्वाभाविक रूप से जुड़े हुए हैं. हमारे निजी साक्षात्कारों तथा अनुभवों के आधार पर हमें दस प्रमुख विशेषक दिखाई दिए जिससे सफल नेटवर्कर बना जा सकता है.

1. **सत्यनिष्ठा या सम्पूर्णता** में सन्दर्भों के आदान-प्रदान के द्वारा अनेकों का जीवन प्रभावित हो सकता है जिनमें कर्मचारी, निवेशक तथा ग्राहक भी आ जाते हैं. स्वार्थ को दाँव पर लगाकर, लोग आपके विचारों को प्रभावित और संस्तुतियों को भटकाने का प्रयत्न करेंगे. ऐसे में आपकी सत्यनिष्ठा को कर्तव्यनिष्ठ बने रहना चाहिए ताकि और लोगों या समुदाय की माँग को पूरा करते समय आप अपने लक्ष्य से भ्रष्ट न हो जाएँ. अपनी ईमानदारी को मन्द

करते ही आप औरों के साथ-साथ स्वयं का भी अहित कर बैठेंगे.

2. विक्रयकला. वह व्यापारी जो आशा करता है कि कोई ग्राहक उसके घर तक चल कर आएगा, वह शीघ्र ही अपना व्यवसाय खो बैठता है. आपका व्यापार चाहे जिस प्रकार का हो, आपको अपनी सेवाओं को बेचना होगा. किसी वर्तमान परियोजना पर अपना सारा समय लगाना बहुत सरल होता है, परन्तु उसके समाप्त होने पर पता चलता है कि अब करने के लिए कुछ भी नहीं बचा है. बुद्धिमान व्यावसायिक कार्य के इस अकाल या शून्यता के चक्र से बचने के लिए अपने नियत कार्यों को नियोजित करते हैं. विक्रय का आरम्भ नेटवर्क के सम्भावित ग्राहक से सम्पर्क करते ही शुरू हो जाता है. ग्राहक से बातें करने का केन्द्र बिक्री करना ही होता है. परियोजना की समाप्ति के साथ-साथ ही अपने सम्भावित ग्राहक से प्रथम सम्पर्क करते समय और उसके बाद भी, विक्रय की प्रक्रिया जारी रहती है. आपका सन्तुष्ट ग्राहक सम्भव है आपको नया व्यवसाय या एक सशक्त सन्दर्भ दे. सफल विक्रयकर्मी अपने सभी पुराने ग्राहकों से निश्चित समय पर सम्पर्क करते रहते हैं. वे अपने ग्राहक के मस्तिष्क में सक्रिय बने रहने का महत्व समझते हैं.

3. रणनीति. नेटवर्कर्स के पास कार्यों को गतिशील बनाने की बहुत कम शक्ति होती है. लोगों को सक्रिय बनाने की अपनी क्षमता पर उन्हें आश्रित रहना पड़ता है. विशाल संस्थानों के भूतपूर्व कार्यकारी अधिकारी जो बाद में व्यवसायी बन जाते हैं, वे अक्सर इस संक्रमण प्रक्रिया में कठिनाई का अनुभव करते हैं जिसमें उन्हें अपनी निर्णायक की भूमिका से हटकर औरों को निर्णय लेने के लिए प्रेरित करने की भूमिका निभानी पड़ती है. नेटवर्कर्स अत्यन्त दृढ़ विश्वासी होते हैं और वे अपनी बात को इस प्रकार से मनवाते हैं कि लोग समझते हैं कि वह उन्हीं का विचार था.

4. संवादिता-कला. सम्भव है आप में यहाँ दी हुईं दस में से नौ प्रवीणताएँ हों, मगर यदि आप अपनी बात को औरों से योग्य प्रकार से नहीं कह पाते हैं तो आपका व्यावसायिक जीवन अल्पायु होगा. संवादिता में प्रवीणता के बिना आप अपना नेटवर्क विकसित नहीं कर पाएँगे और न अपना प्रस्ताव बेच सकेंगे, न सही सूचनाएँ साक्षात्कारों के द्वारा संकलित कर पाएँगे और न आपके सुझावों/विचारों को लोग स्वीकार करेंगे.

संवादिता के गुणों में सर्वोपरि ध्यान से सुनने की कला आती है. किसी साक्षात्कार के दौरान प्राप्त की जा रही जानकारी को कैसे समझा जा रहा है इस पर समस्या का स्वरूप निर्भर करेगा. ग्राहक भी उन्हें सुनने की आपकी अनुकूलता के आधार पर आपका मूल्यांकन करते हैं. वार्तालाप के दौरान हम सभी एक सर्वसामान्य भूल यह करते हैं कि अपना ज्ञान बघारने लगते हैं और उसके द्वारा ग्राहक को चकित करना चाहते हैं. एक प्रचलित कहावत अक्सर अपने ग्राहकों से दुहराते हैं, ''सुनो, भगवान ने हमें दो कान और एक मुँह दिया है और हमें उसी के अनुसार व्यवहार करना चाहिए.''

लिखने में कुशलता एक ऐसा अकाट्य गुण है जिसके माध्यम से हम प्रदर्शित कर सकते हैं कि हमने अपने ग्राहक की बात को ध्यान से सुना भी है और समझा भी है और उसकी आवश्यकता को जान गए हैं. यदि आपके प्रेषित पत्र, मार्केटिंग सामग्री या प्रस्ताव स्पष्ट नहीं होंगे या अधूरेपन से लक्ष्य को दर्शा रहे होंगे अथवा टाइपिंग की भूलों से भरे होंगे तो ग्राहक को जीतने के आपके अवसर कम हो जाएँगे.

मौखिक प्रस्तुति के गुण भी बहुत आवश्यक होते हैं. ग्राहकों के प्रश्नों के उत्तरों को जानना ही यथेष्ट नहीं होता; उनके प्रति योग्य प्रतिक्रिया भी दिखानी चाहिए. दुर्बल प्रतिक्रिया आपकी योग्यता पर प्रश्नचिह्न लगा सकती है.

5. लचीलापन. आपके नेटवर्क सदस्यों में कोई भी दो एक जैसे नहीं होते. जब आप किसी निर्दिष्ट उद्योग में भी काम कर रहे होते हैं, विभिन्न लोगों की संस्कृति और उस उद्योग की भिन्न-भिन्न संस्थाएँ आपके ग्रहण शीलता के गुणों की परीक्षा लेंगे. आपको विविध प्रकार के पहनावेवाले, औपचारिकता तथा अनौपचारिकता का अलग स्तर, निर्णय लेने की विभिन्न पद्धतियाँ तथा विभिन्न व्यक्तित्व के लोगों के साथ काम करने का अवसर मिलेगा. इन सबों के अनुसार नम्यता दिखाकर और सबों के अनुरूप ढलकर आप सबों के विश्वासपात्र बन सकेंगे. इन सबों के बीच पके अँगूठे-सा दिखकर आप अपने नेटवर्कर साथियों और ग्राहकों में घुल-मिल नहीं सकेंगे और न खुलापन पा सकेंगे जो नेटवर्किंग के लिए जरूरी है.

6. समस्या सुलझाने की प्रवीणता. अच्छे व्यवसायी तथा सफल नेटवर्कर्स समस्याओं को खोजते भी हैं और उन्हें सुलझाते भी हैं. ग्राहक शायद ही कभी अपनी कठिनाइयों अथवा आवश्यकताओं को समझ पाते हैं. बहुत सम्भवना है कि आपको भी छिपी समस्याओं को खोजना पड़े. स्वाभाविक रूप से जिज्ञासु रहने से हम छिछोरे अथवा एकपक्षीय स्पष्टीकरणों से बच जाते हैं जो हमें गलत सन्दर्भों तक ले जाते हैं.

7. आत्म-नियंत्रण. सफल नेटवर्कर्स तथा अध्यवसायी अक्सर बहुत प्रतिभावान होते हैं. फिर भी, जो ग्राहक है वही मालिक होता है - भले ही फिर ग्राहक अधिक पढ़ा-लिखा या परिष्कृत न हो. अत: इन बातों को याद रखकर हमें अपनी भावनाओं पर नियंत्रण और स्वयं पर काबू रखना पड़ता है ताकि हम शरीर से भी ठीक रह सकें. निजी नियंत्रित रखवाली करना जरूरी हो जाता है अन्यथा नेटवर्किंग बुझकर समाप्त हो जाएगी.

8. साधन सम्पन्नता. यदि समस्याओं के समाधान सरलता से उपलब्ध हो जाएँ तो आपके ग्राहक आपकी मदद के बिना ही उन्हें ढूँढ़ लेंगे. आपके उपभोक्ताओं को आशा होती है कि उनके परामर्शदाताओं को अपने विशेष क्षेत्र का नवीनतम ज्ञान होगा. वे आपको कठिनाई से प्राप्त होनेवाले ज्ञान की सामग्री की कीमत चुकाते हैं. सम्भव है आप सारे उत्तर न जानते हों, मगर वे आशा करते हैं कि आप अधिकांश समस्याओं के समाधान जानते होंगे.

9. आत्म-विश्वास. नेटवर्कर के रूप में, जब किसी परियोजना के बीच बातें बिगड़ने

लगती हैं और वे अक्सर पटरी से उतर जाती हैं तब आपको दोष दिया जाएगा; और जब सब-कुछ ठीक रहता है तो उसका श्रेय ग्राहक ले लेता है. यदि आपको अपने आत्म-सम्मान या गर्व के लिए दूसरों पर आश्रित रहना ही पड़ जाएगा तो आप नेटवर्कर के रूप में अधिक सफल नहीं हो पाएँगे. किसी नेटवर्क में काम करते समय आपको ''नेपथ्य'' से अक्सर काम करना पड़ता है. सफल नेटवर्कर इसी बात से सन्तोष पा लेते हैं कि वे जो काम कर रहे हैं वह कुशलता से कर रहे हैं. कई बार आपसे अपने निर्णयों की योग्यता के बारे में पूछा जा सकता है अथवा स्पष्ट राय माँगी जा सकती है, फिर भले ही दूसरे उसे सुनना न चाहें.

10. सार्थक समय-प्रबन्धन. इन सब बातों के अलावा, अपने समय और ध्यानाकर्षण के लिए आपको अनेकों अन्य करतब भी दिखाने होंगे. सफल व्यवसायी अक्सर सफल नेटवर्कर भी होते हैं जो एक बार में एक से अधिक सम्बन्धों या ग्राहकों पर ध्यान दे सकते हैं. व्यावसायिक माँगों के अलावा आप पारिवारिक, पेशे की नागरिक गति-विधियों की, पैतृक कार्यक्रमों अथवा मित्रों के साथ की सामाजिक प्रवृत्तियों की अथवा अपने स्वास्थ्य के देख-भाल की गति-विधियों से भी प्रचालित हो सकते हैं. सफल नेटवर्कर अपने समय का सही व्यवस्थापन करने में कुशल होते हैं.

उपरोक्त अंश को सक्सेसफुल बिजनेस नेटवर्किंग *से अनुमति लेकर उपयोग में लाया गया है.*

सफलता के सात सिद्धान्त

माइक स्मिथ, साथ में स्कॉट सायमन का योगदान

नेटवर्किंग एक अर्जित कौशल है. जैसा अन्य प्रवीणताओं के साथ होता है, नेटवर्किंग में पाण्डित्य पाने के लिए हमें उसके मौलिक सिद्धान्तों को समझना होगा, बाद में उन्हें व्यवहार में लाना होगा और उन्हें तब तक दोहराते रहना होगा जब तक कि वे हमारे जीवन के अंग नहीं बन जाते.

नीचे दिए सात नियम अच्छे दिशा-बिन्दु, आरम्भ-स्थल हैं. प्रत्येक, आपके नेटवर्किंग अभ्यास और कौशल में प्रवीणता का पहलू उजागर करता है.

1. आपकी धारणाएँ

आस्थाएँ दो स्वरूपों में सामने आती हैं : एक आपकी और दूसरी औरों की. नेटवर्किंग के द्वारा आपके विश्वासों का सम्पर्क औरों की आस्थाओं से होता है. यह प्रतिदिन होता रहता

था. ज्यों-ज्यों आप दूसरों के बारे में अधिक जानकारी पाते जाते हैं, आपको निरन्तर औरों से व्यवहार करने के लिए लचीला बनते रहना पड़ता है. उनमें के अनेक परिवर्तन आपकी आस्थाओं को हिलाकर रख देंगे.

प्रवीण नेटवर्कर जानता है कि उसकी स्वयं की मान्यताएँ कहाँ समाप्त होती हैं और दूसरों की कहाँ से आरम्भ होती हैं. वह उन सम्बन्धों के बीच जीता है जिन पर नए विचार, आस्थाएँ और क्रियाएँ निरन्तर बरसती रहतीं हैं. अस्तित्व का रहस्य यही है कि दूसरों की मान्यताओं का आदर करते हुए, स्वयं के विश्वासों को पालते रहना और अवसर पाते ही उन्हें समझने और सीखने का प्रयत्न करना. जैसा कि नॉर्मन विन्सेंट पील ने कहा है ''अपने विचारों को बदलो और आप अपना विश्व बदल देंगे.''

प्रवीण नेटवर्कर बनने के लिए, आपको एक वस्तु का ध्यान सबसे ऊपर रखना है : जटिल नेटवर्किंग समस्याओं को सीखना और उत्कृष्ट बनाना और उसके लिए आपको आजन्म विद्यार्थी बने रहकर निरन्तर अड़चनों और चुनौतियों का सामना करते रहना पड़ेगा - मगर परिणाम प्रयत्नों से कहीं अधिक गरिमामय रहेंगे.

2. आपका लक्ष्य

आप नेटवर्किंग के द्वारा क्या पाने की आशा करते हैं ? अधिक व्यवसाय ? नए अवसर ? सूचनाएँ ? भावनात्मक सहारा ? इससे पहले कि आप अपने लक्ष्य पर पहुँचें, आपको जानना होगा कि कहाँ से आरम्भ करना है और कैसे उसे पहचानना है कि वह आ गया है. इसके लिए अपना समय भ्रामक आरम्भों पर गँवाने के बदले आपके पास एक सुविचारित रूपरेखा और उसे प्राप्त करने के लिए सुयोजित स्रोत होने चाहिए. पूछने पर कि वह एक पेड़ को कैसे काटेगा, यदि उसे सिर्फ एक घंटे का समय उसे काटने के लिए दिया जाए, बेंजामिन फ्रेंकलिन ने उत्तर दिया था कि वह अपना अधिकांश समय अपनी कुल्हाड़ी को धार करने में बिताएगा.

पूछने पर कि वह एक पेड़ को कैसे काटेगा, यदि उसे सिर्फ एक घंटे का समय उसे काटने के लिए दिया जाए, बेंजामिन फ्रेंकलिन ने उत्तर दिया था कि वह अपना अधिकांश समय अपनी कुल्हाड़ी को धार करने में बिताएगा.

3. आपकी वचनबद्धता

हममें से अधिकांश नब्बे दिनों तक किसी काम को करने का प्रयत्न करेंगे और यदि फिर भी परिणाम अपेक्षानुसार नहीं आए तो फिर कुछ और करने में लग जाएँगे. नेटवर्किंग के साथ यह नब्बे दिनों की लक्षण-समष्टि काम नहीं करती. दीर्घकालीन अच्छे आवश्यक सम्बन्धों को स्थापित करने में ही बहुत समय बीत जाता है. नब्बे दिनों के अन्त तक तो हम लोगों के नामों को याद करना ही सीख पाते हैं. हम अपने व्यावसायिक नेटवर्किंग का प्रथम वर्ष

सम्पर्कों को जानने में बिता देते हैं और दूसरा वर्ष उन्हें पसन्द करना सीखने में. तीसरे वर्ष तक पहुँचते हुए यदि सब-कुछ ठीक-से बीतता है, तो आप सुदृढ़ आपसी सम्मान और अनुराग के सम्बन्धों को पा लेंगे.

मगर इस प्रक्रिया के बीच अनेकों अनकही बड़ी-बड़ी ''किन्तु'' आवेंगी : यदि आपने दूसरों की, तत्काल लाभ पाने की आशा के बिना मदद की है; यदि आपने सम्बन्ध बनाने का वचन दिया है; यदि आप अपने वादे से जुड़े रहते हैं. बहुत समय तक आपको उन ठोस फायदों के बारे में ज्ञात ही नहीं होगा जो अपना समय और प्रयत्नों को दूसरों की मदद करने में लगाकर आपने प्राप्त किए हैं. मगर यदि आपमें धीरज और दूरदृष्टि है ताकि अपने प्रयत्नों का फल पा सकें, तो अन्त में आप लाभान्वित होंगे.

4. आपकी प्रबलता

सुदृढ़, दीर्घजीवी नेटवर्किंग सम्बन्धों को बनाने के लिए नब्बे दिनों का समय लगभग यथेष्ट नहीं होता, मगर एक तीव्र शक्ति के लघु समय के प्रयत्न के लिए काफी होता है. यह विस्तृत रूप से स्वीकृत, व्यावसायिक समय सीमा है जो त्रैमासिक लाभ, विक्रय-लक्ष्यों तथा विज्ञापन अभियानों में काम में आती है. वह अच्छी आदतों को सीखने में भी व्यवहृत होती है.

अपने नेटवर्क की क्रियाशीलता को नियमित करने के लिए एक नब्बे दिनों का प्रगाढ़ नेटवर्किंग कार्यक्रम : विद्युत आयोजित करें : सभाओं में ईमानदारी से उपस्थित रहें, अधिक से अधिक नए सम्बन्ध स्थापित करें, उन आवश्यकताओं के प्रति विशेष रूप से सावधान रहें जिन्हें आप अपने सन्दर्भों को प्रेषित कर सकते हैं और पाए तथा आगे बढ़ाए सभी सन्दर्भों पर तत्काल ध्यान दें तथा विश्वसनीयतापूर्वक उन्हें निबटाएँ. परिणामों की आशा तत्काल न करें, इसके बदले उन पर गहराई से ध्यान दें कि क्या उसके कारण अगली तिमाही की नेटवर्किंग उत्पादकता बढ़ रही है ? फर्क देखकर आपको आश्चर्य होगा.

5. आपके परिणाम

परिणामों को अन्तिम लक्ष्य के रूप में न देखकर उन्हें नेटवर्किंग प्रक्रिया के अंग के रूप में देखना अधिक महत्वपूर्ण होता है. विक्रयप्रशिक्षक हमें समझाते हैं कि हर बिक्री अपने में अगली बिक्री को समाए हुए होती है. उसी प्रकार से जो व्यवसाय हम नेटवर्किंग के द्वारा पाते हैं उससे यह जानना चाहिए कि आपकी नेटवर्किंग कितनी कुशलता से काम कर रही है और वह प्रगति की राह में और अच्छी नेटवर्किंग की ओर इंगित करे. जीवन भर का प्रवास है नेटवर्किंग, एक कभी समाप्त न होनेवाली प्रक्रिया जिसमें सम्बन्धों का निर्माण और पोषण होता रहता है जो न सिर्फ आपके व्यवसाय के लक्ष्यों को पाने में सहायक होते हैं, बल्कि

जीवन के लक्ष्यों को भी दिला देते हैं. उपलब्ध परिणाम एक अन्तहीन पाण्डित्यपूर्ण मार्ग के अभिज्ञान-चिह्न हैं.

नेटवर्क का स्रोत-बेंक स्थापित करने में सारा जीवन लग जाता है और उसकी जमा-राशि और संप्राप्तियों में निरन्तर परिवर्तन होता रहता है. स्वयं से हमेशा ये प्रश्न पूछते रहें :

- मैं जो मूल्य-स्वरूप दे रहा हूँ, क्या उससे अधिक पा रहा हूँ ?
- क्या मेरे परिणाम इतने अच्छे हैं कि स्वयं को सन्तोष देकर, यथेष्ट शक्ति पाकर, अपनी आस्था-पद्धति को जीवित रख सकूँ ?
- क्या मैंने योग्य परिणामों को पाने के लिए यथेष्ट समय दिया है ?
- क्या मेरी मान्यताएँ, मेरे लक्ष्य, मेरे वादे, और मेरी क्रियाएँ इतनी सबल हैं कि मुझे मेरे मनचाहे परिणाम दिलाने में सहायक बन सकें ?

6. आपका व्यक्तिगत विकास

प्रकृति की हर वस्तु में विकास की प्रवृत्ति मूलभूत रूप से समाई रहती है. ब्रह्माण्ड का प्रबल आवेग यही है. मानव जाति की सभी क्रियाएँ हमारी विकास की मनोवृत्ति के द्वारा प्रभावित होती हैं. ये कुछ क्षेत्र हैं जिन पर अपने जीवन-प्रवास के दौरान आपको अपना ध्यान केन्द्रित करना चाहिए ताकि आप एक कुशल नेटवर्कर बन सकें :

- अपने ज्ञान को बढ़ावें
- अपने व्यवसाय को बढ़ावें
- अपनी अभिव्यक्ति को प्रदर्शित करें
- अपने निजी नेटवर्क को विस्तारिक करें
- अपनी नेटवर्किंग कुशलता का विकास करें
- अपनी सम्भावनाओं को असीम बनावें
- अपने मार्केटिंग ज्ञान को विस्तार दें
- अपनी सार्वजनिक भाषण-कला को निखारें
- नेटवर्किंग संस्थानों में अपनी सदस्यता बढ़ावें
- अपनी सेवाओं को बढ़ावें

शॅन कॉनेरी द्वारा अभिनीत किंग आर्थर की भूमिका में, चलचित्र फर्स्ट नाइट में किंग आर्थर कहते हैं, ''दूसरों की सेवा करते समय, सबसे अधिक सेवा हमारी अपनी होती है'' नेटवर्कर्स इसे और भी संक्षिप्त बनाकर कहेंगे ''प्रदाता ही पाते हैं,'' समान आदान-प्रदान का नियम, जिसके अन्तर्गत पारस्परिक लाभदायक सम्बन्ध स्थापित हो जाते हैं, हमें लाभ पहुँचाते हैं. अपने सम्बन्धों की मात्रा और गुणवत्ता को बढ़ावें और सदैव दूसरों से सीखने और उनकी सहायता करने को तत्पर रहें.

7. आपका प्रभाव

जिम रोहन जो ''सफलता के महापण्डित'' थे, हमें उपदेश देकर प्रोत्साहित करते हैं कि लगातार स्वयं से ये प्रश्न पूछते रहें :

- मैं किसके पास हूँ ?
- वे मेरे साथ क्या कर रहे हैं ?
- वे मुझे क्या पढ़ा रहे हैं ?
- वे मुझसे क्या कहलवा रहे हैं ?
- वे मुझे किस ओर चलने को प्रेरित कर रहे हैं ?
- वे मुझे क्या सोचने को उकसा रहे हैं ?
- वे मुझे क्या बनाना चाहते हैं ?
- फिर स्वयं से सबसे महत्वपूर्ण प्रश्न पूछें : क्या यह ठीक है ?

आपके जीवन को जिन व्यक्तियों और जिन-जिन घटनाओं ने प्रभावित किया है, आप उसका सार-समूह बन जाएँगे. आप अपने जीवन के भविष्य के सृष्टा भी बन सकते हैं अथवा किसी और के द्वारा आपके लिए बनाए आदर्श में भी जी सकते हैं. क्योंकि भविष्य वही होगा जिसमें आप अपना शेष जीवन बिताएँगे, अत: अपने समय और प्रयत्नों को सावधानी से निवेशित करने में ही बुद्धिमानी होगी.

21

महापण्डितों की विशेषताएँ

नेटवर्किंग के महापथ पर चलते हुए आप उसमें प्रवीणता जैसी वस्तुएँ पा सकते हैं; मगर कुशल नेटवर्कर किस प्रकार का व्यक्ति है ? चरित्र के कौन-से लक्षणों को विकसित करना चाहिए? एक अच्छी नेटवर्किंग में जिन दस लक्षणों को होना चाहिए इसे एलिजाबेथ तथा ईवान मिसनर अपने सर्वेक्षण के द्वारा ज्ञात करके हमें गिना रहे हैं; बेट्सी शॅल्डन तथा जॉयस हॅडले जिन बारह लक्षणों को सर्वोपरि समझते हैं उन्हें वे हमें बताते हैं; दान जोर्जेविच बता रहे हैं कि एक नेटवर्किंग समूह को नए सदस्यों को शामिल करते समय कौन-सी विशेषताओं को ध्यान में रखना चाहिए; कॅनी हिन्टन, बॉब ट्रॅविस और कॅरॉल ग्रेब बता रहे हैं कि प्रवीणता प्राप्त करने के इच्छुक को कौन-से आचरण की नकल करनी चाहिए तथा एलिजाबॅथ मिसनर सर्वश्रेष्ठ तथा सबसे निकृष्ट प्रकार के नेटवर्कर्स के बारे में सरलता से बता रही हैं.

नेटवर्किंग के दस सर्वोपरि लक्षण

एलिजाबेथ एल. मिसनर तथा ईवान आर. मिसनर

हाल ही में हमने एक सर्वेक्षण पूरा किया जिसमें युनायटेड स्टेट्स, युनायटेड किंग्डम, कॅनडा तथा ऑस्ट्रेलिया के 2000 से अधिक व्यक्ति शामिल थे. निरीक्षकों ने सहभागियों से नेटवर्किंग से संलग्न दस विभिन्न लक्षणों को नेटवर्किंग की प्राथमिकताओं के अनुसार श्रेणीबद्ध करने को कहा था. चारों देशों के सर्वेक्षण के परिणाम लगभग एक जैसे थे जिससे ज्ञात हुआ कि अच्छे नेटवर्किंग के सिद्धान्त राष्ट्रीय और सांस्कृतिक सीमाएँ पार कर जाते हैं. अगले पृष्ठ पर दिया नक्शा नेटवर्किंग के दस सर्वोच्च लक्षणों की ओर इशारा करता है, जिन्हें उन्होंने चुना था और क्रमांक एक का स्थान उनमें सबसे ऊपर था.

कम प्राथमिकता वाले चिह्नों की ओर ध्यान देवें जो समान विशेषताओं वाले उन

नेटवर्करों में, जो सक्रियता से अपना नेटवर्किंग कार्य करते हैं, एक जैसे रूढ़िगत प्रतिबिम्ब के रूप में दिखते हैं. सबल नेटवर्कर्स निश्चय ही अपने नेटवर्क के साथ काम करते हैं, मगर सर्वोच्च लक्षण वे हैं जो अच्छे मानव-सम्बन्धों और रिश्तों को बनाने के प्रयत्नों से प्राप्त होते हैं. हमें इससे आश्चर्य नहीं हुआ. सदा से हमारी धारणा रही है कि नेटवर्किंग का सम्बन्ध उत्पादन से अधिक तथा प्राप्ति से कम रहता है.

आइए, अब गौर से सर्वसामान्य पाँच लक्षणों को देखें.

1. सन्दर्भों का अनुसरण करना. इसे सफल नेटवर्करों के सर्वोच्च लक्षण के रूप में स्थान दिया गया है. यह कोई रहस्य की बात नहीं है कि यदि आप कोई अवसर प्रदान करते हैं – भले ही सूचना का कोई सीधा-सादा अंश हो, कोई सुविशेष सम्पर्क अथवा विशेष गुणोंवाला व्यावसायिक सन्दर्भ – किसी ऐसे व्यक्ति को देते हैं जो लगातार आगे सफल कार्यवाही नहीं करता है, तो आप अन्त में उसके साथ अपना समय बर्बाद करना बन्द कर देंगे.

2. सकारात्मक दृष्टिकोण. अधिक समय नहीं हुआ जब हमने अपने व्यावसायिक सन्दर्भ केन्द्रों के साथ इस उपयोगी जीवन-मूल्य को भी आचार-शास्त्र और लीडरशिप के गुणों में सम्मिलित कर लिया. लगातार निराशावादी मनोदशा से लोग आपसे चिढ़ने लगते हैं और आप सन्दर्भहीन बन जाते हैं; एक सकारात्मक, आशावादी मनोदशा लोगों को आपकी ओर आकर्षित करके आपसे जुड़ने और सहयोग देने को प्रेरित करती है.

एक सफल नेटवर्कर के दस प्रमुख लक्षण

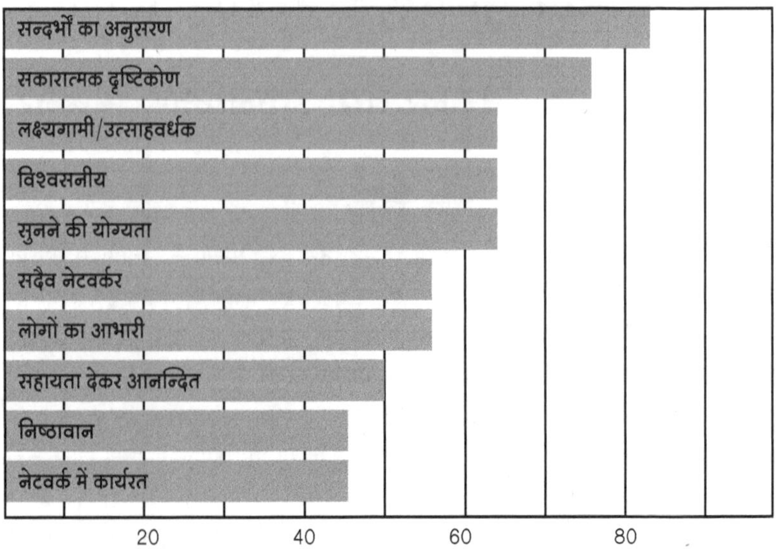

3. उत्साहवर्धक/लक्ष्यगामी. उन लोगों का ध्यान करें जिन्हें आप जानते हैं कि वे हमें सबसे अधिक प्रेरणा देते हैं ? है न ठीक ? कहा गया है, विक्रय का सर्वश्रेष्ठ लक्षण उत्साह है. अपने नेटवर्क के अन्दर आदर पाने के लिए स्वयं को बेचना, पूरी तरह से समर्पित करना जरूरी है.

4. विश्वसनीय. जब हम एक व्यक्ति को दूसरे से सन्दर्भित करते हैं तो हम अपनी विश्वसनीयता को दाँव पर लगाते हैं. हमें अपने सन्दर्भित व्यक्ति पर विश्वास करना चाहिए और बदले में विश्वस्त बनना चाहिए. न आप, और न कोई और, किसी महत्वपूर्ण सूचना अथवा व्यक्ति को कोई भी सन्दर्भ नहीं देंगे यदि वह उसे सावधानी से नहीं निबटा सकता है.

5. सुनने की अच्छी योग्यता. नेटवर्कर के रूप में हमारी सफलता इस बात पर निर्भर करती है कि हम कितनी दिलचस्पी से बातें सुनते और सीखते हैं. जितनी जल्दी आप और आपका नेटवर्क सहकर्मी उन बातों को सीख लेते हैं जिनका जानना जरूरी; है और एक-दूसरे को समझ लेते हैं, उतनी ही तेजी से आप एक मूल्यवान सम्बन्ध स्थापित कर लेंगे. अच्छी संवादिता को बनाए रखें - अच्छी तरह से सुनें.

क्या करने से वह होता है?

बेट्रसी शेल्डन तथा जॉयस हॅडले

अच्छे शारीरिक गठन को जीवन की अन्य वस्तुओं की ही तरह, साथ लेकर या तो आप जन्म लेते हैं अथवा आप उससे वंचित रहते हैं. मगर नेटवर्किंग का सौन्दर्य इसी बात में है कि यह कोई ऐसी भेंट नहीं है. सच है, कुछ व्यक्ति स्वाभाविक रूप से सम्पर्क स्थापित करने में कुशल होते हैं, मगर सुगठित, सुन्दर प्रस्तुति योग्य काया के साथ पैदा होने से ही एक सफल नेटवर्कर नहीं बना जा सकता है. और न इसके लिए कॉम्प्यूटर-जैसे दिमाग की जरूरत होती है जिसमें उन सभी व्यक्तियों के नामों को सुनियोजित कर लिया जाए जिनसे आप जीवन में कभी भी मिले थे. जीवन-ध्येय और वचनबद्धता के साथ कोई भी व्यक्ति नेटवर्किंग में कुशलता पा सकता है.

और भी एक अच्छा समाचार है : नेटवर्किंग के लिए आवश्यक लक्षण जिनका होना विशेषज्ञों की राय में सफल नेटवर्किंग के लिए आवश्यक है, वे ''स्त्रियोचित'' के रूप में चिह्नित हुए हैं - ये वे गुण हैं जिन्हें व्यवस्थापन विशेषज्ञों ने खोजकर निकाला है और जो नवीन महिला व्यवस्थापन पद्धति की ओर इंगित करते हैं. इस प्रकार, आपको आपकी कल्पना

से अधिक महत्व मिलता है. आइए अब हम उन कतिपय प्रमुख विशेषताओं की ओर ध्यान दें जिनसे सफल नेटवर्कर बनते हैं.

एक सफल नेटवर्कर वह है जो :

1. **समर्पण**... एक बार आप यह भूमिका स्वीकार कर लेते हैं कि नेटवर्किंग जीवन-पद्धति है, तो स्वाभाविक ही है, उसे एक दीर्घजीवी वचन-बद्धता मिल जाती है. सम्बन्धों के जाल को बुनना एक सतत प्रक्रिया है. यह न सिर्फ एक नेटवर्किंग दर्शन से प्रतिबद्ध रहती है, बल्कि उसके लिए आवश्यक भी है कि वह एक निश्चित समय और शक्ति भी उसे भेंट करें...

क्या आप अपने सम्पर्कों के साथ जुड़े रहने का प्रयत्न करेंगे ? क्या आप लोगों को निश्चित समय पर, नियमित रूप से बुलाने के लिए समय निकालेंगे, आयोजित लंच पर, लघु-पत्र लिखकर, फॅक्स के द्वारा मनभाते लेख, ई-मेल सन्देश आदि के द्वारा अपने सम्पर्क का ध्यान अपनी ओर आकर्षित करेंगे ? यदि हाँ, तो आपका नेटवर्क फूलेगा फलेगा. और यदि आप इन सम्बन्धों को बनाकर नहीं रखेंगे, यदि औरों के लिए उपस्थित नहीं रहेंगे तो आपका नेटवर्क क्रमश : धूल में मिल जाएगा...

2. **देने में अधिक मन लगाएँ, बजाय पाने के**... सच्चाई यही है, और हम-सब उसमें डूबे हैं - जो भी कुछ है हम सभी अपने लिए सोचते हैं. अपने जीवन में हम जो भी अधिकांश कार्य करते हैं वे सब से -WIIFM- जुड़े हैं. ''ह्वाट्'स इन इट फॉर मी?'' ''इसमें मेरे लिए क्या है ? और यह ठीक भी है. मगर नेटवर्किंग के माध्यम से कुछ पाने के लिए, आपको अपने व्यक्तिगत लाभों को पकाने के लिए उन्हें दबी आग पर रखना और अपनी ऊर्जा को दूसरों की आवश्यकताओं और लक्ष्यों पर केन्द्रित करना होगा. यह एक प्रकार से ''दूसरों के लिए उत्सर्ग करने'' जैसा दर्शन होगा जो हम अधिकांश धार्मिक आस्थाओं में निहित पाते हैं.

एक अच्छा नेटवर्कर इसके सैकड़ों मार्ग ढूँढ़ सकता है : सन्दर्भ, सूचनाओंवाले साक्षात्कार, प्रोत्साहन तथा बाद की सूचनाएँ भेजना. जैसे-जैसे आप नेटवर्किंग के द्वारा अधिक अनुभवी स्थिति पाते जाएँगे, आप अधिक देने में भी सक्षम बनते जाएँगे. मगर आप कहीं भी अवस्थित हों, आपके पास देने के लिए यथेष्ट होगा. अनेकों स्त्रियाँ सहयोग देना चाहती हैं, किन्तु वे समझती हैं कि उनके पास देने के लिए कोई भी सार वस्तु नहीं है....

3. **एक अच्छा श्रोता**. एक अच्छा श्रोता, मुस्कुरानेवाले, सिर हिलानेवाले और बीच बीच में कभी-कभी ''ओह! आह!'' कहनेवाले व्यक्ति से अधिक अच्छा होता है. अच्छी नेटवर्किंग के लिए भी यथार्थ में सुनना आवश्यक होता है ताकि आप दो पंक्तियों के बीच की अतिरिक्त बात को जान सकें... जब कोई पुराना सहकर्मी किसी स्थानीय कम्पनी में रुचि और उत्साह दिखाता है तो वह श्रेणी एक का सुनना कहलाएगा ! अपने मित्र को कुछ नवीनतम

समाचार कतरनें फॅक्स द्वारा भेजना अथवा उसका परिचय उस संस्था के मानव संसाधन अधिकारी से कराना अधिक ऊँचे स्तर का मिलाप है. अपनी सुनने की प्रवीणता को अधिक तीक्ष्ण और गहरी बनाना नेटवर्किंग के हित में रहता है : मात्र समस्याओं को जानने के स्थान पर उनका निराकरण सुझाना अच्छा रहेगा.

4. जिज्ञासा. औरों का सामना करते समय, एक अच्छा नेटवर्कर अपनी उत्कृष्ट श्रवण क्षमता का उपयोग करके उन सूत्रों को भी जान लेती है जिनसे जिज्ञासा पैदा होकर अवसरों की प्राप्ति होती है और आगे जाना सम्भव बनता है. जिज्ञासा तत्व के बिना आपके नेटवर्किंग के संवाद सम्भव है बुरी तरह से असफल हो जाएँ, भले ही आप जान चुकें कि वे कहाँ काम करती हैं और क्या काम करती हैं. मगर एक जिज्ञासु नेटवर्कर आगे भी जानना चाहेगा. ''आप भेंट-गुच्छों और फूलों की डलिया की सेवाएँ व्यवसायियों को प्रदान करती हैं. आपके जीवन की पृष्ठभूमि में कौन-सी बात थी जिसने आपको इस पेशे की ओर प्रेरित किया ? ऐसी कौन-सी घटना थी जिसने आपके व्यवसाय को यथार्थ में आरम्भ कर दिया ? आपकी सेवाओं के लिए कौन-सी कम्पनी को आपने सर्वश्रेष्ठ ग्राहक पाया ?''

5. पश्च सेवाओं के लिए तत्पर रहना... हममें से (सब) कोई को अपने किसी आकस्मिक सम्पर्क से बारबार मिलने का अनुभव हुआ हो और उन्होंने उससे वार्तालाप के अन्त में, कदाचित् यही कहा हो, ''हमें अब यथार्थ में एक-दूसरे से शीघ्र मिलना चाहिए, और उनकी ओर से हमने वही आखिर बात सुनी थी. एक सफल नेटवर्किंग का प्रमुख तत्व है, यदि आप किसी से कहते हैं कि कुछ करेंगे तो उसे करें. फिर भले ही वह लंच निश्चित करना हो या किसी सूचना को आगे बढ़ाना, आप अपने कार्यक्रम के अनुसार अपना वादा निभावें ताकि आपके नेटवर्किंग से सम्बन्धित व्यक्ति आपको इस रूप में जाने कि आप जो कहती हैं, उसे करती हैं.

कम-से-कम बात का अनुकरण फोन करके तो करें ही. ''एलन, मैंने तुममे कहा था, मैं तुम्हें बताऊँगी कि क्या कोई किसी ग्राफिक डिजाइनर को खोज़ रहा है. मेरे ख्याल में कुछ और नाम तो हैं, पर मेरी समझ में उन्हें तत्काल उसकी आवश्यकता नहीं है. मैं परिस्थिति के बदलते ही तुम्हें तत्काल सूचित करूँगी.'' इस नियम का परिशिष्ट है : यदि आपने कहा है कि आप बाद में बताएँगी, तो पश्च-क्रिया अवश्य करें. यदि आप वायदा करती हैं कि कल फोन करेंगी तो कल उसे अवश्य फोन करें....

6. सहायता माँगने के योग्य बनना... औरों से सहायता माँगने के योग्य बनना सफल नेटवर्किंग में बहुत जरूरी है. फिर भले ही वह सलाह माँगना हो, सूचना हो अथवा किसी आवश्यक सन्दर्भ से परिचय माँगना. इन सबके लिए आपको अपनी आवश्यकताएँ स्पष्ट करनी होंगी. आप नेटवर्किंग सम्पर्कों से आशा नहीं कर सकते कि उन्हें आपकी जरूरतों के बारे में अन्तर्ज्ञान हो जाएगा. यदि आप अपने सहकर्मी को मात्र ''इशारा'' भी करेंगे कि आप

विपणन – मार्केटिंग क्षेत्र में कार्य करना चाहते हैं, तो सम्भव है वह आपका इशारा न समझ पाए कि आपकी बात का अर्थ होता है कि वह अपने मित्र से आपका परिचय करा दे जो मार्केटिंग विभाग का डायरेक्टर है...

यदि आपने नेटवर्किंग के सम्बन्धों को पारस्परिक सहयोग के सहारे स्थापित किया है तो पूरी तरह से योग्य होगा कि आप मदद माँगें. और अधिकांश लोगों को अपने सार्थक सम्बन्धोंवाले सहयोगी की मदद करने का मौका पाकर अच्छा लगता है.

7. डींग मारने योग्य बनें.... एक अच्छे नेटवर्कर को अपने अनुभवों और उपलब्धियों को दूसरों के साथ अवश्य बाँटने में सहज अनुभव करना चाहिए. नहीं, मेरा तात्पर्य यह नहीं है कि आप हर वार्तालाप में अपनी ही उपलब्धियों का आलाप करें और वे आपकी सफलता से उकताकर रोने लगें. मगर यह आवश्यक है कि आपके नेटवर्किंग सम्पर्क यह जानें कि आप क्या कर रही हैं और आपकी उपलब्धियाँ कौन-सी हैं. सम्भव है आप एक मनभावन भोजन-साथी हों, मगर आपके व्यावसायिक सहकर्मी यदि नहीं जानते हैं कि आपने (अ) एक मूल्यवान ग्राहक पाया है, (ब) अपने व्यवसाय के क्षेत्र में सर्वोच्च बिक्री की है, या (स) एक महत्वपूर्ण इनाम जीता है, तो वे भला कैसे जान सकेंगे कि आप यथार्थ में एक उदाहरणीय व्यक्ति हैं और दूसरों से आपका मिलाप कराना चाहिए.

मान्यता और गौरव स्वीकार करें, अपनी सफलता को दूसरों के साथ न बाँटें और न उसे अपने सहकर्मी की ओर बढ़ावें, न मालिक की ओर, और न उसे सौभाग्य का फल समझें. उसके लिए गर्वित हों, आडम्बरपूर्ण नहीं. अपनी सफलता के समाचारों को फैलने दें. इससे आपके सम्पर्क को ज्ञान मिलेगा कि आप क्या करते हैं, बल्कि उसे कैसे विशिष्टता से करते हैं !

8. ज्ञान-पिपासु. जब कि नेटवर्किंग यथार्थ में सम्बन्धों के सहारे चलती है, अपने व्यवसाय के बारे में अधिक पढ़कर, आपका समाज – विशेष करके व्यावसायिक समाज, औरों की अपेक्षा आपको, उन सम्बन्धों को बढ़ाने के लिए अधिक महत्व देगा. घटनाओं से परिचित रहकर आप समझ जाएँगे कि प्रभावशाली नेटवर्किंग सम्बन्ध कहाँ से पाना. यदि आप अब तक ज्ञान के लिए अति-उत्सुक-भुखमरों जैसी भूख जाग्रत नहीं कर पाए हैं, गहराई से अध्ययन करें, इंटरनेट पर कुलाँछें लगाएँ...

9. साहसिकता. कुछ नया करना भयावह लगता है – फिर चाहे बंगी जम्प हो, अपने बालों का केश-विन्यास बदलना हो अथवा अज़नबियों से भरे कमरे में प्रवेश करना हो. अक्सर नेटवर्किंग की परिस्थितियाँ सदैव ऐसी नहीं होतीं कि घबराहट से हथेलियों में पसीना आ जाए अथवा पेट में तितलियाँ उड़ने लगें, फिर भी, नए लोगों से व्यवहार करते समय कुछ तनाव तो हो ही जाता है – नए व्यक्तियों से मिलकर, जिन्हें आप नहीं जानते हैं अथवा किसी ऐसी संस्था में सम्मिलित होकर जिसमें आप किसी को नहीं जानते अथवा (काँपकर)

अनजानों के समूह को उद्‌बोधित करते समय.

इन सबों के साथ ठीक से नेटवर्क करते समय विशेष साहस आवश्यक होता है. ध्यान रखें, कुछ नेटवर्किंग परिस्थितियों में, आप असहजता अनुभव कर सकते हैं, मगर वह आपको पकड़े न रहे..

एक विस्कॉन्सिन विश्व विद्यालय के मानस-शास्त्री डॉ. फ्रेंक फार्ले, जिन्होंने तीस वर्षों तक खतरे मोल लेनेवालों का अध्ययन किया है, का कथन है कि हम प्रत्येक लिए खतरे के साथ-साथ स्वयं का भी पुनर्मूल्यांकन करते हैं और स्वयं के आत्म-सम्मान और आत्म-विश्वास पर एक नई परत चढ़ाते जाते हैं. प्रयत्न करने से, आपको जानकर आश्चर्य होगा कि अनजान लोगों तक पहुँचना कितना सहज बन जाता है.

10. याद रखने का सामर्थ्य. हाँ, सच है, प्रभावशाली नेटवर्किंग के लिए नामों का याद रखना महत्वपूर्ण होता है. मगर जब हम मानने को बाध्य हो जाते हैं कि पहले मिले व्यक्ति का नाम हम भूल चुके हैं, परन्तु उसकी ओर अकृत्रिम मुस्कुराहट के साथ जाने से आश्चर्यचकित परिणाम देखने को मिलते हैं और वे हमें क्षमा कर देते हैं.

नाम याद रखने से अधिक प्रभावशाली होता है, पिछले वार्तालाप के संवादों को याद रखना. किसी को लंच या किसी अन्य कार्यक्रम के दौरान मुस्कुराते हुए मिलें और पिछली भेंट के बारे में याद दिलाएँ : ''ओह, पिछली बार हम जब मिले थे, तभी से सोच रहा हूँ कि आपके धन-संग्राहक ने कितना फंड जमा किया,'' या पिछली बार जब हम मिले थे, आप अपनी पुत्री को कॉलेज भेजने की तैयारी में लगे थे. अब आपको रिक्त घोंसला कैसा लग रहा है ?'' अधिक सम्भावना यही है कि सामनेवाले को पता भी नहीं चलेगा कि आपने उसका नाम लिया है या नहीं. एक आकस्मिक भेंट को सुदृढ़ सम्बन्धों में परिवर्तित करने का सबसे प्रभावशाली तरीका है, सामनेवाले के बारे में विस्तृत जानकारी रखना.

11. धैर्य. ''जो जाता है, वही लौटकर आता है.'' ''हम कदापि नहीं जानते कि भविष्य हमारे लिए क्या लेकर आएगा.'' ये सफल नेटवर्कर के मूल मंत्र हैं.

''यह कोई झटपट वस्तु नहीं है,'' एटलांटा वीमेन इन बिजनेस की डायरेक्टर, लिया सॉरेनो भारपूर्वक बता रही हैं. ''एक सभा में आकर, घर जाकर कहना कि 'मुझे इन-सब कार्यों से कुछ भी प्राप्त नहीं होता है'' से तात्पर्य निकलता है कि आप गलत अपेक्षा लेकर बैठक में आई थीं. आपको दरअसल में उसे एक निवेश के रूप में लेना चाहिए जिसमें आप कुछ सँजो रही हैं. सम्बन्धों को स्थापित करने में कुछ समय लगता है.'' आंद्रा ब्रेक बीएनआई के नए सदस्यों को सलाह देती हैं कि उन्हें साप्ताहिक बैठकों में काम-से-कम एक वर्ष बिताना होगा तब कहीं वे कोई सशक्त भुगतान नेटवर्किंग-उद्‌भूत व्यवसाय से पा सकेंगे.

उपरोक्त अंश द स्मार्ट वुमेंस गाइड टू नेटवर्किंग *से अनुमति पूर्वक लिया गया है.*

एक आदर्श नेटवर्कर

दान गॉर्गेविच

एक नेटवर्क दो प्रकार से विकसित होता है. वह बाहर की ओर, एक व्यक्ति से दूसरे की ओर तब तक बढ़ता जाता है जब तक आप किसी निश्चित् रुचि के व्यक्तियों से सम्पर्क करते जाते हैं. और वह केन्द्र में तब विकास पाता है जब नए सदस्य भिन्न-भिन्न व्यवसायों और रुचियों के साथ उससे संयुक्त होते हैं और नए क्षेत्रों का प्रतिनिधित्व करते हैं. नेटवर्कर के रूप में आपकी एक जिम्मेदारी है नए नेटवर्किंग साथियों को उसमें सम्मिलित करना और नेटवर्किंग के मध्य-क्षेत्र की सघनता और शक्ति को बढ़ाना.

सम्भावित नेटवर्किंग सहभागियों के लिए सबसे आवश्यक योग्यता कौन-सी होती है? स्वाभाविक है कि आपके दिमाग में सबसे पहले वे ही गुण आवेंगे जो किसी कार्य के साक्षात्कार के लिए आवश्यक होते हैं - अनुभव, ज्ञान और प्रवीणता. कितना नेटवर्किंग यह व्यक्ति अब तक कर चुका है ? उसने नेटवर्किंग की कौन-सी बातें सीखी हैं जिन्हें वह व्यवहार में ला सकता है? वह कितना श्रेष्ठ नेटवर्कर है?

यह दृष्टिकोण, जिसमें हम किसी सम्भावित नेटवर्कर साथी का मूल्यांकन करते हैं, मानों हम अपने कार्यालय के लिए किसी नए नौकर को काम पर रख रहे हों. इससे हम नेटवर्किंग के मूल स्वरूप और गुणों को भूल जाते हैं. हम मनुष्य सामाजिक जीव हैं जो नेटवर्किंग के मूल गुणों को अपने रक्त में लेकर पैदा हुए हैं : सहयोगिता, संवादिता, परस्पर मदद, मित्रों तथा सम्पर्कों से औरों की मदद करने को कहना. हममें से अधिकांश अपने दैनिक जीवन में नेटवर्किंग की विशेषताओं को उपयोग में लाते हैं. समर्थ व्यावसायिक नेटवर्कर इन गुणों को मात्र सान पर चढ़ाकर नई धार देते हैं और निरन्तर किसी खास उद्देश्य की ओर लक्षित करके व्यवहार में लाते हैं. अत: नेटवर्किंग के अनुभवी लोगों को खोजने में अपना समय लगाना उसका बहुत अच्छा उपयोग नहीं है. हाँ, आपको वे तैयार मिल जाएँगे, अगर आप किसी सुविशेष व्यक्ति को खोज रहे हैं जो समर्पित नेटवर्कर हो और उसके गुण तथा वादे समय के परीक्षण पर खरे उतर सकें.

हाँ, तो ढूँढ़ने का अच्छा प्रयास तब होगा जब आप उच्च कोटि के समर्पित नेटवर्कर को पा लें, सम्पूर्ण आस्थावान, जिन्होंने नेटवर्किंग को सीखा है, उसके प्रति जिनके मन में सबल धारणाएँ हैं, जो नेटवर्किंग के सिद्धान्तों और प्रमेयों को जानते हैं; बहुत ज्ञानी, प्रशिक्षित व्यक्ति हैं जिन्होंने अपना अध्यवसाय उसी नेटवर्किंग के विज्ञान को समर्पित कर दिया है और

जो स्वयं नेटवर्किंग को एक नैतिक प्रक्रिया मानते हैं ! हाँ, यह सच है कि नेटवर्किंग के महागुरुओं की खोज और विशेषज्ञ आपको उन व्यक्तियों तक ले जाएँ जो आपको अपेक्षानुसार अच्छे परिणाम दे सकें. मगर एक बार आपने अपना प्रत्याशी चुन लिया तो क्या वह भी आप ही की तरह से व्यावहारिक जीव होगा, मुख्यतया परिणामों की राह देखता, अथवा वह एक पेशेवर नेटवर्कर होगा जो सिर्फ नेटवर्किंग के लिए ही नेटवर्किंग करते हैं अथवा सिहरन के अनुसरण के लिए. वह उसके सैद्धान्तिक पक्ष में अधिक मग्न रहेगा और उसकी सम्भावनाओं तथा विचारों के बारे में सोचेगा, अथवा उसके अन्तिम आधार के बारे में?

आइए हम स्वयं को क्षणभर के लिए उस विशेषज्ञ की कुर्सी में स्थापित करें और अपने चुनने के कार्य को सैद्धान्तिक रूप से देखें. हमारे प्रत्याशियों के क्षेत्र की विस्तृत परिधि के बारे में सोचें जो इतनी विशाल है कि उसके अन्तर्गत हमारा हर परिचित, फिर चाहे वह आकस्मिक हो या अन्य, आ जाता है, जिसे अपने नेटवर्क में सम्मिलित करना सम्भव हो. हम जिनसे मिल चुके हैं उनमें से किसी व्यक्ति को चिह्नित करके तत्काल कैसे अपने घेरे में शामिल कर सकते हैं ताकि वह एक अच्छा, विश्वसनीय, दीर्घ काल के लिए, असरकारक नेटवर्क सहकर्मी बन सके ?

हम अपने चुनाव का घेरा परिचित कुशलताओं, ज्ञान तथा नेटवर्किंग के अनुभवों की कसौटी पर किस कर कुछ सीमित करेंगे. यह ''हर कोई'' के घेरे के अन्दर का अगला छोटा घेरा होगा.

फिर हम यथार्थ आस्थावानों को खोजने के लिए दृष्टि दौड़ाएँगे, जिन्होंने नेटवर्किंग के सभी पहलुओं का अध्ययन किया हो और जो स्वयं नेटवर्किंग को एक अच्छाई मानते हैं.

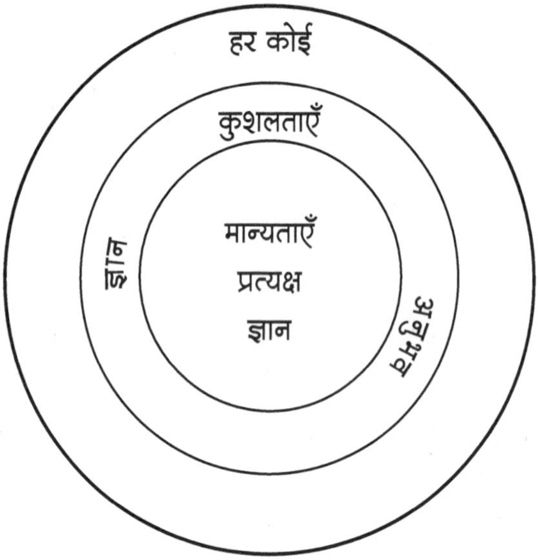

जैसा कि आप देख रहे हैं, हम अपने चुनने के क्षेत्र का घेरा उत्कृष्ट करते हुए अपनी पसन्द को और सीमित बना देते हैं. निश्चय ही इस प्रक्रिया के द्वारा हम अपनी संस्था में एक सर्वश्रेष्ठ नेटवर्कर को ला सकेंगे, ठीक है न? मगर अब भी हमने इस व्यक्ति का मूल्यांकन चरित्र अथवा व्यक्तित्व के चौखटे में रखकर नहीं किया है. और, जैसा कि कोई भी अनुभवी मालिक बताएगा, सबल और ईमानदार चरित्र, दीर्घ सम्पर्क के बाद, एक सहकर्मी के लिए अखूट दौलत बन जाता है. क्या वह ईमानदार, जिम्मेदार और विश्वसनीय महिला है ? क्या उस पर, कठिनाई के समय विश्वास किया जा सकता है ? क्या वह अधिक दिनों तक काम करेगी ?

इन सबसे अधिक महत्वपूर्ण वस्तु है, क्या उसमें यह जीवन-दृष्टि है कि औरों की सेवा करना न सिर्फ एक अच्छा जीवन जीना है बल्कि वह सफल बनने का एक आजमाया हुआ मार्ग भी है ? यही वह दृष्टिकोण - अन्तर्प्रेरणा है ''प्रदाता ही पाते हैं'' - यही एक महान् नेटवर्किंग सहभागिता की पीठिका भी है. अत: सबसे भीतर का घेरा ''बुल्सआई'', चाँदमारी का जो लक्ष्य हमने अपने नक्शे में बनाया है वह है एटीट्यूड, मनोवृत्ति.

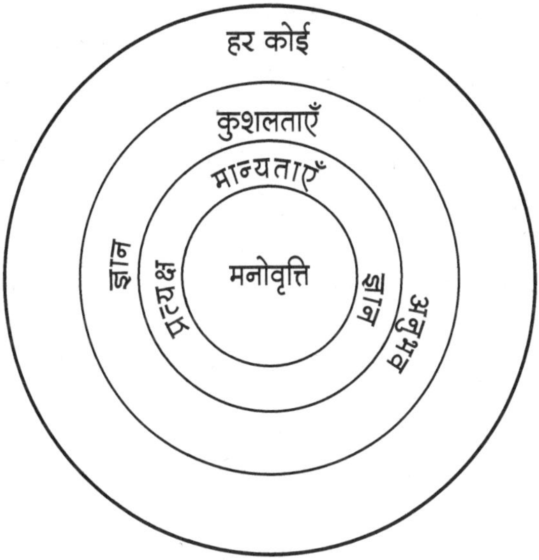

अब, अपने चुनाव को दूसरों के प्रति योग्य मनोवृत्तिवाले व्यक्ति तक सीमित करने से एक मनोरंजक बात होती है : हमारा लघु-क्षेत्र सीमांकन असल में हमारी चयन-भूमि का विस्तार होता है. कैसे ? क्योंकि जब हम सही दृष्टिकोणवाले नेटवर्किंग सहभागी की खोज करते हैं, हम स्वयमेव सुनिश्चित कर देते हैं कि हम जब ऐसा व्यक्ति पाएँगे तो वह अन्य सभी घेरों के अनुकूल भी होगा. सही जीवन-दृष्टि के साथ, एक नवदीक्षित नेटवर्कर शीघ्र ही जान जाएगी कि उसका दूसरों के प्रति उपकार करने का दर्शन एक ऐसा व्यवहार है जैसा वह चाहती है कि दूसरे उसके साथ करें. अच्छे नेटवर्किंग सिद्धान्तों के साथ वे पूरी तरह से मेल खाते हैं जहाँ सूचनाओं के साथ उदारमना रहने और सन्दर्भ और सहायता अपने सहकर्मी नेटवर्कर्स को देने से, लम्बे समय के बाद हमें सूचना, सहायता और सन्दर्भ प्रचुर मात्रा में मिलने लगते हैं. इसके अलावा, आदर्श दृष्टिकोण वाली नेटवर्कर शीघ्र ही स्वयं को परिमार्जित और विकसित करके स्वाभाविक रूप से, अपने में सर्वश्रेष्ठ नेटवर्कर की कुशलता को पैदा कर लेगी.

इसके विपरीत, यदि आप किसी ऐसे व्यक्ति को नियोजित करते हैं जो उन्मादी, स्वार्थी या बेईमान है और जिसका मूल उद्देश्य दूसरों के प्रयत्नों और यश के द्वारा धन कमाना है, तो जल्दी ही आप स्वयं को नए आदमी की खोज में लगा पाएँगे.

प्रवीणता, ज्ञान या अनुभव का कोई भी लेखा-जोखा इस व्यक्ति को विश्वसनीय नेटवर्क सहकर्मी नहीं बना सकेगा; न कोई सैद्धान्तिक विश्वास अथवा धारणाएँ नेटवर्किंग की कुशलता को स्थापित करके उसे शुभ-चिन्तक बना पाएँगी. इस प्रकार का व्यक्ति नेटवर्किंग

के लिए लाभ के स्थान पर हानि अधिक करेगा.

एक महागुरु नेटवर्कर होने के नाते आपका उद्देश्य हो जाता है कि आप सर्वोच्च क्षमता के नेटवर्करों को शिष्य बनावें - व्यक्ति जो विश्वसनीय हों और दीर्घकालीन संबंधों का निर्माण कर सकें. अच्छे लोगों को खोजें जो आपके नेटवर्क के अच्छे स्वास्थ्य और मार्मिकता के लिए उस जीवन-दृष्टि को स्वीकारें जो आपके सहकर्मी नेटवर्कर के योग्य है : ''प्रदाता ही पाते हैं.''

विशेषज्ञ को कैसे खोजें

कॉनी हिन्टन, बॉब ट्रेविस तथा कॅरोल

क्या आप किसी कौशल को तीव्र गति से सीखने का उपाय जानते हैं? यह वही तरीका है जिसे हम सभी बचपन से काम में लाते आ रहे हैं : हम उस व्यक्ति की नकल करते हैं जिसके गुणों को पसन्द करते हैं.

हम मनुष्य जन्मजात नेटवर्कर हैं. मगर दूसरों की अपेक्षा हममें से कुछ उसमें अधिक कुशल होते हैं. जब हम नेटवर्किंग की विशेषताओं को स्वयं के और अपने व्यापारों के लिए लाभप्रद पाते हैं तो हमें समझ में आता है कि जो लोग उच्च कोटि की सफलता भोग रहे हैं वे प्रवीण नेटवर्कर हैं. हम उनकी निपुणता से ईर्षा करने लगते हैं और उन जैसा बनकर उन जैसी सफलता भोगना चाहते हैं.

तो, आप मास्टर नेटवर्कर कैसे बन पाएँगे? आप किसी मास्टर नेटवर्कर की नकल करें. आपको इतना ही करना है कि किसी प्रवीण नेटवर्कर को खोजें जिसे देखकर उसका अनुगमन कर सकें. और यह सब इतना कठिन नहीं है. कुशल नेटवर्कर भीड़ में भी अलग दिखाई देते हैं - विशेष करके उसी नेटवर्कर सम्मेलनों में जहाँ आप जाते रहते हैं और जहाँ वे अपने प्राकृतिक वातावरण में होते हैं.

आगे कुशल नेटवर्कर के स्वभाव के दस संकेत दिए जा रहे हैं, जो प्रमुखता के क्रम में नहीं हैं. अपनी आँखों और कानों को खुला तथा दिमाग को ग्रहणशील रखें और देखें कि क्या उनमें का कोई आपको कहीं भी देखने को मिलता है ?

विशेषज्ञ अपनी आँखें सदा खुली रखते हैं. वे जानते हैं कि अवसर कभी भी उपस्थित हो सकता है और उसे पकड़ने के लिए उन्हें तैयार रहना चाहिए. वे जानकारियों के लिए

सावधान रहते हैं; जो उनकी या उनके सहकर्मियों की मदद कर सकती हैं. वे सतर्क रहते हैं; जैसे, यदि वे देखते हैं कि स्वागत-कक्ष का गलीचा सफाई चाहता है तो वे अपने मेजमान को अपने प्रिय गलीचा-सफाई विशेषज्ञ से मिलाने का प्रस्ताव रखेंगे.

महापण्डित सार्थक जीवन-दृष्टि रखते हैं. आप यदि उन्हें ध्यान से देखें तो आपको ख्याल आएगा कि प्रवीण लोग कमरे में उपस्थित लोगों में सबसे अधिक आशापूर्ण व्यक्ति हैं - हँसमुख, हस्त-दोलन करते, आपस में एक-दूसरे का परिचय कराते. वे स्वयं में और दूसरों में आस्था रखते हैं; वे आत्म-विश्वास फैलाते, सकारात्मक और उन गुणोंवाले होते हैं जिनसे लोग आकर्षित और खुलने के लिए उत्साहित होते हैं. उनका जोश और ऊर्जा ऐसा वातावरण उत्पन्न करते हैं जिसमें सृजनात्मकता और सहयोग अंकुरित होकर जड़ पकड़ते हैं.

प्रवीण पुरुष लोगों को जोड़ते हैं. एक नेटवर्किंग सम्मेलन में, सम्भव है आप सोचने लगें कि कुशल नेटवर्कर ही मेजमान है, मगर वे सिर्फ लोगों से मिलना-जुलना और मेहमानों और नए सदस्यों को तनावरहित और सहज बनाना चाहते हैं. ऐसा करते समय उन्हें अक्सर मौका मिल जाता है जब वे परस्पर लाभ वाले दो लोगों को मिला देते हैं. नेटवर्कर जितने अधिक लोगों से परिचित होगा, उसका नेटवर्किंग का क्षेत्र उतना ही विस्तृत होगा और सन्दर्भों की सम्भावनाएँ भी उतनी ही ज्यादह होंगी.

प्रवीण पुरुष दूसरों की सुनते हैं. वे स्वयं के बारे में कम-से-कम बातें करते हैं क्योंकि वे जानते हैं कि औरों को अपने प्रशंसा गीत गाने देना अधिक अच्छा होता है. इसके स्थान पर वे सुनते हैं. वे प्रश्न पूछते हैं. वे बोलने वाले पर पूरा ध्यान केन्द्रित कर देते हैं और उसके बारे में पूरी बात जान लेते हैं ताकि वे उनकी मदद कर सकें. वे वार्तालाप के पूरे अंश को विस्तार से सुनते हैं उसके हाव-भाव के साथ. संवाद को सावधानी से लिख लेते हैं ताकि उसे भविष्य में पुन: देखा जा सके.

विशेषज्ञ हमेशा सीखते रहते हैं. वे अपने नेटवर्किंग के साधनों को निरन्तर स्वयं को विकसित करने के काम में लाते रहते हैं और कभी भी यह नहीं समझते कि उन्होंने जानने योग्य वस्तु सीख ली है. वे ज्ञान के लिए पागल होते हैं और हमेशा पढ़ते रहते हैं, कभी पुस्तकें तो कभी पत्रिकाएँ. इंटरनेट पर चक्कर काटते हैं, प्रश्न पूछते हैं. वे जानते हैं कि ज्ञान ही सामर्थ्य है और व्यवसाय की नई धाराओं की जानकारी रखते हैं ताकि नेटवर्क के द्वारा प्रतियोगिता और व्यवसाय करने की उनकी कुशलता बढ़े.

ज्ञान-पुरुष हमेशा संवादी होते हैं. उनकी विशेषताओं में दूसरों को उपयोगी जानकारी देना और अपनी प्रवीणता को कारगर तरीके से आगे बढ़ाना भी आता है. नि:सन्देह रूप से इसमें स्वयं की जानकारी भी आ जाती है जो सम्भव है कुछ लोगों के लिए तब उपयोगी हो जब उन्हें मदद की अथवा अन्य सहकर्मी से सम्पर्क करने की आवश्यकता पड़े. वे मीटिंगों में स्वयं का परिचय देने में कुशल होते हैं और अपनी सेवाओं अथवा उत्पादनों का व्यवसाय

कार्ड, परिचय-फॅम्फलेट या अन्य सामग्री अपने साथ रखते हैं और जिनके माध्यम से आवश्यकता होने पर लोग उनसे मदद माँग सकते हैं. वे अपने सहकर्मी नेटवर्क सदस्यों के बारे में भी ऐसी ही सूचनाएँ औरों को दे सकते हैं.

अधिपति व्यक्ति लक्ष्यों को सामने रखते हैं. अधिकांश लोग कभी-कभी और अपने दैनिक जीवन की प्रवृत्तियों के रूप में अनजाने में नेटवर्किंग करते हैं. जबकि अधिपति व्यक्ति अपने मित्रों और सहयोगियों के दल को बढ़ाने के लिए नियमित रूप से, उद्देश्यपूर्वक, नेटवर्किंग करते हैं ताकि उनके बीच परस्पर लाभदायी सूचनाओं का आदान-प्रदान हो सके. उनका यही लक्ष्य होता है. सिर्फ लक्ष्य को निर्धारित करके और उस पर एकाग्र होकर ही आप उसे सुनिश्चित रूप से पा सकते हैं. ध्येयपूर्ण रहने से आपके साथियों को भी लक्ष्य पाने तथा आपकी सहायता करने में सुविधा रहती है और हर कोई अपना लक्ष्य पा सकता है. अत: प्रमुख बात है : अपने विशिष्ट, सु-निर्धारित लक्ष्यों को लिखकर रखने से उनकी प्राप्ति के अवसर अनेक गुना बढ़ जाते हैं.

प्रवीण पुरुष वचन-बद्ध होते हैं. आप स्वयं के कितने अंश को नेटवर्किंग में सफलता के लिए लगाने को तैयार हैं ? मास्टर नेटवर्कर अपने हर परिचित के साथ आस्था की उछाल लगाने को तैयार रहते हैं. वे बदले में मदद की आशा के बिना ही वचनबद्ध होकर औरों की सहायता करते हैं. वे जानते हैं कि अन्त में, कहीं-न-कहीं, उन्हें प्रतिफल मिलेगा, कई बार तो सिर्फ इतने-से अभिज्ञान के द्वारा कि उन्होंने किसी की सहायता की थी. इस प्रकार का सीमाहीन देय स्वयं में वास्तविक समर्पण और प्रतिबद्धता चाहता है - उन परिस्थितियों में भी जब परिणाम आते नजर नहीं आते. आश्वासन प्रतिज्ञाओं में बदलकर यथार्थ स्वरूप ग्रहण कर लेते हैं.

श्रेष्ठ पुरुष सहयोग में बेजोड़ होते हैं. उन्हें ज्ञात रहता है कि नेटवर्किंग स्वाभाविक रूप से एक दलीय गतिविधि है और उसका हर सदस्य दल के रूप में अधिक कार्य कर सकता है बजाय अकेला रहकर. सर्वश्रेष्ठ नेटवर्क्स दलों के दल होते हैं, नेटवर्क्स जिनका कार्य-क्षेत्र बढ़कर दूसरे नेटवर्क्स से जुड़ जाता है और अपनी प्रवीणताओं तथा साधनों को प्राप्त करके किसी भी लक्ष्य को पाने में समर्थ बन जाता है. यदि आप किसी मार्केटिंग दल के सदस्य हैं तो अपने विचारों को अन्य मार्केटिंग दल के विचारों के साथ जोड़कर अपनी सीमा बढ़ाएँ जैसे, नागरिक अथवा अन्य नेटवर्किंग संस्थाएँ के साथ.

महापण्डित यथार्थ में दूसरों की सहायता करने का गहरा प्रयत्न करते हैं. वे ''प्रदाता ही पाते हैं'' के नियम में जीते और साँस लेते हैं. वे बदले में कुछ पाने की भावना के बिना, निस्वार्थ भाव से दूसरों की सहायता का कार्य करते हैं. वे अपना समय, शक्ति, अनुभव और साधनों को अन्य सदस्यों अथवा समाज के लाभ के लिए लगा देते हैं. वे अपने अनुभवों के द्वारा नए सदस्यों और अन्य व्यक्तियों का मार्गदर्शन करते हैं. वे सन्दर्भों के सहारे आगे बढ़ते

हैं और संकेत देनेवालों का उपकार मानते हैं. वे मात्र बताते ही नहीं हैं कि वे औरों की फिक्र करते हैं - वे यथार्थ में उनकी चिन्ता करते हैं.

मास्टर अथवा पण्डित बनने का अर्थ होता है, आप जो भी कुछ कर रहे हैं - कारीगरी या हुनर, उसमें योग्यता या प्रवीणता प्राप्त करना; तात्पर्य होता है अपने व्यावसायिक भविष्य को अपने अधीन लाना और स्वयं के भविष्य को नियमित करना. जैसा कि नेटवर्कर रेकॅटॅल्डो ने अपने नेटवर्कर साथियों को कॅलीफोर्निया के सांतारोजा अधिवेशन में याद दिलाया था, ''आप क्या हैं, इतना ही यथेष्ट नहीं है - आप क्या बन सकते हैं - वह मुख्य बात है.''

बुद्धिमान किसान

एलिजाबेथ एल. मिसनॅर

अपनी कॉलेज की शिक्षा के बाद मुझे एक ऐसी नौकरी मिली जिसके स्वामी को मैं नेटवर्किंग का बादशाह मानती थी. वे स्थानीय चॅम्बर ऑफ कॉमर्स में हर किसी को जानते थे, अनेकों नेटवर्किंग समूहों से संलग्न थे और अपने व्यावसायिक क्षेत्र में भी बहुत सक्रिय थे. मैंने स्वयं की बढ़ती हुई नेटवर्किंग योग्यताओं को उनके साँचे में ढालना आरम्भ कर दिया.

मगर शीघ्र ही मुझे ज्ञात हुआ कि वे उतने प्रवीण नेटवर्कर नहीं हैं जैसा मैंने आरम्भ में सोचा था. उनके अधिकांश सम्पर्क दिखावटी और सारहीन थे. वे दीर्घ समय के पारस्परिक सम्पर्कों की स्थापना नहीं कर पाए थे, जो मैं करना चाहती थी.

सम्मेलनों में जाने के बाद मैंने अनुभव किया कि अलग-अलग लोगों की भिन्न-भिन्न नेटवर्किंग शैली होती है, उनमें की कुछ दूसरों की अपेक्षा अधिक प्रभावशाली होती हैं.

इन शैलियों का अध्ययन करने पर मैंने निर्णय लिया कि कम प्रभावशाली शैलियों से मैं बचूँगी और सर्वश्रेष्ठ बनने का जी तोड़ प्रयत्न करूँगी. मैंने विभिन्न प्रकार के नेटवर्करों के, अपनी पसन्द के नाम भी रख लिए. वे मुझे गाँव के बाहर के, खेतों में विचरते चरते, तरह-तरह के लोगों और जानवरों की याद दिलाते थे.

अपने मालिक की जिस शैली का मुझे आरम्भ में ही परिचय मिल गया था वह थी एक समूह से तत्काल उड़कर दूसरे समूह पर मँडराना - तितली की तरह. तितली इसी प्रकार से इस सभा से दूसरी बैठक में जाती है, अभिवादन में हाथ मिलाती है, अपना दूसरों को परिचय देती है, ढेर सारे व्यावसायिक कार्ड बाँटती है, बाद में स्मृति-पत्र भी भेजती है. उसमें पर्याप्त

ऊर्जा होती है, मगर वह अधिक समय तक एक स्थान पर रुककर मिलनेवालों से अधिक जानकारी नहीं ले पाती. वह अनेकों से मिलती है और मात्र मिलनेवालों की अधिक संख्या के कारण नेटवर्किंग के कुछ लाभ भी उगा लेती है. मगर वह वे सुदृढ़ सम्बन्ध स्थापित नहीं कर पाती जो स्वस्थ, स्थायी सम्पर्कों और सम्बन्धों का स्वरूप ले सकें.

एक उतावला किसान तितली की अपेक्षा अधिक केन्द्रित होता है, मगर बहुत अधिक नहीं. वह एक समूह में सम्मिलित होता है, कुछ घटने की राह देखता है, आशा करते हुए थक जाता है और दूसरे समूह की ओर बढ़ जाता है. मानों उसने अपने खेत के एक कोने पर सेव का पेड़ लगाया हो और जब साल भर बाद भी उसमें फल नहीं लगे तो उसे उखाड़कर खेत के दूसरे कोने में पुनः स्थापित कर दिया. कोई आश्चर्य नहीं कि वह अगले वर्ष भी फल नहीं देता है और उसे फिर से उखाड़कर किसी और नई जगह में लगा दिया जाता है. उतावला किसान नहीं जानता कि वृक्ष को फलने के लिए लम्बे समय तक एक स्थान पर रहना चाहिए ताकि उसकी स्वस्थ जड़ें ठीक से विकसित होकर असीम उपज दे सकें. इससे क्या ज्ञान मिलता है? यथेष्ट समय तक सम्बन्धों को बनाए रखें ताकि सुदृढ़ रिश्ते पनप सकें.

फिर, विशाल खेलों के शिकारी भी होते हैं जो कम महत्वपूर्ण लोगों में समय व्यर्थ नहीं गँवाना चाहते – वे सीधे भालू का शिकार करना चाहते हैं. वे सिर्फ सीईओ से मुलाकात करना चाहते हैं. वे यह नहीं जानते कि सीधे बड़े आदमी तक पहुँचने में उन्होंने मार्ग के एक दर्जन से अधिक छोटे, मगर महत्वपूर्ण व्यक्तियों का साथ खो दिया है. हर सम्पर्क में सम्भावनाएँ होती हैं कि वह आपको अनेकों आश्चर्यजनक सम्बन्धों से मिला दे, जिनमें के कुछ आपकी मदद करने में अधिक समर्थ होते हैं, बजाय अनेकों प्रभावशाली व्यवस्थापकों के. किसी को भी अनदेखा न करें. अपने नेटवर्क के प्रत्येक व्यक्ति का परिचय प्राप्त करें.

और चील-गिद्धों से सावधान रहें. अक्सर आप उन्हें समय रहते पहचान लेंगे. ताकि उनसे बच सकें. वे आसपास चक्कर काटते रहते हैं और ताक में रहते हैं कि उन्हें कोई शिकार मिले ताकि वे उस पर हमला बोल सकें: ''ओह ! मैं आपका दस मिनिट का बहुमूल्य समय चाहूँगा ताकि मैं आपको अपना अद्‌भुत, धन-अर्जन और अपना-काम-छोड़ें-निवृत्त होवें का अवसर बता सकूँ !'' गिद्ध की ओर जाने की गल्ती न करें. जब आप किसी से मिलें तो अपने बारे में सब-कुछ बताने की इच्छा को रोकें; इसके बदले में आप उसके और उसके व्यवसाय के बारे में सब-कुछ जानने का प्रयत्न करें. प्रश्न पूछें; समान दिलचस्पियों का पता लगाएँ. कुछ ऐसा जानें जिससे आप उसे लाभ पहुँचा सकें. फिर आपके पास एक ऐसा विश्वसनीय नेटवर्किंग पार्टनर होगा जिस पर आप व्यवसाय और सन्दर्भों के लिए भविष्य में आश्रित रह सकेंगे.

यदि आप में महान् विशेषताएँ, एकाग्रता और धीरज हैं तो आप एक खोजी – ऐंगलर बन सकती हैं. उसका काम एक विशेष प्रकार की मछली को फँसाना होता है; वह जानती है

कि वह मछली कहाँ पाई जाती है और उसके लिए कौन-सा चारा काम में लगा चाहिए. वे जानती हैं कि आप किसी भी तलैया में अपनी बन्सी नहीं डाल सकती हैं और न वहाँ आपको वह मछली फँसेगी. ऐंगलर बनने के लिए आपको पहले से योजना बनानी होगी, अपने शिकार के बारे में अध्ययन करना होगा, सही स्थानों को खोजना होगा और फिर सभी विकर्षणों से बचना होगा. एक बार उसने वह मछली खोज ली जिसकी वह राह देख रहा था, फिर वह धीरज से, सावधानीपूर्वक ''प्रदाता ही पाते हैं'' - को व्यवहार में लाएगा, पारस्परिक लाभ के व्यवहार का पालन करेगा.

मैंने जीवन के आरम्भ में ही समझ लिया था कि तितली बनना अधिक लाभदायी नहीं होगा, न उतावला किसान बनना और न महान् शिकार का खिलाड़ी बनना. न मैं चाहती हूँ कि लोग मुझे गिद्ध समझें. मुझे यह भी ज्ञात हो गया था कि मैं अच्छी ऐंगलर भी नहीं बन पाऊँगी; मैं सक्रिय रहना चाहती हूँ और यदि मुझे कुतरने को कौर तत्काल नहीं भी मिलता है तब भी मैं तालाब के अन्य किनारे पर काँटा फेंकने नहीं जाऊँगी. अत: मैंने अपना लक्ष्य बना लिया है, सबों में नेटवर्कर : सर्वश्रेष्ठ किसान बनना.

अच्छी नेटवर्किंग अच्छी किसानी के समान ही होती है. हम जमीन जोतते हैं, बीज बोते हैं, समय पर खाद और पानी डालते हैं फिर फसल काटते हैं. बुद्धिशाली किसान जानता है कि हम जितना अधिक श्रम उसमें लगाएँगे - जितना ज्यादह वह अपने सम्पर्कों को जानेगी और उन्हें लाभ पहुँचाने के प्रयत्न करेगी - उतना अधिक वह प्रत्यागमन में पाएगी. वह यह भी जानती है कि फसल पैदा करने के लिए धीरज और दृढ़ता चाहिए; हमें प्रतिफल तत्काल नहीं मिलते हैं, मगर यदि हम उस पर देर तक कार्य करें तो हमें भरपूर पुरस्कार अवश्य मिलते हैं.

22

आप कितने अच्छे नेटवर्कर हैं ?

आचार्यों में पाए जानेवाले सर्वश्रेष्ठ गुणों और लक्षणों का अध्ययन करने के बाद, सम्भव है आप जानना चाहें कि नेटवर्कर के रूप में आप किस कोटि के हैं. यह जानना अच्छा रहता है कि आप कहाँ खड़े हैं, जब आप यह निर्णय कर रहे होते हैं कि किस दिशा में जाएँ. यहाँ तीन लेख दिए जा रहे हैं जो आपको अपनी कुशलता और ज्ञान का मूल्यांकन करने में मदद करेंगे. लिलियन डी. बॅजोरसेठ एक व्यक्तित्व आधारित स्व-परीक्षण पेश कर रही हैं जो आपको अपनी निजी नेटवर्किंग शैली के बारे में बताएगा; मार्टिन लूथर एक ऐसा साधन दे रहे हैं जो स्वयं के आत्म-विश्वास को नापने में सहायता करेगा - अर्थात् लोगों का आपमें कितना विश्वास है; तथा डोना फिशर और सेन्डी विलास नेटवर्कर के रूप में स्वयं की असरकारकता का मूल्यांकन करने का रास्ता बता रहे हैं.

स्वयं की नेटवर्किंग शैली की खोज

लिलियन डी. बॅजोरसेठ

आपमें से प्रत्येक उतना ही विलक्षण है जितनी बर्फ की पपड़ी. बर्फ की पपड़ियों में अनेकों समानताएँ हैं, उसी प्रकार से सबों को हम अपने सामुदायिक व्यवहारों के आधार पर चार प्रमुख श्रेणियों में बाँट सकते हैं. हममें से प्रत्येक उनको कम-ज्यादह मात्रा में प्रदर्शित करता है. आपमें से प्रत्येक उनमें की किसी एक बात या सम्मिलित बातों को प्रकट करने की प्रवृत्ति रखता है; मतलब यह कि आप उस व्यवहार या व्यवहारों को प्रकट करके सहज अनुभव करते हैं.

हममें से अधिकांश, अन्य व्यावहारिक चिह्नों को कम मात्रा में प्रदर्शित करते हैं, अर्थात् आपको यदि विकल्प मिलता है तो आप उस प्रकार से प्रतिक्रिया करना पसन्द नहीं करते हैं. ऐसा करना आपको स्वाभाविक या सुखदेय नहीं लगता है.

अपने व्यवहार-शैली के ज्ञान के द्वारा आपको अपनी सीमाओं और सामर्थ्य का अधिक अच्छा ज्ञान होता है. आपको अपने प्रेरणा-बिन्दुओं का ज्ञान होता है कि कब आप स्फुरित हो जाते हैं, कब सक्रिय, कब संवेदनशील और कब हमेशा की तरह विचारशील. कौन-सी वस्तु है जो आपको ''आप''बनाती है? कौन-सी बात से आप अधिक अच्छे ''आप'' बन सकते हैं ? किन परिस्थितियों में आप अधिक सचोट होते हैं ? किस वातावरण में आप सबसे कम असरकारक बन जाते हैं? इन प्रश्नों के उत्तरों के साथ, आप सार्थक रूप से, व्यक्तिगत और व्यावसायिक रूप में उन अवसरों को चुन सकते हैं जिनके द्वारा आपको सफलता और सुख पाने की सम्भावना है. इसके विपरीत, आप उन प्रवृत्तियों में से स्वयं को हटा सकते हैं जो आपकी संवादिता शैली के अनुकूल नहीं हैं और अपनी प्रवृत्तियों को पूरा करने में अधिक समय ले लेती हैं...

एक बार आपने अपनी व्यक्ति-व्यक्ति के बीच की संवादिता को सुधार लिया और इस तथ्य से कि आप कौन हैं, सुखद अनुभव करने लगे और जानकर कि यथार्थ में आप कौन हैं, इसे पसन्द कर लिया, तो इसी शैली में आप स्वयं से भी वार्ता-संवाद कर सकते हैं.

आपकी कौन-सी बात दूसरों को खदबदा - स्फुरित कर देती है? वे वैसी प्रतिक्रिया क्यों करते हैं, जैसी कर रहे हैं. किस प्रकार का वातावरण उन्हें प्रेरित करता है?...

जब आपको स्वयं के बारे में यथेष्ट जानकारी मिल जाए कि आप वैसा व्यवहार क्यों कर रहे हैं जैसा व्यवहार-निपुणों की समझ से परे है, तो आप खेल में अग्रणी हो जाएँगे. जब आप यह भी समझने लगेंगे कि अन्य लोग वैसा व्यवहार क्यों कर रहे हैं, जैसा कर रहे हैं, तो आप परिस्थिति के नियंत्रक बन जाएँगे.

जिस एकमात्र व्यक्ति पर आप नियंत्रण पा सकते हैं, वह है स्वयं आप. जब आपको आवश्यकता हो/आप चाहें कि लोग अलग प्रकार से व्यवहार करें - जैसे आप चाहते हैं कि सामनेवाला सौदा निबटा दे या आपको किसी और व्यक्ति से सन्दर्भित करे - तो आपको चाहिए कि आप अपना व्यवहार बदल दें. जब आप जान जाएँ कि औरों को तनावमुक्त कैसे करना - क्योंकि लोगों को पसन्द है कि उनके साथ उनकी मर्जी का व्यवहार किया जाए - तो आप यथार्थ में अच्छे परिणामों की आशा कर सकते हैं. इसका अर्थ अधिक सन्तोषदायक व्यावसायिक एवं व्यक्तिगत सम्बन्धों का आरम्भ भी होता है.

आपकी नेटवर्किंग शैली का विश्लेषण करने के लिए हम जिस पद्धति का उपयोग कर रहे हैं उसका सूत्र रूप है - डिस्क. जिसका अर्थ होगा

- डांटलेस - निर्दोष
- इन्डॅफिटेबल - अजेय
- सपोर्टिव - आश्रयदाता
- केयरफुल - सावधान

समय हो गया है कि आपकी नेटवर्किंग योग्यता का मूल्यांकन किया जाए जो आनन्द के साथ-साथ आपको पारितोषक भी देगा.

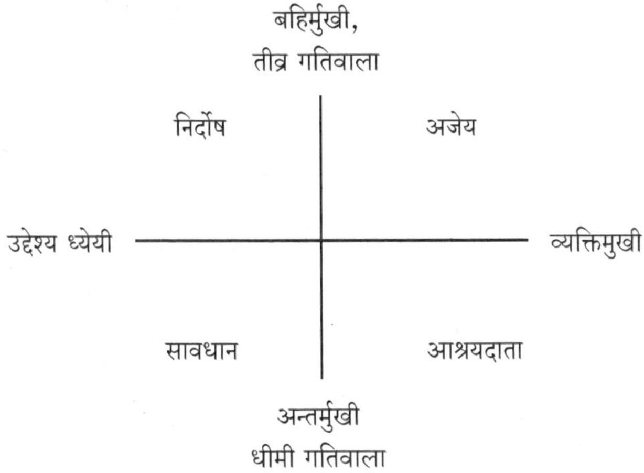

अपनी नेटवर्किंग पद्धति को जानें

1. उपरोक्त चारो वक्तव्य-समूहों में, उन प्रवृत्तियों को चिह्नित करें जो आपके अधिकांश या सबसे कम गुणों से मेल खाते हों. प्रत्येक शीर्षक के नीचे दिए हुए चारों वक्तव्यों को पढ़ें, फिर उन्हें 4 से 1 के उतरते क्रम में लिखें. 4 उस स्वभाव को दें जो आपके व्यवहार से सबसे अधिक समानता रखता हो, फिर 3 उनके बाद की समानता को, फिर 2 और अन्त में 1, जो आपके विशेष व्यवहार को सबसे कम दर्शाता हो.

2. ''ए'' वक्तव्यों से आरम्भ करते हुए, आपने उन्हें जितने अंक दिए हैं, उन्हें योग्य बॉक्स में रख दें... यही प्रक्रिया सभी ''बी,'' ''सी'' तथा ''डी'' वक्तव्यों के साथ करें.

3. अपनी परिशुद्धता का पता सभी कॉलमों का जोड़ लगाकर करें - वह मिलकर 150 होगा.

4. अब उत्तर की कुंजी को देखें... अपनी सबसे अधिक कार्यरत नेटवर्किंग पद्धति(यों) के लिए. यदि दो नम्बर समान हैं तो आपकी प्रवृत्ति दोनों पद्धतियों को साथ-साथ काम में लाने की है.

दिखाव-बनाव

ए. जब भी कभी मैं किसी व्यावसायिक उत्सव में शामिल होती हूँ, मैं पॉवर सूट और उससे सम्बन्धित सहायक वस्तुएँ धारण करती हूँ.

बी. मैं अक्सर सूट पहनती हूँ : मगर ग्रे अथवा नेवी ब्ल्यू संलक्षणा से अलग, और उसे अपने व्यक्तित्व के इकलौतेपन की कलगी पहना देती हूँ. मुझे मैं बनना होता है.

सी. मैं भीड़ में घुलमिल जाना पसन्द करती हूँ. ग्रे अथवा टॉपे स्लॅक्स या स्कर्ट और एक नेवी रंग का ब्लेज़र मुझे सुविधाजनक लगता है.

डी. मैं प्राचीन परम्परा के, सिले कपड़े पहनना पसन्द करती हूँ और सभी कुछ विस्तारपूर्वक व्यवस्थित होना चाहिए.

व्यावसायिक कार्ड फाइलिंग पद्धति

ए. मैं उन्हीं को बचाती हूँ जिनकी तत्काल आवश्यकता होती है.

बी. उन्हें जमा करने में मुझे अधिक आनन्द आता है बजाय काम में लाने के. मुझे अब भी फाइलिंग पद्धति विकसित करनी है, अतः मुझे अकल्पनीय स्थानों पर वे पड़े मिलते हैं.

सी. मैं अपने सभी कार्डों के दाहिने कोने में तारीख डालकर कम्पनी के नामों के अनुसार उन्हें वर्णानुक्रम से जमा देती हूँ.

डी. मैं बहुत कम कार्ड जमा करती हूँ और जानती हूँ कि वे कहाँ हैं ताकि उन्हें समय पर पा सकूँ.

मोटरकार

ए. कॅडिलॅक या मर्सीडिस ही मेरे लिए हैं.

बी. रूपान्तरित या स्पोर्ट्स कार मेरी पसन्द हैं.

सी. स्टेशन वॅगन परिवार एवं व्यापार के लिए उपयोगी होती हैं.

डी. कार खरीदने से पहले ग्राहक–सलाह पत्रिकाएँ पढ़ती हूँ.

पत्र–व्यवहार

ए. मुझे लघु और अनौपचारिक पत्र पसन्द हैं... यदि मैंने कभी लिखे, तो.

बी. मैं अनेकों विस्मयबोधक बातें लिखती हूँ और उन्हें रेखांकित कर देती हूँ ताकि मेरा उत्साह प्रकट हो जाए.

सी. सद्भाव और ऊष्मा मेरे लक्ष्य होते हैं.

डी. मुझे औपचारिकता पसन्द है. अपनी बात समझाने के लिए मैं अक्सर संलग्न जोड़ देती हूँ.

डेस्कटॉप्स

ए. मैं दूसरों को प्रतिनिधि बना देती हूँ ताकि रोज के कार्यों से छुटकारा पा सकूँ और यथार्थ में बड़ी चीजों पर काम कर सकूँ.

बी. टेबल खरीदने के बाद से मैंने उसके टॉप को नहीं देखा है. अक्सर मैं फर्श को फाइलिंग के लिए काम में लाती हूँ.

सी. कार्य समाप्त होते ही मैं फाइलिंग कर लेती हूँ. मैं अपनी ''पेंडिंग'' फाइल भी अद्यतन रखती हूँ.

डी. मेरी टेबल का धरातल अव्यवस्थित दिख सकता है, मगर मैं जानती हूँ प्रत्येक वस्तु कहाँ है.

चेहरे के हाव-भाव

ए. मैं सीधे आँखों में देखती हूँ. मैं उतावली हो जाती हूँ जब लोग अपनी बात सीधे-सीधे नहीं कहते.

बी. मेरे चेहरे के हाव-भाव सजीव और स्फूर्तिमय हैं. अपनी भावनाएँ मैं प्रकट कर देती हूँ, और चूँकि मैं आशावादी हूँ, मैं अपने उत्साह को मिलनेवाले हर व्यक्ति के साथ बाँटना चाहती हूँ.

सी. मेरी मुस्कान मैत्रीपूर्ण और उत्साह जगानेवाली है. मुझे उद्विग्न करना असम्भव है.

डी. मैं नहीं चाहती कि लोगों को पता चले कि मैं क्या सोच रही हूँ; लोग मुझे विरक्त कहें, उससे मुझे कोई फर्क नहीं पड़ता.

लक्ष्य

ए. मेरा एक ही लक्ष्य है - हर कार्य के तत्काल परिणाम पाना और मार्ग की हर बाधा को तहस-नहस कर देना.

बी. मेरे लक्ष्य ? वे मेरे दिमाग में हैं. उन्हें लिखने का मुझे अब तक अवसर नहीं मिला.

सी. अगले वर्ष के लिए मैं उन्हें दिसम्बर में निर्धारित करती हूँ. फिर, टाइप करके मैं उन्हें फोल्डर में महीनेवार फाइल कर देती हूँ.

डी. मेरा विश्वास है कि सफलता के लिए दीर्घसूत्री व्यवस्थापन आवश्यक है.

हस्तदोलन

ए. मैं उद्देश्यसहित, जोरों से हाथ मिलाती हूँ.

बी. मैं अपने हाथों के साथ अक्सर इतनी व्यस्त रहती हूँ कि हाथ मिलाना भूल जाती हूँ.

सी. मैं अपने मृदुल हस्त-दोलन के लिए जानी जाती हूँ. वह कड़ा भी हो सकता है, पर मैं अक्सर चाहती हूँ कि लोग मेरी गम्भीरता और सहृदयता को समझें.

डी. मैं औपचारिक रूप से हाथ मिलाती हूँ. समाज आज्ञा देता है, इसलिए मैं हाथ मिलाती हूँ, न कि मैं ऐसा चाहती हूँ. कोई मुझे छुए यह बात मुझे विशेष रूप से पसन्द नहीं है.

सूचनाओं का संकलन

ए. मेरे अन्वेषण के लिए मैं किसी को रख लेती हूँ. मगर वे जब समय पर उसे पूरा नहीं करते, मैं चिढ़ जाती हूँ.

बी. मुझे इस क्षेत्र पर अधिक ध्यान देना होगा. मैं अक्सर लक्ष्य-निर्धारण से पहले ही गोली दाग देती हूँ.

सी. मैं रविवार के दिन जब समय-सम्पादन करती हूँ उसी दिन इसके लिए भी समय आबंटित कर देती हूँ.

डी. यह अनिवार्य है कि निर्णय लेने से पहले मेरे पास सारी जानकारी आ जाए. इसके लिए मैं पूरा समय देती हूँ.

सुनना

ए. मैं तब सुनती हूँ जब स्पीकर की आवाज मेरे कार्यक्रम के अनुकूल होती है. मुझे पसन्द आता है जब लोग अपनी बात का अन्त जल्दी करते हैं.

बी. मेरे लिए सुनना बहुत मुश्किल है क्योंकि कहने के लिए मेरे पास बहुत-कुछ है.

सी. मैं जानने का प्रयत्न करती हूँ कि लोग क्या कह रहे हैं और दिलचस्पी न होने पर भी उस पर ध्यान देती हूँ. मैं उनकी भावनाओं को चोट नहीं पहुँचाना चाहती.

डी. जो कहा जा रहा है मैं उसका मूल्यांकन करती हूँ और उसकी गम्भीरता पर ध्यान देती हूँ. मैं अपनी प्रतिक्रियाओं को प्रयत्नपूर्वक पूरी तरह से रोके रखती हूँ.

आगमन

ए. लोगों को ''अनुभव'' होता है जब मैं कमरे में प्रवेश करती हूँ. मेरा आत्मविश्वासी स्वरूप कमरे के आभा-मण्डल को बढ़ाता है.

बी. मैं कमरे में उत्तेजना पैदा कर देती हूँ, जब प्रवेश करती हूँ. मुझे प्रकाशपुंज में केन्द्रित रहना अच्छा लगता है.

सी. मैं अक्सर चुपचाप कमरे में प्रवेश करके पीछे कहीं बैठ जाती हूँ.

डी. लोग मुझे देखें इससे ज्यादा पसन्द है मुझे कि मैं लोगों को देखूँ.

ऑफिस का गुण-वर्धन

ए. मैं गौरवपूर्वक अपने पुरस्कार और विजयचिह्न दिखाती हूँ.

बी. मैं अपने और अपने व्यावसायिक सहकर्मियों के साथ के चित्रों और प्रेरणात्मक पोस्टरों को दिखाना पसन्द करती हूँ. उनके लिए स्थान कम पड़ रहा है.

सी. पारिवारिक चित्र मुझे ऊष्मायुक्त और उत्साहपूर्ण बना देते हैं.

डी. मुझे अपने डिप्लोमा, सर्टिफिकेट और मान्यता-पत्रों को नम्रतापूर्वक दिखाना अच्छा लगता है.

फोन कॉल्स

ए. जॉहन बोल रहा हूँ. दोपहर को मैं तुम्हें लेने आऊँगा. हम जो की भोजन-शाला में खाना खाएँगे.

बी. हाय ! है न रमणीय मौसम ? मेरा सप्ताहान्त बहुत सुखद रहा.

सी. हाय ! मैं बोनी हूँ. क्या आपके लिए समय अच्छा है ?

डी. हॅलो, मैं मिसेस जोन्स बोल रही हूँ. अपने 10 अप्रैल के पत्र में लिखे वायदे के अनुसार मैं कार्यवाही कर रही हूँ.

समाचार-पत्र का पठन

ए. मैं सबसे पहले व्यावसायिक सलाह के स्तम्भ पढ़ती हूँ ताकि ज्ञात हो कि *कौन सी* अधुना नेटवर्किंग/विक्रय-प्रक्रियाएँ व्यवहार में प्रचलित हैं.

बी. मैं सर्वप्रथम व्यक्तिगत परिचय खण्ड पढ़ती हूँ ताकि पता चले कि *कौन-सा* व्यक्तित्व महत्वपूर्ण है.

सी. मैं पहले पृष्ठ से आरम्भ करके सारा अखबार पढ़ती हूँ. मुझे व्यवस्थितपना पसन्द है, और इसीलिए अखबार पढ़ती हूँ, ताकि जान सकूँ कि उसे *कैसे* सम्पादित कर सकते हैं.

डी. जब भी मुझे कोई स्पेलिंग की अथवा तथ्यात्मक भूल मिलती है, मैं सम्पादक को लिखकर पूछती हूँ कि उसे *क्यों* होने दिया.

विक्रय के फोन-कॉल्स

ए. मैं संक्षिप्त, स्पष्ट और विषय-केन्द्रित बात करती हूँ. मैं लघु वार्तालाप को भी संक्षिप्त रखती हूँ.

बी. मैं उसे सामाजिक पारस्परिक आदान-प्रदान के रूप में ग्रहण करती हूँ. यदि ग्राहक चाहता है कि मैं वहाँ आऊँ, तो मैं आवश्यक समय खर्च करूँगी.

सी. मैं ग्राहक के साथ सौहार्द्र स्थापित कर लेती हूँ. मैं ध्यानपूर्वक उसकी बात सुनती हूँ और उसे व्यक्तिगत रूप से आश्वस्त करती हूँ.

डी. मैं एक तर्कपूर्ण, क्रमबद्ध तरीके से कार्य करती हूँ जिसके पीछे यथेष्ट खोज-साम्रगी रहती है.

उत्तरतालिका

	ए	बी	सी	डी
	निर्दोष	अजेय	आश्रयदाता	सावधान
दिखाव-बनाव	____	____	____	____
व्यावसायिक कार्ड फाइलिंग पद्धति	____	____	____	____
मोटर कार	____	____	____	____
पत्र-व्यवहार	____	____	____	____
डेस्क-टॉप	____	____	____	____
चेहरे के हाव-भाव	____	____	____	____
लक्ष्य	____	____	____	____
हस्तदोलन	____	____	____	____
सूचनाओं का संकलन	____	____	____	____
सुनना	____	____	____	____
आगमन	____	____	____	____
ऑफिस का गुण-वर्धन	____	____	____	____
फोन-कॉल्स	____	____	____	____
समाचार-पत्र का पठन	____	____	____	____
विक्रय के फोन-कॉल्स	____	____	____	____
कुल योग 150	____	____	____	____

- यदि आपका अधिक योग ए कॉलम में आता है तो आप *निर्दोष नेटवर्कर* हैं.
- आपका अधिकतम जोड़ यदि बी कॉलम में है तो आप *अजेय नेटवर्कर* हैं.
- कॉलम सी में यदि आपका महत्तम योग आता है तो आप *आश्रयदाता नेटवर्कर* हैं.
- यदि आपके अंकों का जोड़ डी खण्ड में आता है तो आप *सावधान नेटवर्कर* माने जाएँगे.

आप में से अनेकों को अन्य तीनों पद्धतियों के बजाय एक विशेष शैली से काम करना अच्छा लगता है. कुछ को अन्य दो पद्धतियों के अनुसार कार्य-सम्पादन अच्छा लगेगा, जो लगभग एक-जैसी हैं. वैसी स्थिति में आप किसी भी एक पद्धति को प्रदर्शित करें और परिस्थिति के अनुसार काम को होने दें. और भी अन्य लोग होंगे जो तीन शैलियों को एक-जैसा पसन्द करेंगे और बहुत कम प्रतिशत लोग चारों प्रकारों में अपनी पसन्द को समान रूप से विभाजित कर पाएँगे.

उपरोक्त अंश ब्रेकथ्रू नेटवर्किंग *से सधन्यवाद, आज्ञानुसार लिया गया है.*

आपका आत्म-विश्वास प्रमुख नहीं होता

मार्टिन लॉसन

जब बात आपके नेटवर्क में से सन्दर्भों को पाने की आती है, तो आत्म-विश्वास प्रमुख तत्व बन जाता है - आपका आत्म-विश्वास नहीं बल्कि आपके सहकर्मियों को आपमें जो विश्वास है, वह. कोई भी व्यक्ति अपनी व्यक्तिगत ख्याति को, अनजान व्यक्ति को व्यवसाय, सूचनाएँ अथवा सम्पर्कों को देकर खतरे में नहीं डालना चाहता. फिर भले ही आप अपने अनेकों नेटवर्क सहकर्मियों को काफी समय से जानते हों, मगर जब तक वे आपका खास स्तर का विश्वास अर्जित नहीं कर लेते हैं कि आपकी ओर सम्पर्कों को भेजने से उनके ग्राहकों, सहकर्मियों, मित्रों तथा परिवार के बीच उनकी प्रतिष्ठा को ठेस नहीं पहुँचेगी, तब तक आप अजनबी ही बने रहेंगे.

यह विश्वास का स्तर असल में है क्या ? यहाँ दर्शाया हुआ सम्पर्क-विश्वास का घुमाव

हमें उसकी गतिशीलता को समझाता है. सन्दर्भों को पाने की आपकी सफलता कुछ अंशों में आपकी योग्यता पर भी आश्रित होती है, पर अधिक अंश में वह इस बात पर निर्भर करती है कि सन्दर्भ देनेवाले को आप में किस कोटि का विश्वास है.

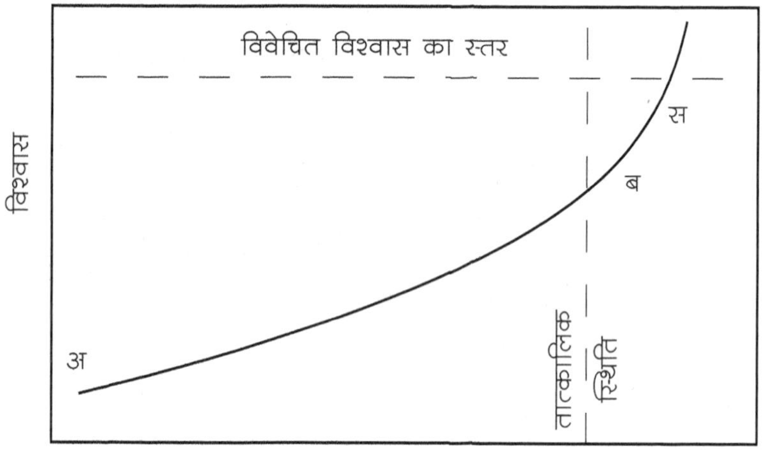

घुमाव की आकृति बताती है कि सन्दर्भ-आधारित मार्केटिंग का तात्पर्य होता है दीर्घकालिक सम्बन्धों की स्थापना. विश्वास आरम्भ में कुछ धीमी गति से बढ़ता है, फिर ज्यों-ज्यों सम्बन्ध पुराने होते हैं, वह तेजी से विकसित होता है. आवश्यक विश्वास का स्तर बताता है कि सन्दर्भ देनेवाला कितने अंश तक खतरा मोल ले रहा है.

वहाँ तक पहुँचना

अपने नेटवर्किंग साथियों के विवेचित विश्वास के स्तर तक पहुँचने में कितना समय लगेगा? आपके उत्पादों या सेवाओं की गुणवत्ता के अलावा वह निम्न लिखित चार प्रमुख बातों पर भी निर्भर करेगा :

1. आपका अध्यवसाय. सन्दर्भ जितने अधिक महत्वपूर्ण व्यवसाय का होगा, सन्दर्भ देनेवाले की प्रतिष्ठा को उतना ही अधिक खतरा होगा. यदि आप पुष्प-विक्रेता हैं तो लोगों को एक या दो सप्ताह ही लगेंगे और वे आपकी सेवाओं को अपने अनुभव के आधार पर औरों को सन्दर्भित करने लगेंगे. एक फूल-विक्रेता के साथ खतरे का बहुत छोटा-सा अंश जुड़ा होता है - यदि आप किसी बहुत बड़े कॉर्पोरेट संस्थान को अपना ग्राहक नहीं बनाना

चाहते हों, जो सम्भव है आपको सन्दर्भ देनेवालों का भी ग्राहक हो. यदि आप एक वकील, बही-खाता लेखक अथवा निवेश-निर्देशक हैं तो सम्भव है उस वांछनीय विश्वास के स्तर तक पहुँचने में आपको छह महीने अथवा एक वर्ष का समय लग जाए. क्योंकि खतरों का अनुपात अधिक है, आपका सन्दर्भकर्ता अधिक विश्वास अर्जित करेगा यदि कार्य में सफलता मिलती है. उसे यश मिल जाएगा कि वह कार्य-निष्पन्दन के योग्य सही लोगों को जानती है.

2. आप औरों को आपके व्यवसाय के बारे में कैसे शिक्षित करेंगे. यह धारणा न बना लें कि आपके सहकर्मी नेटवर्कर्स आपकी संस्था या व्यवसाय को इतने अच्छे से जानते हैं कि वे औरों को विश्वासपूर्वक आपको सन्दर्भित करेंगे. अधिकांश लोग स्वयं के व्यवसाय के लायक ही समय रखते हैं और निजी समस्याओं से जूझते रहते हैं. हमें उन्हें शिक्षित करना होगा और तब तक ज्ञान देते रहना होगा जब तक हम व्यवसाय में बने रहते हैं. इसका श्रेष्ठ तरीका है बड़े, ग्रहणशील समुदायों को सम्बोधित करना; नेटवर्किंग समूह आदर्श रहेगा क्योंकि समूह का हर सदस्य नियत समयों पर अन्य सदस्यों को उद्‌बोधित करनेवाला ही है. अपनी प्रस्तुति को दिलचस्प और प्रेरणाप्रद बनावें. उनसे कहें कि किस प्रकार से आपका उत्पाद या सेवा जीवन या व्यवसाय को उन्नत बनाती है. उन्हें यह भी बतावें कि कौन, कैसे, कब, कहाँ और किस प्रकार से ऐसा करेगा. प्रत्येक बार जब आप बात करें, अपने व्यवसाय का नया पहलू सामने रखें. आपका ज्ञान और वक्तृत्व-कला उन्हें जानने को बाध्य करे कि आप जो भी कुछ करते हैं, बहुत कुशलता से करते हैं. उनमें ऐसा विश्वास पैदा हो जाए कि आप उनके सम्पर्कों में से किसी की भी प्रतिष्ठा को कभी भी गम्भीर रूप से आहत नहीं करेंगे. बाद में जब भी कभी कोई सन्दर्भ का अवसर आएगा, आपका नाम उनके दिमाग में गूँजने लगेगा.

3. दूसरों के स्वयं के सन्दर्भों के विश्वास का घुमाव आपकी सहायता से कैसे ऊपर को उठे. यदि आप अपने सहकर्मी नेटवर्कर द्वारा दिए जा रहे उत्पादनों या अर्पित सेवाओं की गुणवत्ता को समर्थित कर दें - अर्थात् दूसरों के विश्वास को उस व्यक्ति के लिए बढ़ा दें तो आपका पार्टनर आपके उपकार को लौटाने को बाध्य हो जाएगा. आपके हिस्सेदारों द्वारा दिए एक या दो प्रमाण-पत्र, बदले में एक बहुत बड़ा और बहुत कीमती सन्दर्भ, आपके अन्य पार्टनर की ओर से आपको मिल सकता है जो अब तक राह देख रहा था कि आप और अधिक विश्वसनीय बन जाएँ, तब फिर आपका सन्दर्भ किसी को दिया जाए.

4. औरों का व्यवसाय सीखने में समय का निवेश करना. यदि आप चाहते हैं कि आपके उत्पादनों और सेवाओं के मूल्यांकन के बारे में लोग जानें, तो आपको उनकी वस्तुओं का मूल्य समझने में समय बिताना होगा. इसका सर्वश्रेष्ठ तरीका है ''एक-पर-एक: ''जॉहन, मैं चाहता हूँ कि मैं औरों का अधिक व्यापार आपकी ओर भेजूँ, मगर मुझे इसके लिए इस बात की गहरी जानकारी चाहिए कि आपकी कम्पनी क्या करती है और उसे आप कैसे चलाते

हैं. क्या हम किसी दिन साथ बैठकर अगले सप्ताह, इस पर बातें कर सकते हैं ?'' वैसे तो आप बिल्कुल नहीं कहते हैं मगर जॉहन समझ जाता है कि उसे उसी समय आपके व्यवसाय के बारे में कुछ और अधिक सीखने को मिलेगा. गम्भीर प्रवीण नेटवर्कर नियमित रूप से आपस में मिलते हैं और मिलकर आपस में एक-दूसरे के व्यापार को ऊपर उठाते हैं.

देर तक घात लगाकर बैठना

हमेशा यह जानना सरल नहीं होता कि आपने अपने विश्वास के घुमाव में कहाँ तक प्रगति की है. अनेकों नेटवर्कर्स अपना बहुत सारा समय और प्रयत्न इस बात में लगा देते हैं कि औरों का विश्वास उनमें बढ़े, फिर, सफलता के किनारे पर खड़े होकर उसने मीटिंगों में आना और हतोत्साहित होना आरम्भ कर दिया. ग्राफ का सन्दर्भ लेकर यदि कहें तो उन्होंने बिन्दु ए से बिन्दु बी तक जाने में कड़ी मेहनत की फिर प्रयत्न छोड़ दिया. उन्हें कभी खयाल भी नहीं आया कि वहाँ से बिन्दु सी कितना निकट है. आपको कैसा लगेगा यदि आपके दृष्टि से ओझल होने के दो सप्ताह बाद, कोई आपको जबरदस्त सन्दर्भ के रूप में पाए ?

यहाँ हम बता रहे हैं कि अपने प्रयासों को सापेक्ष महत्व कैसे प्रदान करना और उनके परिणामों को मनोनुकूल कैसे बनाना. स्वयं से निम्नलिखित चार प्रश्न पूछें और पूछना निरंतर जारी रखें जब तक कि आप सफलता नहीं पा लेते और उनके उत्तर स्पष्ट नहीं हो जाते.

1. क्या आप अपने व्यवसाय में, विश्वास के विवेचित स्तर तक पहुँचने में लगनेवाले समय के बारे में ठीक से जानते हैं ? यथार्थवादी हैं.

2. क्या आप लगातार, अपने सहकर्मी नेटवर्करों को अपने प्रेरणादायी, शैक्षणिक वक्तव्यों के माध्यम से बताते रहते हैं कि कितना मूल्यवान ज्ञान आप अपने ग्राहकों को दे रहे हैं ?

3. क्या आप अपने समूह के अन्य लोगों के साथ व्यवसाय करते हैं, ताकि आप उन्हें कुछ सक्रिय प्रमाण-पत्र दे सकें तथा व्यापार को उनकी दिशा में प्रेरित कर सकें और आशा करें कि वे आपके प्रयत्नों का प्रत्यावर्तन करेंगे ?

4. क्या आप अपने नेटवर्किंग साथियों के साथ नियमित रूप से मिलते हैं और उनके व्यवसाय के बारे में जानने का प्रयत्न करते हैं ताकि आप विश्वासपूर्वक अपने सम्पर्कों को उन्हें सन्दर्भित कर सकें ?

यदि आप इन सहज रणनीतियों को अपनाए हुए हैं, तो आप सही मार्ग पर चल पड़े हैं ताकि अन्य नेटवर्करों के अनेकों सन्दर्भ आपको मिलें, आप जिसके योग्य हैं.

आत्म-मूल्यांकन

डोना फिशर तथा सेंडी विलास

हमारा लक्ष्य आपको प्रेरित करना है ताकि आप एक तेजस्वी नेटवर्कर बनें और अपने दैनिक जीवन में नेटवर्किंग के लाभों का आनन्द ले सकें. भले ही आप स्वयं को नौसिखिया समझें अथवा साधारण कोटि का या प्रवीण नेटवर्कर, हमेशा विकास की सम्भावनाएँ बनी रहेंगी. नेटवर्किंग का पार्श्वचित्र जब स्पष्ट होता जाएगा तो उससे ज्ञात होगा कि आप इस समय कितनी गम्भीरता से कुशल नेटवर्कर के सिद्धान्तों, औजारों, कार्य-पद्धति और जीवन-दृष्टि का अनुसरण कर रहे हैं. आप जिन विचारों को इस समय व्यवहार में ला रहे हैं, वह जीवन-दृष्टि उन्हें पुन: स्थापित करेगी और अधिक कुशलता के लिए नए साधन देगी और भविष्य की निरन्तर नेटवर्किंग सफलता के लिए मार्ग दिखाएगी.

अपनी नेटवर्किंग की योग्यता की रूपरेखा को जानने के लिए आपको मापदण्ड 1 से 5 के अनुसार अंक अर्जित करने होंगे जिनका गूढ़ार्थ है 1 = कभी नहीं, 2 = कभी-कभी, 3 = नियमित रूप से, 4 = अक्सर, 5 = हमेशा. ये सभी आपकी वर्तमान जीवन-यापन पद्धति के लिए लागू होंगे. स्वयं के साथ ईमानदार रहें. नए, स्फूर्तिदायक नेटवर्किंग विश्व में प्रवेश से पहले आपको यह अवसर मिल रहा है ताकि आप अपनी कुशलता के वर्तमान स्तर का मूल्यांकन कर सकें.

जब आप विवरणों की तालिका को समाप्त कर लें, अपने अर्जित अंकों को जोड़ें और देखें कि आपने स्वयं को एकल चरवाहे से लेकर सशक्त नेटवर्कर के बीच के किस स्थान पर स्थापित किया है. आपको पता चलेगा कि अधिकांश जीवन आप एकल चरवाहे - लोन रेंज - रहे हैं अथवा आपने नेटवर्किंग क्षेत्र की प्रवीणता और अधिकार को पा लिया है.

स्वयं की नेटवर्कर शक्ति को पहचानें

1. मुझे ज्ञात है कि जीवन में मूल्य और नियम कितने महत्वपूर्ण होते हैं.
2. मैं अपने जीवन की उन पाँच उपलब्धियों को नामांकित कर सकती हूँ जिन पर मुझे नाज़ है.
3. मैं अपनी सुविज्ञता तथा स्रोतों के बारे में ठीक से जानती हूँ जो औरों के लिए

उपयोगी हैं.

4. मैंने अपनी एकल प्रवास की प्रवृत्ति को अब समाप्त कर दिया है.
5. मैं अपने नेटवर्कर स्वरूप के सामर्थ्य को समझती हूँ.
6. मैंने दीर्घकालीन उपलब्धियों और शीघ्र प्राप्य लक्ष्यों की लिखित सूची बनाई है जिसे मैं लगातार सुधारती रहती हूँ.
7. मैंने नेटवर्क का एक खाका/नक्शा बनाया है जिसमें मेरी नेटवर्क प्रवृत्तियों की विशालता और बहुविधता - दोनों ही सम्यक् रूप से आ जाते हैं.

नेटवर्क करते समय उदारमना और विनम्र रहें

8. व्यावसायिक रूप से मेरी प्रस्तुति चित्रित करती है कि मैं कौन हूँ और क्या करती हूँ.
9. मैं स्वयं को स्पष्ट, संक्षिप्त, आत्मीय रूप में पेश करती हूँ जिससे मुझमें लोगों की दिलचस्पी जागती है.
10. मैं समूहों में सहजता अनुभव करती हूँ और मेरे वार्तालाप से प्रभाव पैदा होता है.
11. लोग मुझे याद करके पहचानें उससे पहले ही मैं स्वयं का फिर से परिचय दे देती हूँ.
12. जब लोगों का मुझसे परिचय कराया जाता है, मैं उन पर ध्यान देती हूँ ताकि मुझे याद रहे कि उनका नाम क्या है और वे क्या करते हैं.
13. मुझे नेटवर्किंग सम्मेलनों में मेजबान बनना अच्छा लगता है.
14. मैं स्वयं को और अपने व्यवसाय को प्रोत्साहित और दर्शनीय बनाकर सहज अनुभव करती हूँ.
15. मैं हर किसी से सम्मानपूर्वक और नम्रता से मिलती हूँ.

व्यावसायिक कार्डों को आदर दें

16. मेरा व्यावसायिक कार्ड आकर्षक है और इशारा करता है कि मैं कौन हूँ और क्या करती हूँ.

17. हर मौके के लिए मेरे पास यथेष्ट कार्ड हैं.
18. मैं सोच समझकर कार्ड बाँटती हूँ.
19. मैं प्राप्त व्यावसायिक कार्डों पर विगत लिखती हूँ ताकि वे यादों को जगाकर बाद के सम्पर्क-सूत्र बन सकें.

अपने नेटवर्क को प्राप्ति-स्वीकृतियों के द्वारा पनपाएँ

20. मैं प्रतिदिन प्रप्तियाँ पाती और भेजती हूँ.
21. जो व्यक्ति मुझे प्रेरित करते हैं मैं उनका आभार मानती हूँ, फिर भले ही मैं व्यक्तिगत रूप से उन्हें जानूँ या न जानूँ.
22. मैं अपने नेटवर्क को फोन-कॉल्स, लघु-पत्र तथा समयानुकूल योग्य उपहारों को भेजकर समृद्ध बनाती हूँ.
23. मैंने व्यक्तिगत सन्दर्भ-कार्ड बनाए हैं.
24. मैं शालीनतापूर्वक प्राप्ति-स्वीकृतियाँ पाती और भेजती हूँ और उनका अनुमोदन करती हूँ.

स्वयं को स्रोत बनावें

25. मैंने एक प्रभावशाली प्रणाली स्थापित की है जो मेरे नेटवर्क को व्यवस्थित और उन्नत बनाती है.
26. मेरी व्यावसायिक कार्ड-फाइल व्यवस्थित और अधुनातम है.
27. मैं प्रभावशाली ढंग से समय-सम्पादन करती हूँ.
28. मेरी दैनिक सक्रियता-सूची प्रतिदिन नियमित हो जाती है और शेष बचे या अधूरे कार्यों को अगले दिन के लिए अन्तरित या रद्द कर दिया जाता है.
29. मैं प्रस्तुत कार्य को पहले निबटाती हूँ बजाय अपनी सक्रियता-सूची में नए काम बढ़ाने के.
30. मैं आए फोन-कॉल्स का प्रत्युत्तर चौबीस घंटों के भीतर ही दे देती हूँ.
31. फोन करने से पहले मैं बात को दिमाग में संयोजित कर लेती हूँ तब अपने सन्दर्भों, अग्र-सूत्रों या नेटवर्क के साथियों को फोन करती हूँ.

32. जो कार्यक्रम, गतिविधियाँ या मिलन मेरे समय, शक्ति और ध्यान को नष्ट करते हैं मैं उन्हें मना कर देती हूँ.

33. मैं अवसरों का अधिकतम लाभ उठाने के लिए नेटवर्किंग में पूर्व-तैयारी करती हूँ.

अपने निवेदनों को प्रभावशाली बनावें

34. मैं सहयोग माँगती हूँ और उसका उपयोग करती हूँ.

35. मैं अपने नेटवर्क से स्पष्ट शब्दों में, संक्षिप्त और बिना आग्रह के निवेदन करती हूँ.

36. मैं लगातार प्रयत्न करती रहती हूँ कि मुझे पूछने का अवसर मिले, ''आप किसे जानते हैं, और किसे....?''

37. मैं आगामी सूत्रों पर तत्काल कार्यवाही करती हूँ.

38. मैं हर सम्पर्क को मूल्यवान समझती हूँ.

कार्यक्रमों से जुड़कर स्वयं को प्रकट करें

39. मैं एक व्यावसायिक समूह की सदस्या हूँ.

40. मैं किसी संस्थान की किसी समिति अथवा बोर्ड की सदस्या हूँ.

41. मैं नियमपूर्वक अपने नेटवर्क के सदस्यों को सन्दर्भ देती और निवेदन करती रहती हूँ.

42. मैं ''तीन-फुट-नियम'' को जानती भी हूँ और व्यवहार में भी लाती हूँ.

43. मैं लगातार अपने नेटवर्कर का पुनर्मूल्यांकन और संवर्धन करती रहती हूँ.

नेटवर्किंग का निजी पहुँच-मार्ग विकसित करें

44. मैं अपनी अन्तर्प्रेरणा पर विश्वास करती हूँ और उसके अनुसार कार्य करती हूँ.

45. मैं अपने नेटवर्क के व्यक्तियों की सफलता के लिए प्रतिबद्ध हूँ.

46. मैं अपनी उच्च कोटि की दी जा रही सेवाओं के लिए प्रसिद्ध हूँ.

47. मैं एक सक्रिय और ग्रहणशील श्रोता हूँ.

48. मैं विश्वसनीयता और व्यावसायिकतापूर्वक अपने सारे जवाबी कार्य और उद्यमों को करती हूँ.

49. मैं खुले दिमाग से सारे सम्पर्कों और अवसरों को स्वीकार करती हूँ.

नेटवर्क द्वारा अपने विश्व को विस्तारित करें

50. मेरी पहचान एक सु-स्थापित और साधन सम्पन्न नेटवर्कर के रूप में होती है.

51. मैं नेटवर्किंग का उपयोग स्वयं को और दूसरों को निजी तथा व्यावसायिक लाभ पहुँचाने के लिए करती हूँ.

52. मैं अपने विचारों से ऊपर अपने नेटवर्क को स्थान देती हूँ.

53. मैं प्रभावी नेटवर्किंग के आदर्श के रूप में मानी जाती हूँ.

54. मैं पूरे विश्व को एक विशाल नेटवर्क के रूप में देखती हूँ.

55. मेरे लिए नेटवर्किंग एक जीवन-पद्धति है.

प्राप्तांक

275 से 235	सशक्त
234 से 200	प्रभावशाली
199 से 164	प्रतिभाशाली
163 से 128	विभाजित
127 से 92	भीरु
91 से 55	एकल चरवाहा

पॉवर नेटवर्किंग *से लिया गया उपरोक्त अंश अनुमतिपूर्वक उद्धृत हुआ है.*

23

आचार्यत्व का मार्ग

अब इस नेटवर्किंग पाण्डित्य को कुछ सारांशों में समेटने का समय आ गया है. लांस मीड अपने दस वर्षों के नेटवर्किंग के अनुभवों, जिन्हें सीखने का आरम्भ उन्होंने एक केन्द्रबिन्दु ब्रेकफास्ट सभा में शामिल होकर किया था, को हमारे साथ बाँट कर रहे हैं; डॉ. फिलिप ई. हम्बर्ट अपने नेटवर्किंग के दस प्रमुख करने योग्य और न करने योग्य कार्यों की सूची बनाते हैं; रीड तथा कॅथी मॉर्गन प्रवीण-जनों द्वारा व्यवहृत बातों को घरेलू समझदारी में लपेटकर प्रस्तुत करते हैं; जॉहन मेयर तथा जॉहन मिल्टन फॉग, नेटवर्किंग की तुलना अपने प्रिय बाहरी खेलों से करते हैं; तथा एमोरी कोवान हमें स्मरण दिलाते हैं कि समय से पहले वाइन नहीं परोसनी चाहिए.

प्रवीणता की नौ कुंजियाँ

लांस मीड

अनेकों वर्ष पहले, मेरे ग्राहक तथा मित्र रे ने मुझे एक नेटवर्किंग की प्रात:कालीन ब्रेकफास्ट सभा में आमंत्रित किया. मैंने लगभग ना कर दिया. आखिर मैं एक सफल व्यवसायी था. नेटवर्किंग के लिए जानने योग्य सभी बातें मैं जानता था. मैं दीर्घ समय से चेम्बर ऑफ कॉमर्स, रोटरी इंटरनेशनल, किवानीज़ तथा एल्क्स का सदस्य था. मैं नेटवर्क के काम से नाक तक लदा था.

मगर मैंने रे का आमंत्रण स्वीकार कर लिया - और उसने मेरी आँखें खोल दीं. मैं जो कुछ कर रहा था वह एक काल्पनिक, अस्त-व्यस्त, अधूरे मन से किया स्वयं के विक्रय का प्रयत्न था जिसमें मुझे उन लोगों के इर्द-गिर्द चक्कर लगाने पड़ते थे जिनकी अन्य अनेकों प्राथमिकताएँ होती थीं. ब्रेकफास्ट मीटिंग ने मुझे यथार्थ बात बताई : सन्दर्भित नेटवर्किंग, एक सोद्देश्य और व्यवस्थित व्यावसायिक सन्दर्भों के व्यवसायों की नई पीढ़ी है.

दस वर्ष पूर्व की उस ब्रेकफास्ट मीटिंग के बाद से मैंने अपना पेशा बना लिया नेट वर्किंग को सीखना और उसकी सर्वाधिक कारगर रणनीतियों और प्रणालियों को उनके शीर्ष विद्वानों से सीखना. मैंने जो सबसे प्रमुख नौ तत्वों को सीखा है, उन्हें यहाँ दे रहा हूँ.

1. ''प्रदाता ही पाते हैं'' के सिद्धान्त को अपनावें. चाहे आप अपने किसी पुराने मित्र से मिल रहे हों, अथवा नए सम्पर्क से, प्रवीण नेटवर्कर के दिमाग में पहला विचार आता है कि वह किस प्रकार से मदद करे ? यह एक कुशल रणनीति से अधिक एक जीवन-पद्धति है. मैं जिस व्यक्ति से बात कर रहा हूँ उससे कुछ पाना नहीं चाहता; मुझे अपने दीर्घकालीन अनुभवों से ज्ञात हो चुका है कि मैं जो भी अच्छा काम करूँगा, वह अन्त में, किसी-न-किसी रूप में मुझ तक वापिस लौट आएगा. मुझे यह भी पता चल गया है कि आप जो जानते हैं वह मुख्य नहीं होता, प्रमुख होती है यह बात कि आप किसे जानते हैं; लोग उनकी सहायता करना पसन्द करते हैं, जिन्हें सर्वाधिक जानते हैं. जब मैं अपने मित्रों की मदद करता हूँ तो व्यवसाय लौट-लौटकर, बार-बार, वापिस आता है.

2. अनुशासित ढाँचे में कार्य करें. अपने नेटवर्क को मूल्यवान निवेश बनाने के लिए आपको पूर्ण रूप से अनुशासित होना पड़ेगा. सम्पर्कों को बढ़ाने का तरीका सुनियोजित होवे और मुलाकातों और उत्तरदायित्वों को पूरा करने की गति-विधियों पर हमें गहरी नजर रखनी चाहिए. लोगों को पता चलना चाहिए कि वे आपसे क्या अपेक्षा रख सकते हैं.

एक नेटर्किंग मीटिंग में बिना किसी उद्देश्यपूर्ण योजना के जाना, समय की बरबादी है.

3. नेटवर्किंग कार्यक्रमों में सम्मिलत होवें. नेटवर्किंग बैठकें जानकारी पाकर तृप्त होने, सम्बन्धों को पनपाने और नेटवर्क सम्बन्धों को पुनर्जीवित करने के लिए होती हैं, साथ ही नए सम्बन्ध भी बनते हैं. यह सब नहीं होगा यदि आप बैठक में नहीं जाएँगे. नियमित उपस्थिति को बनाए रखें, भले ही आप कितने ही थके हों और घर जाना चाहते हों. मैंने सोचा था कि उस प्रथम नेटवर्क मीटिंग में शामिल होकर मैं उन पर उपकार कर रहा हूँ, मगर बात पल्टी हुई थी. आज मैं प्रसन्न हूँ कि मैं गया. और अधिक खुश इसलिए हूँ कि मैंने बातें सुनीं.

4. अपनी नेटवर्किंग सुनियोजित करें. एक नेटवर्किंग मीटिंग में बिना किसी उद्देश्यपूर्ण योजना के जाना, समय की बरबादी है. तैयारी से जाएँ. सभा को सुनाने के लिए एक सुनिर्दिष्ट योजना बनावें, विशेष प्रतिनिधियों के साथ नेटवर्किंग करें या प्रमुख व्यक्तियों के साथ सार्थक वार्तालाप करें. आप उन लोगों को खोज लेंगे जो बिना योजना के आए हैं : वे आकाश की ओर ताकते हुए कार्यक्रम के समापन की राह देख रहे होते हैं.

5. आदर्श पुरुष की सीख मानें. जो आपका आदरणीय है उसकी नकल करना सीखकर सफल बनने का सर्वश्रेष्ठ तरीका है. मगर उपदेश का प्रवाह दोनों ओर बहता है : अक्सर सफल व्यक्ति चाहते हैं कि लोग उनके अनुभवों और प्रज्ञा का लाभ उठावें. लोग उनका

अनुकरण करें, सन्दर्भ दें और उनकी उपलब्धियों को स्वीकार करें. एक प्रज्ञा-पुरुष से ऊँचा सम्पर्क कोई नहीं होता क्योंकि वह बहुधा एक सर्वसिद्ध, निष्णात, आदरणीय और विशेषज्ञ होता है. यदि आप उनमें से किसी एक सर्वश्रेष्ठ व्यक्ति की जीवन-दृष्टि और व्यवहार-पद्धति को ग्रहण कर लें तो सम्भव है एक दिन आप स्वयं ज्ञान-पुरुष बन जाएँ.

6. **श्रेष्ठ कथा-वाचक बनें.** लोगों को अच्छे गल्प सुनना अच्छा लगता है, फिर भले ही वह आपके स्वयं के विकास की कथा हो अथवा तिरस्कृत श्वान-कथा जिसमें कोई भी खास बात नहीं होती. बहुधा लोग स्वयं की जीवन-कथा कहने में कुशल नहीं होते; वे सोच लेते हैं कि हर कोई उसे जानता है. मगर आपकी कहानी को प्रकट होना चाहिए ताकि आपके सम्पर्क उसे औरों को सुना सकें और आपकी ओर व्यवसाय को बढ़ा सकें. यदि आप चाहते हैं कि वह एक अच्छी कहानी हो, तो आपको उन्हें विवरण स्वयं बताना चाहिए बजाय वह किसी और की कल्पना या काल्पनिक कथा-लेखन की चतुराई पर आश्रित हो.

7. **दूसरों की मदद के लिए सूचनाओं का ज्ञान-संग्रहालय बनाएँ.** ज्ञान ही शक्ति है. अपनी ख्याति को एक ऐसे व्यक्ति के रूप में विकसित करें जो जानता है कि कार्यों को कैसे सम्पन्न करते हैं. यदि आप एक ऐसे व्यक्ति के रूप में जाने जाते हैं जो समर्थ है, एक ऐसा द्वार-रक्षक है जिसकी लोगों को जरूरत है, एक ऐसा साधनों का वितरण-गृह है जिससे लोग अवश्य सम्पर्क करते हैं और जिसे अबाध रूप से व्यवसाय भेजते हैं.

8. **विचारों को विस्तृत बनाएँ.** सबसे मुख्य बात जिसे आपको जानना है वह है कि आप पूरी तरह से कुछ नहीं जानते. यदि आपका दिमाग नए विचारों का स्वागत करता है, तो आप प्रतिदिन, जहाँ भी आप जाएँ कुछ सीख सकते हैं. क्योंकि मैंने सोचा था कि मैं नेटवर्किंग की जानने योग्य हर बात जानता हूँ, मैं पहली मीटिंग में नहीं गया था. जो बातें मैं नहीं जानता था और जिन्हें मैंने उस दिन सीखना आरम्भ किया था, उनने मेरे जीवन को सफल बनाने के लिए आमूल परिवर्तन ला दिया.

9. **सम्बन्धों को जीवन का अंग बनावें.** मैं नहीं जानता कि आप किसे जानते हैं, और न आप जानते हैं कि मैं किसे जानता हूँ और इसे हम तब तक नहीं जान सकते जब तक नेटवर्किंग तथा वार्तालाप के माध्यम से सफल संबंध नहीं बना लेते. लोग अपने सम्पर्कों को आपके साथ इसलिए नहीं बाँटेंगे क्योंकि आप चतुर और अच्छे हैं. जब वे आपके साथ सम्बन्ध बना लेंगे, तभी अपनी जानकारियों और सम्पर्कों को आपके साथ बाँटेंगे.

मेरे लिए यह सोचना कितना कठिन हो जाता है जब सोचता हूँ कि यदि मैंने उस दिन अपनी पहली बैठक में जाने की बात न सोची होती, जहाँ मैं ईवान मिस्नर से मिला था, जो बीएनआई के संस्थापक हैं, तो मेरा क्या हुआ होता. हम नहीं जानते कि हमारे जीवन अथवा व्यापार पर किसका कैसा असर पड़ेगा.

सन्दर्भों सम्बन्धी दस प्रमुख करणीय तथा न करने योग्य बातें

फिलिप ई. हम्बर्ट

प्रत्येक व्यावसायिक पेशा योग्य सन्दर्भों के नियमित और निरन्तर प्रवाह पर आधारित रहता है. अपने साथियों का ऐसा असरकारक नेटवर्क बनाना जो नियम से ग्राहकों को आप तक भेजते रहें बहुत मुश्किल काम है, मगर इससे अधिक नाजुक बात एक लाभदायी, कुशल और सन्तोषदायी निजी पेशे की है. लेखाकार, वकील, हस्तरेखा विज्ञानी, डाक्टर तथा अन्य व्यावसायिकों को सन्दर्भों पर आश्रित रहना पड़ता है. नीचे दिए जा रहे सूत्र आपकी सहायता करेंगे :

1. **करें :** लोगों के सामने रहें और उनके अति प्रिय बनें ! बहुत सारे लोगों को जानें और सु-निश्चित करें कि वे भी जानें कि आप कौन हैं और क्या करते हैं. बात प्रत्यक्ष है, फिर भी मैं दोहरा रहा हूँ. ऑफिस से बाहर निकलें और लोगों से घुलें मिलें.

2. **ना करें :** अपने परिचितों या सदस्य सूचियों का उपयोग अपना व्यवसाय बढ़ाने के लिए न करें. लोगों को पसन्द नहीं है कि उनका उपयोग इस प्रकार से हो.

3. **करें :** योग्य समूहों से जुड़ें और सार्थक कार्यों में मदद दें. आपको पहले बटुए में धन जमा करना होगा, तभी उसमें से कुछ निकाल सकेंगे. एक उदार, मित्रता योग्य व्यक्ति के रूप में प्रख्यात बनें जो हमेशा देता रहता है. अपने समाज के कार्यों को भी करें.

4. **ना करें :** स्वयं को आकर्षण का केन्द्र न बनावें और न हर बार मीटिंग में दौड़कर कुर्सी रोकने का यत्न करें. अग्रिम स्थानों अथवा उत्तरदायित्वों के लिए इन्कार न करें, मगर उनके लिए उतावले न बनें. लोग आपको ढूँढ़कर निकालें, ऐसे बनें.

5. **करें :** हर स्थान पर उपस्थित रहें ! भले ही आपके मित्रों और सम्पर्कित लोगों का समूह कोई भी हो, इस सप्ताह किसी और स्थान पर जावें ! अपने साथ प्रभाव के नए समुदायों को जोड़ते रहें और अपनी सीमा में नए क्षेत्रों की अभिरुचियों और गति-विधियों को सम्मिलित करें.

6. **ना करें :** आशा न करें कि आपके साथी जो आपके ही स्तर, अनुभव और योग्यतावाले हैं, आपको नए सन्दर्भ देंगे. उनका स्वयं का व्यापार है जिसे उन्हें स्थापित करना

है अत: सम्भावना नहीं है कि वे उन्हें आपके साथ बाँटेंगे. इस बारे में यथार्थवादी बनें. अपना स्वयं का मित्रों तथा साथियों का नेटवर्क स्थापित करें मगर उन्हें यह कहकर अड़चन में न डालें कि वे अपने स्वयं के सम्पर्क आपको दें.

7. करें : व्यावसायिक सम्बन्धों के लिए अपने पेशे को उलाँघकर भी काम करें. व्यवसाय के स्वामियों, विक्रयकर्मियों, प्रशिक्षणदाताओं और व्यवस्थापकों पर ध्यान दें. कोई भी व्यक्ति जो अन्य बहुत सारे लोगों से जुड़ा है और जो आपका प्रतिस्पर्धी नहीं है, वह आपका सबसे अच्छा सम्भावित सहकर्मी है.

8. ना करें : व्यावसायिक सम्बन्धों के लिए हड़बड़ी ना करें. भोजन करें, पहचान बढ़ाएँ मगर कभी भी, किसी को भी, उस समय अपना व्यावसायिक कार्ड अथवा परिचय-पत्र न दें. सुविधापूर्वक, उन्हें उनके ऑफिस पहुँचाकर ''भूल जाएँ''. कुछ दिनों बाद उन्हें पश्च-पत्र - फॉलोअप लेटर भेजें.

9. करें : सुनिश्चित करें कि आपके व्यावसायिक सम्बन्ध दोनों दिशाओं में कार्यरत हैं. दोनों पक्षों को लगे कि व्यावसायिक रूप से ग्राहकों का सन्दर्भ देना योग्य रहेगा. सुनिश्चित करें कि आपके कार्य ने अधिक कमाई, अधिक सुविधाएँ और अधिक अच्छे परिणाम उत्पन्न किए हैं, या आपके सन्दर्भों को अन्य विशेष लाभ पहुँचाए हैं. और ऐसी अपेक्षा करना उचित ही है,

10. ना करें : ना संत्रस्त हों और न भाग-दौड़ करें. अत्यन्त सफल व्यक्ति सिर्फ मुट्ठीभर महान् सन्दर्भ-स्रोत चाहते हैं. उनका चुनाव और अंकुरण समझदारी से, धीरजपूर्वक करें. वे लाभ के विशाल खण्ड प्रदान करेंगे.

यदि टूटा नहीं है, तो जोड़ें भी नहीं

रीड तथा कॅथी मॉर्गन

सन् 1980 के उत्तरार्ध में हुए अनेकों संस्थानों के हस्तांतरण, विलयन और अधिग्रहणों के दिनों में ओकलाहोमा स्थित गॅलोर्ड एंटरटेनमेंट कम्पनी ने नॅशविले की ग्रेंड ऑल ऑपरी को खरीदा. ग्रेंड ऑल ऑपरी अपने श्रोताओं के लिए प्रति सप्ताहान्त में एक सजीव प्रसारण करते थे. यह रेडियो के इतिहास में सबसे अधिक समय तक चला रेडियो कार्यक्रम था. वह एक परम्परा बन गई थी. वह साकार सफलता थी. वह एक संस्था थी.

नए मालिकों के द्वारा लाए जानेवाले ''परिवर्तनों और जोड़ों'' के बारे में हफ्तों अफवाहें फैलती रहीं. संस्थान के संक्रमण काल में, संवाददाता सभा में नेपथ्य में, ग्रेंड ऑले ऑपरी

की विदूषिका मिनी पर्ल ने सीईओ एडवर्ड एल गॅलोर्ड को अपनी नई कम्पनी के बारे में सलाह दी : ''यदि यह टूटी नहीं है, तो इसे जोड़ने का प्रयत्न न करें.'' अपने परिचय के बीच श्री गॅलोर्ड ने घोषणा की कि मिनी पर्ल की सलाह को हम स्वीकार करते हैं. वे बोले, ''द ऑप्री निश्चिय ही खंडित नहीं हुई है - अत: कोई भी उसे ठीक करने या बदलने का प्रयत्न नहीं करेगा.''

प्रतिस्पर्धी, सफल, व्यावसायिक व्यापारी गण विश्वभर में इसी अनर्थकारी भूल को बारबार दोहराते हैं : पुन: पहिए की खोज करते हैं. वे परिश्रमी, परिणाम लक्ष्यी, विजेता -सब-ले जाएँ - श्रेणी के लोग होते हैं जो सफलता के लिए बहुत उत्कंठित - त्वरित किस्म के होते हैं. नया कार्य या व्यवसाय, ऊँचे लक्ष्य, कमाई की गम्भीर आवश्यकताएँ, लघु समय-सीमाएँ सभी तो होती हैं. इसे करो, उसका परीक्षण करो, पुन: तैयार होओ, अचूक कमाल करो, कर्तव्यों और अधिकारों को फिर से स्थापित करो.... वे प्रयत्नशील बने रहते हैं नए, अलग और अ-सिद्ध तरीकों से अपने परिणामों को पाने के लिए और अक्सर अन्त में विफलता और कुण्ठा पाते हैं.

सफलता का अक्सीर मार्ग कम लुभावना, धीमा और थकानेवाला होता है मगर सफल बना देता है. सफलता का अचूक मार्ग है सफलता की नकल करना. पहिए की पुन: खोज न करें बल्कि औरों के द्वारा सिद्ध किए सिद्धान्तों और तरीकों पर कार्य करें और उन्हें अपनी स्पर्धा का आधार बनाएँ.

हम सभी उस अनुशासन को जानते हैं; हम सब उसे अपने बचपन से व्यवहार में ला रहे हैं. ''दूसरों की भूलों और सफलताओं से पाठ सीखो,'' हमसे कहा जाता था. हमारे जीवन के सर्व प्रथम आदर पुरुष हमारे पितामह, माँ-बाप, शिक्षक, धर्मगुरु, पड़ौसी, मित्र और अन्य बुजुर्ग हुआ करते थे. बड़े होने पर हमारे व्यावसायिक सफल आदर्श उन्हें होना चाहिए जिन्होंने सफलतापूर्वक ऊँचे आदर्श प्राप्त किए हैं और आज सुप्रसिद्ध अग्रणी व्यक्ति हैं. हर उत्पादन और व्यवसाय के आदर्श पुरुष होते हैं. अपना खोजें.

नेटवर्किंग या मार्केटिंग में सफलता पाने के लिए अपने लिए एक या अधिक आदर्श पुरुष खोजें. सर्वांगीण सफलता के सर्वश्रेष्ठ उदाहरणों का पता लगावें और श्रेष्ठ में से सर्वश्रेष्ठ की प्रतिकृति करें - दोहराएँ. उनका अध्ययन करें, साक्षात्कार लें, उनकी रचनाओं को पत्रिकाओं और पुस्तकों में पढ़ें, उनके प्रशिक्षण-शिबिरों और व्याख्यानों में जावें. सम्भव हो तो उन्हें अपना आदर्श बनावें. उनके बारे में सारी जानकारी लें कि वे क्या-क्या करते हैं और क्या नहीं करते. उनका कार्यक्रम दरिद्र नहीं हुआ है - अत: त्यागें नहीं, दोहराएँ.

1. **चिह्नित** करें उन व्यक्तियों अथवा कार्यक्रमों को जो आपके आदर्श पुरुष हैं. उस संस्था के बारे में सारी जानकारी प्राप्त करें और उनकी गति-विधियों, निर्मिति, प्रस्तुतीकरण और दर्शन के बारे में जानें, जिनसे उन्हें सफलता मिली है.

2. ढाँचा तैयार करें और अपने प्रयत्नों को अपने सफल आदर्श पुरुषों के सर्वश्रेष्ठ तत्वों के आधार पर करें. आप अनेकों प्रज्ञा-पुरुषों के श्रेष्ठ ज्ञान को एकत्र करके भी काम में ला सकते हैं.

3. कार्यशील बनावें. अपने नए आदर्श को, उसके प्रत्येक चरण को, तर्कपूर्ण ढंग से क्रमश: आरम्भ करें और व्यवसाय की गतिविधियों पर नजर रखें ताकि सफलता का आदर्श अवश्य सफल हो.

4. प्रवीणता हासिल करें. इसके लिए आपको अभ्यास को निरन्तर दोहराना पड़ेगा. अपने व्यक्तित्व और योग्यता को दूसरों से सीखी बातों को सामने रखकर परिवर्तित करें.

5. प्रत्यावर्तन करें, दोहराएँ. अपने श्रेष्ठ पसन्दीदा सफल आदर्शों के सर्वश्रेष्ठ कार्यों को प्रतिवलित करें. नियमित रूप से बारम्बार, लगातार उन्हें काम में लाएँ और उनमें हर बार सुधार करें.

आप अपनी सफलता के एक अंश के लिए उनके कृतज्ञ रहेंगे जिन्होंने सक्रिय रहकर और आदर्श उदाहरण बनकर आपको सहयोग दिया. उनके अच्छे कार्यों का बदला औरों को सफल बनाकर ही उतारा जा सकता है.

औसत से कुछ ऊपर

जॉहन मेयॅर

अपने मित्रों, ग्राहकों तथा सम्भावित प्रत्याशियों को दोपहर को गोल्फ के मैदान पर ले जाकर आनन्द, भोजन तथा व्यायाम में समय बिताना हमेशा से सार्थक, मूल्यवान सम्बन्धों को सुदृढ़ बनाने का लोकप्रिय तरीका रहा है. मगर दोनों क्षेत्रों में - गोल्फ के तथा नेटवर्किंग के भी - नौसिखिया तथा प्रवीण होने में, बहुत अन्तर होता है.

गोल्फरों में अन्तर उतना गहरा नहीं होता जितना हम समझते हैं. सर्वश्रेष्ठ व्यावसायिक मैदान को करीब उनहत्तर प्रहारों में पार कर लेते हैं; सर्वश्रेष्ठ नौसिखिए इकहत्तर में. मगर बीच का अन्तर निर्णायक होता है. सर्वश्रेष्ठ दस पेशेवर प्रतिवर्ष औसतन 1.50 मिलियन डॉलर इनामों के रूप में कमाते हैं; नौसिखिए 0.00 डॉलर. इन दोनों के प्रहार बहुत बड़ा अन्तर रखते हैं - करीब 7,50,000 डॉलर प्रति प्रहार का !

नेटवर्किंग में भी नौसिखिया के बदले पेशेवर बनना इसी प्रकार से लाभदायी होता है.

वास्तव में, व्यावसायिक गोल्फर और नेटवर्कर में अनेकों समानताएँ हैं. यहाँ आपके सन्दर्भ के लिए कुछ सिद्धान्त बताए जा रहे हैं जो आपको सुचारुता से कार्यशील बनाकर बड़ी राशियाँ कमाने में सहायक बनेंगे.

उपकरण

व्यावसायिक गोल्फ खेलने के लिए आपको सर्वश्रेष्ठ बल्लों, गेंदों, टीज़, जूतों की आवश्यकता होगी. उच्च कोटि के नेटवर्कर को भी उच्च श्रेणी के लोगों के व्यावसायिक कार्डों, एक व्यावसायिक नाम का बिल्ला, एक पेशेवर कार्ड-कॅडी, एक उच्च कोटि के सम्पर्क व्यवस्थापन पद्धति की जरूरत पड़ेगी. गोल्फर को उच्च कोटि की सामग्री उसके उत्पादक देते हैं; कुछ नेटवर्किंग सहयोगी संस्थान भी अपनी सदस्यता फीस के बदलें में नेटवर्किंग के साधन देते हैं.

आचरण/अभ्यास

प्रवीण बनने का एक ही उपाय है, अभ्यास. मैंने हाल ही में ली ट्रेविनों को एक गोल्फ-प्रेमी को सलाह देते सुना था : ''यदि आप घर से बाहर निकलकर सप्ताहान्त में पाँच घंटे गोल्फ खेलते हैं, तो आपको कोर्स में पुनः आने से पहले मैदान में जाकर पाँच घंटे अभ्यास करना चाहिए.''

प्रेक्टिस - अभ्यास - का नेटवर्किंग में क्या तात्पर्य होता है? इसका अर्थ होता है, सम्पर्कों को पाने में कुशल बनना : जितने अधिक सम्पर्क आप पाएँगे, किनारे के उतने निकट आप पहुँच सकेंगे. बाहर निकलकर अपना अधिक-से-अधिक समय लोगों के साथ बिताएँ. अनेक बार आपको प्रतीत होगा कि उसका कोई तात्कालिक लाभ नहीं मिल पा रहा है. मगर शीघ्र ही वह निकट सम्बन्धों और नवीन सम्पर्कों के रूप में प्रस्फुटित हो जाएगा. यह एक प्रकार से अपने टी का अभ्यास करना और फेयर वे शॉट्स खेलने जैसा होता है.

आपके लघु-खेल का क्या ? पीजीए टूर गोल्फर्स जानते हैं कि तीन फीट गहरे गड्ढे में से निकलकर वे अधिक धन कमाते हैं बजाय 300 गज की मार के. नेटवर्किंग में समतलता या चिप जो आपको ग्रीन तक ले जाती है वे हैं लघु व्यापारिक विज्ञापन और दीर्घ प्रस्तुतियाँ जो आप पेश करते हैं ताकि आपका समूह आपके उत्पाद या सेवाओं के बारे में सोचता रहे. क्या यह पैसे के लिए प्रहार था ? वह तब होता है जब आप कोई मूल्यवान नेटवर्किंग साथी बना लेते हैं अथवा कोई व्यावसायिक सौदा निबटाते हैं.

आप इन प्रहारों का जितना अधिक अभ्यास करेंगे, उन्हें निबटाने में आप उतने ही अधिक कुशल और सफल बनेंगे. एक पेशेवर गोल्फ खिलाड़ी अपनी जीविका के लिए सप्ताह में करीब बीस घंटे बिताता है. शेष समय वह प्रहारों के मैदान तथा ग्रीन में बिताता

है. किसी प्रमुख खेल-कार्यक्रम के पहले अभ्यास और खेल का अनुपात बढ़कर 4 और 1 का हो जाता है.

एक व्यावसायिक नेटवर्कर को भी यह 4:1 का अनुपात अपने दिल में बैठा लेना चाहिए. अपने विक्रय के और प्रस्तुतियों के सम्पर्कों को ध्यान से व्यवहार में लावें. अपनी सम्वादिता की प्रवीणता, सम्पर्कों को साधने की कला और बाद के प्रयत्नों को बनाए रखें.

सर्वश्रेष्ठ नियम

गोल्फ के सर्वोच्च व्यावसायिक खिलाड़ियों में अन्य खिलाड़ियों की अपेक्षा एक गुण विशेष होता है : वे नियमों के सम्मुख अपनी प्रयत्नों से अर्जित प्रवीणताओं को मुकाबले में लगा देते हैं और जीतकर सर्वोपरि बन जाते हैं. पण्डित नेटवर्करों में भी यही उत्तेजना रहती है. उन्हें औरों की मदद करना प्रिय होता है - एक ऐसा अनुराग जो इस समझ से उत्पन्न होता है कि व्यवसाय पाने का मार्ग मदद देने से ही खुलता है, अत: व्यवसाय दें. कुशल नेटवर्कर नेटवर्किंग के सर्वोत्कृष्ट नियम नम्बर एक का ही पालन करते हैं : ''दाता ही पाते हैं.''

जैसे सायकल की सवारी

जॉहन मिल्टन फॉग

''अपनी नेटवर्किंग की प्रवीणता बढ़ाने के लिए आप अभी मुझे कौन-सी विशेष बात सुझाएँगे?'' आप ऐसा करें : जाकर एक बायसिकल लाओ - हाँ, मैं गम्भीर हूँ, बायसिकल लाओ. बहुत अच्छा. अब मैं चाहूँगा कि आप कल्पना करें कि आप मंगल ग्रह से आए हैं. और शेष, जो जानते हैं कि वे कौन हैं - कल्पना करें कि वे शुक्र-निवासी हैं. उन ग्रहों पर बायसिकलें नहीं होतीं. कल्पना करें कि आपने इससे पहले बायसिकल कभी नहीं देखी. बहुत विचित्र धारणाएँ हैं, हैं न? आप क्या सोचते हैं, इसे क्यों कर रहे हैं ? आगे बढ़ें और उसे सँभालें. घुमाकर उलट दें. अब यदि आप हेंडलबार और सीट पर बैठें और पाँव फैलाएँ तो आप सम्भव है उस वी-शेप के ठीक ऊपर बैठें. हाँ, वह चक्कर जिसमें दाँत उगे हुए हैं, बहुत कष्टकारी है. नहीं, पॅडल मत घुमाएँ - सचमुच चोट लग जाएगी !

अधिकांश लोगों को खयाल भी नहीं होता कि नेटवर्किंग क्या होती है, उस पर ''सवारी करना'' तो और भी अलग बात होती है.

मित्र मेरे, वह बायसिकल एक पूरा रहस्य है - उसके लिए जिसने उसे पहले कभी देखा नहीं है. ठीक है, यथेष्ट समय पाकर, उत्सुकता और आनन्द से भरकर, वह मार्स निवासी सम्भव है सायकल को सीधी करके उस पर बैठ जाए और उसे आखिर में चला भी ले !

यह बायसिकल भी पूर्णत: नेटवर्किंग के समान ही है. अधिकांश लोगों को खयाल भी नहीं होता कि नेटवर्किंग क्या होती है, उस पर ''सवारी करना'' तो और भी अलग बात होती है. और जब उस पर सवार हो जाते हैं....

ठीक है, मेरे वीनस के अथवा शुक्र-निवासी मित्र, मैं तुम्हें सिखाने जा रहा हूँ कि बायसिकल की सवारी कैसे करना. हैं तैयार? ठीक. यहाँ एक किताब है जो बायसिकल के बारे में है, उसे पढ़ें. यह एक बायसिकल सम्बन्धी वीडियो है, उसे देखें. एक ऑडियो भी है- उसे ध्यान से सुनें. फिर एक शिक्षण-केन्द्र में आवें. विश्व का सर्वश्रेष्ठ सायकल-सवार उसमें आएगा, और आपको बताएगा कि बायसिकल पर कैसे चढ़ना; आपको सायकल-सवारी के बारे में कुछ महान् बातें बताएगा और सायकल सवारी की कुछ तरकीबें समझाएगा, उसकी देख-भाल के बारे में, पहाड़ों पर चढ़ने में समर्थ और मैदानों में दौड़ने में तीव्र सायकलों का भेद तथा..

वाह ! अब आप बायसिकल के बारे में सारी बातें जान गए. आपने उसके बारे में पुस्तकें पढ़ीं और वीडियो देखे और उसकी विभिन्न जातियों के बारे में, उत्पत्ति और विकास के बारे में, सवार होने के भौतिक शास्त्र के बारे में, उसके विभिन्न पुर्जों और वे कैसे कार्य करते हैं, इस बारे में भी जान लिया. आपने औरों को उसकी सवारी करते और पहाड़ों पर ऊपर-नीचे जाते और लेंस आर्मस्ट्रोंग को टूर द'आल्टूना में विजय-पंक्ति पार करते देखा. अब आप शंका की सीमा से पार जाकर इस बात को समझ गए हैं कि उस पर सवार होना सम्भव है. ''यदि वे उसे कर सकते हैं, तो मैं भी कर सकता हूँ.'' और आपको तो ''विश्व के सर्वश्रेष्ठ सायकल-सवार के साथ पार्किंग स्थल पर, क्रॉसबार हेंडल पर बैठने को भी मिला था.

सच तो यह है कि आपको अब भी पता नहीं है कि बायसिकल सवार होना क्या होता है. क्या जानते हैं ? उस सारे ज्ञान से आप वह नहीं बन सकते. वह अनुभव भी आपको वहाँ तक नहीं ले जा पाएगा. ठीक है, आपको सायकिलों और उसकी सवारी का थोड़ा-सा ज्ञान है - मगर सायकल-सवार? आप नहीं हैं.

अब एक मिनिट के लिए हम इस रूपक से बाहर निकलें और वास्तविक सायकल के बारे में सोचें - आपकी पहली सायकल. आपने उस पर चढ़ना कैसे सीखा था? शायद तीन पहिएवाली से शुरू किया होगा. हेंडल बार को सँभालना सीखा होगा; कैसे पॅडल मारना और उसे तेजी से भगाना. कैसे रोकना - जल्दी से सीख लिया! शायद चीजों से टकराए होंगे, गिरे होंगे, पहाड़ से उतरते समय नियंत्रण भी खो बैठे होंगे - मगर क्योंकि आप इसे पढ़ रहे हैं, हम जानते हैं, आप बच गए होंगे. और फिर वह आपका पहला द्विचक्री वाहन. असल

में था चार पहियों का, दो ''सीखने के'' पहिए. नियम मुख्य रूप से वही है, पर ओह! यह पप्पी बड़ा और तेज है – बहुत तेज. फिर एक दिन, वे दोनों छोटे-छोटे लाल रंग के पहिए निकल गए. अच्छा ही है. क्या तुम डरे थे? उत्तेजना और भय के बीच कहीं ? क्या वह उन्मादक था? हाँ, निश्चय ही.

अरे हाँ, क्या तुमने सायकल की यह सारी कहानी अकेले की थी? नहीं – आपके बड़े भाई या बहन या माँ अथवा पिता ठीक आपके पीछे थे. बताया था कि इस बदमाश पर कैसे कुछ झुककर सवार होना जिससे अपने पैर को लहराकर दूसरी ओर ले जाया जा सके और सारे समय दाहिने पैडल को कैसे एक बजे की स्थिति में रखना. और वे आपकी सायकल से चिपके रहे थे ताकि आप गिर न पड़ें. और वे सारे समय सायकल के पीछे-पीछे, सीट को पकड़कर दौड़ते थे. और यह सब करते समय वे आपसे क्या कहते थे ? ''गिरो, छोटे छछूँदर! गिरो और मरो!'' नहीं, कदापि नहीं : वे तो आपका उत्साह बढ़ानेवाले सबसे बड़े प्रोत्साहक थे. ''तुम कर सकते हो ! हाँ, बिल्कुल ठीक है ! वाह, क्या बात है ! तुम कर रहो हो तुम भयंकर अच्छे हो.''

फिर वह जादूई क्षण, जब साथ भाग रहे व्यक्ति ने धीरे-से छोड़ दिया और आपकी सायकल की सवारी चल पड़ी. मैं शर्त लगा सकता हूँ, हममें से प्रत्येक को वह अनुभूति याद होगी जब आपने उसे पा लिया. सन्तुलन, सामर्थ्य, दिशा-बोध, समय का ज्ञान, साधन, भुजाएँ, पैर, आँखें, दिमाग, अनुमान, निर्णय सब एकत्र होकर सामने आते. और आप सीख गए ! आप सायकल-सवार बन गए !

ठीक है, अब आप ''नेटवर्किंग'' के बारे में फिर से सोच सकते हैं. समझ लें, नेटवर्किंग भी आप वैसे ही कर लेते हैं, जैसे आपने सायकल की सवारी की थी. क्या आपके साथ ऐसा हुआ ? हाँ, मैं जानता हूँ कि आप जानते हैं कि नेटवर्किंग क्या है और वह कैसे कार्य करती है – मगर क्या आप नेटवर्कर बनाए गए हैं ? क्या आपने नेटवर्किंग वैसे ही सीखी, जैसे सायकल की सवारी सीखी थी ? अधिकांश लोग नहीं सीखते. क्या आप अपने लोगों को नेटवर्किंग सायकल की सवारी करना सिखा रहे हैं ? अधिकांश व्यक्ति नहीं जानते. और जो आप जानते नहीं हैं, उसे औरों को कैसे सिखा सकते हैं ?

अन्तर को पहचानें. ''गुटक'' जाएँ उसे. नेटवर्कर बनना सीखें. फिर औरों को सिखाएँ, कैसे करना और वह बनें जो आप जानते हैं कि कैसे बनना और करना है.

कैसे करेंगे आप वह-सब ? उसी प्रकार से जैसे आपने सायकल पर सवार होना सीखा था – ठीक उसी प्रकार से.

अंगूरी वाइन बनाना

एमॉरी कॉवान

मुख से प्रसारित शब्दों की मार्केटिंग योजना बनाने में नेटवर्क के विश्वस्त साथियों को विकसित करना पड़ता है – इसका अर्थ होता है सम्बन्धों का पोषण करना. मगर सम्बन्धों को बढ़ाने में समय, शक्ति, दुराग्रह और सबसे बढ़कर धीरज की जरूरत होती है.

मेरा विचार है कि धीरज हमें सबसे ज्यादह परेशान करता है. हम आज के तात्कालिक सँवारनेवाले, तुरन्त महानता पाने की इच्छा करनेवाले समाज में रह रहे हैं जहाँ धीरज की न कदर होती है और न उसे प्रोत्साहन मिलता है. हमें अपनी बिक्री तत्काल चाहिए, हमारा व्यवसाय पूरी तरह से अभी के अभी, तत्काल बढ़ना चाहिए, हमें तत्काल धनवान बनना है.

मगर जब मैं सम्बन्धों के विकास की उबाऊ प्रक्रिया से बेचैन हो जाती हूँ, तो जीवन में सीखे अनेकों छोटे-छोटे पाठ जिन्होंने मुझे नीचा दिखाया था, याद आने और उपदेश देने लगते हैं : कोई अंगूरी शराब उबाल आने से पहले मत पिओ.

वर्षों पहले मैंने एटलांटा के किसानों के मार्केट से कुछ आडू – पीच – खरीदे. वे फोर्ट वॅली के फलोद्यानों में उत्पन्न सुप्रसिद्ध ज्यॉर्जिया पीच थे जो अपनी मिठास, रसीलेपन और अद्भुत खुशबू के लिए विख्यात हैं. मैं उन्हें घर ले गई. मेरी नजरों में पीच पीज़ा और कॉब्लर्स नाच रहे थे. कुछ को तो हमने तत्काल खा लिया; अधिकांश कोने की खाने की टेबल पर रखे थे.

एक सुबह मेरी नींद घर में फैली पीच की मादक खुशबू से खुल गई. मैं समझ गई कि अब तत्काल उनका कुछ करना होगा, अन्यथा वे खराब हो जाएँगे. वाइन, दिमाग में आया. क्यों न कुछ पीच वाइन बनाई जाए ?

मुझे ज्ञात था कि मेरे माँ-बाप जो सिर्फ पन्द्रह मील दूर रहते थे, उनके पास चीनी मिट्टी के बर्तन हैं, एक पुरानी बर्नी भी है और फलों से वाइन बनाने की परम्परागत पद्धति भी वे जानती हैं. मुझे बर्नी मिल गई, उसे साफ किया और लौटते समय रास्ते में संघटक के रूप में यीस्ट और शक्कर खरीदे और बर्नी के मुँह पर बाँधने के लिए मलमल का कपड़ा.

घर पहुँचते-पहुँचते मैं अपनी इस योजना से इतनी उत्तेजित हो गई थी कि पीच काटते समय, उसमें यीस्ट और शक्कर मिलाते हुए मैं नई वाइन का स्वाद, अपने मुँह में सचमुच अनुभव कर रही थी. मैंने बर्नी के मुँह को मलमल के कपड़े से कसकर बाँध दिया.

मगर वाइन बनाने की प्रक्रिया बहुत धीमी है और मैं बहुत उतावली थी. बर्नी को सावधानी

से शीतल तलघर में रखकर, मैं काम से रोज शाम को घर लौटकर रोज अपनी उत्तेजना को बढ़ी हुई पाती. मैं प्रतिदिन बर्नी के पास जाकर शराब को सूँघती. जैसे-जैसे दिन बीतते गए, मैं और अधिक उतावली बनती गई और चाहने लगी कि वाइन को तत्काल चख लूँ. पर मेरे लिए वह यथेष्ट शीघ्रता से नहीं हो रहा था.

अतः एक दोपहर, इस बात से चिढ़कर कि वाइन बहुत समय ले रही है, मैं बर्नी को रसोई घर में ले गई. मैंने निश्चय कर लिया था मैं उसकी फर्मेंटेशन की प्रक्रिया को तेज कर दूँगी. मैंने अन्दर की सामग्री को निकालकर ब्लेंडर में डालकर पीचेज को और पतला बना दिया, और शक्कर और यीस्ट डाल कर मिला दिया. आत्मतुष्ट और सन्तुष्ट होकर मैंने तलघर में बर्नी वापिस रख दी. और तीन दिनों बाद मैंने पा ली – विनेगर.

विनेगर बनाने की मेरी विजय मेरे जीवन को आकार देनेवाली बोध-कथा बन गई. जब भी कभी मैं जीवन में सम्बन्धों को बनाने की जल्दी में होती हूँ, चाहे वे व्यापार के हों अथवा निजी जीवन के अथवा नेटवर्किंग समूह के, तो मुझे याद आता है कि जीवन में कुछ वस्तुओं को होने में समय लगता है. मैं जानने लगी हूँ कि मेरा उतावलापन यदि प्रक्रिया को त्वरित बनाएगा तो सम्भव है नई वाइन विनेगार बन जाए.

सम्बन्धों को विकसित करने में धीरज एक आवश्यक गुण होता है. वह हमें सबल नेटवर्क किए सम्बन्धों की ओर ले जाएगा जो हमें अपने व्यवसाय, रुचियों और जीवन में सदैव सहायक बनेंगे.

सहयोगी लेखक

निम्नलिखित सन्दर्भित जानकारी बीएनआई की मास्टर्स ऑफ नेटवर्किंग वेबसाइट www.MasterofNetworking.com पर उपलब्ध है और इसे निरन्तर आद्यतन बनाया जाता रहेगा.

Jeremy M. Allen, एलाबामा के बर्मिंघम में यूथ एक्सेलेंस की स्थापना सॅमफोर्ड यूनिवर्सिटी में अध्ययन के दौरान की. संस्था गतिशील प्रशिक्षण, रचनात्मक और प्रेरणात्मक सम्मिलन और पन्द्रह से उन्नीस वर्षीयों के लिए सारे अमेरिका में प्रशिक्षण शिविर चलाती है. होमवूड चॅम्बर ऑफ कॉमर्स, द शॅल्बी काउंटी चॅप्टर ऑफ द रेड क्रॉस, लीडरशिप शॅल्बी काउंटी, यंग बिजनेस लीडर्स, तथा जूनियर अचीवमेंट के अलावा वे अन्य अनेकों संस्थानों के डायरेक्टर्स बोर्ड में शामिल हैं. हाथ ही में जॅरेमी को बर्मिंघम के यंगेस्ट-एवर-अप एंड कमिंग ''टॉप 40 अंडर 40'' के रूप में चुना गया. एलाबामा के हंट्सविले तथा बर्मिंघम से बीएनआई के प्रभारी डायरेक्टर चुने गए. उन्होंने दो बार वार्षिक टॉप टेन - शीर्ष दस का क्षेत्रीय पारितोषक भी जीता. इस समय एक प्रेरणात्मक पुस्तक और सीडी के सेट *सक्सेस और सिग्निफिकेंस* पर काम कर रहे हैं. सम्पर्क करें : *jeremy@bni.com.*

Anne Baber, जो व्यावसायिक विषयों पर लेख लिखती हैं, वेब्स्टर युनिवर्सिटी में सहायक प्रोफेसर हैं और कार्य-शालाओं, सॅमिनारों तथा व्यावसायिक नेटवर्किंग और अध्ययनस्थलों में संवादिता पर प्रमुख सारगर्भित व्याख्यान देती हैं. वे बॅबर एंड एसोसिएट्स की अध्यक्ष हैं तथा अपना निजी व्यवसाय आरम्भ करने से पहले वे युनाइटेड टेलीकॉम में कॉर्पोरेट कॉम्युनिकेशन की डायरेक्टर थीं. *वे स्मार्ट नेटवर्किंग* एंड *ग्रेट कनेक्शन्स* में लायन् वॅमॉन के साथ सह-लेखिका हैं. सम्पर्क के लिए बॅबर एन्ड एसोसिएट्स, 13433 डब्ल्यू. 80 वाँ टॅरेस, लेनेक्सा, केएस 66215, 913-894-4212, फॅक्स 913-492-6575, 800-352-2939, ababer@contactscount.com पर सम्पर्क साधें.

Candace Bailly, जिन्होंने पेंटागॉन में नौ-सेना के अभिज्ञान - इंटेलिजेंस - विभाग में विश्लेषक के रूप में कार्य किया था, उनहोंने सेंट डिएगो क्षेत्र में बीएनआई की शाखा आरम्भ की और उसकी डायरेक्टर बनीं. अब वे ऑरेगॉन तथा साउथवेस्ट वाशिंग्टन की बीएनआई की कार्यकारी प्रबंधक हैं और डॉ. ईवान मिस्नर के साथ मिलकर अद्‌भुत व्यावसायिक कार्डों की सृष्टि पर पुस्तक का सह-लेखन कर रही हैं. कॅन्डांस बीएनआई के संस्थापक सर्कल (2000-2001) की सदस्या हैं. उन्होंने बिसनेस एडमिनिस्ट्रेशन में. B.S. की डिग्री भी पाई है. सम्पर्क: पो.बॉ. 57, Sharewood, या 97140, 503-925-8251, फॅक्स 503-925-9890, crbailly@bni.com.www.bni-oregon.com.

Anna D. Banks, के पास फॅडेरल गवर्नमेंट का विगत बाईस वर्षों से अधिक का अनुभव है और वे एक आर्थिक व्यवस्थापन तथा कर-निर्धारण फर्म का संचालन करती हैं, साथ ही नेशनल एसोसिएशन ऑफ

टेक्स प्रेक्टिश्नर्स संस्था की कॉर्पोरेट सेक्रेटरी तथा डायरेक्टर हैं. उन्होंने Douglass College, Rutgers University से B.S. की पदवी पाई है और सन् 1999 में Lenni-Lenape Girl Scout Council का Women of Distinction Committee का Professional Achievement Award भी प्राप्त किया. वे BNI के New Jersey क्षेत्र की डायरेक्टर हैं. सम्पर्क : Post Box 246, S. Orange, NJ 07079-0246, 973-673-3539, njbni@bellatlantic.net.

Bill Becks, ने जीवन के अन्तिम चौबीस वर्ष ओन्टेरियो, कॅनेडा में कम्यूनिटी प्रोग्राम्स के डायरेक्टर के रूप में एडीशनल रीसर्च फाउंडेशन में बिताए. वे चिल्ड्रेन्स एड सोसायटी के डायरेक्टर हैं. फिलहाल, BNI की सेंट्रल नॉर्थ ओन्टारियो के प्रबंध निदेशक हैं. वे समाज शास्त्र में बी.ए. तथा समाज कार्य में एम.ए. हैं. सम्पर्क : 705-487-1917, becks@csolve.net

Catherine Bell, (AICI), Association of Image Consultants International के संचालन परिषद की सदस्या ने फॅशन डिजाइनिंग तथा अध्यापन से अपना कार्यकाल आरम्भ किया. उनकी संस्था व्यक्तित्व-छबियों में विशेषज्ञ है जिनसे व्यक्तियों और संस्थाओं के व्यवस्थापन की छबि सुधरती है. स्वतंत्र लेखिका कॅथेरीन ने *Managing your Image Potential* नामक हेंडबुक का प्रकाशन स्वयं किया है जो व्यावसायिक भाव-भंगिमाओं और आचार-विचार का ज्ञान देता है. वे BNI की सह-डायरेक्टर हैं. सम्पर्क : Prime Impressions, 574, Princess St., Ste. 100, Kingston Ontario, Canada K7L 1C9, 613-549-9996, Fax 613-549-4117, image@kos.net, www.webwoods.com/prime.

Lillian D. Bjorseth, Duoforce Enterprises Inc., की संस्थापिका और अध्यक्षा हैं. यह संस्था नेटवर्किंग निपुणताओं को सिखाने के माध्यम से व्यक्तियों के बीच के आन्तरिक सम्बन्धों को स्थापित करना सिखाती है. उन्होंने AT & T के उच्चतम अधिकारियों को संवादिता एवं जन-सम्पर्क निपुणताओं का प्रशिक्षण दिया है. वे *Breakthrough Networking: Building Relations That Last* पुस्तक की लेखिका तथा *Nothing Happens Untill We Communicate* ऑडियो टेप्स तथा वर्कबुक सीरीज़ की लेखिका-रचयिता भी हैं. लिलिअन *National Speakers Association* की सदस्या तथा उसके Illinosis Chapter की उपाध्यक्षा भी हैं. सम्पर्क : 2221 Ridgewood Rd., P O Box 1154, Lisle, IL. 60532, 630-983-5308, fax 630-983-5312, lillian@duoforce.com, www.duoforce.com.

Victor Blumenthal, के पास Honeywell, Automatic Data Processing तथा Avery Dennison जैसी करोड़ों डॉलर कमानेवाले मुनाफे के केन्द्रों को सँभालने का पैंतीस वर्षों का तथा छह वर्षों का एक उत्पादन संस्था में प्रेसीडेंट होने का अनुभव है. वे BNI के Capcod तथा Southeast Massachusetts क्षेत्र के कार्यकारी डायरेक्टर हैं. सम्पर्क : 508-563-6834, fax 508-563, 2049, vicblu@bni.com.

David Bullock, इंग्लेड के नॉटिंघम विश्व-विद्यालय से अपनी औद्योगिक अर्थशास्त्र की स्नातक की पदवी पाते ही वे तत्काल दक्षिण आफ्रिका के प्रवास पर गए. Southern Rhodesian सरकार के विभिन्न पदों पर काम करने के बाद वे यूनिलीवर के इंडोनेशियन संस्थान में पदारूढ़ होने से पहले इंग्लेण्ड आए, फिर वहाँ जनरल मॅनेजर के पद पर सन् 1975 में आसीन हुए. इसके बाद से ही वे BNI के कार्यकारी व्यवस्थापक हैं और तभी से डेविड सुदूर पूर्व के विशेषज्ञ भरती-अधिकारी हैं. सम्पर्क : Wootton Wawen, England, 44-1789-488-085, david@bni-swmids.org.uk.

Bob Burg, बर्ग कम्युनिकेशंस, इंका., के अध्यक्ष हैं और एक व्यावसायिक वक्ता तथा सलाहकार हैं जो संवादिता की प्रवीणता और व्यावसायिक नेटवर्किंग पर व्याख्यान देते हैं. भूतपूर्व टेलीविजन के न्यूज़-प्रस्तोता, विक्रयकर्मी तथा विक्रय व्यवस्थापक होने के कारण वे अनेकों प्रमुख संस्थानों, उपक्रमों और समस्त उत्तरी अमेरिका के विक्रय प्रतिष्ठानों में प्रमुख वक्ता के रूप में उनकी बहुत अधिक माँग है. वे *Endless Referrals* के लेखक हैं. सम्पर्क : Burg Communications, Inc., P O Box 7002, Jupitar, FL. 33468-7002, 561-575-2114 या 800-726-3667, fax 561-571-2304, www.Burg.com.

Craig Campana, एक लेखक, प्रेरणादायक व्याख्याता और नेटवर्किंग प्रशिक्षक हैं जिन्होंने अपने जीवन के सत्रह वर्ष, टेलीविजन, प्रकाशन, विज्ञापन और व्यावसायिक दिशा-निर्देशन में बिताए जिसमें Steven Speilberg के साथ में दृश्य इतिहास *Survivors of the shooh* का निर्माण भी आता हैं. उन्होंने Wisconsin में Business Network Int'l का प्रथम समुदाय स्थापित किया और बाद में उस क्षेत्र में साठ समुदाय - चॅप्टर्स - संस्थापित करने में सहयोग दिया. वे BNI के संस्थापना सर्कल के चार वर्ष सदस्य रहे और सन् 2000 के BNI के प्रमाणित नेटवर्किंग ट्रेनर तथा राष्ट्रीय डायरेक्टर भी रहे. वे स्प्रिंग 2001 में प्रकाशित *Confessions of Shameless Self-Promoters* रचना के सह-लेखक भी थे. उन्होंने स्वयं की Career Path Networking नामक पुस्तक का भी सह-लेखन किया है. सम्पर्क करें : 262-781-7194, Fax 262-781-7219, referrals@bniwis.com, www.bniwis.com.

Phillip Campbell, उद्योगपति और नेटवर्क व्यावसायिक, अपना उद्यम यू.एस. मॅरीन कॉर्प्स के Special Operations से आरम्भ किया. सफलतापूर्वक अनेकों व्यवसायों का विकास किया जिसमें वर्तमान के प्रयास, Network Publishing & Network Marketing Products तथा PremiumSteaks.com भी आते हैं. नेटवर्क कन्सल्टेंट के रूप में उन्होंने नवीन संस्थाओं जैसे Go-Givers Network में कार्य किया और नागरिक, व्यावसायिक तथा कॅलीफोर्निया पॉलीटॅक्निक जैसी प्रशिक्षण संस्थाओं में नेटवर्किंग से सम्बन्धित व्याख्यान दिए. सम्पर्क : 516 N. Diamond Bar Blvd. # 400, Diamond Bar, CA 91765-1007, 888-NTWK-PUB (888-689-5782), 909-397-0707, fax 909-397-0767, ntwkpub@earthlink.net, www.premiumsteaks.com.

Jack Canfield, मानव-संसाधन संभावनाओं के विकास-क्षेत्र एवं वैयक्तिक प्रभावोत्पादकता के विद्वान के रूप में वे अमेरिका के अग्रणी विशेषज्ञ के रूप में सुविख्यात हैं, जॅक कॅनफील्ड. विश्व की सर्वश्रेष्ठ बेस्ट सॅलिंग बुक *Chicken Soup for the Soul* के सह-लेखक होने के अलावा *Live, Self-Esteem and Peak Performance* एवं *How to Build High self-Esteem* के भी लेखक तथा अनेकों विक्रय-श्रेष्ठ ऑडियो तथा वीडियोकॅसेट कार्यक्रमों के उद्‌बोधक-लेखक हैं. वे नियमित रूप से टेलीविजन के कार्यक्रमों तथा, *Good Morning America, 20/20, CBS Eye to Eye* तथा *NBC Nightly News* में आते रहते हैं. जॅक प्रति वर्ष 100 से अधिक समुदायों को सम्बोधित करते हैं. उनके ग्राहकों में व्यावसायिक संगठन, स्कूल तथा अन्य शैक्षणिक संस्थान, सरकारी एजेंसियाँ, चर्च, विक्रय-प्रतिष्ठान तथा उपक्रम आते हैं. सम्पर्क करें : www.jackcanfield.com.

Bill Cates, दर्जनों उद्योगों के विक्रय-कर्मियों को सम्बोधित करते हैं और बताते हैं कि विक्रय को सन्दर्भों और सम्पर्कों के माध्यम से कैसे स्थापित करना. उन्होंने ग्राहक-सेवा व्यवस्थापन विभाग में अमेरिकन एयर-लाइंस में काम किया है और एक प्रकाशन-संस्था में पुस्तकों के निर्माण और विक्रय-विभाग में कार्यरत रहे.

Unlimited Referrals नामक सुप्रसिद्ध पुस्तक लिखने के साथ-साथ उन्होंने अनेकों ऑडियो कॅसेट्स के एलबम विक्रय, बिक्री-व्यवस्थापन पर बनाए हैं जिनमें *Break the Voice Mail Barrier, No More Cold Calls, Where did the Time Go ?* तथा *Creating Influence* रचनाएँ आती हैं. सम्पर्क : 2915 Fenimore Road, Silver Spring, MD 20902-2600, 800-488-5464, 301-949-6789, fax 301-949-8564

Deepak Chopra, सुप्रसिद्ध बिकी-पुस्तकों *The Seven Spiritual Laws of Success. Ageless Body, Timeless Mind; Quantum Healing* तथा *Creating Affluence* और अनेकों स्वास्थ्य तथा कल्याणकारी विषयों से सम्बन्धित ऑडियो-वीडियो कार्यक्रमों के निर्माता हैं. उनकी पुस्तकें पच्चीस से अधिक भाषाओं में अनूदित हो चुकी हैं और वे विस्तृत रूप से नॉर्थ अमेरिका, साउथ अमेरिका, भारत, यूरोप, जापान और ऑस्ट्रेलिया में जाकर व्याख्यान देते हैं. वे सॅन डिएगो स्थित Institute of Mind-Body Medicine and Human Potential at Sharp Health Care के प्रबंध निदेशक हैं. सम्पर्क करें : 858-551-7788, www.chopra.com.

Emory G. Cowan Jr., Ph.D., Colorado School of Professional Psychology के अध्यक्ष एवं कार्यकारी अधिकारी हैं. वे यू.एस. आर्मी के निवृत्त कुलगुरु, युनायटेड मॅथोडिस्ट चर्च के निवृत्त पादरी और Chapman University के सायकॉलोजी के सह-प्रोफेसर रह चुके हैं जहाँ वे Colorado Springs Academic Center के सायकॉलोजी के स्नातक विभाग कार्यक्रमों के निदेशक थे. सम्पर्क : www. bnicolorado.com.

Marjorie S. Cowan, M.A. पन्द्रह वर्षों तक डेल कार्नेगी के विक्रय उत्कर्ष कार्यक्रमों की प्रशिक्षिका थीं और अब वे सम्पत्ति-निवेश की ब्रोकर हैं. Redlands University से बी.ए. करने के पश्चात् मार्गी ने सायकॉलोजी में Chapman University से एम.ए. किया. वे Switzer Couseling Center की Colorado Springs में अलाभकारी संस्था की सदस्या हैं. ग्यारह वर्षों से अधिक से वे BNI की सदस्या हैं और उन्होंने सन् 1997 से Front Range of Colorado खण्ड के विकास में सक्रिय सहयोग दिया. वे Colorado स्थित BNI की कार्यकारी डायरेक्टर हैं. सम्पर्क : 5317 Craker Barrel Circle, Colorado Springs, CO 80917-1803, 888-264-2656 (tollfree), 719-596-8010, fax : 719-570-0497, cowan@bni.com., www.bnicolorado.com.

Ed Craine, स्कूल के दिनों में मकानों को रँगने का अपना स्वयं का व्यवसाय आरम्भ करने के बाद ही से वे व्यावसायिक हैं. एड ने सन् 1973 में इतिहास से BA तथा M.B.A. की पदवी Cornell University से finance तथा Marketing विषय में पाई. वे सॅन फ्रेंसिस्को स्थित Smith Crain Finance के अध्यक्ष हैं जो गिरवी रखने का काम करती है. सन् 1996 में San Francisco/San Mateo Franchise पर अधिकार पाने के बाद ही से वे BNI के कार्यकारी व्यवस्थापक हैं. सम्पर्क : 2645 Ocean Ave.# 202, San Francisco, CA 94132, 415-406-2330, fax 415-406-2340, ecraine@smithcrain.com, www.smith crain.com.

Robert Davis, एक व्यावसायिक व्याख्याता, प्रशिक्षक, कोच तथा Robert Davis Associates के अध्यक्ष हैं. वे *Implement Now, Perfect Later* के लेखक तथा Ivan R. Misner के सह-लेखक के रूप में *Business by Referral* के रचयिता हैं. वे *Greater Los Angeles Chapter of the National*

Speakers Association के प्रेसीडेंट हैं. वे *Recovering Perfectionist Club* के संस्थापक भी हैं. सम्पर्क : 909-681-0686, RDavisNSA@aol.com

Frank J. De Raffele Jr., ये ProActive Consulting, Inc. के अध्यक्ष, सक्सेसफुल बिजनेस नेटवर्किंग पुस्तक के लेखक, BNI के कार्यकारी प्रबन्ध-निदेशक, व्यावसायिक स्तम्भ के लेखक तथा रेडियो कार्यक्रम बिजनेस टॉक नेटवर्क के सहप्रस्तोता थे. वे एक अन्तर्राष्ट्रीय ख्याति प्राप्त प्रेरणात्मक व्याख्याता और प्रशिक्षक भी हैं. उन्होंने कॅनेडा के *टॉरॅन्टो स्टार* और *ग्लोब एंड मेल ऑफ कॅनेडा* द्वारा प्रदत्त अन्तर्राष्ट्रीय उपाधियाँ भी पाईं और *Success Employment Review* तथा *Professional Selling* पत्रिकाओं में छपते रहते हैं. वे अनेकों राष्ट्रीय रेडियो तथा टी.वी. के कार्यक्रमों में आते रहते हैं. सम्पर्क करें : 1260 North Avenue, Beacon, NY 12508, 845-838-2805, fax 845-440-0508, federaffele@aol.com.

Norm Dominguez, इस समय San Dimas, कॅलीफोर्निया में BNI के राष्ट्रीय अध्यक्ष, जो सन् 1987 में विक्रय तथा मार्केटिंग के व्यापक अध्यवसाय के बाद BNI से जुड़े. मई 1989 में वे एरिज़ोना तथा न्यू मॅक्सिको क्षेत्रों के कार्यकारी अध्यक्ष बने. BNI के Franchai Advisory Board के क्षेत्रीय डायरेक्टर रहकर शैक्षणिक संयोजन संस्थापना एवं प्रादेशिक बृहदाकार कार्यक्रम आरम्भ किया. सम्पर्क : BNI, 1995. Monte Vista Ave., Ste. 6, San Dimas, CA 91773-3080, 909-305-1818, fax 909-305-1811 norm@bni.com.

Sandy Donovan, ने अपना पेशा विक्रय से आरम्भ किया और फिर रेडियो के विक्रय-विस्तार और जन-सम्पर्क की ओर मुड़ गईं. वे जनवरी 1997 में दक्षिण फ्लोरिडा से BNI की डायरेक्टर बनीं जहाँ आजकल वे संस्थानों तथा औद्योगिक गृहों के लिए शिक्षण-शिबिर और कार्यशालाएँ संचालित करती हैं जिनमें सन्दर्भों के माध्यम से बिक्री बढ़ाने की कला का प्रशिक्षण दिया जाता है. सम्पर्क : Sandybni@bellsouth.net.

Paul and Sarah Edwards, अनेकों व्यक्ति जिन्हें "Self-Employment Experts" के रूप में जानते हैं और जो श्रेष्ठ-बिकी पुस्तक Working From Home सीरीज़ के लेखक तथा Rick Benzel के साथ Teaming Up पुस्तक के सह-लेखक हैं, वे अपने रेडियो और टीवी शो के श्रोताओं-दर्शकों को कार्यक्रम के दौरान सलाह देते हैं और अपनी पत्रिकाओं *Home Office Computing* तथा *Small Business Computing* के स्तम्भों के माध्यम से मार्गदर्शन देते हैं. सम्पर्क : द्वारा, "Q & A", *Home Office Computing* Magazine, 730 Broadway, NewYork, NY 10003, www.homeworks.com.

Bruce Elliott, ने पच्चीस वर्षों से अधिक समय एक व्यावसायिक नागरिक इंजीनियर के रूप में कॅनाडा के ट्रॅफिक और ट्रांस्पोर्टेशन व्यवसाय में बिताए हैं. ऑन्टेरियो तथा एल्बर्टा में BNI का क्षेत्रीय कार्यालय आरम्भ करने से पहले उन्होंने अनेकों लघु उद्योगों का संचालन किया. समस्त कॅनाडा के विश्व विद्यालयों तथा कॉलेजों में उन्होंने व्याख्यान दिए. ब्रूस तथा उनकी पत्नी Eleanor ने BNI Canada की सृष्टि में सहयोग दिया. वे Ontario के निकट Stratford में 100 एकड़ का फॉर्म चलाते हैं. सम्पर्क : 519-475-4643,888-375-1904,bni@execulink.com., www.bnicanada.ca.

Todd A. Evans, कॅनाडा के Manitoba प्रदेश के BNI के कार्यकारी संचालक हैं और अब पूर्वी ऑन्टारियो तथा पश्चिमी क्यूबेक के उप-संचालक. वे Crossdraw Technologies Inc. के व्यापार-विस्तार विभाग के उपाध्यक्ष हैं तथा उसके ग्राहक-सेवा और ग्राहक अवधारण-रिटेंशन-विभाग को मार्केटिंग तथा वेब के द्वारा सम्पर्क

स्थापित करने तथा उन्हें निर्देश देने का कार्य करते हैं. सम्पर्क : Crossdraw Inc., 800-280 Albert St., Ottawa, Ontario, Canada KIP 5G8, 613-292-2647, fax 613-239-0328, toddevants@bnieast.com, www.crossdraw.com.

Donna Fisher, CSP बहुत महत्वपूर्ण प्रस्तुतियाँ मानव-प्रवीणताओं, नेटवर्किंग तथा आज की अति यंत्रीकृत संस्कृति पर प्रस्तुत करते हैं जिनमें अपनापन अधिक होता है. उनके ग्राहकों में Hewlett Packard, Chase Bank तथा Arthur Anderson जैसे सुप्रसिद्ध नाम आते हैं. वे Exxon, McDonell, Douglas Automation Company और Houston University में बिक्री, विक्रय-विस्तार और व्यवस्थापन के पदों पर कार्य कर चुकी हैं. वे Business Owners Advisory Board of the American Business Women's Association की सदस्या हैं और उन्होंने दो अति-बिकी सुप्रसिद्ध व्यावसायिक पुस्तकें Power Networking, Sandy Vilas के साथ, और People Power की रचना की है. सम्पर्क : 6524 San Felipe, Ste. 138, Houston, Tx 77057m 800-934-9675, donna@donnafisher.com, www.donnafishcr.com.

Tom Fleming, Massachusetts के Certified Networker Program में प्रशिक्षण डायरेक्टर हैं जिसमें विश्व-विद्यालयीन अध्यापन व्यावसायिक पेशेवरों को दिया जाता है कि वे अधिक उत्पादक और प्रभावशाली नेटवर्कर कैसे बन सकते हैं. अनेकों व्यावसायिक साहस-कार्यों को आरम्भ करने के साथ-साथ वे BNI के साथ पिछले पाँच वर्षों से कार्य कर रहे हैं. Tom की गतिविधियों में Fortune 500 की विभिन्न कम्पनियों के साथ दस वर्ष कार्य करने का अनुभव भी जुड़ा हुआ है. उन्होंने Bostan University से एक व्यावसायिक डिग्री भी प्राप्त की है और वे Babson College के MBA हैं. वे अपनी भाषण कला के द्वारा नए अनेकों को प्रशिक्षित और प्रोत्साहित करने की कामना रखते हैं. सम्पर्क : 617-376-0537, TomF@bni.com

John Milton Fogg, ये *Upline* तथा *Network Marketing Lifestyles* पत्रिकाओं के संस्थापक तथा चौबीस से अधिक पुस्तकों एवं ऑडियो कार्यक्रमों - जिनमें *The Greatest Networker in the world* भी आ जाता है - के लेखक या सम्पादक हैं. सम्पर्क : 4881 Parson's Green, Charlottesville, VA 22903, 804-823-2343, jmf@greatestnetworker.com, www.greatestnetworker. com.

James A. Fontanella ये Renaissance Executive Forums की संस्थापिका तथा अध्यक्ष हैं जो एक अन्तर्राष्ट्रीय संस्था है और उच्चतम श्रेणी के कार्यकारी प्रबन्धकों के लिए अनेकों प्रकार की विशेष सेवाएँ प्रदान करती हैं जैसे सलाहकार समितियों को, जिनमें व्यावसायिक प्रमुख कार्यकारी अधिकारी और संस्थानों के स्वामी समकक्ष होकर व्यवसाय के बारे में खोजपूर्ण गवेषणा करके चर्चा करते हैं. सम्पर्क : Renaissance Executive Forums, Inc., 7855 Ivanhoe Avenue, Ste., 300 La Jolla, CA 92037, 858-551-6600, fax 858-551-8777, jim@executive forums.com, www.executiveforums.com.

George C. Fraser, ने अपना कार्यकारी प्रशिक्षण Dartmouth College में पाया था वे Success Source, Inc., के संस्थापक तथा अध्यक्ष हैं जो आफ्रिकन-अमेरिकन समुदायों के बीच उत्पादनों और कार्यक्रमों के माध्यम से नेटवर्किंग को प्रोत्साहन देने का केन्द्र है. वे *Success Runs in our Race* पुस्तक के लेखक और *SuccessGuide : The Networking Guide to Black Resources* के प्रकाशक हैं. वे Procter & Gamble, United Way तथा Ford में व्यवस्थापक रह चुके हैं. सम्पर्क : Success Source, Incl., 1949 E 105 th St. # 100, Cleveland, OH 44106, 216-791-9330.

Robert French, जो Cantebury, England में रहते हैं, वे बीस वर्षों तक एक सफल किसान रह चुके हैं और उस बीच उन्होंने कृषकों की समस्याओं को प्रस्तुत करने के लिए सक्रिय कृषक राजनीति का माध्यम अपनाया. अब वे एक विशाल मार्केटिंग संस्थान उन लोगों के लिए चलाते हैं जो अपने व्यवसाय को उच्च कोटि की केन्द्रित नेटवर्किंग के द्वारा यूरोप और एशिया में विस्तृत करना चाहते हैं. सम्पर्क : 44-1227-700-352, robertfrench@invictent.co.uk.

Dan Georgevich, BNI के Michigan में कार्यकारी निदेशक हैं. इस स्थिति में रहकर Dan BNI के साठ से अधिक अध्यायों का संचालन कर रहे हैं और व्यापार के पेशेवरों की सहायता उनकी बिक्री को बढ़ाकर कर रहे हैं. उनकी उपलब्धियों में अन्तर्राष्ट्रीय श्रोताओं के लिए इंटरनेट पर Certified Networker Program के द्वारा ऑन लाइन प्रशिक्षण और पाठों का संचालन करना आता है. मौखिक व्यापार-विस्तार में औरों के सहायक बनने के लिए Dan को राष्ट्रीय पुरस्कारों से सम्मानित किया जा चुका है. सम्पर्क : 810-323-3800, fax 810-323-3838, dang@bni-mi.com,www.bni-mi.com.

Nancy Giacomuzzi, अपने जीवन में सत्रह वर्ष से अधिक समय तक एक स्थावर सम्पत्ति एजेंट रह चुकी हैं तथा अनेकों प्रकार के पेशेवर व्यवसायों में कार्य कर चुकी हैं. वे Minnesota में BNI की स्थापना में सर्वप्रमुख थीं. तीस अध्यायों के कार्यकारी निदेशक के रूप में वे राज्य भर के संगठनों को सम्बोधित करती हैं. सम्पर्क : 800-416-0759, 612-986-6266, fax 952-920-6496, nancygi@worldnet. www. bni-mn.com.

Morris E. Goodman ने Zig Ziglar के साथ सह-लेखन में *Miracle Man* तथा इसी नाम का प्रेरणादायक चलचित्र भी बनाया है. अपनी पुस्तक में लिखित घटनाओं के समय, अपनी तीस वर्ष की उम्र में वे एक अत्यन्त सफल बीमा-एजेंट थे. उन्होंने कॅसेट-टेप्स के अनेकों एल्बमों का निर्माण किया जिनके विषय थे - लक्ष्यों का निर्धारण, आत्म-सम्मान एवं आत्म-मूल्यांकन. वे Fortune 500 की अनेकों कम्पनियों तथा सह संस्थानों में विश्वभर में, व्याख्याता तथा प्रशिक्षक हैं. सम्पर्क : 4176 Cheswick Lane, Virginia Beach, VA 23455, 757-490-9262,goodman@skybiz.com.

Carol S. Grebe ने सदर्न कॅलिफोर्निया के पाँच बाल मानसिक स्वास्थ्य बाह्य रोगी विभाग में सोलह वर्षों तक कार्यकारी अध्यक्ष का पद सँभाला. आजकल वे BNI के San Francisco North Bay and Sacrament प्रदेशों की कार्यकारी निदेशक हैं जिसमें सैंतीस खण्डों में बँटे 750 सदस्य हैं. वे BNI के Networking Online की नियामक - को ऑर्डिनेटर तथा BNI के संस्थापक-केन्द्र की सदस्य भी हैं. सम्पर्क : BNI, 925 Lakeville St.#331, Petalluma, CA 94952-3329, 707-773-1370, fax 707-773-1114, bnisfbay@aol.com, www.bni-sfboy.com.

Cynthia Greenawalt-Carvajal, बीएनआई के Fort Lauderdale / Miami क्षेत्र की कार्यकारी निदेशक, व्यवस्थापन सलाहकार, व्यावसायिक प्रशिक्षक और उद्यमकर्मी हैं. पॅन्सिल्वानिया विश्व विद्यालय के Wharton School of Business की उपाधिधारिणी तथा परिवर्तनशील नेतृत्व के प्रतिमान के दस वर्षों के अध्ययनों के द्वारा वे उद्योगपतियों, व्यवसाय कर्ताओं और विक्रय-दलों को चमत्कारिक परिणाम लाकर उनकी उत्पादकता एवं प्रभावकारिता में वृद्धि ला देती हैं. वे एक सुविख्यात अमरीकन तैराक होने के साथ-साथ वैश्विक स्तर पर The Hunger Project में निवेशक भी हैं. वे इस समय मानव-चेतना को जाग्रत करनेवाले उत्प्रेरक गीतों का प्रथम संग्रह सीडी पर कर रही हैं. सम्पर्क : 516 SW 18th Street, Suite 2, Ft. Lauderdale,

Fl 33315, 954-455-9400, fax 954-779-3068, cynthia@bni.com., www.bni.com.

Joyce Hadley (Copeland), ने Betsy Sheldon के सह-लेखन में *The Smart Woman's Guide to Networking* नामक पुस्तक लिखी. वे तथा बॅट्सी शॅल्डन दोनों सन् 1980 में एक उपभोक्ता प्रवास-पत्रिका की संयुक्त सम्पादिकाएँ थीं और उनका संयोग एक दीर्घकालीन मित्रता तथा पेशेवर सहयोग में बदल गया. अब वे व्यावसायिक विषयों की पूर्णकालिक लेखिका हैं. उनकी आद्यतन पुस्तक जो जनवरी, सन् 2000 में प्रकाशित हुई है : *जहाँ कार्य-क्षेत्र बिखरे पड़े हैं : 21वीं सदी का प्रचण्ड अवसर Where the jobs Are : The Hotest Careers for the 21st century.*

Mark Victor Hansen, सर्वश्रेष्ठ-बिकी पुस्तक-मालिका *Chicken Soup for the soul* के सह-लेखक हैं तथा *Dare to win* जैसी अन्य अनेकों श्रेष्ठ-बिकीं पुस्तकां के लेखक हैं. विक्रय में विलक्षणता और निजी शक्तिसंवर्धन विषयों पर लोकप्रिय पेशेवर व्याख्यानदाता के रूप में वे विख्यात हैं और प्रतिवर्ष हजारों व्यक्तियों को अपने निगमों के कार्यक्रमों, राष्ट्रीय व्यवसाय सम्मेलनों तथा पेशेवर मिलन-कार्यक्रमों और विश्वभर के शैक्षणिक एवं परोपकारी संस्थानों में दिए व्याख्यानों के द्वारा अपना सन्देश देते हैं. सम्पर्क : मार्क विक्टर हेन्सन एंड एसोसिएट्स, PO Box 7665, Newport Beach, CA 92658-7665, 800-433-2314 (outside Calif.), 741-759-9304 (inside Calif., outside US)

Robyn Henderson, एक अन्तर्राष्ट्रीय ख्याति की व्यावसायिक शिक्षिका हैं जो ऑस्ट्रेलिया में रहती हैं और उन्होंने नेटवर्किंग, व्यवसाय-संस्थापना और स्व-प्रोत्साहन पर पाँच पुस्तकें लिखीं हैं. उन्हें विक्रय-क्षेत्र का दस वर्षों का और तेरह वर्षों का आतिथ्य-व्यवसाय का अनुभव है. रॉबिन का संवादिता एवं भाषण-व्यवसाय उन्हें बिना किसी विज्ञापन की मदद के प्रति वर्ष दस से अधिक देशों में, 150 से अधिक प्रस्तुतियाँ - प्रेजेंटेशन्स कराता है. उन्हें ऑस्ट्रेलिया की National Speakers Association के द्वारा 2000 से अधिक Nevin Award मिले हैं. वे इस पुरस्कार को पानेवाली विश्व की मात्र तीन महिलाओं में से एक हैं. सम्पर्क : Networking to Win, Po Box 195, Coogee NSW 2034, Australia, 61-2-9369-1025, fax 61-2-9369-1053, inetwork@ozemail.com. au, www.networkingtowin.com.au.

Edward D. Hendricks, ये Center for Corporate Education and Professional Development and Institute for Non-profit leadership at Sacred Heart University, Fairfield, Connecticut में निदेशक - डायरेक्टर हैं. ये Edward D. Hendricks & Associates के अध्यक्ष तथा International Association of Management Consulting Firms के मुख्य कार्यकारी अधिकारी थे. इनका उल्लेख CBS के American Business Journal और CNN International में लीडरशिप परामर्श और प्रशिक्षण के क्षेत्रों में, एक विशेषज्ञ के रूप में हुआ है. वे अन्तर्राष्ट्रीय ख्याति-प्राप्त व्याख्याता हैं जो नेटवर्किंग, मार्केटिंग, विलयन और अग्रगण्यता - लीडरशिप - जैसे विषयों पर परामर्श देते हैं और इन विषयों के अधिकारी विद्वान् माने जाते हैं. वे Insider's Guide to Consulting Success ग्रन्थ के रचनाकार हैं. सम्पर्क : fax 203-374-2694, hendrice@sacredheart.edu.

Connie Hinton, प्रथम सेक्रेटरी थीं जिनकी पदोन्नति व्यवस्थापन के पद पर कॅन्सास शहर के फॅडेरल रिजर्व बेंक में हुई. पिछले चार वर्षों से Idaho तथा वाशिंग्टन में BNI के कार्यकारी अध्यक्ष के पद पर कार्य करने के बाद से उन्हें विशेषज्ञ व्यावसायिक नेटवर्कर के रूप में सभी क्षेत्रों में जाना जाने लगा है. उन्होंने अपनी Seattle स्थित कम्पनी में इंटरनेट का Chat कार्यक्रम आरम्भ किया. सम्पर्क : BNI NW, 800-286-0508, fax

425-391-0817, connie@bniw.com, www.bninw.com.

Nancy Holland, ने कॅनाडा की राष्ट्रीय स्काई टीम के सदस्य के रूप में, दो शीतकालीन ऑलम्पिक्स में हिस्सा लेकर और उनमें विजयी होकर उन्हें Quebec Ski Hall of Fame में प्रतिस्थापित किया गया. प्रतियोगिता से अवकाश पाने के बाद नेन्सी ने क्यूबॅक के अनेक स्काइंग स्कूलों में मार्गदर्शन दिया. अब वे स्वयं का मार्केटिंग - विपणन - का व्यवसाय चलाती हैं और कॅनाडा, फ्रांस तथा युनायटेड स्टेट्स में प्रोत्साहक प्रस्तुतियाँ पेश करती हैं तथा वे BNI Canada की राष्ट्रीय सह-संस्थापक निदेशक हैं. सम्पर्क : 154 Tyrell Ave., Toronto, Ontario, Canada M6G 2G7, 416-652-9098, 800-365-2276, nancy@bnicanada.ca.

Wes Holsapple II BDS - Business Development Solutions के अध्यक्ष हैं जो संस्थानों के कार्याधिकारियों की सफलता को, उनकी व्यवस्थापन-कला, निरीक्षण-शक्ति, विक्रय और विक्रयकर्मिता को बढ़ाकर उपलब्ध कराती है. इससे पहले Wes डेल कार्नेगी ट्रेनिंग में क्षेत्रीय अधिकारी एवं प्रशिक्षक थे. वे BNI के Mississippi प्रदेश के वर्तमान कार्यकारी निदेशक हैं. सम्पर्क : 800-870-2969,wes@bnims.com.

Philip E. Humbert, एक व्यावसायिक व्याख्याता, प्रवीण नेटवर्कर तथा निजी सफलता प्रशिक्षक हैं. एक मानस शास्त्री, उद्यमी और अग्रणी व्यवसायकर्ता होने के नाते उन्हें आर्थिक तथा व्यावसायिक सफलता के बीच सन्तुलन बनाने की चुनौती का ज्ञान है ताकि एक सम्पन्न और सन्तोषप्रद व्यक्तिगत जीवन जिया जा सके. वे Marketing Money, Creating Wealth : Your Guide to Financial Independence के लेखक हैं और विश्व के सर्वाधिक लोकप्रिय शैक्षणिक न्यूज लेटर का प्रकाशन करते हैं. सम्पर्क : Resources for Success ! Po Box 50910 Eugene, OR 97405, 541-342-1030, fax 541-345-2099, Coach@Philiphumbert.com.www.philiphumbert.com.

Mel Kaufmann, ने अपना कार्य क्षेत्र सन् 1982 में सम्बन्ध-संस्थापना से आरम्भ किया था जब वे Wilshire Chamber of Commerce के विक्रय प्रतिनिधि थे. वे सदस्यों को प्रवचन देते कि सदस्यता को पेशे में बदलकर आर्थिक सफलता कैसे पाना चाहिए. वे The Link पुस्तक के लेखक भी हैं. सम्पर्क: TRM, 308 S. Miraleste Dr. #59, San Pedro, CA 907302, 310-831-2799, fax 310-519-0571.

Herb Kay, सत्रह वर्ष की आयु में नौसेना में भरती हुए थे, वे रशियन भाषाशास्त्री बने, उड़ानें भरना सीखा, एक फुटकर वस्तुओं के विक्रेता बने, उसमें असफल हुए, फिर से आरम्भ किया और एक सफल निवेशक-व्यवसायी बन गए. अब वे राष्ट्रीय टीवी पर एक आर्थिक विश्लेषक के रूप में आते हैं, नए साहसिक उपक्रम करते हैं और उद्यमी के रूप में बहुत धन कमाते हैं तथा देशभर के लाखों व्यक्तियों के करोड़ों डॉलर्स का नियमन करते हैं. उन्होंने धन कमाने की कला और उस प्रक्रिया का आनन्द उठाने का मार्ग पर एक पुस्तक लिखी है How to Get Filthy, Stinking Rich and Still Have Time for Great Sex. सम्पर्क : HK Richmaster@aol.com, www.herbkay.com.

Gillian Lawson, तथा उनके पति Martin ने अनेकों वर्ष निधि-संग्राहक का काम किया और 1.5 मिलियन डॉलर्स से अधिक परोपकार के कार्यों के लिए जमा किए. गिलियन ने युनायटेड स्टेट्स और रूस सहित अनेकों देशों में London Symphony Chorus के साथ गाना गाया है और वे लन्दन के निकट के एक व्यस्त इलाके

में जस्टिस ऑफ पीस के रूप में मॅजिस्ट्रेट के कोर्ट में काम करने का समय भी निकाल लेती हैं. उनके पति ने BNI की धारणा को युनायटेड किंग्डम तथा आयर्लेंड में प्रवेश कराया और वे स्वयं BNI की राष्ट्रीय अध्यक्ष हैं. सम्पर्क : MGLawson@aol.com.

Martin Lawson, की शिक्षा दक्षिण आफ्रिका में हुई तथा बाद में पन्द्रह वर्ष उन्होंने बृहद् संस्थानों के व्यवसायों को सँभालने में बिताए. इसके बाद के पन्द्रह वर्ष उन्होंने स्वयं के सक्रिय परामर्शदाता के नेटवर्किंग व्यापार के लिए बिताए और यूरोप, अमेरिका तथा युनायटेड किंग्डम के कुछ अग्रणी निजी तथा पब्लिक सेक्टर व्यावसायिकों को परामर्श देते रहे. सन् 1997 में वे और उनकी पत्नी Gillian BNI को युनायटेड किंग्डम तथा आयर्लेंड में लेकर आए. आज वे अपने कार्यक्षेत्र को जर्मनभाषी देशों तक फैला चुके हैं. सम्पर्क : MGLawson@aol.com.

Steve Lawson, दक्षिण आफ्रिका में पले-बढ़े तथा इंग्लेंड से उन्होंने अर्थशास्त्र की पदवी पाई. वे पाँच विभिन्न महाद्वीपों में रह चुके हैं. सन् 1975 में उन्होंने कॅनाडा में अपनी निजी संवादिता संस्था आरम्भ की जो आज भी चल रही है. स्टीव BNI Canada के कार्यवाही व्यवस्थापक हैं जिसकी संस्थापना और विकास उन्होंने अपनी पत्नी के सहयोग से किया था. आज वे यूके तथा योरप में BNI के विस्तार-कार्यों में सक्रिय रूप से लगे हुए हैं. सम्पर्क : 416-410-5461, fax 905-513-7872, lawsonsmail@home.com.

Mike Levin, साउथ आफ्रिका में BNI के संस्थापक राष्ट्रीय निदेशक हैं. उन्हें बीस वर्षों का, खान-पान कम्पनियों जैसे, Woolworths तथा Ackermans के साथ का फुटकर बिक्री का अनुभव है. वे Capetown में तीस वर्षों से अधिक समय से रह रहे हैं और उसमें के बीस साल उन्होंने प्रतियोगितात्मक क्षेत्रीय हॉकी के खिलाड़ियों के साथ खेलकर बिताए. उनका लक्ष्य दूसरों को उनके स्वयं के लक्ष्यों तक पहुँचाने में मदद करना है. सम्पर्क: Mike@bni.com.za.

Jay Conrad Levinson, अपनी स्वयं की वितरण एवं परामर्शदात्री संस्था के अध्यक्ष हैं. वे देशभर में गुरिल्ला - छापामार - व्यावसायिक कौशल पर प्रमुख संस्थाओं, व्यावसायिक संस्थानों तथा विश्व विद्यालयों में, राष्ट्रभर में, व्याख्यान देते हैं. उन्होंने श्रेष्ठ-बिकी पुस्तक The Guerilla Approach to Marketing के अलावा इसी दर्शन पर पुस्तकों की एक अद्वितीय शृंखला निकाली Guerilla Marketing. सम्पर्क करें: Guerilla Marketing International, 260 Cascade Dr. Po Box 1336, Mill Valley, CA 94942, 800-748-6444, in California - 415-381-8361.

Susann Linn, लेखिका तथा प्रकाशिका हैं *Susann Linn's Directory of Orange County Networking Organizations,* प्रति माह नेटवर्किंग की पचास से साठ सभाओं में भाग लेती हैं. वे एक सुप्रसिद्ध स्तम्भ-लेखिका, प्रशिक्षिका तथा अग्रणी वक्ता हैं जो नेटवर्किंग कला पर व्याख्यान देती हैं और विक्रयकर्ताओं, व्यावसायिकों तथा काम के खोजियों को नियमित सार्वजनिक भाषण देती हैं. सम्पर्क : Networking Directory, 3334 E. Coast Hwy. Ste. 291, Corona Del Mar, CA 92625, 949-786-1320, ntwrkqn@pacbell.net.

Linda Macedonio, तथा उनके पति Mike BNI के Rhode Island तथा के Bristol County, Massachusetts के कार्यकारी निदेशक हैं. वे अक्सर पेशेवरों तथा महिला-संस्थानों को व्याख्यान देते हैं, सदस्यों को अपनी नेटवर्किंग कुशलता को बढ़ाने का मार्गदर्शन देते हैं. लिंडा हाल ही में अपने लेखा-व्यवसाय

Professional Book-keeping Service को बेचकर पूरी तरह से नेटवर्किंग प्रशिक्षण में लग गई हैं. सम्पर्क : Mary Lou Renner, BNI, 32 Lois Lane, N. Attleboro, MA 02760, 508-695-7271, fax 508-695-7056-mikem@bni.com.www.bniri.com.

Harvey Mackay, आज अमेरिका के एक सर्वाधिक इच्छित व्यावसायिक प्रेरणादायक व्याख्याता हैं. वे एक राष्ट्रीय संघटन के स्तम्भ-लेखक हैं जो व्यावसायिक मार्गदर्शन देता है और वे एक सक्रिय निगम के CEO हैं. वे न्यूयार्क टाइम्स की श्रेष्ठ-बिकी पुस्तकों *Dig your Well Before You're Thirsty, Swim With the Sharks Without Being Eaten Alive* तथा *Beware the Naked Man who Offers you His Shirt* के लेखक हैं. सम्पर्क : Mackay Envelop Compay, 2100 Elm St. SE., Minneapolis, MN 55414, harvey@mackay.com, www.mackay.com.

Mary Anne Marriott's, के दस वर्षों के कार्यक्षेत्र में उद्योगों के आर्थिक विकास को बढ़ाने से सम्बन्धित मार्गदर्शन के अलावा दिवाला निकालनेवाले व्यवसाय को सलाह देने के कार्यक्रम को विकसित और कार्यशील बनाने का हुनर भी शामिल है. उन्होंने समस्या-प्रधान जुआरियों की आर्थिक समस्याओं पर प्रकाश डालनेवाली और उनकी सहायता करनेवाली पुस्तक का एक अध्याय भी लिखा. उन्होंने उद्यमी बनकर कॅनाडा के एटलांटिक प्रोविन्सों में BNI के क्षेत्र स्थापित करने के विचार से लेखक-कर्म को त्याग दिया. वे तथा उनकी बहन एक टेली कम्युनिकेशन व्यवसाय में सहकर्मी हैं. सम्पर्क : 902-857-1990, fax 902-857-1076, mamarriott@bni.com.

Kathleen Mathy, टॅक्सास के Sugar Land क्षेत्र में अपनी स्वयं की संस्था में CPA तथा मुख्य अधिकारी हैं. उन्होंने University of Iowa से क्लिनिकल पॅथोलॉजी में स्नातकोत्तर - मास्टर्स की - पदवी पाई. वे सन् 1994 से Houstan BNI की कार्यकारी निदेशक हैं एवं Taxas की Ft. Bend County की संस्था American Business Women's Association द्वारा Woman of the Year की पदवी से आभूषित की गईं. वे प्रति माह एक कर से सम्बन्धित स्तम्भ भी लिखती हैं. सम्पर्क : 281-491-5821, director@bnihouston.com, www.bnihoustan.com.

Joe McBride, एक Arkansas के Little Rock प्रदेश में रहनेवाले व्यावसायिक व्याख्याता और विक्रय परामर्शदाता हैं. वे अक्सर व्यवसायी उद्योगकर्मियों के साथ काम करते हैं और उन्हें ऑफिस के बाहर की गतिविधियों और सम्बन्धों को समझने में मदद करते हैं ताकि वे नए ग्राहक पा सकें. वे श्रव्य-कॅसेट कार्यक्रम Tooting Your Own Horn : A Professionals Guide to Marketing and Promoting Yourself Without becoming Totally Obnoxious अर्थात् अपना भोंपू स्वयं बजाएँ. *बिक्री बढ़ाने और स्वयं को बिना अप्रिय बनाए प्रस्तुत करने की एक व्यावसायिक मार्ग-दर्शिका.* सम्पर्क : Mcbride Presentations, 4 Single Oaks Drive, North Little Rock, AR 72120, 501-833-5617, fax 501-833-3584, joespeaks@swbell.net, www.intlspeakers-network.com/jmbride.

Lance Mead, पर्यटन संस्थाओं के स्वामी, आहार-गृहों तथा हॉटेलों के मालिक और यू.एस. के East Coast प्रदेश में तीस वर्षों से अधिक समय तक विभिन्न व्यवसाय कर चुके हैं. वे Bronx स्थित Democratic पार्टी के उपाध्यक्ष, Kiwi Airlines के प्रशासन मंडल के सदस्य भी रह चुके हैं, वे Puerto Rico के गवर्नर के सलाहकार तथा अनेकों संस्थानों तथा प्रचार माध्यमों के विशिष्ट व्याख्यानदाता भी थे. उन्होंने West Point स्थित US Military Academy में प्रवेश लिया था. वे यू.एस. के 13 प्रदेशों के BNI के प्रमुख कार्यकारी

अधिकारी थे और BNI साउथ आफ्रिका के सह-राष्ट्रीय डायरेक्टर रहे. सम्पर्क : 600 Tuckahoe Road, Yonkers, NY 10710, 877-407-4621, fax 914-793-3440, jlance@bni-newjersey.com. www.bni-newjersey.com.

John R. Meyer, ने बेंकिंग क्षेत्र से अवकाश लिया और अब वे BNI Midwest क्षेत्र के क्षेत्रीय निदेशक और Founders' Circle के सदस्य हैं. वे Certified Networker Programme को पढ़ानेवाले प्रथम अधिकृत BNI डायरेक्टरों में से एक हैं. सन् 1999 में उन्होंने Davis College Outstanding Alumni Achievement Award प्राप्त किया. वे अनेकों संस्थानों के माध्यम से अपने समुदाय से जुड़े हुए हैं. सम्पर्क : 419-471-0788, fax 419-474-9142, bni.ohio@worldnet.att.net, www.bni-ohio.com.

Elisabeth L. Misner, कॅलिफोर्निया स्थित La Verney की Leroy Haynes Center for Children and Family Services की कार्यकारिणी की सदस्या हैं. वे सन् 1986 से BNI की सदस्या और अब विशेष कार्यक्रमों की निदेशिका हैं. उन्होंने BNI के आन्तरिक आदर्श कार्यक्रमों का निरीक्षण किया है और 40,000 प्रतियाँ प्रकाशित होनेवाली गृह-पत्रिका SuccessNet का उन्होंने सम्पादन किया है. वे BNI के डायरेक्टरों को प्रशिक्षण देने और डॉ. मिस्नर की पुस्तकों के सम्पादन में उनकी सहायता करती हैं. सम्पर्क : BNI 199 S, Monte Vista Avenue, Ste. 6, St. Dimas, CA 91773-3080, 800-688-9394, 909-305-1811, fax 909-305-1811, beth@bni.com.www.MastersofNetworking.com

Reed Morgan तथा **Kathy Morgan,** BNI के Kentucky तथा Middle Tennessee के निदेशक हैं. रीड को एक स्वतंत्र प्रकाशन संस्था जो विशिष्ट पुस्तकों तथा पत्रिकाओं का प्रकाशन करती है उसमें स्वतंत्र प्रतिनिधित्व के कार्य करने का करीब तीस वर्षों का अनुभव है. कॅथी अपने पति के साथ संवादिता में प्रवीणता, व्यवस्थापन-कला, तथा नेटवर्किंग कुशलता का ज्ञान व्यावसायिक पेशेवरों को देती हैं. दोनों ही प्रमाणित नेटवर्कर कार्यक्रमों के प्रशिक्षक हैं और दोनों के पास स्नातक तथा स्नातकोत्तर पदवियाँ हैं. रीड तथा कॅथी ने संयुक्त रूप से BNI के पचास से अधिक क्षेत्रों की मेजबानी की है और करीब 1000 सदस्यों को शामिल किया है. वे Nashville में रहते हैं और उन्होंने BNI के संवर्धन, ग्राहक-सेवा और उत्पादकता के लिए अनेकों पुरस्कार पाए हैं. सम्पर्क : PO Box 158529, Nashville, TN 37215-8529, 888-BNI-KYTN (888-264-5986), fax 503-210-1892, reedprint@home.com, mrmorgan@bni.com, www.bnikentucky.com.

Cindy Mount, ये Traicor International की निदेशक हैं जो Peterborough Ontario में स्थित है और उत्पादनशीलता, तथा कार्य-कुशलता का प्रशिक्षण देती है. उन्होंने शिक्षण तथा व्यावसायिक व्यवस्थापन की शिक्षा Alberta विश्व विद्यालय में पाई और सन् 1996 में अपना निजी व्यवसाय आरम्भ करने से पहले उन्नीस वर्षों तक सार्वजनिक संस्थानों में कार्य किया. Trailor के ग्राहकों में Merrill Lynch, ScotiaMaLeod, Investors Group एवं Johnson & Johnson जैसे प्रतिष्ठित संस्थान शामिल हैं. सुश्री माउंट इस समय National Association of Professional Organizers की क्षेत्रीय सदस्यता निदेशिका हैं; Junior Achievement की निदेशिका और BNI तथा Entrepreneurs Association की विगत अध्यक्षा हैं. सम्पर्क : Traicor International, 266 Charlotte St., Suit 304 Peterborough, Ontario, Canada K9J2V4, 877-TRAICOR (877-872-4267), 705-740-2547, fax 705-740-0659, cm@traicor.com, www.traicor.com.

John Naisbitt, व्याख्याता एवं सामाजिक, आर्थिक, राजनैतिक तथा प्रौद्योगिकी-शिल्प विज्ञान पर अनेकों विश्व विख्यात उद्यमों के सलाहकार हैं. वे वाशिंग्टन D.C. स्थित अनुसंधान एवं सलाहकार संस्था Naisbitt Group के अध्यक्ष और त्रैमासिक Trend Report के प्रकाशक हैं. वे अनेकों अन्तर्राष्ट्रीय श्रेष्ठ-बिकी पुस्तकों के लेखक हैं जिसमें Megatrends, Global Paradox और High Tech, High Touch आती हैं. वे IBM तथा Eastman Kodak में पदाधिकारी रह चुके हैं. सम्पर्क : www.naisbitt.com.

Karyanne Newton, KLS Images in Progress की पिछले दस वर्षों से स्वामिनी हैं. उन्हें अनेकों वर्षों का सन्दर्भित प्रशिक्षण, सार्वजनिक अभिभाषण तथा सुविशेष व्यावसायिक परामर्श का अनुभव है. सन् 1996 से ओंटारियो में BNI के निदेशक होने के कारण वे नेटवर्क संचारण-संवादिता पर प्रशिक्षण शिविर तथा कार्यशालाएँ लगाती आ रही हैं. वे BNI कॅनाडा के विशेष उल्लेखनीय गौरव पुरस्कार को पानेवाली विजेता हैं. सम्पर्क : Karyanne Newton: 5983 Greensboro Dr., Mississauga, Ontario, Canada L5M 5S5, 905-812-8653, Kls-karyanne@yahoo.com.

Alice Ostrower, ने अपना कार्यारम्भ प्रशिक्षक तथा प्रेरणादायी व्याख्याता के रूप में युनायटेड स्टेट्स, कॅनाडा तथा ऑस्ट्रेलिया में अपने connecticut के साज-श्रृंगार के व्यवसाय से आरम्भ किया था. उन्होंने BNI से जुड़ने के बाद अपनी दृष्टि को नेटवर्किंग की ओर मोड़ा. BNI की सक्रिय कार्यकारी निदेशिका बनने के बाद उन्होंने Connecticut, Western Massachusetts, Florida के कुछ क्षेत्र तथा Albany, Newyork के समुद्रपारीय अनुबन्धित - फ्रेंचाइज़ प्रदेशों को सँभाला. अपने मनोरंजक तथा ज्ञानप्रद व्याख्यानों के लिए सुप्रसिद्ध, उनके शिक्षण-शिबिर, व्याख्यान तथा कार्यशालाएँ अत्यन्त लोकप्रिय हैं और प्रमुख वक्ता के रूप में उनकी बहुत माँग है. सम्पर्क : Po Box 99, Avon, CT 06001, 860-658-7545, alicenet@bni.com.

Ian Pendlebury, ने सोलह वर्षों तक ऑस्ट्रेलिया में प्रवहमान तेल-उद्योग में कार्य किया. जुलाई सन् 1997 में उन्होंने BNI को ऑस्ट्रेलिया में स्थापित किया और उसके अठारह महीनों बाद उन्होंने उसे न्यूज़ीलेंड में आरम्भ होने में मदद की. इस समय वे BNI ऑस्ट्रेलिया के राष्ट्रीय निदेशक हैं. सम्पर्क करें : ian@bni.com.au.

Debby Peters, ने Toledo, ohio में परावर्तन करने से पहले, विक्रयकार्मिक व्यवस्थापक के रूप में सफलता अर्जित करने के लिए चौदह वर्षों तक कड़ी मेहनत की तब जाकर विक्रय-कर्म को स्थापित किया.... इसके अलावा एक संस्था जो विक्रय-कला का प्रशिक्षण देती है, अभ्यास कराती है तथा Teleclasses उपलब्ध कराती है, उसे आरम्भ किया. BNI के सदस्य होने के नाते Debby उपभोक्ताओं और ग्राहकों को नेटवर्किंग से सम्बन्धित सलाह देती हैं - एक ऐसा ज्ञान जिसकी मदद से उन्होंने अपनी संस्था को बढ़ाया. सम्पर्क : Po Box 1121, Perryburg, Ott 43552, 419-833-5182, debby@salesandmore.com, www.salesandmore.com.

Tom Peters, ने Robert H. Waterman Jr. के साथ मिलकर *In Search of Excellence* और *Nancy Austin* के सहयोग से *A Passion for Excellence* पुस्तकों की रचना की तथा स्वयं *Triving on Chaos,* तथा *Liberation Management, The Tom Peters Seminar, The Pursuit of Wow !, The Circle of Innovation* तथा *Reinventing Work* सीरीज़ की पुस्तकें लिखीं. वे Tom Peters Company के संस्थापक हैं और उनके ऑफिस Palo Alto, Boston, Chicago, Cincinnati एवं लंदन में हैं. सम्पर्क : Tom@tompeters.com.

Richard Poe, ने रचनात्मक लेखन तथा रशियन भाषा का अध्ययन Syracuse University में किया बाद में *न्यूयार्क पोस्ट* के संवाददाता के रूप में काम किया. वे David Horowitz के Front Page Magazine - frontpagemag.com के सम्पादक हैं और Christopher Ruddy' के NewsMax.com के लिए नियमित स्तम्भ लिखते हैं. उनकी पहली पुस्तक, *How to Profit from the Coming Russian Boom* प्रकाशन, McGraw-Hill, 1993, के बाद उन्होंने अपनी बेस्ट-सेलर, Wave 3 : The New Era in Network Marketing प्रकाशन, Prima, 1994 की रचना की और बाद में अनेकों श्रेष्ठ-बिकी पुस्तकों की श्रृंखला चल पड़ी, जिसमें Wave 4 : Network Marketing in the 21st Century का भी समावेश होता है. सम्पर्क : richardPoe.com.

Arlette S. Poland, बीस वर्षों से अधिक समय तक वकील / कानूनी सलाहकार रह चुकीं आर्लेट अपने स्कूली दिनों से ही एक नेटवर्कर थीं. BNI का आभार, उन्होंने अपनी उस प्रवीणता का उपयोग अपनी कानूनी प्रॅक्टिस को सफल बनाने के लिए किया और स्वयं के लिए उसे ऊपर चढ़ने की सीढ़ी बनाया और एक सुविख्यात The Lemon Law Lawyer of the Desert के रूप में प्रसिद्धि पाई. साथ ही साथ उन्होंने अपने मित्रों तथा व्यावसायिक सम्पर्कों का एक विशाल क्षेत्र भी स्थापित किया. सम्पर्क : 760-862-1212, asp005@ juno.com.

Arthur Radtke, एक संस्थान, Business Referral Institute के कार्यकारी मुख्य प्रबंधक हैं जो विक्रय-धर्मी और व्यावसायिक संस्थानों को सम्पर्कों और विशेष सहयोग के द्वारा आमदनी बढ़ाने की कला का प्रशिक्षण देता है. वे BNI के Franchise Advisory Board के पद पर कार्य कर चुके हैं. वे और उनकी पत्नी लीसा BNI के वर्जीनिया, नॉर्थ कॅरोलिना तथा टम्पा बे, फ्लोरिडा के डायरेक्टर - निदेशक हैं. दोनों ने मिलकर 100 से अधिक BNI क्षेत्रों का संचालन करके 2000 से ज्यादह सदस्यों की मेजबानी की है और विकास, ग्राहक-सेवा, प्रशिक्षण एवं रचनात्मकता के अनेकों राष्ट्रीय पुरस्कार पाए हैं. सन् 1981 से आर्ट ने विशाल संस्थानों में कार्य करना आरम्भ किया जैसे, First Data Corp. और Richmond, Virginia में अपनी स्वयं की समुद्रीय कम्पनी आरम्भ कर दी. सम्पर्क : 13705 Pebble Creek Lane, Midlothian, VA 23112-4725, 888-479-2534, fax 804-763-4068, Aradtke@bni.com, virginia@ bni.com.

Susan RoAne, प्रमुख वक्ता एवं Fortune 500 कम्पनियों तथा विश्व विद्यालयों के अधिवेशनों की नायिका. ये The RoAne Group की संस्थापिका भी हैं. इन्होंने नए पाठ्य-क्रमों का निर्माण किया है और ये उसे ULCA, हवाई विश्व विद्यालय तथा कॅलीफोर्निया विश्व विद्यालयों Berkeley में पढ़ती हैं. उन्होंने How to work a Room तथा The Secrets of Savvy Networking नामक पुस्तकें लिखी हैं. सम्पर्क: The RoAne Group, 320 Via Casitas, Ste, 310, Greenbrae, CA 94904, 415-461, 3915, fax 415-461-6172, Susan@Susan RoAne.com, www.susanroane.com.

Stacia Robinson, Alabama, Montgomery की Stacia Robinson & Co. की अध्यक्षा हैं और विज्ञापन की विविधता, युवा उद्यमशीलता तथा मौखिक विज्ञापन द्वारा विक्रय-विस्तार विषयों की नव-प्रेरणादायक व्याख्यान-दाता हैं. वे Leadership Montgomery के व्यवस्थापन मंडल की सदस्या, Education, Montgomery Education Foundation एवं United Way संस्थानों में हिस्सेदार हैं. BNI की कार्यकारी निदेशक होने के साथ-साथ स्टॅसिया Cross-Cultural Council की पदाधिकारी भी हैं. सम्पर्क : Po Box 210894, Montgomery, AL 36121-0894, 334-279-1824, fax 334-277-8193, sfrobinson@bni.com, www.bni.com.

Darrell Ross, कॅनाडा के British Columbia प्रदेश के BNI के निदेशक हैं. उन्हें विक्रय, विपणन तथा लोगों को नियंत्रित करने का गहरा अनुभव है. उन्होंने ब्रिटिश कोलम्बिया के सम्पूर्ण प्रदेशों में BNI के पैंतीस से अधिक अध्याय आरम्भ किए और वे 500 से अधिक सदस्यों / ग्राहकों को सँभाल रहे हैं. डॅरैल ने लोक-प्रशासन में स्नातक की उपाधि पाई और सम्पूर्ण योरप, एशिया, मिडिल-ईस्ट तथा उत्तरी अमेरिका में गहन प्रवास के बाद अनुभव की सम्पदा अर्जित की. **Donna Ross** के पास फॅशन-मॉडलिंग का अनुभव है और हाल ही में योग तथा औपचारिक मालिश का ज्ञान भी अर्जित किया है. सम्पर्क : 1873 Nelson St., Ste. 701, Vancouver, British Columbia, Canada V6G 1M9, 877-419-4264, 604-689-0553, fax 604-689-0560. ddross@imag.net.

Patti Salvucci, की कड़ी मेहनत और उत्साह ने उन्हें आहार एवं मेहमानदारी के व्यवसाय में सफल बनाया. वे विक्रय-कला प्रशिक्षण में भी निष्णात हैं और उन्होंने अपना सन्दर्भों के विनिमय का व्यवसाय भी आरम्भ किया है. पिछले पाँच वर्षों में उन्होंने विश्व के सबसे विस्तृत और सर्वाधिक सफल BNI क्षेत्र की स्थापना की है और अब वे BNI के सलाहकार-मण्डल की सक्रिय सदस्या है. पॅटी ने अपने एक सहयोगी के साथ हाल ही में एक अधिकृत नेटवर्कर विश्व विद्यालयीन पाठ्यक्रम Massachusetts में आरम्भ किया है जिसमें प्रभावशाली नेटवर्किंग का उपयोग करना सिखाया जाता है. वे उत्तरी अमेरिका एवं विदेशों की एक अग्रणी और लोकप्रिय व्याख्याता हैं. सम्पर्क : 508-788-9029, fax 508-788-8002, patti@bni.com.

Deanna Tucci Schmitt, ने विक्रयकर्मी के रूप में सफल अनुभवों के पश्चात् बिक्री और संप्रेषणता-प्रशिक्षण को अपने व्यवसाय के रूप में अपनाया और BNI में कार्यकारी निदेशक के रूप में शामिल हुईं तथा सन् 1998 में BNI को ग्रेटर पिट्सबर्ग क्षेत्र में लाईं. उनके पुराने बिक्री क्षेत्र के अनुभव में नेटवर्किंग ने महत्वपूर्ण हिस्सा अदा किया जब उन्होंने लेखाकारों, कानूनविदों और अर्थशास्त्रियों को आह्वान दिया कि वे अपने ग्राहकों को उनसे मिलने को प्रोत्साहित करें ताकि वे आपस में अच्छे सम्पर्क कायम कर सकें. सम्पर्क : 507 Fruitwood Dr., Bethal Park, PA 15102-1337, 412-831-5254, fax 412-831-7384, dischmitt@bni.com, www.bni.com.

Jerry Schwartz, एक व्यावसायिक नेटवर्क परामर्शदाता तथा BNI Maryland के कार्यकारी निदेशक हैं जो Maryland एवं Columbia प्रदेशों के पैंसठ क्षेत्रों का निरीक्षण करते हैं तथा Northeast U.S. के BNI कॉर्पोरेट के क्षेत्रीय निदेशक हैं. जॅरी एक प्रेरणात्मक व्यावसायिक व्याख्याता रहे हैं और समस्त उत्तरी अमेरिका के संस्थानों एवं निगमों में प्रभावशाली संबोधन करते हैं. वे रेडियो तथा टीवी कार्यक्रमों में भी अक्सर हिस्सा लेते रहते हैं. वे BNI के Founder's Circle के सदस्य भी हैं. सम्पर्क : Po Box 286, Riderwood, MD 21139, 410-484-6109, fax 410-484-0047, jerry@bnimaryland.com, www.bnimaryland.com.

Mark Sheer, एक व्यावसायिक मार्गदर्शक हैं जो आर्थिक मामलों तथा कर-निर्धारण के निष्णात हैं तथा भरती करके उच्च कोटि के विक्रयकर्मियों को प्रशिक्षण, प्रेरणा तथा देख-भाल द्वारा तैयार करते हैं. वे आर्थिक विशेषज्ञों को सन्दर्भों के माध्यम से विक्रय करना और अन्य मानव-संसाधन की विशेषताओं का ज्ञान सिखाते हैं. वे Referrals के लेखक एवं प्रकाशक हैं. सन्दर्भ : Mark Sheer Seminars, 28829 Paseo Campana, Mission Viejo, CA 92692, 949-588-5931, fax 949-588-5932.

Betsy Sheldon, जॉयस हॅंडले के सहयोग से लिखी पुस्तक The Smart Woman's Guide to Networking पुस्तक की सह-लेखिका हैं. वे और हॅंडले एक उपभोक्ता प्रवास-पत्रिका की सन् 1980 में सह-सम्पादिकाएँ थीं और उनका सम्मिलन एक दीर्घकालीन मैत्री में परिवर्तित हो गया जो बाद में व्यावसायिक भी बन गया. वे इस समय *Journey on Line Magazine* की मुख्य सम्पादिका हैं. सम्पर्क : 317-259-0245, www.ambassadair.com.

Pam Sheldon, व्यवसाय की मालिका, व्याख्याता, लेखिका, राजनीतिज्ञ तथा प्रादेशिक कुत्तों की स्वामिनी होने के साथ-साथ कॅनाडा के सबसे बड़े BNI फ्रेंचाइज़ - स्वामित्वधारिणी हैं और न्यूयार्क के तीन प्रान्तों की भी BNI स्वामित्वधारिणी तथा BNI ऑस्ट्रेलिया की राष्ट्रीय सह-निदेशिका हैं. उनकी Structured referral marketing — संरचनात्मक सन्दर्भित विक्रय-पद्धति ने विश्वभर के श्रोताओं का सम्मान आकर्षित किया है. सम्पर्क करें : RR # 3, 6323 Side Road, 15, Milton, Ontario, Canada L9T 2x7, 905-878-5570, 888-416, 3833, bnigh@interhop.net, www.bniniagara.com.

Sim Chow Boon, ने सिंगापोर नौ-सेना में अपने इलेक्ट्रॉनिक्स टॅक्नीशियन की कुशलता का उपयोग किया और युद्ध-नीति विशेषज्ञ-विश्लेषक बन गए. सिंगापोर में एक अन्तर्राष्ट्रीय इंश्योरन्स कम्पनी के विक्रय-दल की Mervin Yeo से मिलने के बाद, दोनों ने सन् 1996 में एक सफल व्यावसायिक कार्य नियोजन का सह-उद्योग आरम्भ किया. सन् 1999 में उन्होंने BNI सिंगापोर की संस्थापन की. सम्पर्क : goes@pacific.net.sg.

Scott T. Simon, इन्होंने Central Missouri State University से MBA की उपाधि प्राप्त की फिर जनरल फूड्स कॉर्पोरेशन में क्षेत्रीय विक्रय प्रतिनिधि के रूप में कार्य किया, पश्चात्, सन् 1975 में स्थावर भू-सम्पत्तियों का व्यापार किया, बाद में जमीन-जायदाद के बड़ी संस्थाओं के व्यवसाय में विशेषता प्राप्त की और अन्त में हर प्रकार के सम्पत्ति-व्यवसाय के व्यवस्थापन तथा विकास विभाग आरम्भ कर दिए. वे BNI के सेंट लुइस क्षेत्र के कार्यकारी निदेशक हैं जिसके अड़तीस खंड हैं. सम्पर्क : 11939 Manchester Road # 150, St. Louis, MO 63131, 314-822-1030, fax 314-822-3001, scottsimon@bnistl.com, www.bnistl.com.

Mike Smith, अपने पच्चीस वर्षों के आर्थिक, व्यवस्थापन तथा व्यावसायिक मालकियत के अनुभवों का उपयोग अपने प्रमुख व्याख्यानों एवं व्यावसायिक शिक्षण के लिए पीठिका के रूप में करते हैं. हाल ही में उनसे, एक राष्ट्रीय संयुक्त-व्यवसायित रेडियो कार्यक्रम का सह-मेजबान बनने को कहा गया था जिसका नाम था, Vacation Time, in Orlando. BNI के सेंट लुइस के अधिकृत अधिकारी के रूप में, माइक तथा उनके हिस्सेदार ने "Top Ten Regions" list में नामांकन पाया. सम्पर्क : 407-855-6369, fax 407-855-6984.

Ronald M. Stark, कानून के अधिवक्ता होने के साथ-साथ Riverside County, California के BNI के क्षेत्रीय निदेशक भी हैं और पिछले पच्चीस वर्षों से सिर्फ जीवन्त धर्मादाय ट्रस्टों एवं प्रमाणित इच्छापत्र - प्रोबेट - की कानूनी प्रेक्टिस कर रहे हैं. सम्पर्क : 9841 Oakmount Blvd., Desert Hot Springs, CA 92240, 760-251-6570, fax 760-329-5262 baronstark@aol.com.

Ron Sukenick, एक संकल्पनात्मक विचारक तथा व्याख्यानदाता हैं जो श्रोताओं को अपना स्वयं का, प्रमुख सम्पर्कों का, नेटवर्क बनाना सिखाते हैं. उन्होंने प्रमुख अध्यवसायियों के लिए IBN बिजनेस नेटवर्क और बिजनेट

500 का निर्माण किया जो उच्च उपलब्धियाँ दिलानेवाले कार्यक्रम हैं. वे Indianapolis की नामी राष्ट्रीय संस्था Factory Direct Table Pad Co. के उपाध्यक्ष एवं *Networking Your Way to Success* के लेखक हैं जो सुविशेष सम्पर्कों के साथ नेटवर्क्स स्थापित, विकसित और कार्यान्वित करने के आजमाए सफल उपाय बतलाते हैं. सम्पर्क : The Sukenick Group, 5443, N. Arlington Ave., Indianapolis, IN 46226, 317-543-9166, fax 317-543-9166, fax 317-543-9177, rsukenick@tablepads.com.

Leslie Taylor, बीस वर्षों से अधिक समय से विक्रय एवं प्रशिक्षण क्षेत्र में कार्यरत हैं. उनके टेप जो एक मिनिट से भी कम समय में अपने व्यवसाय के बारे में बताने की शिक्षा देते हैं, अनेक देशों में उद्योगपतियों के प्रिय साधन / औजार बन गए हैं. लॉस वॅगास में रहनेवाली लेस्ली BNI की क्षेत्रीय निदेशक हैं. इसके अलावा वे सूचना पाने के लिए समर्पित KeepCareSimple.com. नामक संस्था की उपाध्यक्षा हैं जो सूचना, सन्दर्भ और सँभाल के इच्छुकों को साधन प्रदान करती है. सम्पर्क : 3462, Sioux Way, Las Vegas, NV 89109, 702-731-6065, LLTaylor@bni.com.

Carol Thompson, थॉम्पसन ग्रुप के अध्यक्ष हैं जो Austin स्थित मार्केटिंग तथा PR संस्था है जिन्होंने ग्रेटर ऑस्टिन चेम्बर ऑफ कॉमर्स में सदस्य के रूप में और फॅडरल रिजर्व बोर्ड की San Antonio शाखा में कार्य किया है. Thompson Executive Search की वे संस्थापिका हैं और व्यावसायिक नेटवर्किंग तथा व्यावसायिक शिष्टाचार को अपने व्याख्यानों में समेटते हुए वे अनेक प्रकार के संगठनों में व्याख्यान देती हैं जिनमें विक्रय-सहयोगियों, चेम्बर ऑफ कॉमर्स के अधिवेशनों का समावेश होता है. टॅक्नोलॉजी समुदाय की स्त्रियाँ, व्यावसायिकों तथा नेतृत्व कार्यक्रमों के व्यक्ति इसमें आते हैं. सम्पर्क : The Thompson Group, Po Box 26716, Austin, Tx 78755-512-418-8869, fax 512-418-1209, carol@thompson-group.com, www.thompson-group.com.

Bob Travis, एक पंजीकृत औषध-शास्त्री हैं. उन्होंने अपने व्यवसाय की सेवा पिछले तीस वर्षों तक State Pharmacy Association के उपाध्यक्ष एवं अध्यक्ष बनकर की फिर उसके House of Delegates के अध्यक्ष बने. बॉब की मार्केटिंग एवं व्यवस्थापन की रुचि ने उन्हें BNI के माध्यम से अपना नेटवर्किंग अध्यवसाय बढ़ाने में सहयोग दिया. सन् 1995 में वे साउथ कॅरोलिना में BNI के प्रथम कार्यकारी निदेशक बने. सम्पर्क: 232, Weeping Cherry Lane, Columbia, SC 29212, 803-732-9123, fax 803-781-8162, bob@bobtravis.com., www.bobtravis.com.

Joe Tye, ये Paradox 21 Inc. के अध्यक्ष हैं तथा व्यक्तिगत एवं व्यावसायिक सफलता पर इन्होंने सात पुस्तकें लिखीं हैं. जिनमें *Never Fear, Never Quit; Your Dreams Are Too Small; The Healing Tree;* और आगामी पुस्तक *Leadership of the Ring: J.R.R. Tolkien's Strategies for Building a Winning Team* वे अक्सर "The Twelve Core Action Values for personal Leadership Effectiveness" विषय पर व्याख्यान देते हैं. उनकी संस्था द्वारा एक विस्तृत नेतृत्व-विकास कार्यक्रम विकसित किया गया है. ताय ने Iowa University से स्वास्थ्य-रक्षा प्रबंधन पर स्नातकोत्तर उपाधि पाई है और Stanford Graduate School of Business से MBA किया है. सम्पर्क : Paradox 21 Inc., Po Box 490, Solon, IA 52333 - 0490, 319-644-3889 fax 319-644-3963, joe@nfnq.com. nfnq.com.

Sandy Vilas, विश्व के सबसे बड़े प्रशिक्षण और तैयारी की सेवाओं का केन्द्र, जो निजी तथा व्यावसायिक

शिक्षा प्रदान करता है, Coachlnc.com उसके CEO बनने से पहले वे एक सफल प्रशिक्षक एवं विक्रय सलाहकार थे और उनके ग्राहक देश के विविध क्षेत्रों से आते थे. Coachlnc.com का उल्लेख Newsweek, The Times of London, Entrepreneur तथा lnc., में और NBC Nightly News तथा CNN के Impact में होता रहता है. उन्होंने Donna Fisher के साथ मिलकर Of Power Networking पुस्तक लिखी है. सम्पर्क : Coach U, Po Box 881595, Steamboat Springs, Co 80488-1595, 970-870-3302 OR 941-387-8440, 800-482-6224 (coachu), fax 800-329-5655, www. coachu.com, president@coachu.com.

Hazel Walker, अपनी निजी कर्मचारी लाभ एजेंसी चलाती हैं तथा State PTA of Indiana के प्रबंधकों की कार्यकारिणी की सदस्या हैं. उन्होंने अनेकों वर्ष Warren Township PTA Council in Indianapolis की अध्यक्षा तथा तद्रूप स्थानों पर कार्य किया है. वे Indianapolis Chamber of Commerce Action Committee में भी हैं. वे Central Indiana की BNI की कार्यकारी निदेशिका हैं. सम्पर्क : Po Box 19827, indianapolis, IN 46219, 317-891-0355, fax 317-894-8733, hazel@bni.com.

Lynne Waymon, वे Great Connections की अध्यक्षा हैं जो नेटवर्किंग के अधिकतम लाभ/सम्भावनाएँ पाने के लिए संस्थानों एवं निगमों को सलाह देती है. वे अग्रणी मूल सिद्धान्त, प्रशिक्षण शिबिर तथा सलाह उन व्यक्तियों को देती हैं जिन्होंने नेटवर्किंग को अपना व्यवसाय तथा व्यावसायिक सफलता का लक्ष्य बनाया हुआ है. वे पेशे के विकास, समझौते की कला और प्रभावशक्ति पर भी मूल नियमों का परिचय तथा वाद-संवाद सम्मेलनों का नियोजन करती हैं. उन्होंने Anne Babar के साथ सह-लेखन करके of Smart Networking and Great Connections पुस्तक की रचना की है. सम्पर्क : Great Connections, 622 Ritchie Ave., Silver Spring, MD 20910, 800-352-2939, 301-589-8633, fax 301-589-8639, Lwaymon@.com., www.ContactsCount.com.

Jerry R. Wilson, एक परामर्शदात्री फर्म Jerry Wilson & Associates के अध्यक्ष हैं जो वक्तृत्व-कला एवं प्रशिक्षण Fortune 500-size की संस्थानों से लेकर छोटे-छोटे व्यवसायिकों को भी देती है. उन्होंने Success पत्रिका, Master Salesmanship और Personal Selling Power के लिए लेख लिखे हैं और Word of Mouth Marketing नामक पुस्तक की रचना की है. सम्पर्क : Jerry Wilson & Associates, 5335, N. Takoma Ave., Ste. PO Box 55182, Indianapolis, IN 46205, 800-428-5666, 317-257-6876.

Mervin Yeo, के विक्रय एवं विपणन ने अनुभवों ने उन्हें एक प्रभावशाली संवाद-संवाहक बनाया और सिंगापुर की एक अन्तर्राष्ट्रीय बीमा-व्यवसाय कम्पनी Sin Chow Boon से उनका सम्बन्ध कराया. उन्होंने मिलकर सन् 1996 में एक रोजगार-दफ्तर खोला जिसमें उनके विगत अनुभवों ने महत्वपूर्ण हिस्सा अदा किया और अपनी कुशलताओं के कारण उनका सहयोग एक सफल व्यवसाय-कर्म बन गया. सन् 1999 में उन्होंने BNI सिंगापुर की स्थापना की. सम्पर्क : bnispore@bni.com.

आभार प्रदर्शन

हम BNI के सभी निदेशकों - डायरेक्टरों का आभार मानते हैं जिन्होंने इस परियोजना की प्रेरणा दी और अपनी उत्साहपूर्ण शुभ कामनाएँ दीं - विशेषकर उन मनीषी नेटवर्कर्स का जिन्होंने इस ग्रन्थ के प्रणयन में अपना योग दिया. हम उन सभी प्रकाशित लेखकों के विशेष रूप से कृतज्ञ हैं जिन्होंने अपनी रचनाओं को इस ग्रन्थ में प्रकाशित होने में सहयोग दिया, यह एक ऐसा अनुग्रह है जिसके कारण, हमारा विश्वास है, इस व्यावसायिक नेटवर्किंग पर ऐसी पुस्तक प्रकाशित हो सकी जो इस विषय की सभी पुस्तकों में, द्वितीय स्थान पर नहीं है. आस्था की ऊँची उड़ान चाहिए तभी लोग अपने सुविख्यात नाम को किसी परियोजना से जुड़ने की अनुमति देते हैं. पूर्व-प्रकाशित लेखकों ने यही किया और अपनी अन्तर्दृष्टि तथा बौद्धिकता को इससे सम्मिलित होने की अनुमति दी. इस प्रमुख सन्देश के प्रसारण में सहयोग के लिए आप सभी का हार्दिक धन्यवाद.

ईवान मिस्नर एवं डॉन मॉर्गन

मैं अपने स्टाफ के कार्यकर्ताओं, विशेषकर नॉर्म डॉमिंगेज़ तथा एमी ब्राउन का विशेष आभार मानूँगा जिन्होंने मेरे कार्यालय को इतनी अच्छी तरह से चलाया कि मुझे इस इतनी बड़ी और महत्वपूर्ण योजना को पूर्ण करने का समय मिल सका. इसके अतिरिक्त, मेरी जानकारी के सबसे अधिक रचनात्मक व्यक्ति : मेरी पत्नी को भी मैं धन्यवाद देना चाहूँगा जो मेरी जीवन-संगिनी भी हैं, जिन्होंने मेरे निवास-स्थल को "घर" बनाया है और मेरे जीवन को सुखदायी. उनके सहयोग और सहायता से इस ग्रन्थ की रचना सम्भव हुई.

मैं अपने मित्र एवं सह-लेखक डॉन मॉर्गन का भी आभार मानता हूँ, इस पुस्तक में जिनका योगदान अद्वितीय है. अनेकों वर्ष पहले जब मैंने इस पुस्तक की परिकल्पना की थी, वे प्रथम एवं एकमात्र व्यक्ति थे, मैंने जिनसे इस पुस्तक के लिए सम्पर्क किया था. मेरा ही लाभ हुआ और उन्होंने मेरे उस प्रस्ताव को गरिमापूर्वक स्वीकार कर लिया

अन्त में, एक विशेष आभार प्रदर्शन रे बार्ड, जॅफ मॉरिस तथा बार्ड प्रेस के कर्मचारियों का जिन्होंने अपने उत्कृष्टता के प्रेम को निभाया, अपनी सूझ-बूझपूर्ण अन्तर्दृष्टि के द्वारा सामग्री को समझा, अपनी विज्ञता, सँभाल और एकाग्रता के सहारे इस ग्रन्थ को स्वरूप दिया. उनकी सहायता के बिना यह पुस्तक सम्पूर्ण नहीं बन सकी होती.

ईवान मिस्नर

मेरा व्यक्तिगत आदर BNI कॅनाडा के क्रिस्टेल तथा मार्गरेट के प्रति है जिन्होंने मेरे अधिकांश अन्य कामों को सँभाल लिया, विशेषकर नेन्सी हॉलेंड के प्रति जिन्होंने मुझे सदैव प्रेरित रखा और BNI कॅनाडा के जहाज को सही मार्ग पर तैराया और अनेक फिसलनभरे दिनों में मुझे सहारा दिया ताकि मुझे इस परियोजना के लिए अधिक समय मिल सके.

मैं विशेष करके डॉ. ईवान मिस्नर को धन्यवाद देना चाहूँगा जिन्होंने वर्षों पहले, टॉरेन्टो के उपनगरों में प्रवास करते समय, मुझे *Master of Networking* का सह-लेखक बनने का आमंत्रण दिया और जिसके कारण मैं अपने जीवन का एक प्रमुख ध्येय पा सका.

डॉन मॉर्गन

BNI के सम्बन्ध में

BNI - Business Network Int'l की संस्थापना सन् 1985 में डॉ. ईवान मिस्नर के द्वारा, व्यवसायियों के लिए एक ढाँचे में बँधकर, व्यावसायिक वातावरण में, सन्दर्भों को सर्जित करने के मार्ग के रूप में हुआ था. यह संस्थान, जो आज विश्व का सन्दर्भों का सबसे विशाल केन्द्र बन चुका है, उसके सैकड़ों हजार सदस्य हैं जो विश्व के सभी महाद्वीपों में फैले हैं. अपनी स्थापना के बाद से, इस BNI के सदस्यों ने सैकड़ों लाख सन्दर्भ इच्छित लोगों तक पहुँचाकर सहयोगियों के लिए अरबों डॉलर उत्पादित करके उन्हें लाभ दिया है.

इस संस्था का प्रमुख उद्देश्य अपने सदस्यों को प्रमाणित व्यावसायिक जानकारी देना है. BNI के दर्शन को इन सरल शब्दों में समाहित किया जा सकता है : ''प्रदाता ही पाते हैं.'' यदि आप अन्य लोगों को व्यवसाय देंगे तो प्रत्युत्तर में आप भी व्यापार पाएँगे. BNI एक व्यवसाय के केवल एक ही व्यक्ति को एक अध्याय से जुड़ने की अनुमति देता है. व्यवसायिकों को दीर्घकालीन सम्बन्धों को बनाने के निर्माण में कार्यक्रम मदद देता है जिससे विश्वास का निर्माण होता है और अन्तत: सम्पर्क स्थापित हो जाते हैं. संस्थान का मिशन-लक्ष्य-व्यापारी व्यवसायियों को यह सन्देश देना है कि मौखिक शब्दों द्वारा व्यवसाय करने की प्रक्रिया मानों खेती करने जैसी है बजाय शिकार करने के : इसके द्वारा व्यावसायिक सम्बन्धों का निर्माण होता है और व्यापार का ढाँचा व्यावसायिक वातावरण में खड़ा होता है जिससे सबों को लाभ मिलता है.

आप इंटरनेट पर BNI से bni@bni.com पर सम्पर्क कर सकते हैं अथवा उनकी वेबसाइट्स www.bni.com और www.MastersofNetworking.com पर उनसे मिलें.

लेखक/सम्पादक

ईवान आर. मिस्नॅर, पी.एच. डी. BNI — Business Network Int'l के संस्थापक एवं प्रमुख एक्ज़ीक्यूटिव ऑफिसर CEO हैं. यह विश्व का सबसे बड़ा व्यावसायिक ऑर्गनाइज़ेशन है. इसकी स्थापना सन् 1985 में हुई थी और अब इसके उत्तरी अमेरिका, योरप, ऑस्ट्रेलिया, एसिया तथा आफ्रिका में हज़ारों अध्याय-खंड हैं. प्रति वर्ष BNI लाखों सन्दर्भ पैदा करती है जिसके फलस्वरूप उसके सदस्यों को सैकड़ों मिलियन डॉलर्स मूल्य का व्यवसाय मिलता है.

डॉ. मिस्नॅर ने यूनिवर्सिटी ऑफ सदर्न कॅलिफोर्निया से पी.एच. डी. की उपाधि पाई है. उन्होंने चार पुस्तकें लिखीं हैं जिनमें विश्व की सर्वश्रेष्ठ-बिकी पुस्तक *The World's Best Known Marketing Secret* का भी समावेश होता है. डॉ. मिस्नॅर University of La Verne के व्यावसायिक प्रबन्धन प्रभाग के सदस्य भी हैं.

"*Entrepreneur* पत्रिका ने डॉ. मिस्नॅर को ''नेटवर्किंग गुरु'' की संज्ञा से अभिहित किया है. वे विश्व के अनेकों प्रमुख संस्थानों तथा संस्थाओं में विशेषज्ञ व्याख्याता हैं. उनका उल्लेख *Wall Street Journal, Los Angeles Times, New York Times, CEO Magazine,* तथा अगणित टी.वी. तथा रेडियो कार्यक्रमों में हो चुका है जिनमें CNBC टेलिविजन भी आता है. वे तथा उनकी पत्नी एलिज़ाबेथ La Verne, California में अपने तीन बच्चों Ashley, Cassie तथा Trey के साथ रहते हैं. सम्पर्क : misner@bni.com.

डॉन मॉर्गन, एम.ए. BNI Canada के संस्थापक राष्ट्रीय निदेशक हैं और BNI Chicago के कार्यकारी निदेशक. अपने तीस वर्षों में फैले संगठनात्मक मार्गदर्शन, मनो-चिकित्सक, शिक्षाविद् तथा उद्यमकर्ता के व्यवसायों में उन्होंने संवादिता के औजारों का उपयोग करके लोगों की सहायता और संस्थानों को अपने लक्ष्यों को पाने में मदद की है. अपनी नागरिक मानसिकता स्वास्थ्य की स्नातकोत्तर पदवी के सहारे मॉर्गन ने स्वास्थ्य-सुरक्षा के अनेकों, नए फुटकर एवं सेवा-उद्योगों तथा व्यवसायों को दिशा निर्देशन दिया है. उन्होंने ओंटारियो मिनिस्ट्री ऑफ हेल्थ से, विकासशील समुदाय की मानसिक स्वास्थ्य सेवाओं की समिति के सदस्य, परामर्शदाता एवं निदेशक होने के लिए मानद उपाधि पाई है. उन्होंने वेस्टर्न ओंटारियो युनिवर्सिटी तथा अन्य अनेकों कॉलेजों में अध्यापन कार्य किया. मॉर्गन एक प्रतिभाशाली व्याख्याता हैं और अपने विलक्षण विश्लेषणात्मक दृष्टिकोण तथा हास्यप्रवृत्ति को विचार-प्रेरक, प्रयोजनात्मक प्रस्तुतियों में पिरोकर पेश करते हैं.

पिछले पन्द्रह वर्षों से मॉर्गन तथा उनकी पार्टनर नेन्सी हॉलेंड जो एक ऑलम्पिक स्काइयर हैं, ने अपने उपभोक्ताओं के लिए मौखिक-शब्दावली द्वारा व्यावसायिक विक्रय-कला का विकास किया है. तीन देशों में रहने तथा कार्य करने के बाद, अब, डॉन तथा नेन्सी टॉरॅन्टो में रहते हैं जहाँ उनके उन्माद के क्षण स्काईंग तथा नौका-वहन में बीतते हैं. सम्पर्क करें : morgan@bnicanada.ca.